国家社科基金西部项目
"三网融合背景下我国电视产业的创新发展研究"
（项目号：13XXW004）结项成果

融合与创新

三网融合背景下我国电视产业的创新发展

邬建中 / 著

社会科学文献出版社
SOCIAL SCIENCES ACADEMIC PRESS (CHINA)

前　言

　　本书是国家社科基金西部项目"三网融合背景下我国电视产业的创新发展研究"（项目号：13XXW004）的结题成果。课题原研究成果共分为绪论、十个章节、参考文献和附录共十三个部分，正文43万字。出版时因为合同等方面的限制，有部分删节。

　　本书是课题组团队合作的结晶。具体分工如下：

　　邬建中负责绪论、第一章、第四章、第七章、第八章，参与完成第五章、第六章、第九章，并负责全书统稿。张腾之负责第六章。何双百负责第二章。余兰亭负责第三章。孙良斌负责第五章。高红波负责第九章。黄蜜参与完成第五章、第六章。程景红参与完成第三章、第九章。在此要特别感谢本书的编辑宋淑洁老师，没有她的辛苦付出，本书不可能出版。

　　在研究中我们提出了如下主要观点与建议：

　　①我国电视产业发展模式必须按照"三网融合"的要求走创新发展的道路。

　　②"三网融合"背景下的电视产业创新发展必须以"智慧家庭数码港"为定位进行产业链发展。电视可以在技术上发展成为家庭内各种私人电子媒体如手机、电脑等的集成平台，成为家庭的信息数码港。实现"1＋1＞2"。电视包容了手机等私人化媒体，而不是与之进行同质化竞争，从而实现电视产业在三网融合背景下的创新发展。

　　③"三网融合"背景下的电视产业创新发展涉及产业定位、传播方式、内容生产、平台整合、用户服务等方面的全产业链创新。

④电视可以成为个人在家庭层面与外界信息源进行信息交互的桥梁。家庭成员个人层面的意见是多变的，是会受到家庭成员影响的，电视着眼于满足家庭层面的需要比着眼于满足个人层面的需要能赢得更大的产业空间。三网融合背景下电视产业的创新发展还涉及传播方式从大众传播到"精确传播"理论的转变。凭借基于双向数字网络的"用户融合"及基于跨平台客户关系管理（CRM）的精确传播，对用户进行深度开发是电视产业创新发展的根本出路。

技术总是对传统理论提出挑战，长期以来，一方面电视产业有宣传事业和传媒产业的"双重属性"理论，另一方面电视产业等传媒产业涉及复杂的外部性、网络经济性质、公共产品性质，尤其是在中国语境中，传媒产业面临的现实情况与主流新古典经济学理论基本假设存在差异。传统西方理论（如本研究中将要涉及的熊彼特的"创新理论"及保罗·莱文森的"媒介进化论"等）在中国是否适用，也是有待研究的问题。本研究通过详细的资料收集、分析和深入的社会调研，紧密结合国家政策和三网融合背景下电视产业创新发展实际，实现了整体研究与个案研究的有效结合，使研究成果既具有一定的理论深度，又具有很强的现实指导意义。最终将结合我国三网融合的实际情况，研究相关理论在当前的最新发展，促进其本土化融合。成果出版后，希望可以成为业界的参考文献，产生相应的社会影响和价值。

在应用价值方面，本研究认为，目前电视仍有着自己的独特优势，应定位于"智慧家庭数码港"，成为包容个人数据处理终端的平台，而不是与之进行同质化竞争，电视可以成为家庭内部智能化识别、定位、跟踪、监控和管理的桥梁，实现基于双向数字网络的"用户融合"，并通过跨平台客户关系管理实现精确智能化传播，并以此出发走电视产业的创新发展之路。本课题一方面提供了丰富的产业调研资料及与其对应的发展策略，对各地电视产业运营商如何在定位、内容、平台、终端及用户服务上进行相关创新，有着积极的现实意义；另一方面为国家三网融合战略的顺利实施提供了参考。

课题组发表了6篇论文作为阶段成果。其中部分被人大复印报刊资料全文转载。项目进行中出版了专著《城乡信息公平与和谐社会建议——以三网融合背景下重庆城乡数字鸿沟为例》（四川大学出版社，2016），在前期的资料收集阶段翻译并出版了保罗·莱文森的代表著作《人类历程回放：媒介进化论》。在学界引起了较大反响，已被各双一流大学图书馆收藏。CSSCI 期刊《编辑之友》还专门发表了刘凯对此书的书评。但因为我们能力有限，本研究成果难免存在不足，还请大家多多批评指正。在研究过程中得到了各位前辈、专家、同行的大力帮助和支持。研究生杨帆、黄兴宇、谭翠、李清鑫、李杨、李凤等也为本书出版做了大量工作，他们也正在为第二个课题付出，在此一并致谢。

目　录

绪　论 ……………………………………………………………………… 001

　第一节　三网融合的概念界定 …………………………………………… 002

　第二节　三网融合背景下电视产业创新发展的边界审视 ……………… 005

　第三节　基于智慧家庭数码港新电视产业的研究视角 ……………… 017

　第四节　研究现状与意义 ……………………………………………… 020

　第五节　研究设计 ……………………………………………………… 036

第一章　三网融合背景下电视产业创新发展概述 …………………… 041

　第一节　三网融合政策对电视产业创新发展的影响 ………………… 041

　第二节　三网融合技术对电视产业创新发展的影响 ………………… 048

　第三节　三网融合产业对电视产业创新发展的影响 ………………… 067

　第四节　三网融合背景下我国电视产业创新发展的问题 …………… 081

　第五节　三网融合背景下我国电视产业创新发展的趋势 …………… 084

第二章　三网融合背景下我国电视产业创新发展研究的理论来源

　　　　………………………………………………………………… 088

　第一节　媒介进化论 …………………………………………………… 088

　第二节　产业经济学 …………………………………………………… 095

　第三节　创新理论 ……………………………………………………… 099

第三章　三网融合背景下国外电视产业创新发展的相关经验 ·········· 105

　　第一节　三网融合背景下美国电视产业创新发展的相关经验 ······ 105

　　第二节　三网融合背景下日本电视产业创新发展的相关经验 ······ 121

　　第三节　三网融合背景下英国电视产业创新发展的相关经验 ······ 128

第四章　三网融合背景下基于智慧家庭数码港的电视产业定位

　　　　　创新 ·· 135

　　第一节　智慧家庭数码港的产生背景 ································· 135

　　第二节　智慧家庭数码港的定义与特点 ···························· 149

　　第三节　基于智慧家庭数码港的电视产业定位创新 ············ 154

第五章　三网融合背景下我国电视产业内容生产的创新 ··········· 161

　　第一节　三网融合背景下电视产业内容生产现状 ··············· 161

　　第二节　三网融合背景下电视产业内容生产分析 ··············· 169

　　第三节　基于智慧家庭数码港的电视产业内容生产创新 ······· 174

第六章　三网融合背景下我国电视产业平台的创新 ················· 193

　　第一节　三网融合背景下电视产业平台的定义与特点 ·········· 193

　　第二节　三网融合背景下电视产业平台创新发展现状 ·········· 197

　　第三节　基于智慧家庭数码港的电视产业平台创新 ············· 203

第七章　三网融合背景下电视产业用户服务的创新 ················· 209

　　第一节　三网融合背景下电视终端的进化 ························· 209

　　第二节　三网融合背景下电视产业用户需求的发展 ············· 222

　　第三节　基于智慧家庭数码港的电视产业用户服务创新 ········ 227

第八章　三网融合背景下电视产业盈利模式的创新 ················· 239

　　第一节　三网融合背景下电视产业盈利模式现状 ··············· 239

　　第二节　三网融合背景下电视产业盈利模式的转向 ············· 242

第三节　基于智慧家庭数码港的电视产业盈利模式创新 ············ 250

第九章　三网融合背景下电视产业创新发展案例 ················ 264

第一节　三网融合背景下上海市电视产业的创新发展 ········· 264

第二节　三网融合背景下山东省电视产业的创新发展 ········· 289

第三节　三网融合背景下重庆市电视产业的创新发展 ········· 306

参考文献 ··· 329

绪　论

　　自 2010 年 1 月 21 日国务院发布《推进三网融合的总体方案》后，三网融合已走过了 10 个年头。其间，"IPTV"、"OTT TV"、"大数据"、"云计算"、"互联网电视"、"智能电视"、"中央厨房"、"VR"（虚拟现实）、"AR"（增强现实）、"MR"（混合现实）、"互联网＋"、"人工智能"、"区块链"、"智慧广电"等新概念、新技术层出不穷。电信网、广播电视网、互联网向宽带通信网、数字电视网、下一代互联网的发展进一步深入。在这样的背景下，三网融合是如何提出的，它现在是否过时？它经过了哪些流变？当前三网融合的概念是什么？它与"媒介融合""大数据""人工智能"等技术与概念的联系与区别是怎样的？我们如何审视三网融合背景下电视产业创新发展研究的边界？在三网融合背景下，电视产业创新发展的现状是怎样的？国内外有哪些可借鉴的例子？在三网融合背景下，电视与手机、电脑等在移动化、小型化、私密化方面比拼时，是否更应发挥电视屏幕更大、更适合家庭成员一起使用、更有可能安装大功率处理器的优势，将其定位于"智慧家庭数码港"，成为个人数据处理终端平台而不是与对手进行同质化竞争，并以此走上电视产业的创新发展之路？在此基础上，"智慧家庭数码港"的概念是什么？其理论与现实基础是什么？如何通过充分调研，以"智慧家庭数码港"为研究视角进行电视产业的定位创新，然后对电视产业的全产业链——内容、平台、用户——进行全面创新，从而实现三网融合背景下电视产业的创新发展？在上述研究完成后，我们又如何对 2010 年后三网融合背景下电视产业的创新发展趋势做出相应的整理与分析，以期为未来的发展提供有益借鉴？本书准备对以上问题进行探索。

第一节 三网融合的概念界定

2018 年 8 月，习近平总书记在全国宣传思想工作会议的讲话中指出，要扎实抓好县级融媒体中心建设，更好引导群众、服务群众。2018 年 9 月 11 日，中国机构编制网公布了《国家广播电视总局职能配置、内设机构和人员编制规定》。在国家广电总局 13 个司局中，新增了媒体融合发展司，明确其主要职责包括协调推进三网融合、推进广播电视与新媒体新技术新业态创新融合发展。2019 年 6 月，中国广播电视网络有限公司（以下简称"中国广电"）正式获得 5G 牌照，并成为第四大运营商。2020 年 2 月，《全国有线电视网络整合发展实施方案》发布，提出将由中国广电牵头和主导，联合省级有线电视网络公司、战略投资者等共同组建中国广电网络股份有限公司，实现全国有线电视网络的统一运营管理、国有资产的保值增值。2021 年 1 月 26 日，中国广电与中国移动签署"5G 战略"合作协议，正式启动 700MHz 5G 网络共建共享，显示了国家对推进三网融合的决心。

在地方广电方面，河南广电自有 App"大象新闻"从 2020 年 2 月开始，在疫情停课期间，上线"名校课堂"频道服务，上线 4 天就登上了 App Store 新闻类排行榜榜首。四川广电的抖音号"四川观察"在 2020 年 12 月 30 日，粉丝数量已超 4000 万，成为省级广电机构中粉丝量最高的抖音号。2021 年 2 月 5 日，湖南广电 2020~2021 年度总结表彰暨工作会议召开，集团公司党委书记、董事长张华立宣布湖南卫视在全国省级卫视中实现收视与营收双第一，芒果 TV 有效会员数达到 3613 万，连续 4 年实现赢利，芒果超媒市值达到 1600 亿元，全年净利润 20 亿元，5G 智慧电台实现了全国 20 多个省市 280 频的装机上线，显示了地方广电在三网融合路程上的新成就。

所谓"三网融合"，即在数字化、信息化、网络化的技术背景下，电信网、广播电视网、互联网在向宽带通信网、数字电视网、下一代互联网演进的过程中，其技术功能趋于一致，业务范围趋于相同，网络互联互通、资源共享，能为用户提供语音、数据和广播电视等多种服务的过程。三网融合打破了此前广电与电信在各自领域的垄断，明确了相互开放的规则。在符合政策法规的前提下，广电企业可经营电信业务、基于有线电视网络提供互联网接入业务等，而国有电信企业在有关部门的监管下，也可从事除时政类节目之外的广播电视节目生产制作、互联网视听节目信号传输、转播时政类新闻视听节目服务、IPTV传输服务等，形成适用性广、容易维护、费用低廉、高速宽带的多媒体基础平台。① 具体而言，三网融合包括业务融合、监管融合、终端融合及网络融合。②

业务融合，即在同一网络上，广电、电信和互联网同时提供相关业务。从2010年开始，广电运营商开始提供宽带上网等互联网业务，并向移动互联、人工智能等方面展开深度的业务布局，如2018年8月2日重庆广电下属的重庆有线电视携手微医集团，向市场提供"一家亲V1S"智能移动健康终端，包括V1S健康移动终端，即一种融合了语音操控与一键远程的手机，可提供一对一的远程智能医疗服务。购买此手机的用户可免费使用有线电视和100M宽带一年。而从全国来看，中国广播电视网络有限公司在2016年5月5日获得了工信部颁发的基础电信业务经营许可证，其主要业务产品包括互联网国内数据传送服务、互联网内容CDN加速服务、互联网BGP带宽端口服务、互联网全流量服务。③ 2018年7月31日，中国国际电视总公司与中国移动通信集团有限公司签订技术合作协议，正式启动与中国移动在5G技术、大数据等领域的合作。其中，在技术层面，双方将合作建设5G平台，共同实现4K超高清电视、VR直播的商用，并通过人工智能实现对用户的精确传播；在内容层面，双方将深入挖掘各自数字资源，共同生产精品内容。④ 与此同时，在三网融合进程中，电信运营

① 邬建中：《新三网融合背景下电视产业的转型之路》，《编辑之友》2015年第12期，第15～18页。
② 付冲、任彦斌、夏泳编著《三网融合技术》，国防工业出版社，2014，第1页。
③ 中国广电，负责全国范围内有线电视网络的相关业务，开展三网融合业务，http://www.cncatv.com/124/。
④ 《中国国际电视总公司与中国移动签署技术合作协议》，中央电视台官网，http://www.cctv.cn/2018/08/02/ARTIb6IswU7LHLyuhOGKfFrg180802.shtml。

商还通过 IPTV、手机电视、网络视频等大举进入视频领域。以中国移动重庆分公司为例，已在全市范围内实行购手机话费套餐送家用宽带、IPTV 机顶盒及免全年服务费业务。重庆移动用户只要选择每月 58 元的话费套餐并承诺使用两年，即可获赠 100M 家庭宽带及 IPTV 机顶盒。用户可同时享受通信、互联网及视频服务。

监管融合，即将三网融合运营监管权归属于同一部门。目前，我国的有线电视网络由国家广电总局监管，电信网由中华人民共和国工业和信息化部监管，互联网由国家广播电视总局、文化和旅游部共同监管。而在三网融合运营较好的美国、英国、日本等国，其监管权统一于一个部门。如美国在 1996 年通过新电信法，成立了联邦通信委员会（FCC），在此基础上，统一监管美国三网融合业务；2000 年 12 月，英国政府也将电信规制局、独立电视委员会等五家机构合并，成立统一的管理机构 OFCOM。① 我国也在 2018 年 9 月 11 日，发布了《国家广播电视总局职能配置、内设机构和人员编制规定》，在机构设置上，新增了媒体融合发展司，明确其主要职责包括协调推进三网融合，这是我国在监管融合上的最新进展。

终端融合，即同一个终端设备同时具备上网、视频和通话等功能。在三网融合推动下，手机、电脑、互联网电视等早已实现了上网、视频、通话功能的融合，而目前的发展方向是实现跨终端深度融合。首先，通过VR（虚拟现实）、AR（增强现实）、MR（混合现实）技术实现基于场景化的融合，如通过 VR 眼镜连上互联网看电视节目，并在看节目的同时与其他朋友进行弹幕、通话等交流。其次，通过物联网实现基于多屏互通、功能互联的智能家居融合，如小米手机屏幕上的内容可实时投射到智能电视、电脑等屏幕上，同时，家庭内的台灯、空调、电饭煲、空气净化器等都可以通过小米手机这个终端连成一体。最后，实现拟人化、智能化的融合，如通过小米智能音箱"小爱同学"实现智慧家庭的人机互动等，此外，还有苹果的 Car Play 可以进行人车互动，实现对车的智能化操控等。

网络融合泛指建设可以同时支持视频、数据和语音等三网融合功能的

① 牛光夏：《融合、转型——电视新闻传播新论》，复旦大学出版社，2012，第 52 页。

全业务运营网络，主要目标是为用户提供无缝的业务环境，多网合一，多屏互通。① 广电部门从最早的 350M 模拟电视到 750M 双向回传数字电视，再到现在的光纤宽带，已为网络融合提供了坚实的技术基础。同时，我国规模不断扩大的互联网，也为网络融合提供了广泛的用户基础。截至 2020年 3 月，根据 CNNIC（中国互联网络信息中心）公布的第 45 次调查报告，我国网民规模达 9.04 亿人，较 2018 年底增长 7508 万人，互联网普及率达64.5%，较 2018 年底提升 4.9 个百分点。

第二节　三网融合背景下电视产业创新发展的边界审视

一　三网融合的边界审视

（一）三网融合与媒介融合

在对三网融合的边界审视中，其与媒介融合的异同是首先要解决的问题之一。按媒介融合的倡导者甘特里的定义，媒介融合是"一种可以通过报纸、电视、广播、网络、个人数字助理及其他一切可能出现的信息平台进行讯息传递、广告售卖的能力"。② 而亨利·雅克布则认为，媒介融合是新闻、资讯等信息在不同的媒介平台（广播、电视、报纸、互联网）之间流动。③ 而我国学者邵鹏对媒介融合的定义是，"在数字技术推动下，不同媒介生产者、内容、渠道、接受终端之间边界日渐模糊、趋于融合的轨迹日益清晰的现象和过程"。④

三网融合与媒介融合有着共同的技术背景，都强调不同媒介的生产、内容、渠道等趋于融合，因此，在一定程度上它们是部分重合的。但它们至少存在以下不同。首先，概念提出的背景不一样。早在 1983 年，美国麻

---

① 付冲、任彦斌、夏泳编著《三网融合技术》，国防工业出版社，2014，第 1 页。
② 章于炎等：《媒介融合：从优质新闻业务、规模经济到竞争优势的发展轨迹》，《中国传媒报告》2006 年第 3 期。
③ 覃信刚：《媒介融合、台网互动解析》，云南人民出版社，2013，第 3 页。
④ 邵鹏：《媒介融合语境下的新闻生产》，浙江工商大学出版社，2013，第 5 页。

省理工学院传播学学者伊索尔·索勒·普尔就提出了传播形态融合（the Convergence of Modes），他认为："媒体之间点对点的传播与大众传播点对面的传播之间的界线，由于一种传播形态融合过程的出现，已逐渐变得模糊。"[1] 其次，背后的推动力量不一样。1994 年《纽约时报》在报道《圣荷西水星报》与美国在线共同推出名为《水星中心新闻》电子报服务时，取了个小标题《一次媒介融合》（"A Media Convergence"），第一次提出媒介融合的概念。[2] 可以认为，在一定程度上，媒介融合主要是一种在技术推动下的市场行为。1997 年 4 月，国务院在全国信息化工作会议上发布的《国家信息化总体规划》中第一次正式提出"三网"的概念。[3] 2010 年国务院印发《推进三网融合的总体方案》，决定加快推进广播电视网、电信网和互联网三网融合，明确了三网融合时间表。2010 年 6 月底，三网融合 12 个试点城市名单和试点方案正式公布，三网融合进入实质性推进阶段。由此看来，三网融合主要是国家统筹下的政府行为。再次，关于媒介融合的原则和模式学界一直有争论，如政府主导、市场主导还是技术主导等。而三网融合由政府规定了相对明确的原则与模式，如《推进三网融合的总体方案》中规定的基本原则是统筹规划、资源共享，将广电网和通信网的建设和升级纳入国家统一规划，实现互联互通，避免重复建设。[4] 复次，从业务范围来看，媒介融合的范围更广，它包含报纸等一切可能出现的信息平台。而三网融合主要讨论电视网、电信网和互联网的融合，这也是本书重点讨论的内容。最后，从一定程度上说，只有在三网融合基础上推进电信网、广电网和互联网的融合，才能构建多屏互通、资源共享、数据互联、集多种媒介形式于一体的融媒体平台，从而为媒介融合的顺利发展提供坚实的基础。

[1] Ithiel de Sola Pool, *Technologies of Freedom*, Cambridge: Belknap/Harvard University Press, 1983, p. 23.

[2] 邵鹏：《媒介融合语境下的新闻生产》，浙江工商大学出版社，2013，第 2 页。

[3] 易旭明：《中国电视产业制度变迁与需求均衡研究》，上海交通大学出版社，2013，第 295 页。

[4] 肖叶飞：《广播电视规制研究》，安徽师范大学出版社，2013，第 130 页。

（二）三网融合与大数据

大数据与云计算的出现为三网融合背景下电视产业的创新发展提供了新的机会。按照涂子沛在其著作《大数据：正在到来的数据革命，以及它如何改变政府、商业与我们的生活》一书中的定义，大数据是指那些大小已经超出了传统意义上的尺度，一般的软件工具难以捕捉、存储、管理和分析的数据，其大小一般应是太字节的，即 2 的 40 次方。① 大数据的处理超出了个人计算机的运算能力，因此，对大数据进行使用需要以"云计算"为基础。所谓"云计算"，谷歌前 CEO 施密特认为："数据服务的架构应在被称为'云计算'的服务器上，如果你有合适的接入方式，那么不论你用什么设备都可以访问这些数据。"②

目前电视产业的主要思路仍在集合互联网、家庭游戏机等功能上，并与其在"红海"市场展开同质化竞争。而按照麦克卢汉的看法，媒介即信息，真正有意义的信息并不是各个时代的媒介所提示给人们的内容，而是媒介本身。按此观点，笔者认为，在大数据时代，电视的媒介生态环境已发生了变化，我们在某种程度上可以认为媒介即数据。首先，在当前各种媒体平台上流动的不同形态的内容，实际上都由同一种形态，即数据构成。"我们应推进的不是数字化而是数据化，即一种把现象转变为可制表分析的量化形式过程。"③ 其次，大数据环境下，每个媒介实质上只是一个数据入口，而数据处理在"云端"，媒介已成为整个相关性数据链中的一环。最后，不同媒介之间的差别通过数据同质化，并通过比特币等金融工具量化、物质化，三网融合实质上已成为数据融合。我们正在由 IT 时代走向 DT 时代，即由信息技术（Information Technology）时代向数据（Data Technology）时代转化。DT 不仅是技术提升，更是观念的提升。IT 以自己为中心，DT 以别人为中心。④

① 涂子沛：《大数据：正在到来的数据革命，以及它如何改变政府、商业与我们的生活》，广西师范大学出版社，2013，第 57 页。
② 姚宏宇、田溯宁：《云计算——大数据时代的系统工程》，电子工业出版社，2013，第 1 页。
③ 〔英〕维克托·迈尔－舍恩伯格、肯尼思·库克耶：《大数据时代生活、工作与思维的大变革》，盛杨燕、周涛译，浙江人民出版社，2013，第 104 页。
④ 曾鸣等：《读懂互联网＋》，中信出版集团，2015，第 7 页。

综上所述，随着大数据时代的到来，可以认为，三网融合的实质，在一定程度上不是功能融合，而是数据融合。因此，三网融合背景下电视产业的创新发展也必须做出相应调整。其出路不在集合电视、互联网、家庭游戏机等功能上，不在功能集成上而是在大数据的采集与处理上。这也是我们的电视产业在三网融合背景下利用大数据技术，实现创新发展的根本出路。

（三）三网融合与"互联网＋"

2015 年 7 月 4 日，国务院印发了《关于积极推进"互联网＋"行动的指导意见》，这是推动互联网由消费领域向生产领域拓展，增强各行业创新能力，构筑经济社会发展新优势和新动能的重要举措。[①]

"互联网＋"是以互联网平台为基础，利用信息通信技术与各行业的跨界融合，推动产业转型升级，并不断创造出新产品、新业务与新模式，构建连接一切的新生态。[②] 在广度上，"互联网＋"正在以信息产业为基础全面应用到第三产业，形成了互联网金融、互联网教育等新业态。在深度上，"互联网＋"正在从互联网的信息生产逐渐渗透到销售、运营和制造等多个产业链环节，并将互联网进一步延伸，通过物联网把机器和人连接在一起，形成人与物、物与物的全面连接，促进产业链的开放融合。[③]

三网融合和"互联网＋"都是依托信息技术的发展来优化生产要素、更新商业模式，由传统时代的大规模生产、大众传播转向大规模个性化定制和精确传播，形成以用户为导向的个性化定制新型生产模式。满足不断增长的长尾市场，从而构建新的传媒生态。以整合并优化公共资源配置为目的，提高资源使用效率，促进产业进化与经济发展。这是它们的共同点，但它们的区别也很明显。首先，它们的侧重点不同，"互联网＋"更多地强调互联网技术与传统产业的结合，强调以互联网平台为基础，创造出新产品、新业务与新模式，构建连接一切的新生态，更强调"＋"。而

[①] 《国务院关于积极推进"互联网＋"行动的指导意见》，中国政府网，http://www.gov.cn/zhengce/content/2015–07/04/content_10002.htm。

[②] 曾鸣等：《读懂互联网＋》，中信出版集团，2015，第 288 页。

[③] 曾鸣等：《读懂互联网＋》，中信出版集团，2015，第 289 页。

三网融合侧重于电信网、广播电视网、互联网三者的融合，侧重网络互联互通、资源共享，最终形成"万物均互联，一切皆媒体"的格局，更强调"融"。其次，它们所倚重的技术基础不同，"互联网＋"的技术基础更倚重互联网技术，特别是大数据与云计算，而三网融合虽然也受这些新技术的影响，但更强调媒介融合技术，更关注业务融合、终端融合、监管融合与网络融合。最后，在一定程度上，三网融合特别是网络融合是"互联网＋"的基础。在国务院《关于积极推进"互联网＋"行动的指导意见》中，特别提到了要巩固网络基础，如加快实施"宽带中国"战略，组织实施国家新一代信息基础设施建设工程，推进宽带光纤化改造，加快提升移动通信网络服务能力，促进网间互联互通，支持农村及偏远地区宽带建设和运行维护。[①] 马化腾在《关于以"互联网＋"为驱动，推进我国经济社会创新发展的建议》中，也认为目前我国"互联网＋"的基础设施建设不足。[②] 而这些正是三网融合推进过程中要解决的问题。从这点来看，2010年提出的三网融合对"互联网＋"有着独特的价值。同时，也可以在一定程度上认为，"互联网＋"是三网融合的新发展阶段。

（四）三网融合与"人工智能"

人工智能是计算机科学的一个分支，它用科技、系统、大数据的分析来模拟人工操作，达到简化人工操作、方便人工操作的目的，其涵盖领域包括智能机器人、机器自我学习、软件智能算法、设备智能操作等。人工智能的学科基础包括计算机的底层编码和程序、心理学、传播学、社会学等。其主要发展方向可以分为计算智能、感知智能、认知智能。

从产业链的角度来看，人工智能产业链可以划分为基础层、技术层和应用层。其中基础层即整个行业的基础设施，是所有人工智能技术和应用实现的前提，包括 AI 芯片、传感器、大数据平台、云计算服务和网络运营商等。该层的进入门槛较高，需要长期布局和大量的资源累积，比如芯片企业需要前期大量的研发投入，大数据资源往往被拥有流量的科技巨头和

---

① 《国务院关于积极推进"互联网＋"行动的指导意见》，中国政府网，http://www.gov.cn/zhengce/content/2015－07/04/content_10002.htm。

② 曾鸣等：《读懂互联网＋》，中信出版集团，2015，第 289～293 页。

运营商所占据。技术层指的是基础技术研究和服务，包括以深度学习为首的算法开发和语音技术、自然语言处理等专用技术等。该层需要中长期布局，形成具有一定规模的工程团队，投入程度则相对适中。应用层则是将人工智能技术具体应用到各行各业，包括安防、医疗、交通、教育等，该层进入门槛相对较低，前期投入少，投资回报快，是很多创业公司在人工智能行业的切入点，竞争也相对激烈。

在三网融合背景下，广播电视已从信息内容的生产分发转型升级为大数据平台与智慧家庭中心。这在下一代广播电视网（Next Generation Broadcasting network，NGB）到智慧广电的发展历程中尤其明显。智慧广电可看作广电在三网融合背景下对人工智能大潮的主动适应。所谓智慧广电，是以智能化的下一代广播电视网为基础，融合大数据、云计算、人工智能（AI）、移动互联、物联网、虚拟现实（VR）和增强现实（AR）等先进技术和设施，推动信息科技与社会生活深度融合，实现信息传递、管控及服务的智能化、安全化，推动信息社会进入高级阶段，最终与智慧城市、智慧社区、智慧健康、智慧教育、智慧家庭等融为一体。2018 年 11 月 22 日，中宣部副部长，国家广播电视总局局长、党组书记聂辰席在推进全国"智慧广电"建设现场会上指出，广播电视要积极参与智慧城市、智慧乡村、智慧社区和智慧家庭建设。推进智慧广电建设，是广电行业贯彻落实党中央决策部署的实际行动。他提出，第一，要在培育智慧广电生态上发力，进一步增强广播电视服务能力；第二，要在发展智慧广电网络上发力，提升融合一体化发展水平；第三，要在培育智慧广电生态上发力，进一步增强广播电视服务能力。① 这是 2018 年 11 月 16 日，国家广播电视总局在向各省、自治区、直辖市广播电视局，总局直属各单位和中央广播电视总台印发《关于促进智慧广电发展的指导意见》后对智慧广电建设的又一次明确解读。②

由此可见，人工智能为三网融合提供了新的发展方向与可能。首先，

① 聂辰席：《在推进全国"智慧广电"建设现场会上的讲话》，国家广播电视总局官网，http://www.nrta.gov.cn/art/2018/11/26/art_183_39776.html。

② 该指导意见指出，加快智慧广电建设，为数字中国、智慧城市、乡村振兴和数字经济发展提供有力支撑，让广电业务在新时代获得新拓展，提供新动能。《广电总局印发〈关于促进智慧广电发展的指导意见〉》，中广互联，http://www.tvoao.com/preview/195613.aspx。

三网融合在人工智能的基础层面上以国家力量推动了大数据平台、云计算服务与网络运营商的协同发展，为人工智能解决了单个公司无法完成的基础设施建设、行业协同等需要时间与大量资金的问题。其次，在技术层面上，三网融合为人工智能提供了协同技术及基础技术研究，提供了能让人工智能服务实现跨越式发展的新平台，为人工智能的创新扩散提供了新通道。最后，从应用层面来看，三网融合让人工智能的技术应用直接对接到多媒体家庭、信息终端，本书"智慧家庭数码港"的提法，就是将电视作为家庭人工智能平台，通过物联网等形式，让电视成为"智慧家庭"等新家庭媒介生态的中心，从而达成人工智能与三网融合的深度融合。

（五）三网融合与区块链

区块链（Block Chain）是一个由不同节点共同参与的分布式数据库系统，是开放式的账簿系统；它是由一串按照密码学方法产生的数据块或数据包组成，即区，每一个区块都包含上一个区块的哈希值，从创始区块开始链接到当前区块，从而形成区块链。区块链的实质是在信息不对称的情况下，无须相互担保信任或第三方（所谓的"中心"）核发信用证书，而是采用节点信任机制。[①]

三网融合一定程度上在国家层面为区块链发展提供了推动力，比如三网融合中的网络融合为区块链的基础设施发展提供了支撑，终端融合、业务融合从体制上为区块链提供了帮助等。区块链的特点在于去中介化和去中心化，打破中介对信息不对称的垄断。三网融合的特点之一是消除垄断和引入更多的竞争。在这一点上两者有共同点。在唐·塔普斯科特、亚力克斯·塔普斯科特《区块链革命》一书中，提出了区块链的几个障碍和挑战，其中可扩展性障碍是指："我们必须能够与多个网络进行连接。这样它们才能互相操作。"[②]"产品未来寿命"所带来的挑战是指，"资产的生

---

① 〔加〕唐·塔普斯科特、亚力克斯·塔普斯科特：《区块链革命》，凯尔、孙铭、周沁园译，中信出版集团，2016，第3页。
② 〔加〕唐·塔普斯科特、亚力克斯·塔普斯科特：《区块链革命》，凯尔、孙铭、周沁园译，中信出版集团，2016，第31～32页。

命周期远比一个典型的应用程序或一个公司的存活时间要长得多。初创企业经常出现破产或将自身出售给更大规模的公司的情况"等。而这些障碍和挑战不是单个企业或行业协会可以解决的，只有在作为国家行为的三网融合进程中才能得到解决。因此，三网融合的推行对区块链仍有现实意义。

同时，区块链也为三网融合提供了更多的机会，唐·塔普斯科特、亚力克斯·塔普斯科特在《区块链革命》一书中指出，区块链的万物账本有九个很好的特性。

可恢复性——自我纠错，没有单点失败的风险；

处理能力强——可以处理数十亿的数据点和交易；

实时性——全天候运作，数据实时流动；

响应性——能够对变化的状况做出回应；

极度的开放性——持续地根据新的输入而进化和改变；

可再生——可以是多重用途的、重复利用及回收过的；

简化性——成本和摩擦最小化，处理效率最大化；

产生收入——创造新型的商业模式和机会；

可靠性——确保数据完整性，参与者的可信性。[1]

上述九个特性将为三网融合提供更多的推动力量。如创造新的商业模式和机会；可以持续根据新的输入和变化而进化和改变；能够对变化的状况做出回应；能够实现成本和摩擦最小化、处理效率最大化等，这些无一不是三网融合背景下电视产业创新发展所追求的目标。

此外，区块链还可以成为有效的平台建造者。"区块链在提供标准通用数据库（开放应用程序接口）及标准通用合约方面非常出色。区块链可以让平台的建造成本变得更低、更可控。""它的优势是其通用的数据库有助于提高数据的透明性和可移植性：消费者和供应商可以寻求最佳的条件。他们也可以在区块链上进行相互协作，创造他们自己的平台，而不是

---

① 〔加〕唐·塔普斯科特、亚力克斯·塔普斯科特：《区块链革命》，凯尔、孙铭、周沁园译，中信出版集团，2016，第145～148页。

使用传统公司的资源。"① 从理论上说，区块链为三网融合的平台建设提供了无限的可能。

（六）基于用户角度的三网融合与"新三网融合"

三网融合目前已进行了 10 余年。当前的传媒生态已较当初发生了明显的变化。首先，手机已成为人们随身携带的移动信息终端，电信网与互联网已融合为移动互联网，如微信既是个人通信工具又是集成了金融、社交、游戏等多种功能的移动信息终端。Skype 等软件借助互联网与电信网的融合，可以直接拨打他人的固定电话或手机并实现语音通话与视频通话。其次，物联网异军突起，在物联网中，万物皆互联，多屏可互通，每个家庭的所有家电都可成为一个智能网络并与互联网交互。如小米的家庭智能生态系统，通过小爱音箱对台灯、空调、空气净化器、扫地机器人和冰箱等进行语音控制。我们可以通过语音与虚拟的机器人"小爱同学"进行交互，向其咨询天气情况等问题，也可以发布打开空调或电视等指令，调用手机或互联网的视频到电视大屏上播放。将家庭转化为基于智能化场景的生态系统，实现基于网络融合的功能融合与 AI 自主学习。最后，我国的电视网相对封闭、独立，有待转型。目前的电视已发生了改变，应主动以智慧家庭数码港为制高点，融合移动互联网和物联网，成为家庭大数据中心。

因此，如果单从用户角度来看，可以在一定程度上认为原来的电视网、电信网、互联网的三网融合已发展成电视网、物联网和移动互联网的"新三网融合"。原三网融合作为国家政策应理解为在国家层面对电信网、电视网、互联网进行主干网调整和体制调控。而当前的三网融合需要在用户体验的导向下，以智慧家庭数码港为基础，在运行层面上着眼于"新三网融合"来进行，最后形成"万物皆互联，视听为中介"的"新三网融合"格局，从而实现电视产业的创新发展。②

---

① 〔加〕唐·塔普斯科特、亚力克斯·塔普斯科特：《区块链革命》，凯尔、孙铭、周沁园译，中信出版集团，2016，第 131～132 页。

② 邹建中：《新三网融合背景下电视产业的转型之路》，《编辑之友》2015 年第 12 期，第 15～18 页。

二 电视产业的边界审视

所谓产业，是使用相同原材料、相同工艺技术，在相同价值链上生产具有替代关系的产品或服务的企业、单位和部门的集合。产业布局与产业结构优化成为其中的重要内容，但因为我国的特殊国情，产业结构的非均衡问题不可能完全通过市场调节得到解决，仍需要发挥产业政策的调控作用。[①]

在此背景下，我国的电视产业又有狭义与广义之分，狭义的电视产业是指以生产、传输和营销电视节目为主的企业组织及其在市场上相互关系的集合，主要指大大小小的电视台、网络传输公司、节目制作公司、节目策划和咨询公司等。[②] 广义的电视产业是基于电视内容生产、传输、分发技术，以信息数据为主要产品，贯穿内容生产商、运营商、分发商全产业链，提供电视产品或服务的企业、单位与部门的集合。它一方面要实现宣传党的路线、方针、政策正确引导舆论的事业功能；另一方面要实现资本增值的企业功能。本书采用广义的电视产业定义。课题组认为，当前的电视产业已经包括五种形态。第一种是由传统电视台将传统业务与互联网结合，推出的智能机顶盒。第二种是传统电视行业在台网互动的基础上推出的融媒体平台，如"央视网""芒果TV"等，依靠互联网进行多屏传播，用户可通过手机、电脑、电视等进行收看，实现多屏互通。第三种是传统电视制造企业推出的融合互联网，甚至一部分具有智能化处理功能的电视，如"互联网电视""智能电视"等。第四种是传统互联网企业在获得电视内容播出授权或执照的基础上推出的电视盒子，其与传统电视结合形成互联网电视系统，如阿里云、乐视、开博尔、小米、苹果电视盒子等。第五种是传统互联网企业与传统电视制造商合作，强调用户网络视频与娱乐体验的电视产业，如爱奇艺、小米等。[③] 本书讨论的电视产业将基于这个边界

---

① 石奇主编《产业经济学》（第二版），中国人民大学出版社，2011，第1~2页。
② 陆地：《世界电视产业市场概论》，中国人民大学出版社，2003。
③ 邬建中：《浅析大数据时代我国互联网电视产业的发展策略》，《现代传播》（中国传媒大学学报）2013年第12期，第6页。

进行。

三 创新发展的边界审视

1912 年，经济学家熊彼特在《经济发展理论——对于利润、资本、信贷、利息和经济周期的考察》一书中首次提出了创新理论，熊彼特认为，所谓创新就是要"建立一种新的生产函数"，即"生产要素的重新组合"，就是要把一种从来没有的关于生产要素和生产条件的"新组合"引进生产体系中去，以实现对生产要素或生产条件的"新组合"，为经济增长和发展提供动力。[①]

1942 年，熊彼特在《资本主义、社会主义与民主》一书中，又提出创新是一个"不断地破坏旧结构、不断地创造新结构"的过程，是一个"创造性破坏的过程"。20 世纪 60 年代以后，随着世界范围内市场取向改革及技术变革的影响，创新问题开始被各国政府、产业界、科技界和经济学界所重视。此后，创新理论得到了进一步发展，如世界经济合作与发展组织经济顾问克里斯托夫·弗里曼 1974 年出版了《工业创新经济学》，1982 年出版了《失业和技术创新》，克里斯托夫·弗里曼继承了熊彼特的理论，但更强调技术创新与国家政策之间的关系，提出了国家创新体系的概念，认为创新是一种国家行为。"国家创新体系是种种不同特色机构的集合，这些机构联合地和分别地推进新技术的发展和扩散，提供了政府形成和实施关于创新过程的政策框架。这是创造、储存和转移知识、技能及新技术产品的相互联系的机构所组成的系统。"[②]

三网融合背景下电视产业的创新发展是一种国家行为，同时也跟具体实施的企业紧密相关。因此，我们讨论的创新发展，应该从国家创新体系的角度出发，从不同机构联合地与分别地推进创新发展和扩散入手，重点考察电视产业链定位、内容、平台、用户服务环节中创造、储存和转移知

---

① 〔美〕约瑟夫·熊彼特：《经济发展理论——对于利润、资本、信贷、利息和经济周期的考察》，何畏、易家详等译，商务印书馆，1990；牟锐：《中国信息产业发展模式研究》，中国经济出版社，2010，第 76 页。

② 江泽民：《论科学技术》，中央文献出版社，2001，第 136 页。

识、技能及新技术产品的相互关系与联系。考察整个系统的相互影响与运转模式，同时也考察在媒介融合、大数据、人工智能等新技术影响下各种生产要素和生产条件的"新组合"对整个生产体系的影响，从而为三网融合背景下电视产业创新发展提供有益参考。

综上所述，在厘清了三网融合与当前新技术、新概念的关系脉络，讨论了三网融合与各种新技术、新概念之间的联系与区别后，可以看到，三网融合并没有过时，仍有着强大的生命力。在三网融合后流行的新技术、新概念可以认为是三网融合发展的新阶段上的内容。通过审视上述边界，我们对三网融合背景下电视产业创新发展的定义为：在三网融合进程中，在媒介融合技术，特别是大数据、云计算、人工智能等新技术不断发展的背景下，结合我国国情（如电视台作为党的"喉舌"这一政治属性不可动摇，其事业属性、企业化运营仍在较大范围内存在等），对与电视相关的各种生产要素和生产条件进行"新组合"，从而引起电视产业链及整个电视产业体系的变革与进步。

从研究对象上看，我们研究的创新在相当程度上是政府主导的国家行为，更接近国家创新体系。从研究范围上看，三网融合是从制度、技术、市场、用户等方面全方位进行的监管、业务、网络、终端融合。我们需要从政府三网融合政策的流变、电视产业定位、内容、平台、终端等方面结合产业链进行分析，其中技术和制度的互动是不可回避的问题。从形成机制及基本模式上看，三网融合背景下我国电视产业创新发展属于信息产业技术范畴，江泽民曾在《论科学技术》中指出，信息产业技术创新的形成机制表现出从观念产生到创新出现的律动作用的联系。[1] 它有三种基本模式：一是技术推动型，或叫自然成长型，即"基础研究应用与发展研究＋技术创新"；二是需求拉动型，即"市场需求—应用与发展研究—技术创新"；三是交互作用型，即"科学推动与市场需求交互作用—应用与发展研究—技术创新"。[2] 在三网融合背景下电视产业的创新发展中，这三种模式同时存在并相互作用。我们需要在本课题的实际研究中对此进行探索。

---

① 江泽民：《论科学技术》，中央文献出版社，2001，第 136 页。
② 牟锐：《中国信息产业发展模式研究》，中国经济出版社，2010，第 80 页。

第三节　基于智慧家庭数码港新电视
产业的研究视角

一　基本概念

（一）智慧家庭数码港

当前，电视面临手机、电脑等个人数据处理终端的竞争，而我们知道，电视的传统位置在客厅，它往往被认为是让家庭成员一起分享时光的"客厅媒体"，相比其他个人数据处理终端，如手机等，电视一般来说屏幕更大，体积也更大，更依赖固定电源，更有可能安装大功率处理器从而使其具有更强劲、更持久、更稳定的数据处理能力，成为家庭数据处理中心及"云计算"的一个节点。因此，在大数据时代，新电视产业的发展与其与手机、电脑等在移动化、小型化、私密化上比拼，不如发挥电视屏幕更大、更适合家庭成员一起使用、更有可能安装大功率处理器的优势，定位成智慧家庭数码港。电视可开发出针对电脑、手机等个人终端的各种接口，让电视在保证其基本功能的同时，还可以与各种设备连接从而组合成不同的功能模块，实现"1+1>2"的效果，成倍提高设备的效能。这样，电视就成为包容个人数据处理终端的平台而不是与之进行同质竞争的平台。①

（二）新电视产业

媒介环境学派的代表人物保罗·莱文森在《人类历程回放：媒介进化论》② 中认为，人类媒介的演化必然是越来越人性化，后者的媒介必然是对以前媒介的补救。他在《新新媒介》一书中，又提出："新新媒介把新媒介对旧媒介的优势拿过来，一网打尽，而且还进了一步。"③ 而我国学者

---

① 邬建中：《浅析大数据时代我国互联网电视产业的发展策略》，《现代传播》（中国传媒大学学报）2013 年第 12 期，第 6 页。
② 〔美〕保罗·莱文森：《人类历程回放：媒介进化论》，邬建中译，西南师范大学出版社，2017。
③ 〔美〕保罗·莱文森：《新新媒介》（第二版），何道宽译，复旦大学出版社，2014，第 6～7 页。

吴信训认为："在信息技术、数字通信技术和互联网技术革命的汹涌浪潮中，传统电视业已经逐渐融合发展为跨越广播电视和信息产业边界的综合性产业，其内涵和外延都发生了颠覆性的变化。"[1] 在此背景下，三网融合拓展了传统电视产业的边界，衍生出智能电视机顶盒、IPTV、OTT TV、智能电视、视频网站和手机电视等新媒介形式，电视产业已向智能化、网络化、融合化快速发展，电视产业链不断拓展，包括视听业务、大数据业务、智能业务等在内，当前的电视产业已经包括五种形态。为与传统电视产业区别，我们将这种在三网融合背景下，包含五种主要形态的电视产业称为"新电视产业"，即在三网融合背景下形成的以"视频"为中心，上、下游产业包括内容生产、集成、分发及数据挖掘与商用，由机顶盒、智能电视等设备生产商、网络运营商、技术提供商和内容集成商等共同建构起新产业链的电视产业。这一被称为"新电视产业"的新型电视媒体产业价值链条，大大拓展了传统电视产业"内容生产"、"二次销售"与"电视机生产"等的发展空间，[2]为传统电视产业带来诸如"面向多种终端的节目定制和分发""智能电视、互联网电视、数字高清机顶盒等设备生产""大数据挖掘与信息服务""智慧产业服务""互联网服务"等新的产业空间。

二　研究向度

我们的研究向度包括由浅入深的三个层面。

首先是技术，我们需要对三网融合背景下电视产业涌现出来的新技术，如 IPTV、OTT TV、中央厨房、"互联网+"、物联网、人工智能、区块链等进行审视，但是我们的研究重点不是技术本身，而是研究这些技术是在什么样的背景下被电视产业采用的，它们为电视产业的创新发展提供了怎样的可能。技术在被电视产业采用的过程中又是否产生了进化，从而引发多米诺骨牌式的连锁创新反应？

---

[1] 吴信训等：《互联网与传统媒体融合趋势研究》，载吴信训主编《世界传媒产业评论》（第7辑），中国国际广播出版社，2011，第15页。

[2] 高红波：《电视媒介融合论：融媒时代的大电视产业创新发展》，社会科学文献出版社，2018，第9页。

　　然后是产业，主要研究在三网融合技术的推动下，电视产业正在进行和可能进行怎样的创新发展，如电视原来被认为是一个视听媒体，相对于广播它第一次将声音和影像进行了融合，相对于电影它出现了现场直播等形式，让人产生"新闻正在发生，我在现场"的感受。同时，它也被认为是一种"客厅媒体"，是将一家人集合在客厅共享家庭时光的电子媒介。而当互联网、移动互联网等形式出现后，电视开机率逐年下降，手机、平板成为吸引人们注意力的主要载体。在此背景下，电视产业该往何处去？怎么找到自己的独特竞争力，避免与手机、平板等在移动化、私密化、小型化上比拼？

　　我们认为在三网融合背景下，电视仍然是客厅媒体，但它已不是简单地将一家人聚集在客厅的视听媒介，而是在物联网、大数据、媒介融合等三网融合技术"多屏互通，万物互联"基础上成为家庭数据数码港，包括家庭媒介融合中心、大数据处理中心、物联网中心、个人移动媒体连接中心、基于3D、VR、AR技术的大屏场景化感受及娱乐中心等。在一定程度上，电视产业作为客厅媒体的定位没变，变化的是其在三网融合技术影响下，由家庭视听中心向媒介融合数据中心的转变，而这一切的转变是由技术变革所引发的。在这部分我们研究的主要内容是三网融合背景下电视产业新定位、新的产业链，即内容生产、平台整合与用户服务部分。因此，这是在技术层面的研究之后，我们的第二个研究层面——产业层面。

　　最后是产业生态。技术与产业的变革只是提供可能，这些可能有些是能实现的，有些是无效的。而技术和产业必将对社会产生各种影响，社会的变化又会影响技术与产业的发展，并最终影响三网融合的走向。我们将对社会的影响聚焦于产业生态层面。此处的产业生态包括政策、市场及其复合体，三者相辅相成、相互作用，形成中国特色的电视产业创新发展生态。重点研究在由技术引发的产业变革后，产业生态发生了哪些改变。因此，需要对我国三网融合政策的流变、国外发展的先进经验、我国历年产业发展进行审视，对涌现的各种模式进行分析，对已证明成功的经验进行总结。首先，对国家历年三网融合政策进行梳理，探索国家针对变化而不断调整的规制变革。然后，通过几次大规模调研，研究整个产业环境及用户受众的发展趋势。最后，通过对广电上市公司、互联网视听公司、互联网电视厂商等企业的相关数据进行梳理，研究由市场大浪淘沙后的电视产业创新发展方向。

第四节　研究现状与意义

一　研究现状

"三网融合"不仅仅是信息时代发展的一个阶段性概念，更是基于数字网络发展而出现的信息化技术，它力图在产业政策、业务与市场、技术的三重驱动力作用下，打造一个能够集中传递数据图像以及语音信息的高速网络平台，促进社会的全面信息化转型，为产业的创新发展提供一种新向度。就三网融合发展现状来看，其影响已然远远超越一种新型信息技术单独对社会的贡献；它以电信网、广播电视网、互联网的相互融合为基础，在囊括各种网络技术、业务、运营监管融合的情况下，不断深入政治、产业经济、文化以及国家安全等各个层面，为产业在新的生态环境下进行业务开拓与创新发展提供了巨大的思考空间；它还以信息纽带的角色使网络互通、资源共享得以实现，让行业向"你中有我，我中有你"的生态格局发展，并成为社会信息化建设的焦点。我国从 1996 年就开始了关于三网融合的探索，面对新技术引发的媒介生态变迁，电视产业如何实现创新发展已成为国内外学者共同探讨的热点话题。

（一）三网融合研究

1. 关于三网融合的定位与内容研究

"三网融合"是社会信息化发展进程中的一场媒介生态革命。美国学者尼古拉斯·尼葛洛庞帝于 1978 年用三个圆圈对计算机业、广播电影业以及出版印刷业的边界出现的重合现象进行了描绘，这被认为是对三网融合最早的表述。国内对三网融合的研究开始于 1996 年，在 2001 年国家颁布的"十五"计划纲要中，从国家层面提及了三网融合的概念，相关研究于 2010 年达到鼎盛状态（如图 1 所示），这一年也被称为三网融合"元年"。根据易旭明《中国电视产业制度变迁与需求均衡研究》一书可知，"三网"一词最早出现于 1997 年国务院在全国信息化工作会议上发布的《国家信息化总体规划》。① "三网"的初次提及使"三网融合"在"一网三用"和"三网合一"的概念表达间出现分歧。罗琛曾指出，"三网融合"不是网络间的彼此取代，而是通过网络传输的联通，达到资源共享的目标。② 2010年，香港城市大学传播与媒体系教授祝建华在"三网融合背景下的媒介经营和营销论坛"上也强调"三网融合"应该是"一网三用"，是网络合一、业务分化的形态。③ 温建伟、王厚芹在《国际三网融合进程评价与启示》中认为，三网融合涉及技术、管理以及市场三大方面的融合（见表1）。而付冲、任彦斌、夏泳在《三网融合技术》一书中又根据具体融合内容分为业务融合、监管融合、终端融合及网络融合。④ 国内关于"三网融合"的权威界定是国务院2010年1月发布的《国务院关于印发推进三网融合总体方案的通知》。通知指出，"三网融合是指电信网、广播电视网、互联网在向宽带通信网、数字电视网以及下一代互联网演进过程中，其技术与功能将趋于一致，业务范围趋于相同，网络互联互通、资源共享，能

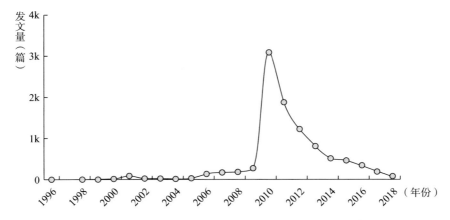

图1　中国知网关于"三网融合"文献的年发文量趋势

①　易旭明：《中国电视产业制度变迁与需求均衡研究》，上海交通大学出版社，2013，第295页。
②　罗琛：《广电全媒体传播特点》，《电视工程》2011年第2期，第20～22页。
③　周锋：《新机遇与新挑战——"三网融合背景下的媒介经营和营销论坛"综述》，《中国广告》2011年第2期，第128～130页。
④　付冲、任彦斌、夏泳编著《三网融合技术》，国防工业出版社，2014。

为用户提供语音、数据和广播电视等多种服务"的融合性平台。①

表 1　三网融合层次模型

融合的层面		目标	内容
技术融合	硬：网络的融合	互联互通	实现三种网络的互联互通，确保所有的网络使用者能够畅通无阻地共享所有网络
	软：业务的融合	相互承载	依托电信网、广播电视网、互联网的各自优势，开展数据、语音、视频全业务
管理融合	硬：机构的融合	统一监管	将传统的电信网、互联网与广播电视网等传输信号均视为无差别的数字信号，统一进行监管
	软：法律的融合	横向规制	将对电信和广电的管制由"纵向分业"规制转向"横向分层"规制
市场融合	硬：产业的融合	蓬勃发展	鼓励终端产品的融合，面向需求创造并开发新兴的增量市场
	软：企业的融合	双向准入	原则上允许有线电视和电信运营商彼此互相进入，竞争、合作、共赢

资料来源：温建伟、王厚芹：《国际三网融合进程评价与启示》，《电视技术》2010 年第 6 期，第 113～119 页。

2. 三网融合相关理论研究

郝芸霞、金耀星在《国内外三网融合发展现状研究及分析》中指出，向来走在科技前沿的美国，其电信以及信息通信市场相对世界其他各国开放得较早，也是最早通过立法手段来维护三网融合顺利运行的国家。② 美国于 1996 年 2 月便颁布了《电信法案》，③ 该法案的颁布，给当时美国三网融合提供了有效保障，也带动了全球三网融合的发展。从 1997 年开始，英国就逐步取消了关于电信运营商涉足电视业务的禁令，并在 2003 年就成立了通信业管理机构 Ofcom，融合了原有的电视、电信等多个管理机构的职能，但英国相比于其他各国，目前依旧停留在对有线宽带的支持上。④

---

① 国务院办公厅：《国务院关于印发推进三网融合总体方案的通知》，2010。

② 郝芸霞、金耀星：《国内外三网融合发展现状研究及分析》，《信息通信技术》2011 年第 3 期，第 51～55 页。

③ 曾静平、李炜炜：《国外"三网融合"发展沿革及启示》，《电视研究》2009 年第 10 期，第 75～77 页。

④ 李春梅：《"三网融合"背景下中国媒体的运用与作为》，《人力资源管理》2010 年第 6 期，第 15～17 页。

根据王润珏《日本的三网融合之路及其对中国的启示》一文，日本在 2011 年 7 月就正式宣布告别模拟电视，全面步入数字电视时代。[①] 他们不仅重视三网融合政策的制定，还认为在三网融合的进程中应该注重公众媒介素养的提升，这样才有助于契合三网融合在信息化时代发展的意义，实现社会经济的高速发展，这也是我国发展三网融合过程中值得借鉴的经验。

国内对三网融合的讨论开始于 20 世纪 90 年代中后期，国家三网融合的相关政策也在此之后陆续出台。2005 年发布的《国务院关于非公有资本进入文化产业的若干决定》《国家广电总局关于推进试点单位有线电视数字化整体转换的若干意见（试行）》两个文件，对三网融合发展起到了一定的推动作用。政府相关政策的颁布也引起学者的研究热潮，从中国知网的相关研究文献量来看，2010 年有关"三网融合"主题的期刊类文献达到 1771 篇。随后陆续有学者立足本国三网融合的发展战略进行探究，如武超群就从国外三网融合发展的经验基础之上，探究了我国的三网融合发展策略，他在《基于国外三网融合经验探究我国三网融合发展策略》一文中指出，三网融合推进的基础是市场机制，应该依靠市场的力量来促进产业间的融合发展，而政府的职责便是设定统一监管体制，消除相关阻力。[②] 徐鑫等人也指出了国家政策对三网融合的重要性，他认为良好的政策环境能有效促进三网融合在适应我国国情背景下顺利运转。[③] 华鸣等人在《三网融合理论与实践》一书的上篇中，着重研讨了三网融合发展的战略性意义，并且提出推进三网融合发展模式以及业务形态构建和网络安全的相关策略。[④] 陆伟刚则是从双边理论的视角出发，在《三网融合模式下的电信运营商竞争策略设计与公共政策选择——基于双边市场理论的研究》一书中，对双边市场和传统市场在市场结构特征等方面进行了比较研究，并基

---

① 王润珏：《日本的三网融合之路及其对中国的启示》，《新闻界》2011 年第 6 期，第 89 ~ 92 页。
② 武超群：《基于国外三网融合经验探究我国三网融合发展策略》，《广播电视信息》2010 年第 11 期，第 34 ~ 39 页。
③ 徐鑫、陈新：《建立完善政策体系推动三网融合进程》，《中国科技论坛》2010 年第 7 期，第 101 ~ 105 页。
④ 华鸣等编著《三网融合理论与实践》，清华大学出版社，2015。

于大量数据，归纳分析出了在三网融合背景下具有双边市场特征的运营商（中国电信等）制定市场竞争策略与政府公共政策的建议，为我国电信等基于互联网的信息产业的健康发展提供理论支持。[1] 杨成、韩凌两人合著的《三网融合下的边界消融》是国内较为系统和全面地介绍三网融合的专著，他们从边界消融理论出发，详细介绍了国外三网融合的市场发展，以及在三网融合背景下我国电信业与广电业的发展与创新转型问题。[2]

3. 三网融合产业发展研究

三网融合带来了产业的创新发展，也为市场的多样性演变提供了原动力。鲁帆在《三网融合产业链研究》一书中，[3] 基于国内外大量三网融合实践，从平台、内容、用户、终端等方面入手，对三网融合的趋势发展进行了预判。米丽娟在《从概念到运作——"三网融合"研究述评》中也谈到，从国外三网融合的发展历程来看，三网融合主要根植于跨产业集团的联盟、收购与重组，[4] 并借力于网络融合技术的推动。[5] 其不同阶段和不同方式的融合将为企业带来不同的收益，如亚马逊充分利用其自身用户数量优势，向 Prime 订户推出 OTT TV 服务。[6] 王孝明等人采用实证调研的方法，结合自身在电信企业运营方面的实践经验，在《三网融合之路》中，详细介绍了三网融合典型的业务类型及其演进路径，并进一步阐释了三网融合与提升用户感知的关系。[7] 在借鉴国外三网融合经验的基础上，李瑾还结合我国农村信息化发展状况，在《三网融合进程中农村信息化发展问题研究》一书中，充分阐释了三网融合背景下我国农村信息化的相关发展问题，并从体制、环境以及市场竞争等方面提出了农村信息化产业对推进三网融

---

① 陆伟刚：《三网融合模式下的电信运营商竞争策略设计与公共政策选择——基于双边市场理论的研究》，中国社会科学出版社，2015。
② 杨成、韩凌：《三网融合下的边界消融》，北京邮电大学出版社，2011。
③ 鲁帆：《三网融合产业链研究》，中国传媒大学出版社，2015。
④ 米丽娟：《从概念到运作——"三网融合"研究述评》，《编辑之友》2015 年第 1 期，第 25 ~ 28 页。
⑤ 吴生高、吴铮悦、季春：《美国"三网融合"的经验对我国的启示》，《科技与经济》2010 年第 4 期，第 86 ~ 89 页。
⑥ 刘旸、朱新梅：《三网融合背景下美国视听新媒体产业创新研究》，《中国广播》2014 年第 10 期，第 52 ~ 56 页。
⑦ 王孝明等编著《三网融合之路》，人民邮电出版社，2012。

合、农村信息化发展的思路和途径，为三网融合产业研究拓宽了方向。[①]

4. 三网融合运营研究

三网融合运营直接关联其产业发展成效。在中国知网以"三网融合 + 运营"为主题进行检索，共出现 2167 篇文献。其中，胡涛等学者从产业价值链的视角，在《我国三网融合运营模式研究》一书中阐述了适合我国国情的三网融合运营模式。在产业实践层面，黄升民认为相互融合的理性化产业结构还不够成熟，未形成健康的产业发展链。同时认为如果不在智能家居的前提下考虑三网融合，思路依然是狭窄的。三网融合发展的产业定位不仅在于自身产品，还应将注意力转向公众客户。[②] 彭兰认为，三网融合背景下的广播电视以及电信行业间的体制存在较大差异，不利于双方合作的开展，政策体系也有待进一步完善。当前的数字电视网络正向下一代广播电视网衍生，电视、机顶盒、互联网盒子等终端，以及电视网络服务在未来的定位，都应该置于智能家居的基础之上进行考虑。[③] 张睿还认为，产业在三网融合背景下，可采用垂直分离形式的商业模式来加速产业融合与提高市场竞争活力。[④]

(二) 电视产业研究

1. 产业属性理论定位研究

电视业在我国正式成为一种产业，源于 1992 年国务院颁布的《关于加快发展第三产业的决定》，该决定明确将电视产业归于第三产业。从电视的自然属性出发，电视产业又属于第三产业中的信息服务业。相比其他产业，电视业具有我国公共媒体的公益属性，承载着传递传统文化和丰富人们精神生活的文化产业职责，需要及时向人们提供社会信息服务，但它还具有社会经济属性，其发展也受制于市场经济。关于电视产业在数字时代的演变，黄

---

① 李瑾：《三网融合进程中农村信息化发展问题研究》，中国经济出版社，2014。
② 黄升民：《三网融合下的"全媒体营销"》，《新闻记者》2011 年第 1 期。
③ 彭兰：《从老三网融合到新三网融合：新技术推动下三网融合的重定向》，《国际新闻界》2014 年第 12 期，第 130 ~ 148 页。
④ 张睿：《三网融合普遍接入技术和市场及政策选择》，博士学位论文，哈尔滨工业大学，2008。

迎新曾谈到，正是数字技术导致了电视产业形态、制度的相应转型。[①] 电视作为一种信息服务业，在顺应数字时代转型发展的同时，其产业链也在相应演变。李岚在《电视产业价值链——理论与个案》一书中，从个案研究的角度出发，在分析电视产业价值链理论的基础上，探讨了我国电视企业的资源共享以及产业价值链接的可能性。[②] 而黄升民认为，在很长时间里，我国都在过度强调电视业的意识形态问题，从政治工具的层面去认识它。电视业产业化开端于 1979 年媒介广告经营的复苏，自此以后，被认为具有强意识形态特征的电视媒介逐渐向注意产业经营的电视媒介转变。[③]

2. 产业发展研究

在三网融合时代，传统电视早已不能满足信息时代的生活需要。尽管电视产业在三网融合进程中不断进化，但依旧存在产权不清、所有制结构不合理、管理体制障碍等问题。王冠在其文章《新媒体时代中国电视产业发展综述》中谈到，我国电视业自其诞生以来，主要以公共媒体的公益性事业单位自居，并作为党和政府的舆论宣传工具，而电视产业的产业属性要求其遵循市场规律及考虑经营问题。[④] 杨柳在《我国广播电视业资本市场现状及未来发展方向》中也认为，在电视业内部，行政隶属体制往往导致政、事难分，行政手段催生的广电集团作为市场主体也难发展成熟，难以通过资本运作实现资产优化配置、产权重组。[⑤] 在产业结构方面，传统电视业的运作模式与市场经济需求也不相适应，在资本运用上还未形成以核心业务为龙头的经营机制。从历史来看，电视台作为国家事业单位，在吸收外资和私人资本上限制较大，而通过改制产生的广电集团也存在产权结构单一的问题，使得其在多元化经营、多渠道融资等方面困难重重。黄

① 黄迎新：《数字时代的中国电视产业研究》，厦门大学出版社，2012。
② 李岚：《电视产业价值链——理论与个案》，社会科学文献出版社，2006。
③ 黄升民：《"媒介产业化"十年考》，《现代传播》（中国传媒大学学报）2007 年第 1 期，第 101～107 页。
④ 王冠：《新媒体时代中国电视产业发展综述》，《新媒体研究》2017 年第 6 期，第 69～70 页。
⑤ 杨柳：《我国广播电视业资本市场现状及未来发展方向》，《魅力中国》2014 年第 15 期，第 288 页。

进也认为我国电视业在发展过程中存在电视产权模糊的问题，① 这也是电视业在融合环境下转型困难的因素之一。现阶段广播电视业的收入主要有广告收入、有线电视收视维护费、财政拨款等。其中，以广告收入为主的比例过高，对衍生产品的开发不够。我国广播电视业过于依赖广告收入，资本盈利模式比较单一，从根本上阻碍了媒体实现盈利模式的发展过渡和转变，导致媒体可持续发展乏力，且在我们的电视产业市场存在着弱者不弱、强者不强的非正常现象。② 另外，常海斌认为，我国的电视产业链还不够成熟，电视配套标准处于不确定阶段。③

3. 产业发展实务和战略对策研究

胡正荣主要从媒体融合的视角对当下的电视产业进行思考，他认为在当今时代传统媒体要有互联网思维，这种互联网思维可以帮助传统媒体找到适合其自身发展的新路径，并且媒介融合将会成为一种趋势。传统媒体与新兴媒体融合的路径主要有三条，分别是打造融合媒体技术体系、以用户为中心和以产品导向为突破。④ 同时胡正荣也指出对传统媒体而言，体制机制是其转型的最大困难，而身为传统媒体代表的电视受制于体制机制，也需要新媒介技术的介入来激发出新的活力。黄升民将大数据等最新的概念移到了电视产业的发展之中，在《数字电视产业经营与商业模式》一书中，他就引入了"数字化"的概念，并认为其是广播电视媒介发生种种变化的动因，更是广播电视媒介战略发展的出路。黄升民还强调了媒介融合的重要性，认为与国际媒体产业中的融合现象相比，我国的媒体融合呈现出独特的特点与发展路径，而且在媒介融合中最典型的例子就是广播电视产业与通信业之间的融合发展。黄升民认为在广播电视与通信产业各自发展并达到一定成熟度之后，有两种变化

---

① 黄进：《中国数字电视产业发展现状、问题与对策》，《武汉冶金管理干部学院学报》2014年第3期，第29~31页。

② 陆地：《中国电视产业市场的现状与发展（下）》，《世界广播电视》2004年第3期，第102~104页。

③ 常海斌：《数字电视产业发展存在的问题和对策分析》，《新媒体研究》2017年第9期，第77~78页。

④ 胡正荣：《传统媒体与新兴媒体融合的关键与路径》，《新闻与写作》2015年第5期，第24~25页。

催生了两大产业之间的融合：一个是受众对信息传播产品及业务的需求发生了改变，他们希望能够尽可能简单、便捷地完成多项业务，希望同一家服务商能够尽可能地提供一揽子的信息服务，包括看电视、打电话、网络接入等，从而降低他们的使用成本；另一个变化是，两大产业市场中的运营机构希望能够在自身市场趋于饱和的情况下开拓新的市场，尝试新的业务，赢取新的利润空间，这两种需求交织、发展，最终成为广电业与通信业彼此融合的要求。① 喻国明、姚飞则研究了各种先进的新技术，如人工智能技术等对传统电视产业的影响，喻国明、姚飞认为人工智能技术不仅形塑了整个传媒业的业态面貌，也在微观上重塑了传媒产业的业务链。喻国明、姚飞将人工智能技术划分为两种掌握方式——机构掌握和个人掌握，他们认为当机构掌握这些人工智能技术时，社会对机构的要求就会相对更高。② 这也对传统电视产业的发展提出了更高的要求，加速了电视产业的转型。

4. 产业经济学学理研究

在三网融合背景下，电视产业等传媒产业涉及复杂的外部性、网络经济性质、公共产品性质，尤其是在中国语境中，传媒产业面临的现实情况与主流新古典经济学理论基本假设大相径庭。基于电视产业的属性定位，经济效益是其作为产业的生存需求与发展动力，但其并不能将经济效益作为唯一目标。从电视业的组织结构来看，电视产业属于国有资产企业，柳旭波在《传媒体制改革的制度经济学分析》中认为，传媒机构与国家间非经济产权的主客体关系使资产"增值"或"保值"无从谈起。③ 金碚在《国际金融危机下中国产业经济发展的思考》中也指出，包括工业和服务业在内的高技术产业已经和传统产业、金融业同为这个时代经济体的三大

---

① 刘珊、黄升民：《解读中国式媒体融合》，《现代传播》（中国传媒大学学报）2015 年第 7 期，第 2 页。
② 喻国明、姚飞：《试论人工智能技术范式下的传媒变革与发展——一种对于传媒未来技术创新逻辑的探析》，《新闻界》2017 年第 1 期，第 42 页。
③ 柳旭波：《传媒体制改革的制度经济学分析》，《新闻界》2006 年第 2 期，第 16~17 页。

支柱。① 电视产业作为第三产业中的服务业，不可避免地需要跟进信息时代的步伐，在三网融合技术的支持下创新发展，发挥出电视媒体的独特优势。在产业的市场经济环境下，市场对产业发展的资源配置仅能起基础调节作用，产业的外部性会导致市场对产业的调节失灵，而电视业具有外部性，其外部性包含"暴力""性别歧视""色情"等负面性节目，也涵盖新闻、教育、传统文化等正面性节目。电视媒介属于时间性媒体，其节目又处于一个信息不对称的市场，因而，易形成优质节目市场绩效不高，而品质低劣节目吸引人眼球的反市场目标效果，这就需要进行制度调控。产业属性会使电视业在社会中的发展受制于供给与需求两种因素，吴克宇在《试论电视产品的经济性质》一文中提到，电视媒介作为一种精神生产媒介，在市场经济体制下，其在市场中特殊的经济生产行为决定着它不仅受制于市场的管控，还存在着政府对其产业所有权、融资渠道以及市场结构等方面的管控。② 因而，电视产业的创新发展也需在政府和市场的双重规制下进行突破。产品的差异化是市场结构形成的重要因素，而产品的独特性能够降低产品的可替代性。③ 电视业在三网融合的背景下创新发展，意味着突破当前的节目产品创作模式，达到一种既顺应信息时代又独具特色的产品。

（三）三网融合背景下电视产业发展研究

伴随"三网融合"概念的提出，研究者对该背景下电视产业的研究内容涉及体制机制研究、产业链研究等多角度、多元化领域。国外的主要著作包括艾伦·格里菲思的《数字电视战略》、玛格赫丽塔·帕加尼的《多媒体与互动数字电视——把握数字融合所创造的机会》。随着三网融合上升到国家信息化发展战略的高度，国内的研究著作也连年增长，研究重点集中在三网融合背景下，电视产业面临的危机与策略、如何进行转型发展等方面，

---

① 金碚：《国际金融危机下中国产业经济发展的思考》，《东北财经大学学报》2009 年第 5 期，第 3~9 页。
② 吴克宇：《试论电视产品的经济性质》，《当代经济研究》2003 年第 5 期，第 17~21 页。
③ 陈杰：《中国电视产业市场结构、行为与绩效的 SCP 范式研究》，《新闻大学》2015 年第 1 期，第 106~111 页。

其中有陆地的《中国电视产业的危机与转机》、唐世鼎的《中国电视产业的发展与困扰》等著作。笔者以"电视产业"为主题词在中国知网数据库进行检索，截至 2020 年 1 月 1 日，除去报纸类，期刊文献共计 6743 篇，而关于三网融合与电视产业的结合性研究的期刊文献只有 403 篇。对二者的结合性研究发端于 2001 年前后，且在 2010 年呈现陡然上升状态。

　　CiteSpace 作为一款文献分析可视化工具，由美国德雷塞尔大学信息科学与技术学院的华人学者陈超美博士于 2004 年开发，① 是当前较流行的知识图谱衍生工具。该软件系统以信息数据为基础，旨在通过一系列软件分类指标的不同选择，呈现出某领域知识发展进程以及相关结构关系的图谱，为研究者提供一种可参考范式。在信息科学、生命科学等领域都有该软件的使用案例。侯剑华和胡志刚两位学者最早引入 CiteSpace，他们认为，CiteSpace 的知识图谱可呈现某知识领域的研究前沿与热点；其科学计量学与引文分析、关键词共词网络分析、作者共被引与作者合作网络分析等都有助于研究者进行某知识领域研究的全景考察。② 在中国知网以"CiteSpace"为主题词从 2004 年 1 月 1 日开始进行检索，可发现 5021 篇文献，其中涵盖了硕博论文、名家学者研究等。《科学学研究》《地理科学》《国际新闻界》《测绘科学》《安全与环境学报》《中国哲学史》《马克思主义研究》等期刊都发表过利用该软件系统进行研究的文章。陈悦、陈超美等人在《CiteSpace 知识图谱的方法论功能》中提出，CiteSpace 被大量用于探测学科知识的研究热点与发展趋势，符合该软件系统的开发初衷，但是当前依旧存在因知识领域数据下载策略不当而难以达到数据集完整、准确的程度，相关图谱节点与标签匹配度不高等问题。这些缺陷也是研究者在利用该软件进行数据分析时值得注意的重要细节问题。

　　笔者利用 CiteSpace 软件，在知网以三网融合与电视产业的结合性研究为关键词收集的 485 篇文献进行了可视化分析，以为本课题研究提供参考

---

① 　赵丹群：《基于 CiteSpace 的科学知识图谱绘制若干问题探讨》，《情报理论与实践》2012 年第 10 期，第 56 ~ 58 页。

② 　侯剑华、胡志刚：《CiteSpace 软件应用研究的回顾与展望》，《现代情报》2013 年第 4 期，第 99 ~ 103 页。

资料。我们首先在该软件的首页将时间区间（Time Slicing）设置为2000～2018年（中国知网关于"三网融合"及"电视产业"检索文献的跨度时间），限定其时间分区（Years Sper Slice）为1年，即将这19年的文献按照每1年为一区间进行文献分析图谱展示；并选择关键词（Keyword）作为图谱节点类型（Node Types）。CiteSpace软件共有七种可控制图谱节点取舍的数据提取标准（Selection Criteria），本书则将节点的数据提取标准设定为"TopN"（N＝50），即把每一个时间区间内呈现频次或被引用频次最高的50个节点数据作为可视化分析对象。在时间区域图谱分析过程中，笔者发现了关于"三网融合"与"电视产业"结合性研究文献在各个时间区的发展集群，从2007～2010年集中呈现三网融合与电视产业结合探讨的文献，并落脚于数字电视、有线电视网络、运营商、IPTV、产业政策、OTT TV等方面的研究，如图2所示。2007～2010年，三网融合正是热点研究对象，并在2010年达到峰值，与CiteSpace呈现的图谱信息契合。三网融合的出现，还带来了电视产业政策以及相关运营模式的改变及相关研究，如图2在2013～2016年所呈现的关键词信息等。面对新的媒介环境以及产业的转型发展，不乏研究者开始进行创新路径的探讨。由此可见，在三网融合背景下，电视产业创新发展正呈现"多模式、新路径"的研究模式。

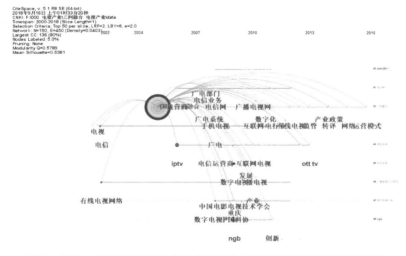

图2　2000～2018年三网融合及电视产业文献的关键词共现时间区域

CiteSpace 的关键词聚类分析功能有助于明确一个研究领域的热点和发展趋势。① 课题组通过关键词频率分析，得出排名前五的热点词分别为：三网融合、IPTV、电信网、运营商、数字电视，说明这几方面已成为重要且基础的研究关注热点。在 CiteSpace 的文献关键词聚类分析图谱中，区域圈越大，代表该关键词的研究聚类程度越高，越靠近图示中心，越是热点；而边缘新出现的一些突变聚类点则是可能存在的研究方向。从图 3 的 CiteSpace 关键词聚类分析中可以看到，除开核心点"三网融合"的区域圈，图示中心的圈在往外扩散的过程中，呈现圆圈减小的趋势，每一个圈的大小都代表着其被引用的频次，圈越大表示其越是研究者的热点引用词。另外，图 4 是图 3 边缘的突起词细节图，能够让我们更清晰地看到三网融合研究文献中，边缘性的被关注研究点。从图 4 我们可看到"网络电视""数码视讯""发展前景"等突起词，从一定程度上代表着三网融合背景下，电视产业创新发展应该从"网络电视""数码视讯"等方向着手。

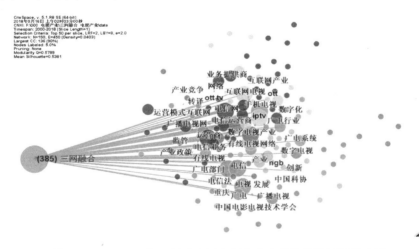

图 3 2000~2018 年三网融合及电视产业文献的关键词聚类分析

（四） 电视产业创新研究

在业界进行三网融合背景下电视产业创新发展的同时，学界也在进行

---

① 段春雨、蔡建东：《国际泛在学习领域知识图谱研究》，《现代远程教育研究》2016 年第 1 期，第 85~95 页。

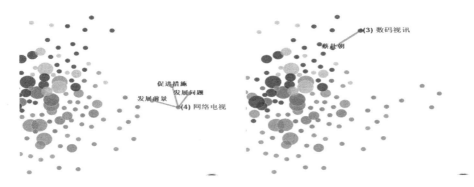

图4　2000～2018年三网融合及电视产业文献的关键词聚类分析边缘的突起词细节

相应研究。学者们对电视产业的创新研究主要从平台转型、产业链整合、移动化发展、经营模式、制度创新等方面进行。

著名经济学家约瑟夫·熊彼特（J. Schumpeter）在1912年出版的《经济发展理论》一书中首次提出创新理论，他用"创新理论"这一经济分析框架来解释经济发展，并把生产出新的产品、改进生产方式、开辟新的产品市场、获得新的供应来源、形成新的产业组织结构作为创新研究的五个基本框架。厄特巴克在《产业创新与技术扩散》中进一步认为，与发明或技术样品相区别，创新就是技术的实际采用或首次应用。创新只是在实现新的产品、工序系统、装置的首次商业交易时才算完成。罗思韦尔通过对已有的创新研究成果的分析与归纳，提出了五种产业创新模式，即技术推动的创新模式、需求拉动的创新模式、相互作用模式或技术与需求耦合作用模式、整合模式、系统整合与网络模式，他着重强调了创新主体之间的联系和创新的系统性和协同性。

2003年，美国加州大学伯克利分校哈斯商学院加伍德公司创新中心主任亨利·切萨布鲁夫（Henry Chesbrough）让"开放式创新"理论进入公众视野，切萨布鲁夫认为"开放式创新"主要是指积极地活用内部和外部的技术及创意等资源，增加把组织内创新扩展至组织外的市场机会。它是在创新和知识溢出外部性的基础上逐渐形成的一种创新形式，理论上涉及规模经济、竞合关系、知识溢出、交易成本、政府干预、社会网络、资源依赖等理论。"开放式创新所关注的知识和创新'溢出'通过信息流的方式来为关联者之间提供创新条件。"① 一方面，相关企业之间的技术外溢为文化产业提供了新的获利机会，例如，新媒体技术创新的发展，促使移动终端的短视频和信息推送成为盈利热点。另一方面，在外溢主客体进行信息流互动的过程中，也为文化产业本身注入了外部信息，为文化产业创新提供重要条件，开放式创新的对象领域不断扩大（从技术领域到产品开发、商业模式、服务领域）。"开放式创新"理论发表至今经历了十几年的网络技术高度发展，其范围和手法自然也有了很大的变化，从技术领域扩展到产品开发、商业模式、服务等领域，因此，切萨布鲁夫在 2016 年又出版了《开放式创新：创新方法论之新语境》一书，用最新的案例来分析和佐证企业如何在新领域里进行开放式创新。我国学者高军、吴欣桐两人在开放式创新理论的基础上，对文化产业的发展框架和发展形式进行了梳理。②

随着创新理论的发展，国外学者对创新进行了不同的分类。克雷顿·克里斯滕森的研究把创新分为持久性创新和突破性创新两类，认为"忽视突破性创新是大企业陷入困境的主要原因"。③ 阿伯内西和克拉克认为创新分为根本性和保守性两种类型。"创新对产品和市场的影响可能是保守的也可能是根本性的"，而并非所有的创新都是激进的和破坏意义上的创新。其中"当创新表现出保守性时，企业的能力得到了加强"，相反，"根本性变革则是倾向降低企业现有能力的价值，用创新所需要的新技能取代企业现有的能力"。④

国内不少学者将创新理论和三网融合结合起来，探讨电视产业的创新发展，比如欧阳宏生等人在《媒介融合：广播电视产业创新的路径》一文中，从宏观层面提出了"媒介融合为中国广播电视产业的创新发展提供了良好的契机"的观点，他们认为："面对媒介融合带来的新兴媒介环境，

---

① 夏恩君、王文涛：《企业开放式创新众包模式下的社会大众参与动机》，《技术经济》2016 年第 1 期。

② 高军、吴欣桐：《创新驱动下的文化产业发展：一种新的发展框架》，《西南民族大学学报》（人文社会科学版）2018 年第 7 期。

③ 〔美〕克雷顿·克里斯滕森：《创新者的窘境》，吴潜龙译，江苏人民出版社，2001。

④ 参见〔英〕伊丽莎白·切尔《企业家精神：全球化、创新与发展》，李欲晓、赵琛徽译，中信出版社，2004，第 285 页。

电视产业可以从市场定位、组织机构、生产模式、营销模式、竞争模式等方面进行创新以适应新环境，迎接新挑战。"① 技术的高速更新式发展，引发的产业全方面变革需要相应的规范性制度，以辅助产业的有序生产与运营。张作兴等人研究了中国电视产业的制度创新路径，并提出公共电视台与商业电视台分设的"二元制"构想。"既可作为公共领域让受众共同观赏，又可作为私人领域供个人独享的电视，面对三网融合的媒介环境机遇和挑战，不仅是公共属性与商业属性的简单区划，还需相应制度的进一步深化与完善。"② 运营与赢利是产业的重要环节，电视产业的创新发展更需将其纳入创新研讨之中。顾成彦等人运用双边市场框架在分析我国数字电视产业的盈利模式的层面上，认为我国电视产业创新需要在明晰市场经营主体的基础上深化体制改革，并基于双边市场特征创新定价模式、纵向整合以获取内容产品控制权、横向兼并以实现产业规模化。③ 高红波在借鉴国外产业发展经验的基础上，结合我国电视产业发展实际与现状，提出大电视产业（即以"视频"为中心的硬件设备生产和视频内容产业）的创新发展可以从平台转型、产业链整合、移动化发展等方面着手，"大电视产业"的新概念从更广泛意义层面对新媒介环境下的电视产业进行了属性定位。④

二　研究意义

技术总是对传统理论提出挑战，长期以来，一方面电视产业有宣传事业和传媒产业的"双重属性"理论；另一方面，电视产业等传媒产业涉及复杂的外部性、网络经济性质、公共产品性质，尤其是在中国语境中，传媒产业面临的现实情况与主流新古典经济学理论的基本假设存在差异。传

① 欧阳宏生、姚志文：《媒介融合：广播电视产业创新的路径》，《当代传播》2008 年第 6 期，第 34～36 页。
② 张作兴、魏杰：《数字化背景下电视产业的管理制度创新》，《中国软科学》2008 年第 8 期，第 75～84 页。
③ 顾成彦、胡汉辉：《我国数字电视产业盈利模式创新研究》，《现代管理科学》2008 年第 3 期，第 9～10 页。
④ 高红波：《"大电视产业"创新的国际经验及其启示》，《中州学刊》2014 年第 1 期，第 173～176 页。

统西方理论（如本研究中将要涉及的约瑟夫·熊彼特的创新理论及保罗·莱文森的"媒介进化论"等）在中国是否适用，也是有待研究的问题。本书通过对三网融合背景下电视产业创新发展的研究，对上述问题进行了探索，并在调研的基础上，通过对我国电视产业创新发展的回顾，对保罗·莱文森"媒介进化论"等理论在中国的适用性进行了探索。本课题组已在CSSCI发表了相关系列论文，部分被人大《复印报刊资料》转载，在国内首次翻译并出版了保罗·莱文森的代表著作《人类历程回放：媒介进化论》，在学界引起了较大反响，在相关学术会议上多次被讨论，并已被各双一流大学图书馆收藏，已体现了部分学术价值。最终研究成果将结合我国三网融合的实际情况，通过研究相关理论在当前的最新发展，促进其本土化融合。

在应用价值方面，本书认为：目前电视仍有着自己的独特优势，它仍然是一种客厅媒体，应将其定位于"智慧家庭数码港"，成为包容个人数据处理终端的平台而不是与之进行同质化竞争，并以此出发走电视产业的创新发展之路。本书研究了三网融合的流变与现状，探索了如何在三网融合背景下进行电视产业全产业链的创新发展，并进行了相关大规模调研，对我国电视产业发展进行了总结。最后，在此基础上对县级融媒体中心建设进行了展望。本书一方面提供了丰富的产业调研资料及其对应的发展策略，对各地电视产业运营商如何在定位、内容、平台、终端及用户服务上进行相关创新，有着积极的现实意义；另一方面对国家三网融合战略的顺利实现提供了决策参考，进而推动我国电视产业的发展和国家的三网融合战略的实现。

第五节　研究设计

一　研究内容

本书的研究关键词在于"创新"，我们首先认为，在三网融合背景下，电视与其一味和手机、电脑等终端在移动化、个人化、小型化、私密化上比拼，不如立足电视作为"客厅媒体"的优势，将其功能定位成"智慧家庭数码港"，即电视成为家庭融媒体信息平台，容纳手机、电脑等各种个人信息终端而不是与其进行同质化竞争，并以此为基础，走电视产业创新发展之路。在这样的背景下，当前的电视产业已不是传统的电视产业，而是包含传统电视台、相关媒介，融合上市公司和互联网企业，以及生产"互联网电视"的电视厂商等组成的"新电视产业"，电视产业的定义已发生了变化。

我们的研究首先对三网融合、电视产业、创新发展的边界进行界定，明确三网融合背景下我国电视产业创新发展的概念。然后对基于"智慧家庭数码港"新电视产业的研究视角进行说明，对我国三网融合背景下电视产业创新发展概况进行梳理，对国外相关经验进行总结。在此基础上，对三网融合背景下电视产业创新发展进行定位，对其产业链的主要环节——内容生产、平台整合、用户服务——及发展趋势进行研究，然后在国内选取上海、山东、重庆三个省市进行案例分析。本书主要包含以下内容。

1. 绪论

对三网融合及三网融合背景下电视产业创新发展的边界进行界定。对三网融合背景下电视产业创新发展的基本概念、基本内涵与外延，三网融合背景下电视产业如何避免与电信、互联网进行同质化竞争，如何定位于"智慧家庭数码港"而进行产业创新发展进行总体论述。对本课题的研究现状、研究向度、研究设计等进行探讨。

2. 三网融合背景下电视产业创新发展概述

对三网融合的流变及三网融合政策对电视产业创新发展的影响、三网融合技术对电视产业创新发展的影响、三网融合产业对电视产业创新发展的影响进行讨论，对三网融合背景下电视产业创新发展的特点及问题进行探讨。

3. 三网融合背景下我国电视产业创新发展的理论来源

从媒介进化论、产业经济学和创新理论等方面对三网融合背景下电视产业创新发展及"智慧家庭数码港"研究角度的理论基础进行了梳理。

4. 三网融合背景下国外电视产业创新发展的相关经验

通过对国外三网融合背景下电视产业创新发展的相关经验进行总结，

为我国电视产业创新发展提供相关借鉴。

5. 三网融合背景下基于智慧家庭数码港的电视产业定位创新

在调研的基础上，将电视产业定位于"智慧家庭数码港"，通过与物联网等的融合，使家用电器乃至家具智能化，使其成为家庭信息交换的中心，从而使电视产业创新发展占据制高点。其中包括创新的电视产业如何进行"精确传播"，即针对每一名用户的特点精确定制，并可以通过现代传播手段（如机顶盒）对传播效果进行精确控制的一对一的互动传播，实现跨平台的跟踪，真正地理解用户，并最大化利用现有的客户关系，开发新的业务，持续为用户提供差异化的、个性化的体验。

6. 三网融合背景下我国电视产业内容生产的创新

在"内容为王"的时代，探索电视产业如何从传统内容的创新开发、非组织内容生产的开发及新媒体内容开发等方面实现发展。

7. 三网融合背景下我国电视产业平台的创新

数字化融合为电视产业提供了新的机会，电视产业如何在提高工作效率的同时，进行跨媒体的信息整合与多次开发，以模块化的方式重新组装信息，生产更有市场价值的产品，以达到"一次生产、多次加工、多元输出、多重服务"的目的，从而实现信息的增值与传承。

8. 三网融合背景下电视产业用户服务的创新

从观众到用户，从以个人为单位的单个用户到以家庭为单位的家庭用户，电视的未来在家庭。从大众传播的内容服务转向大数据的精准数据服务，以家庭为切入点，以电视为中心建立"家庭云"，在"社会云"的智能化支撑下，以"家庭云"为中心提供基于每个家庭自身特点的在地化随身服务。如进行家庭个性化、私密化事务处理（养老、育儿、场景预约、家庭财政事务处理等），以及在不知不觉中进行智慧家庭管家式服务、家庭数据资源的挖掘与整合、个人数据资源的上传与处理等。

9. 三网融合背景下电视产业盈利模式的创新

对三网融合背景下我国电视产业盈利模式的现状、发展及基于"智慧家庭数码港"的盈利模式创新策略进行了研究。

10. 三网融合背景下电视产业创新发展案例

选取上海、山东、重庆三个省市进行三网融合背景下电视产业创新发展的具体分析。

二　基本观点

（1）我国电视产业发展模式必须按照三网融合的要求走创新发展的道路。

（2）三网融合背景下的电视产业创新发展必须以"智慧家庭数码港"为定位进行产业链发展，并与新兴的物联网等结合，转型为"智慧家庭数码港"。

（3）三网融合背景下的电视产业创新发展涉及产业定位、传播方式、内容生产、平台整合、用户服务等方面的全产业链创新。

三　研究思路

本书着眼于创新，利用社会学、传播学、经济学、媒介产业研究等理论知识，结合国内电视产业发展现实，探索电视产业发展的创新之路，并提出建设性的意见。主要研究思路是：与相关业内人士如电视产业发展的相关负责人一起组成课题组，首先对已有研究成果进行梳理，在理论分析的基础上进行文献综述，然后进行方法选择。在掌握三网融合背景下电视产业发展的基本特点和发展现状的基础上，通过对电视产业终端创新产品接受程度的实证调查，以及与国外电视产业创新发展现状做对比，同时利用小组访谈等方式，探寻我国三网融合背景下电视产业创新发展的出路。

四　研究方法

根据研究思路和目标，主要采取如下方法。

（1）定性研究。主要通过搜集国内外有关三网融合背景下电视产业创新发展研究的相关文献，并结合三网融合背景下我国电视产业发展的实际，对三网融合背景下电视产业发展的进程与影响等进行理论分析和思考。

（2）案例研究法。选取上海、山东、重庆三个省市进行三网融合背景下电视产业创新发展的具体分析。

（3）比较研究法。通过对国内外三网融合背景下电视产业创新发展现状的比较，反思三网融合背景下电视产业创新发展面临的问题并提出解决策略。

五　创新之处

我们的研究出发点在于当前电视产业的发展与其一味和手机、电脑等终端在移动化、个人化、小型化、私密化上比拼，不如定位于"智慧家庭数码港"，并走产业创新发展之路。

（1）论述电视可以在技术上发展成家庭内各种私人电子媒体如手机、电脑等的集成平台，成为家庭的信息数码港，实现"1＋1＞2"的效果。电视包容手机、电脑等私人化媒体而不是与之进行同质化竞争，从而实现电视产业在三网融合背景下的创新发展之路。

（2）电视可以成为个人在家庭层面与外界各种信息源进行信息交互的桥梁。家庭成员个人层面的意见是多变的，是会受到家庭成员影响的，电视着眼于满足家庭层面的需要比单独着眼于满足个人层面的需要更能赢得较大的产业发展空间。

（3）电视产业作为智慧家庭数码港还契合了目前"智能物联网"的发展需求，实现物与物、物与人及所有的物品与网络的连接，方便识别、管理和控制。电视可以成为家庭内部智能化识别、定位、跟踪、监控和管理的桥梁，从而实现其产业的创新发展。

（4）电视产业的创新发展还涉及传播方式从大众传播到"精确传播"理论的转变。凭借基于双向数字网络的"用户融合"及跨平台客户关系管理（CRM）的精确传播，对用户进行资本化利用是电视产业创新发展的根本出路。

第一章

三网融合背景下电视产业创新发展概述

第一节　三网融合政策对电视产业创新发展的影响

一　三网融合政策的初研期

从 20 世纪 70 年代开始，数字技术让电信行业产生了巨大的变化：当时几乎所有电信服务的成本都明显下降了；分立的电信网络开始合并，并且通信网、电视网和互联网"三网合一"技术开始萌芽。20 世纪 90 年代后，西方一些发达国家先后放松电信与电视领域的政策限制，开始鼓励市场竞争，如美国 1996 年电信法允许长途电话、市话、有线电视和信息服务公司业务交叉，开放竞争。相较于美国，我国当时的三网融合观点纷呈，尚无定论。无论是在制度设计，还是在市场推广层面，都没有明确的三网融合发展方向，所以这个时期被认为是我国三网融合的初研期。

1998 年 3 月 10 日，第九届全国人大一次会议审议通过了《关于国务院机构改革方案的决定》。①按照国务院机构改革方案，邮电部和电子工业部合并为信息产业部，成为国务院专业经济管理部门之一；广播电影电视部改为国家广播电影电视总局。在国家机构层面上，我国的电视产业和信息产业开启了新的发展期。

---

① 人民网，http://www.people.com.cn/GB/historic/0310/747.html，最后访问日期：2018 年 12 月 11 日。

1998 年 6 月，在《国务院办公厅关于印发〈国家广播电影电视总局职能配置、内设机构和人员编制规定〉的通知》（国办发〔1998〕92 号）中提出："将原广播电影电视部的广播电视传送网（包括无线和有线电视网）的统筹规划与行业管理、组织制定广播电视传送网络的技术体制与标准的职能，交给信息产业部。"① 这是首次尝试将电视产业的传送职能移交信息产业部，而该规定的提出背景则是学术界关于电信网、广电网"两网并存"的大探讨。

1998 年 3 月 20 日，由国家经济体制改革委员会体改所副所长王小强博士领导的"经济文化研究中心电信产业课题组"在《战略与管理》上发表《中国电信产业的发展战略》一文，② 提出"三网结合"的概念。认为信息技术的发展趋势是通信网络、有线电视网络和计算机网络的"三网结合"，而"三网结合"首先应是已有电信服务和有线电视服务的结合。文中提出，通过从电报到电话，到电视，到有线电视，到家用电脑，到互联网，再到集电话、电视、微机"三机一体化"的多媒体计算机，实现"三网结合"。他们认为在明确开放电信服务和有线电视服务后，应该由政府直接管理基本信息网，包括全国范围内的电信网和有线电视传输网，使其成为行政垄断的非市场竞争行业。

1998 年 6 月，国家广播电影电视总局网络信息中心网络工程部主任方宏一博士带领"有线电视多媒体业务接入模式研究课题组"发布了《再论中国电信产业的发展战略》讨论稿。③ 文中对王小强"电信本位"的主张表达了强烈的反对，要求面对市场开放电信业务，同时保留电信网与广播电视网。文中还提出，要在有线电视网基础上发展互联网增值服务，特别是促进互联网通信发展，以光纤入户替代目前广电 HFC（同轴电缆），最终达成三网结合。

王小强和方宏一的争辩重点在于：在"三网合一"（电信、电视和计算机网络）的发展趋势下，面对世界范围内的竞争，我国究竟应该按照哪

---

① 中国政府公开信息整合服务平台，http://govinfo.nlc.cn/shanxsfz/sxzb/19995/201104/t20110413_654323.shtml? classid = 428，最后访问日期：2018 年 6 月 1 日。

② 经济文化研究中心电信产业课题组：《中国电信产业的发展战略》，《战略与管理》1998年第 3 期，第 1～11 页。

③ 方宏一：《再论中国电信产业的发展战略》，《广播电视信息》1999 年第 1 期，第 6～15 页。

一种路径和方法来建设中国的"三网融合"。王小强建议进行企业化和市场化经营,但他主张把我国已经初具规模的电信基础网和有线电视基础网从经营性企业中划分出来,成为由政府管理的国家基本信息网,然后凭借公共信息网中的电视技术平台,实现电信、有线电视和计算机网络的"三网结合"。方宏一则主张开放电信市场,保持电信和广播电视两网并存,并通过电信和广播电视两网的良性竞争来实现"三网合一"。

两位学者关于我国三网融合发展策略的争论引起了学界的关注,更多学者发表了自己对三网融合的观点。1998 年 9 月至 11 月,北京大学中国经济研究中心周其仁教授在《电子展望与决策》杂志上发表主题文章,回应三网融合之争。周教授认为,国家排斥竞争发展的"国家基础信息网络"建设是不可行的。同时,全部分立且互不竞争的"电信广电两网并存"也是不可行的,唯一可行的道路是"三网复合,数网竞争",即完成我国电信网络经营主体的公司化改组,分步逐渐开放市场竞争,最后走向数网竞争。因为我国已经存在数网并存模式的先决条件:中国电信的有线、无线通信网络已完全覆盖,我国已具备全国意义的电信网络等。[①]这都为"数网竞争"铺平了发展道路。

在我国大陆仍就电信网是否应该开放、三网能否融合进行争论的同时,三网融合的相关政策已经在香港开始实施。1998 年 9 月,香港特区政府全面修订了香港的电视监管政策,开放广播和电视网络经营的竞争,允许电视广播网络与电信网络在网络连接方面的多个竞标,并着手修订香港电信条例,以建立顺应三网融合时代的法律框架。

在香港修订电视监管政策后,1999 年 2 月 14 日,国务院通过了中国电信重组方案。国家电信总局的寻呼、卫星和移动业务全部剥离,分别重建了中国寻呼集团公司、中国卫星通信集团公司、中国电信集团公司、中国移动通信集团公司,这四个集团公司在经营管理上均与信息产业部脱钩。在电信产业改革的同时,电视产业也开始了改革探索。1999 年 9 月 17 日,国务院办公厅转发了信息产业部、国家广播电影电视总局《关于加强

---

① 周其仁:《三网复合 数网竞争——兼论发展中国电信产业的政策环境》,《电子展望与决策》1998 年第 6 期,第 25~39 页。

广播电视有线网络建设管理意见》的通告并表示："至 1998 年 12 月，全国有线电视用户已达 7700 多万，列世界第一位。广播电视及其传输网络，已成为国家信息化的重要组成部分。"①要求广播电视部门成立以企业为基础的广播电视传输公司，接受信息产业部的总体规划和行业管理。其中，文件第五条强调："继续遵守电信部门与广播电视部门的分工，禁止电信部门从事广播电视业务、广播电视部门从事通信业务，对各类网络资源的综合利用，暂只在上海试点。"② 由于我国有线电视用户的数量巨大，政府采取了试点的方式进行相关探索。

在中国进行"三网融合"探索的同时，1984 年到 1996 年，电子技术和数字传输技术革命席卷了全世界。在技术革命的冲击下，发达国家以美国为代表，在"三网融合"制度上，选择了全面开放电信竞争。梳理我国"三网融合"的初研阶段，可以看到，相较于走在科技前沿的美国对电信业的大胆革新，我国起步较晚。虽然国家也十分重视广播电视和电信产业，并为信息产业的发展做了初步规划，但相关企业与部门仍未抓住机遇加快信息产业的发展，因此延缓了我国"三网融合"背景下电视产业创新发展的脚步。

二　三网融合政策的推进期

进入 21 世纪后，互联网科技革命迅猛发展。我国也积极调整信息产业结构，推出了一系列与"三网融合"有关的政策。

2001 年 3 月 15 日，第九届全国人民代表大会第四次会议通过了《中华人民共和国国民经济和社会发展第十个五年计划纲要》，提出"加速发展信息产业，大力推进信息化"。要求广泛应用信息技术，加强信息资源开发，强化公共信息资源共享，推动信息化进程，发展信息产业。③

---

① 信息产业部、国家广播电影电视总局：《关于加强广播电视有线网络建设管理的意见》，《广播与电视技术》1999 年第 12 期，第 33 ~ 34 页。

② 《国务院办公厅转发信息产业部国家广播电影电视总局关于加强广播电视有线网络建设管理意见的通知》，http：//www. people. com. cn/item/flfgk/gwyfg/1999/112706199901. html，最后访问日期：2018 年 11 月 3 日。

③ 《中华人民共和国国民经济和社会发展第十个五年计划纲要》，http：//www. npc. gov. cn/wx-zl/gongbao/2001 – 03/19/content_5134505. htm，最后访问日期：2018 年 10 月 5 日。

2006 年 3 月 14 日，第十届全国人民代表大会第四次会议通过《中华人民共和国国民经济和社会发展第十一个五年规划纲要》，纲要指出，必须坚持以信息化带动工业化，以工业化促进信息化，提高经济社会信息化水平。在"十一五"规划中明确指出了要大力促进"三网融合"，要求在电信网方面，大力建设和完善宽带通信网，促进宽带用户接入网络的发展，高平稳促进新一代移动通信网络的建立；在电视网方面，建设一个集有线、地面、卫星传输于一体的数字电视网络；在互联网方面，加快推进下一代互联网建设，促进互联网商业化应用。① 在"十一五"规划中，"三网融合"发展向前迈了一大步，涉及面也更加广泛而具体。

2008 年，国务院办公厅转发了国家发改委等部门《关于鼓励数字电视产业发展的若干政策》（国办发〔2008〕1 号），其中明确界定了中国电视产业发展目标：数字化是切入点，促进数字电视的宣传和普及，促进宽带通信网、数字电视网和下一代互联网等信息基础设施建设，促进"三网融合"，形成较为齐全的电视产业链。同时提出，要更注重后续的运营和服务。为此，文件第六条提出："有关部门要加强宽带通信网、数字电视网和下一代互联网等信息网络资源的统筹规划和管理，促进网络和信息资源同享，建立和完善适应'三网融合'发展要求的运营服务机制。"此外，文件中还规定了电信和广播电视可以互相进入对方的部分业务领域，鼓励广播电视部门利用国家公用通信网和广播电视网等提供数字电视服务和增值电信业务；在满足国家相关投融资政策的条件下，同意国有电信公司等国有资本参与数字电视接入网络建设和电视接收端数字化革新。在一系列国家政策框架下，电信部门和广电部门开始整合部分业务，促进了三网融合的发展。② 三网融合背景下电视产业创新发展开始进入推进期。

---

① 《中华人民共和国国民经济和社会发展第十一个五年规划纲要》，http://www.npc.gov.cn/wxzl/gongbao/2006-03/18/content_5347869.htm，最后访问日期：2017 年 6 月 2 日。

② 《国务院办公厅转发发展改革委等部门关于鼓励数字电视产业发展若干政策的通知》，http://www.sarft.gov.cn/articles/2008/01/18/20080119004411200481.html，最后访问日期：2017 年 9 月 1 日。

三 三网融合政策的发展期

2009 年 3 月 5 日，国务院总理温家宝在第十一届全国人民代表大会第二次会议上所作的政府工作报告中表示，支持和推动第三代移动通信、三网融合等技术研发和产业化。① 随后，4 月 15 日，国务院办公厅颁布《电子信息产业调整和振兴规划》，指出信息技术是当今世界经济社会发展的重要推动力，电子信息产业是国民经济的战略性、基础性和先导性支柱产业，同时表示要实行电视产业政策，推动第三代移动通信网络、下一代互联网、数字广播电视网络、宽带光纤接入网络和数字化影院的建设，加速推动三网融合。② 由此，三网融合进入快速发展期。

2010 年 1 月 13 日，国务院常务会议决定加速促进电信网、广播电视网、互联网的融合，审议并采纳总体规划，推动三网融合。1 月 21 日，国务院印发《推进三网融合的总体方案》，全方位提出推进三网融合的重要意义、指导思想和基本原则，确定了三网融合的目的，指出 2015 年实现电信网、广电网、互联网协同发展。该总体方案在我国推进三网融合发展中具有里程碑意义。该方案提出推进三网融合的整体发展要分两个阶段进行：2010 年至 2012 年为试点阶段，主要选择合适区域开展试点项目；试点期间加快电信网、广播电视网、互联网转型改造，调整改进网络规划建设、网络信息安全和广播电视安全播放等系统，组成保障三网融合合理合规展开的政策体系和体制机制；2013 年到 2015 年是推广阶段，这个阶段以试点阶段为基础，总结试点区域经验，全面推进三网融合，进一步提升宽带通信网、数字电视网、下一代互联网的网络承载能力，基本建立适应三网融合的制度机制，完善相关法律法规，等等。

随着各城市三网融合试点工作的推进，电视产业也逐步开展网络电视、IPTV、手机电视、移动电视、有线电视网的互联网接入等试验，为后

---

① 《国务院总理温家宝作政府工作报告》，http://www.china.com.cn/2009lianghui/2009 - 03/05/content_17381432_4.htm，最后访问日期：2017 年 7 月 23 日。

② 国务院办公厅：《电子信息产业调整和振兴规划》，http://www.gov.cn/zhengce/content/2009 - 04/15/content_8120.html，最后访问日期：2018 年 6 月 8 日。

续三网融合工作积累了丰富的经验。三网融合背景下电视产业创新发展开始进入快速发展期。

四　三网融合政策的调整期

三网融合通过 2010 年至 2015 年的试点与推广，进一步提升了我国的宽带通信网、数字电视网、下一代互联网的网络承载能力，也初步形成了适合三网融合发展，职能明确、协调通顺、决策合理、治理高效的制度体制。但从长远来看，三网融合体制调整方面所要完成的任务比在业务融合层面需要完成的任务更为复杂。同时，科技的发展日新月异，在新技术的挑战下，三网融合不再是简单的两网之间面对面的对接融合，而是要进入各网的点与点、点与线的融合，因此，三网融合背景下电视产业的创新发展开始进入调整期。

2005 年，蔡雯教授发表了她与美国密苏里新闻学院教授关于媒介融合问题的对话，此后，媒介融合迅速发展。媒体介质的融合首先促进了三网融合中的互联网和广电网两网之间的平台融合。"内容为王"的传统电视媒体与"技术为王"的新兴互联网联合起来，为推进三网融合的发展助了一臂之力。[1] 2012 年，"互联网＋"首次被提出，开始成为创新 2.0 下互联网发展的新业态。2015 年 7 月 4 日，国务院印发《关于积极推进"互联网＋"行动的指导意见》，提出要拓展互联网与经济社会各领域融合的广度和深度。8 月 25 日，《国务院办公厅关于印发三网融合推广方案的通知》（国办发〔2015〕65 号）中提出新阶段宣传三网融合的主要要求：第一，促进广电、电信业务双向进入，遍及全国；第二，促进宽带网络建设转型和协调规划，如加快下一代广播电视网建设，促进有线电视三网融合业务创新等；第三，强化网络信息安全和文化安全监督；第四，推动三网融合关键信息技术产品研发制造等。[2] 11 月 25 日，工业和信息化部研究制定了《工业和信息化部关于贯彻落实〈国务院关于积极推进"互联网＋"行动的指

① 杨溟：《媒介融合导论》，北京大学出版社，2013，第 38～39 页。
② 《国务院办公厅关于印发三网融合推广方案的通知》，http：//www. gov. cn/zhengce/content/ 2015－09/04/content_10135. html，最后访问日期：2018 年 2 月 3 日。

导意见〉的行动计划（2015—2018 年）》，这份行动计划不仅推动了互联网与各行业结合的发展，还对电信产业提出"加快 4G 网络建设发展，加大 5G 研发力度"的要求。"互联网＋广电网"的两网结合对促进媒体行业特别是广电媒体平台的融合带来了新的发展前景。

就在"互联网＋"初步发展之际，大数据、云计算、物联网和人工智能等新科技在中国也悄然地"火"了起来。舍恩伯格等人在《大数据时代：生活、工作与思维的大变革》一书中指出，信息风暴正在变革我们的生活、工作和思维，大数据正在开启一次重大的时代转型。[①]大数据可以帮助运营商精准定位以更好地建立用户黏性，因此，三网融合的发展离不开大数据的准确预测和判断。继大数据之后，云计算、物联网、人工智能等也得到了迅速发展，2016 年 3 月 17 日，两会发布的"十三五"规划纲要指出："要稳固把握信息技术变革趋势，实施网络强国战略，加快建设数字中国，积极推进云计算和物联网发展，推动信息技术与经济社会发展深度融合，深入推进三网融合。"可见，技术创新给三网融合带来了新的发展可能，这不仅要求我国的三网融合在信息革命和政府的持续推进下继续完善和创新，以适应经济新形势，而且也要求把握技术机遇，让三网融合在技术革命的助力下加快转型，形成新的三网融合产业链。

至此，三网融合消融了传统通信产业、广电产业和互联网产业的边界，形成了一个被称为"媒信通"的融合媒介群。[②]以融合后的三网为发展中心，整个社会将构成一个全新的媒介生态系统。我国的电视产业也在三网融合的背景下呈现出创新发展的新格局。

第二节　三网融合技术对电视产业创新发展的影响

借技术变革的助力，乘政策扶持的东风，我国电视产业在三网融合背景下

---

① 〔英〕维克托·迈尔－舍恩伯格、肯尼思·库克耶：《大数据时代：生活、工作与思维的大变革》，周涛等译，浙江人民出版社，2012，第 12 页。

② 何志武、张兰：《2009—2012 年我国三网融合与广播电视发展研究综述》，《东南传播》2013 年第 3 期，第 51～54 页。

不断融合创新，从最初单一的模拟电视、有线数字电视发展成 IPTV，再到 OTT TV、互联网智能电视等多种产业类型共同协调发展的新电视产业生态，这种发展是电视产业在与社会外部环境持续互动的过程中实现的。其中，技术起到了重要的作用。接下来我们将从当前电视产业的几种主要技术形态发展情况来分析作为技术的三网融合对电视产业创新发展的影响。

一 三网融合背景下数字电视产业的创新发展

在数字电视出现以前，我国长期处于模拟电视主导的时代。模拟电视就是以模拟信号传输或处理的电视信号，从图像信号的产生、传送、处置到接收端的还原，全部程序都是在模拟技术下完成的。也就是说，电视在传输节目时使用模拟信号传输的方式，先将图像分解为一行行信息，再通过行扫描的方式捕捉图像的分解信息，然后通过无线电频率将这些信息连续传输，最后将这些连续接收的信息在接收端一行行地叠加起来，还原组合成一幅幅图像。

随着技术的进步，数字电视出现。数字电视即运用数字技术和设备，将各种信息，包括图、文、声、像等信号转换为电子计算机可识别的二进制数字。然后将这些数字信号进行处理、传送和接收的新型电视系统。它带有双向互动性、抗干扰力强、频率资源利用率高等优点。数字电视根据信号传输方式的不同，可分为有线数字电视、地面数字电视、卫星数字电视三种类型。

在制作环节上，数字电视系统主要由大规模数字集成电路组成，数字图像的应用技术特别是在数字图像获取、数字存储和图形显示方面取得了很大的进步。与模拟电视系统相比，数字电视系统的系统性能和可靠性得到了大大提高，并且节目的制作手段更为丰富多样。

在传输线路中，数字电视的频率资源使用率较高，同样的信道宽度能够容纳的传输量是模拟电视的数倍。可以给电视观众带来丰富的节目资源。[①]

从管理操作的角度来看，与模拟电视相比，数字电视节目信号磁带的

---

① 王宏等编著《数字技术与新媒体传播》，中国传媒大学出版社，2010，第 77 页。

制作、编排、播出、保存程序可以大大简化。在数字电视中，节目数据由计算机保存和传输，数字传输可以由计算机进行控制，节目准备、播放与监测也可以通过计算机完成，从而大大减少劳动力消耗。从运输成本来看，在卫星电视节目中，数字技术的输送成本不到模拟技术的六分之一。①

从产品开发的角度来看，数字技术还为电视提供了各种数字音频、视频、信息服务产品。当服务产品综合的生产、管理、营销等成本降低到可以使产品价格具备市场竞争力的时候，各种新的消费模式就将产生，这将进一步推动新产业模式建立。

正如国家广电总局相关负责人所说，"数字化是广播电视诞生以来最重大、最深刻的一次革新。它从本质上变革了现有的声音、图像、文字等信息的生产、传播、交换和消费途径，让信息传播从单向单一形态往双向多元形态、从资源垄断向资源共享、从自成体系向开放体系、从不对称传播向互动交流方向转变，这即是广电、互联网、通信等行业进入了一个大融合、大汇聚、大转型的时期"。②因此可以说，数字电视是新时期的一项技术革命，它极大地提高了电视传输、产品开发、管理运行的效率，完全改变了电视信号的传输方式，改变了电视产业的生产模式，也改变了世界电视产业的生产格局和相应的利益分配、产业体系。

在此背景下，我国积极把握发展机遇，大力支持电视产业的发展。早在 20 世纪 80 年代末，我国就开始关注数字技术在广播电视领域的发展。1992 年，开始组织对高清数字电视（HDTV）项目的研究；1993 年至 1994年，国家科学技术委员会组织了高清数字电视发展战略专家组；1998 年，数字电视试验在国内开展；在随后的 1999 年国庆典礼上，央视成功使用了数字电视技术试验转播；2000 年 6 月，我国大陆地区第一家数字电视广播平台在南宁开通；2001 年启动了有线数字电视技术试验。

从 2003 年起，我国全方位实施有线电视数字化。其中，《广播影视科

① 〔英〕艾伦·格里菲思：《数字电视战略：商业挑战与机遇》，罗伟兰译，中国传媒大学出版社，2006，第 36 页。

② 〔美〕赫南·加尔伯瑞：《数字电视与制度变迁——美国与英国的数字电视转换之路》，罗晓军、刘岩、张俊、冯兵译，人民邮电出版社，2006，第 1 ~ 3 页。

技"十五"计划和 2010 年远景规划》对发展数字电视做出了详细规划。
2003 年 5 月，国家广播电影电视总局发布《我国有线电视向数字化过渡时
间表》，该时间表共分为四个阶段。第一阶段：到 2005 年，直辖市、东部
区域地（市）级以上城市、中部区域省会城市和一些地（市）级城市、西
部区域一些省会城市的有线电视完成向数字化转型。第二阶段：到 2008
年，东部区域县以上城市、中部区域地（市）级城市和多数县级城市、西
部区域部分地（市）级以上城市和少数县级城市的有线电视基本实现向数
字化过渡。第三阶段：到 2010 年，有线电视的数字化转型已经在中部地区
县级城市和西部地区大部分县以上城市基本实现。第四阶段：到 2015 年，
西部地区县级城市的有线电视基本完成数字化转型。①

2003 年 6 月，国家广播电影电视总局发布《建立有线数字电视技术新
体系的实施意见》，制定了数字电视内容制作和播放的指导性规定。7 月，
国家广播电影电视总局召开科技会议，组织了 33 个试点城市单位，正式开
启有线数字电视试点。11 月，国家广播电影电视总局在青岛召开新闻发布
会，介绍"青岛模式"的成功经验，其核心是进行整体转换。用户领取免
费数字机顶盒，提供更多的内容和信息服务。模拟有线电视用户通过分
区、碎片化不断向数字用户转化，实际上是把电视机这个最普及的信息工
具、最便捷的信息载体转化成一个家庭的多媒体信息终端，既能够看电
视、听广播，又能满足国家信息化的要求和观众对多种信息的需要。自
"青岛模式"推广以来，数字电视整体转换的共识已基本形成。②

在政府的推进下，截至 2005 年，国内数字电视的用户数量超过 410 万
户，其中付费数字电视用户数量接近 140 万户，付费电视收入达 3.16 亿
元。2007 年全国有 25 个城市完成了市区有线电视数字化整体转换，数字
电视用户达 2686.05 万户，共创办 148 套付费广播电视节目，其用户数量
为 175.39 万户，收入达到 8.34 亿元。③虽然在数字化发展方面已有了阶段

---

① 《我国有线电视向数字化过渡时间表》，《内蒙古广播与电视技术》2004 年第 3 期。
② 唐世鼎、黎斌等：《中国特色的电视产业经营研究》，中国国际广播出版社，2009，第 34 页。
③ 《中国广播电视年鉴》（2000～2008 年）；国家广播电影电视总局发展研究中心主编《2008 年中
国广播电影电视发展报告》，新华出版社，2008。

性的成果，但离国家制定的目标还有差距，为此，国家出台了一系列政策支持数字电视的发展。

2008 年 1 月 1 日，国务院办公厅转发了国家发改委等部门《关于鼓励数字电视产业发展的若干政策》（国办发〔2008〕1 号），其中提出的发展目标为如下。（1）有线电视的发展要以数字化为契机，增加其宣传力度和普及速度，加强宽带通信网、数字电视网和下一代互联网等信息基本设施建设，推进"三网融合"，构建完备的电视产业结构，加快完成数字电视技术开发、产品生产、传输与接入相关产业协调发展。（2）加快有线电视网络由模拟到数字化的整体转变。2008 年，北京奥运会通过数字高清电视向全世界播出；2010 年，中东部地区县级以上城市、西部区域大部分县级以上城市的有线电视基本完成数字化转变；2015 年，基本停止播出模拟信号电视节目。（3）完成我国电视工业从模拟到数字的战略转型，2010 年，数字电视和与之有关的产品的年销售额达 2500 亿元，出口额达 100 亿美元；2015 年，我们的目标是中国电视产业规模和技术水平迈入世界前列，成为全球最大的数字电视整机和关键部件的开发和制造地，成为数字电视行业强国。[①] 在国家政策的鼓励下，我国电视产业有了长足的进步。

2008 年以后，我国开始下一代广播电视网的建设，其核心是将现有电视系统转化为组合型网络系统。新一代的组合型网络系统能够实现服务与内容同时跟进、线上线下一体化的网络组织体系，这也是我国"三网融合"进程中重要的一步。

2008 年 12 月初，国家广播电影电视总局和科技部共同签署了《国家高性能宽带信息网暨中国下一代广播电视网自主创新合作协议书》。这份协议以两个部门的合作为基础，以自主创新为重点，合作开发适合中国国情的下一代广播电视网络技术，包括三网融合、有线与无线网络，期望能形成可持续发展的创新平台和治理结构，以满足我国下一代广播电视网络的需求。2009 年 7 月，国家广播电影电视总局、科技部和上海市政府在上

---

① 《国务院办公厅转发发展改革委等部门关于鼓励数字电视产业发展若干政策的通知》，ht-tp：//www. sarft. gov. cn/articles/2008/01/18/20080119004411200481. html，最后访问日期：2017 年 6 月 2 日。

海举行了中国下一代广播电视网（NGB）启动暨上海示范网部局市合作协议签字仪式，正式进行 NGB 示范区建设。到 2009 年底，全国 163 个地市、451 个县（市）实现了数字化转变；102 个地市和 612 个县（市）进行了数字电视整体平移。① NGB 使电视机成为最基本、最便捷的信息终端。

此外，数字电视因为传输能力提高，成本降低，进一步强化了电视产业的经济效益。电视数字化后，电视运营者可以用同样的技术设备提供语音、数据、互联网等通信服务，电视节目资源可以进行多层面的生产、销售，如电视节目公开播出、音像制品发行售卖、衍生产品制造售卖，围绕电视节目开发的玩具、主题公园、生活用品等。电视产业资本进入电影、游戏、动漫、图书、音乐、艺人经纪、新媒体等领域。对数字化电视传输网络而言，提供全方位的信息服务为电视经营带来了广阔的范围经济，包括 IPTV、互联网接入、手机电视、公务信息发布、生活服务、电视购物等。比如，在杭州，华数数字电视传媒集团和阿里巴巴开展合作，可通过电视进行淘宝购物。电视产业越来越呈现外延式扩展。

二 三网融合背景下 IPTV 产业的创新发展

随着数字技术和互联网技术的发展，有线数字电视网络成了大容量、宽频带、双向智能、兼具多种服务功能的网络系统，不仅能提供基本的广播电视传输服务，还能提供图文电视、数据广播等扩展业务，甚至包括提供因特网接入、多媒体交互业务等增值服务。有线数字电视作为一项有着 30 多年发展历史的视听服务业务，已经度过了高速发展的成长期，进入了相对稳定的成熟期。而 IPTV 对三网融合有着"先行者"的作用，在一定程度上，IPTV 与三网融合相互促进、相互依存。从 IPTV 发展上可以看出三网融合背景下电视产业创新发展的走向。

IPTV 的全称为 Internet Protocol Television，即互联网协议电视，亦称交互式网络电视或互动电视。IPTV 最初是电信界提出的，是一种基于电信网和互联网提供三重业务的技术，基于宽带互联网与宽带接入，通过 IP 网络

---

① 《中国 NGB 建设扬帆起航——中国下一代广播电视网启动暨上海市示范网部局市合作协议签字仪式在沪举行》，《广播与电视技术》2009 年第 8 期，第 16 页。

传输视频、文本、图形和数据等信息。IPTV 以机顶盒或其他带有视频编码解码能力的数字化设备为终端，通过聚合各种流媒体服务内容和增值应用，为用户带来多种交互式多媒体服务的宽带增值服务。不同运营商对 IPTV 的认识存在差异。从电信运营商和互联网运营商的角度来看，IPTV 体现于电视节目在 IP 网中的组织和传送形式中，主要表现为即时直播、节目观看无时间限制及数字电视等，它是电信和互联网业务，是以电视栏目内容为基础的信息资源服务。IPTV 主要提供除数字电视和传统电视以外的信息服务，而目前的信息服务已完全 IP 化，因此 IPTV 用有线电视网来提供 IP 信息服务。[①]

由此，IPTV 的重要业务范围可概括为：视频类业务（包括广播和点播）、高速上网、VoIP 业务、互动游戏等媒体游戏类应用和信息服务类应用，其中大部分业务属于宽带电信业务，所以 IPTV 也是宽带交互型多媒体业务。显然，IPTV 已经大大超出了传统电视的服务形态，它既有播放电视节目的功能，又有强大、便捷的交互功能。用户可以根据自己的偏好和时间主动、自由地选择所需的服务，以满足他们个性化的业务需求。此外，由于 RTMP、RTSP 等实时传输技术配合 EPG 电子节目指南技术，使得节目内容具备了点播、时移、回看等各种增值服务功能，使传统电视的单向传输的状态变成一个双向互动的过程，用户不再受时间的限制，具有自主选择权，即 IPTV 受众的收视行为从传统电视的"仪式性使用"变为目前的"工具性使用"。[②]

IPTV 具有划时代的意义，因为它不仅改变了受众原有的"被动接受"的观看模式，同时还形成了观众与电视的互动，观众的需求也能推动电视行业的进步和探索。IPTV 新格局的形成也离不开国家政策的鼓励和支持，因为"国家层面自上而下的促进是三网融合发展的关键力量"。[③] 但 IPTV 成为兼具传媒产业属性和电信产业属性的新业态后，我国相应的管理政策

---

① 蒋林涛：《IPTV——三网融合的开端》，《中兴通讯技术》2006 年第 3 期，第 1～5 页。
② 方雪琴：《IPTV 受众消费行为研究》，博士学位论文，华中科技大学，2008，摘要。
③ 黄河、王芳菲：《论中国大陆三网融合发展的主导力量——结合 IPTV 的发展历程加以考察》，《国际新闻界》2012 年第 4 期，第 70～75 页。

经历了较为复杂的认知和博弈。国家政策逐步明朗后，才为 IPTV 产业的进步奠定了基本框架。①

（一）2004 年：广电之外的机构不能开办 IPTV 业务

2004 年 7 月 6 日，国家广播电影电视总局发布了《互联网等信息网络传播试听节目管理办法》，第七条规定："经广电总局批准设立的省、自治区、直辖市及省会市、计划单列市级以上广播电台、电视台、广播影视集团（总台），可以申请自行或设立机构从事以电视机作为接收终端的信息网络传播试听节目集成运营服务。其他机构和个人不得开办此类业务。"②此时，由于国家政策的限制，IPTV 整体发展有限，截至 2004 年底，国内的 IPTV 用户数量仅有 4.6 万户，但电信企业已经开始进军 IPTV 产业。当时，中国电信固话运营商面对传统固话市场的饱和以及即时通信软件的冲击，需要进行转型和调整。在转型的大背景下，电信企业不得不积极主动拓展 IPTV 市场，提升业务收入和用户黏度。

（二）2005 年：中国电信与上海文广开展 IPTV 试点

2005 年，中国电信与上海文广在上海、浙江、江苏、广东等五个省市的 17 座城市开展了试点工作，截至 2005 年底，IPTV 试点城市已达 23 个，国内 IPTV 用户数量相应地也增长到了 26.7 万户。IPTV 业务满足了电信运营商拓展业务、提高市场份额的部分需求，因此，作为 IPTV 牌照方之一的上海文广表现出了主动性，不仅与中国电信合作开展了试点工作，还同时与当时的中国网通开展了 20 个试点工作。只是由于政策的限制，这一年的电信运营商主要进行的是试验和评估工作。

（三）2006～2007 年：试点范围继续扩大，用户快速增长

截至 2006 年，国家广播电影电视总局共发放了四张 IPTV 牌照，这四张牌照均落在广电系的企业中，这也意味着中国电信如果要开展 IPTV 业务，就只能与广电系的企业进行合作。尽管政策限制，发展压力重重，中

---

① 梦婕：《2004－2016 年中国 IPTV 用户规模变迁之路》，http://iptv.lmtw.com/IPro/201701/140777.html，最后访问日期：2018 年 5 月 30 日。

② 《互联网等信息网络传播视听节目管理办法》，http://www.cac.gov.cn/2004－08/01/c_1112728747.html，最后访问日期：2016 年 8 月 16 日。

国电信与原中国网通仍然在 20 多个城市逆风前行，虽然在这样的政策环境中开展的业务十分有限，但 IPTV 整体还是在低调中稳步推进。到 2007 年底，国内 IPTV 用户数增至 120 万户，从用户规模的增长情况来看，这一年的 IPTV 业务得到了进一步拓展。

（四）2008 年：鼓励广电、电信双向开放

2008 年 1 月 1 日，《关于鼓励数字电视产业发展的若干政策》（国办发〔2008〕1 号，以下简称"1 号文"）发布，其中第二十三条规定，在保证广播电视安全传输的前提下，要建立和完善适应"三网融合"发展要求的运营服务机制。鼓励广播电视机构利用国家公用通信网和广播电视网等信息网络提供数字电视服务和增值电信业务。在符合国家有关投融资政策的前提下，支持包括国有电信企业在内的国有资本参与数字电视接入网络建设和电视接收端数字化改造。①

"1 号文"明确规定了国有电信企业可参与 IPTV 的建设，这一规定让国内的电信运营商在发展 IPTV 时有了清晰的政策根据，也为进一步扩大 IPTV 业务、开拓用户市场、优化 IPTV 产业奠定了基础。以上海文广新闻传媒集团为代表的 IPTV 牌照运营方相应增强了与电信运营商的协作，除了在已合作开展 IPTV 的地区扩大业务，还积极与其他地区电信运营商洽谈合作，开辟新的合作区。截至 2008 年底，IPTV 用户数量为 260 万户，增速较大，其中中国电信 IPTV 用户数更是从 2007 年底的 51 万户增至 180 万户。

（五）2009 年：广电和电信双向进入形势逐步明确

2009 年 4 月 15 日，《电子信息产业调整和振兴规划》公布，首次明确提出要推动 IPTV、手机电视等新兴服务业进一步发展，IPTV 正式在国家的相关文件中出现。② 5 月 19 日，《关于 2009 年深化经济体制改革工作的意见》（国办发 26 号文）发布，要求明确国家相关要求，完成广电和电信企业的双

---

① 《国务院办公厅转发发展改革委等部门关于鼓励数字电视产业发展若干政策的通知》，ht-tp://www. sarft. gov. cn/articles/2008/01/18/20080119004411200481. html，最后访问日期：2016 年 8 月 5 日。

② 《电子信息产业调整和振兴规划》，中国政府网，http://www. gov. cn/zwgk/2009 - 04/15/content_1282430. htm，最后访问日期：2016 年 8 月 20 日。

向进入，推动三网融合取得深层进展。① 就在这一年，上海市的 IPTV 用户数突破 100 万户，成为全球 IPTV 用户数最多的城市。② 截至 2009 年底，国内 IPTV 用户数量为 470 万户，这不仅仅是 IPTV 规模的简单增长，更代表了 IPTV 作为极具商业价值的互动媒体平台的重要性正在日益凸显。

（六）2010 年：三网融合进入国家层面的实质性推广期

2010 年 1 月，国务院会议决定推动三网互联互通，2012 年前推广广电和电信双向进入试点，2015 年全面实现三网融合发展。7 月 20 日，国务院三网融合工作协调小组办公室在发布的《关于三网融合试点工作有关问题的通知》中明确提出："广播电视播出机构负责制定 IPTV、手机电视集成播控平台的建设方案；广电总局负责受理和审批国有电信企业集团公司所申请的广电业务；由工业和信息化部负责受理和审批有线电视网络公司所申请的国内 IP 电话业务、有线电视网络的互联网接入业务、互联网数据传送增值业务。"③ 这条政策的出台明确了电视播放与运营机构在三网融合过程中各自的职责范围，以及国内 IP 电话业务、有线电视网络的互联网接入业务、互联网数据传送增值业务方面的相关业务内容，以及在办理这些业务过程中具体申请的部门等。这条政策不仅指明了电视产业三网融合的方向，还表明 IPTV 得到了政策的清晰认可，这对拓展电视产业的业务体系、增强电视产业的综合服务能力、拓展电视产业盈利渠道等具有重要意义。

2010 年后的 IPTV 发展迅速，用户总数达到 800 万户，到 2011 年时，用户数量已达到了 1350 万户。④ 2013 年 8 月，国务院发布的《关于促进信息消费扩大内需的若干意见》中指出要加快广电和电信业务双向进入，在前期试点基础上，在 2013 年下半年逐步推至全国，鼓励开展交互式网络电

---

① 《国务院批转发展改革委关于 2009 年深化经济体制改革工作意见的通知》，人民网，http://politics.people.com.cn/GB/1026/9357275.html，最后访问日期：2016 年 9 月 20 日。
② 中国广播电视年鉴编委会编纂《中国广播电视年鉴 2010》，中国广播电视年鉴社，2010，第 248 页。
③ 国务院三网融合工作协调小组办公室：《关于三网融合试点工作有关问题的通知》，中华人民共和国工业和信息化部网站，http://www.miit.gov.cn/n11293472/n11293832/n13095885/13326151.html，最后访问日期：2017 年 10 月 20 日。
④ 黄河、王芳菲：《论中国大陆三网融合发展的主导力量——结合 IPTV 的发展历程加以考察》，《国际新闻界》2012 年第 4 期，第 70~75 页。

视和 IPTV 等融合性业务。此后，国务院《"宽带中国"战略及实施方案》正式颁布，解决了 IPTV 的带宽瓶颈，也为下一步 IPTV 的飞速发展奠定了基础。工信部发布的数据显示，到 2014 年 1 月，全国的 IPTV 用户数量已接近 3000 万户，成为全球 IPTV 用户规模最大的国家。①

"三网融合"政策的推进，为我国电视产业以 IPTV 为切入点进行创新发展提供了政策保证。2014 年 3 月 14 日，国务院在《关于推进文化创意和设计服务与相关产业融合发展的若干意见》中指出："要全面推进三网融合，推动下一代广播电视网和 IPTV 等服务平台建设，推动智慧社区、智慧家庭建设。"2014 年 4 月 16 日，国务院在《支持广电行业深化三网融合的推进》中指出，2014 年 1 月 1 日到 2016 年 12 月 31 日，将对广播电视运营的服务企业收取的有线数字电视基本收视维护费以及农村有线电视基本收视费取消增值税，同时对被认定为高新技术的企业，按照 15% 的税率来征收企业所得税。② 2015 年 9 月，《国务院办公厅关于印发三网融合推广方案的通知》中正式提出，在全国范围内推动电信业务和广电的双向进入，IPTV 的市场地域限制也被解除，完成从试点到全国的过渡。IPTV 所包含的节目都由广电播出机构集成后，再由对接入口集中传输给电信企业 IPTV 的传输系统。完成这一步骤之后，电信方面就可以提供电子节目指南和节目，同时广电的播出机构完成审理检查之后，IPTV 就可纳入集成播控平台的电子节目指南以及节目源当中。基于这一条件，广电播出机构必须同电信企业方面加强协作，做好 IPTV 集成播控和 IPTV 传输系统的配合协调，同时，这两方面都要做好本职工作，力求达到统一。以电视节目播出安全为基础，还可以在广电播出机构和电信企业方面寻求多样化的互利共赢渠道和模式。③ 另外，通知中明确广电部门作为 IPTV 的主导管理部门，这就结束了广电和电信对 IPTV 主导权的激烈争夺。而在技术方面，光纤

① 《2014 年 1 月份通信业经济运行情况》，http://www.miit.gov.cn，最后访问日期：2016 年 9 月 11 日。
② 《国务院支持广电行业深化三网融合的推进》，中国通信网，http://www.c114.net/swrh/ 1989/a832130.html，最后访问日期：2016 年 9 月 2 日。
③ 《国务院办公厅关于印发三网融合推广方案的通知》，http://www.gov.cn/zhengce/content/ 2015-09/04/content_10135.html，最后访问日期：2016 年 10 月 2 日。

接入普及率的不断提高也大大促进了 IPTV 在业务方面的发展，同时也带来了 IPTV 用户的大幅上涨，截至 2017 年 3 月，国内的 IPTV 用户总数量已达到了 9592 万户。①

经 FP 公司十多年的连续探究与实践，IPTV 业务已逐步建立起比较完善的技术标准和成熟的商业模式，用户规模不断扩大，IPTV 业务成为电信运营商最重要的战略业务。在 2016 年，中国电信就表明"大力发展 IPTV业务，要毫不动摇走'宽带 + IPTV'之路"，同年 7 月，中国电信初次统一采购了机顶盒 2106 万台，相较于 2016 年初时预计的 1112.53 万台几乎翻了一番，而且电信采购的机顶盒都是支持 4K 超高清解码、IPTV 直播等多项功能的智能型机顶盒。之后，中国联通紧随其后制订了"宽带 +IPTV + 应用 +4G 融合发展"的计划，成立"中国联通 TV 增值业务运营中心"，以智能机顶盒为重要载体开展运营活动。由上可见，机顶盒在 IPTV的传输系统中占据着重要的地位，同时，我国相应设备供应商在投资研发、产品升级方面的广泛参与也成为推动 IPTV 发展的强大力量。UT 斯达康首先把 IPTV 引入中国，仅在 2005 年就做了三次相关技术升级。② 百视通在用户规模与业务营收上齐头并进，已发展成为全球最大的 IPTV 运营商，凭借其"轻资产、高收益"的运营模式，它在 2011 年 12 月 29 日成功登陆 A 股市场，从而增强了其他 IPTV 运营商利用资本市场进行扩张的信心。中兴通讯成为国内 IPTV 设备中中标数量最多的一家厂商。③

IPTV 在这十多年的发展进程中，受到国家相关政策、产业整合、市场博弈等多方面的影响，经历过若干次变迁后，走上了良性发展的轨道。国家在政策上的不断鼓励，运营商为了探索新的经济增长点而不断努力，共同推动了 IPTV 的不断发展。从 2005 年到 2016 年的 12 年间，IPTV 用户数量从 30 万户一跃上升到了 9000 万户。对于三大通信运营商而言，

---

① 中华人民共和国工业和信息化部：《2017 年 1～3 月份通信业经济运行情况》，http://www.miit.gov.cn/n1146285/n1146352/n3054355/n3057511/n3057518/c5597994/content.html，最后访问日期：2016 年 11 月 20 日。

② 龙真：《UT 斯达康：赌徒心态》，《当代经理人》2010 年第 5 期，第 60～63 页。

③ 易旭明、阚敏：《我国 IPTV 发展历程、动因和挑战刍议》，《新闻界》2016 年第 24 期，第 35～41 页。

"视频 + 内容 + 宽带"的运营方式始终是吸引用户最有效的方式。通信运营商一方面把宽带和内容联结，使得传统管道实现了升值，具有了变现能力；另一方面构建了一个融合的视频载体，汇聚了相当一部分的精彩内容，包括 4K 节目、各类应用、视频通信以及内容推荐等服务，从而提供更好的视频体验。在留住用户的同时，不断提升用户的 ARPU 值，实现最大的经济效益。最重要的是，运营商将视频制作权限部分开放，通过 B2B、B2C 等多场景业务，在不断扩大用户规模的同时，获得更高的附加值。

当然，随着技术的进步，IPTV 作为三网融合背景下电视产业创新发展的一大载体不断发展，如"IPTV + 大数据"，即 IPTV 根据大数据分析技术，通过这种方式可以在现有基础上利用大数据实现更精准的把握和定位。只有把握好交互式网络电视在大数据分析方面的优势，才能进一步对创新节目内容以及收视和播出的效果做出更精准的分析判断。[1] 除此之外，IPTV 的社交化趋势也愈加明显。因为 IPTV 业务是基于双向互动的宽带网络，交互式网络电视突出体现了人们之间的沟通互动，所以 IPTV 多样的内容把控会在更大程度上考虑到受众和观众的感受和爱好，这不仅仅是简单的视频点播，[2] IPTV 可以提供互动式、个性化的服务，不仅可以让用户点播个性化的电视节目，还可以让用户体验到众多互联网上的互动节目：和朋友聊天、参与实时视频节目互动、与亲朋好友共享精彩节目等。[3] 这样，IPTV 还同时具备了社交媒体的功能。因为 IPTV 是一种以宽带网络为基础的互动型电视，它在硬件方面已经具有了社交电视的功能，所以当电视与互联网媒介进行交互融合后，第一大趋势便是"社交化"，这也是互联网技术发展的一个必然趋势，IPTV 也必然将演变成社交电视。现在的 IPTV 平台为适应整个行业的发展趋势，不仅要提供产品，也要提供服务，还需要往更清晰、更丰富、更智能的方向迈进，因此，从更长远的角度来

---

① 陈嘉、钟宇霆、魏志刚等：《IPTV 大数据收视分析优势》，《中国传媒大学学报》（自然科学版）2015 年第 3 期，第 59~63 页。

② 格兰研究：《数字电视发展综述及展望》，《电视技术》2012 年第 2 期。

③ 梁彬静：《三网融合背景下国内电信运营商 IPTV 业务发展策略研究》，硕士学位论文，北京邮电大学，2011，第 35 页。

看，以 IPTV 为切入点可以进入以电视为核心的智慧家庭时代。这也是三网融合背景下电视产业创新发展的方向。

三 三网融合背景下 OTT TV 产业的创新发展

作为三网融合背景下电视产业创新发展的重要载体之一，OTT TV 拓展了互联网服务提供商、终端厂商、内容提供商、网络运营商的发展空间，也逐渐成为以视频业务、OTT 模式和多屏服务为核心的电视产业创新发展的新方向。

OTT 是"Over The Top"的缩写。OTT 简单地说就是"运营在互联网业务之上"，OTT 业务最典型的特征是它的提供者无须拥有自己的物理网络，只需在互联网上接入运营商（ISP）的物理网络即可运营。而 OTT TV，是一种 OTT 服务，它指的是一种通过公共互联网向用户传输视频的新型视频服务，此视频服务不受网络运营商的控制，可自主选择和连接视频，通过网络传输集成内容制作，满足受众对信息服务的需求。这种三网融合背景下电视产业的创新模式摆脱了行业属性、专业制作、专用网络传输以及专用终端的封闭状态，从而使每个基于新电视媒体的受众都可以从自身再传播出去。[①] OTT TV 的一个关键技术在于它可以实现低码高清，就是说，只需用很低的编码就可以压缩出质量很高的高清节目。传统的 4M 宽带就可以承载高清的电视应用，因此 OTT TV 的出现使得人们对网络的带宽质量要求大幅降低，为更多的网络连接渠道将内容传输给用户提供了技术保障，如电视机、电脑、机顶盒、Pad、智能手机等。

相比其他视频服务模式，OTT TV 还有一个最大的特点，就是视频服务的网络多样性，这种特性使 OTT TV 脱离了网络运营商的控制，无论是视频网站、电视台，还是网络运营商，都只需通过公共互联网将视频传输到电视机屏幕，就可以接收到视频内容。由于使用的是公共宽带网络，OTT TV 更加突出用户的实时互动性，除了电视节目之外，用户还可以随时随地通过任意网络点播观看网站的视频节目，运营商还将众多增值业务

---

① 黄升民、周艳、龙思薇：《八问 OTT——OTT TV 对电视产业的影响和对策解析》，《现代传播》（中国传媒大学学报）2013 年第 10 期，第 1 ~ 6 页。

融入其中，使得其盈利空间得到大幅度提升。[①]

　　早在 2009 年，美国最大的在线 DVD 租赁商奈飞（Netflix）就将 OTT 应用到视频传输当中。在 2010 年，谷歌与苹果公司陆续推出了 OTT TV 设备，用来为 OTT TV 业务服务。与国外 OTT TV 发展路径不同的是，我国 OTT TV 的初始推动者主要是电视机和机顶盒终端硬件厂商。在 2009 年初，TCL、创维等厂商陆续推出了互联网电视机，之后又相继推出了智能电视、云电视等。从 2012 年下半年开始，互联网公司开始推出基于安卓操作系统的智能电视机顶盒，一时间，市场上出现了众多品牌的电视盒子，例如优酷盒子、小米盒子、乐视盒子、天猫魔盒等。这里所谓的电视盒是一种可以在电视机上播放互联网视频内容的硬件产品。国家广播电影电视总局将其定义为互联网电视机顶盒，可以通过连接电视盒的方式来实现互联网智能电视的各种功能。用户可以随时观看包括电影在内的网络视频，并将移动设备（如手机和 iPad）上的视频内容投影到电视屏幕上，用户甚至可以玩游戏和听音乐。乐视、小米等品牌商都凭借电视盒子在市场占据了一席之地。

　　正是因为 OTT TV 业务的开放性——互联网机顶盒可以为用户提供电视上网、收看互联网视频的服务，因此这些互联网机顶盒长期以来处于地下状态，不被监管机构认可。在 2009 年，国家广播电影电视总局开始规范 OTT TV 相关行业，并明确指出，借助互联网来连接机顶盒和电视机的电子产品，同时又提供视听服务给电视接收用户的，需要取得"电视节目整合"的运营服务许可。这一规定的重点是要规范电视制造商以及网站公司向电视提供节目的行为。[②] 但从全球的发展情况来看，OTT TV 服务已成为"三网融合"背景下电视产业创新发展的催化剂，并推动其向融合新业态扩展。2010 年三网融合进入试点发展阶段后，国内对 OTT 的相关政策也进入了调整期。在调整期间，国家广播电影电视总局又陆续出台了一系列相

----

① 程德杰、唐伟文、庞元乐：《"新三网融合"的特征与产业发展》，《移动通信》2012 年第 23 期，第 10～13 页。

② 张玲：《OTT TV 带来的视频发展趋势及市场格局对传统电视业的影响》，硕士学位论文，重庆大学，2014，第 27～29 页。

关政策。2011 年 10 月，国家广播电影电视总局下发了《持有互联网电视牌照机构运营管理要求》（广办发网字〔2011〕181 号，简称"181 号文件"），在互联网电视集成业务管理、内容业务管理、业务运营、机顶盒等终端产品管理四个方面提出了要求，建立了 OTT TV "内容服务 + 集成业务"双重授权系统。[①] 文件明确了只有内容牌照和播控牌照两方服务商联合起来才能继续为用户提供 OTT TV 服务。同时肯定了互联网电视机顶盒作为互联网电视终端之一的合法性，使互联网机顶盒制造商，特别是互联网视频服务提供商，看到进军电视大屏幕的希望。181 号文件的出台无疑是国家层面对 OTT TV 产业的"松绑"，这在一方面终止了 OTT TV 发展混乱的无政策局面，确立了以牌照方为先驱的视频业务的发展模式；另一方面也使各方更为积极地部署 OTT TV 发展战略，建立起了互联网电视机顶盒的市场新格局。同时，国家广播电影电视总局对 OTT TV 的态度经历了从遏制到扶持的转变，表现了国家广播电影电视总局对互联网电视的态度已从单纯的管制转化为引导和鼓励，这一转变，使 OTT TV 产业迎来了新的曙光。

在 181 号文件所指定的产业模式下，各大视频网站公司、电视生产商纷纷和拥有牌照的广播电视企业合作，积极研发和推广自身的产品，再加上各互联网视频内容提供商、电信运营商的加入，OTT TV 产业链逐渐形成。例如，在 2012 年初，乐视网就率先与央视网（CNTV）达成战略合作，推出了乐视盒子，在首批三网融合试点城市开展互联网电视产品的推广，逐渐构建起"内容 + 运营 + 终端"的 OTT TV 产业链。OTT TV 市场呈现蓬勃发展之势，后继厂商如小米、TCL 等提出护眼、视觉效果等卖点，云电视客厅大战也越发激烈。

我国传统广播电视节目直播机构早在 OTT TV 设备进入客厅前就已经开始尝试转型，像央视网、中国广播网等国家级节目制播机构相继推出了网络平台，诸如 CCTV5、CCTV6 等频道都可以在手机客户端上观看直播，甚至把演播室当中的同时段视频放到网络平台上，开始创新"收

---

① 王崇鲁：《国内 OTT TV 发展趋势及其对 IPTV 发展的影响分析》，《移动通信》2012 年第 23 期。

看"广播。^① 当前，OTT TV 电视产业链大致由内容提供、集成和分发以及电视终端和用户组成，涉及硬件、软件、服务等部分。其主要模式如下。

（一）垂直生态模式：乐视网

虽然出现了"贾跃亭出走"等事件，但乐视网仍是我国 OTT TV 发展中不可回避的一部分。从 2010 年开始，乐视网就已经成为中国 OTT TV 领域中重要的一部分。即使在政策方面它还没有获得许可证，也不像传统电视台拥有自制内容的资源优势，但是它在视频网站方面积累了多年的经验，有力地推动了中国 OTT TV 的发展。

内容是乐视网强大竞争力的优势来源，它是当今国内第一个购买网络视频版权的视频网站，拥有大量电影和电视剧版权，同时还推出大量的自制剧、微电影和综艺节目等。在终端市场上，乐视网进行了全产品的终端战略布局。除了创建终端硬件外，乐视网还开发了终端软件，推出了自主开发的 Letv UI 操作系统和电视应用商店 Letv Store，专门从事电视应用。乐视网还在云视频方面积极进行协调合作，期望通过合作形成共同的发展平台，在 Letv 云平台上占据更多的内容和应用版面。

（二）专业化分工模式：TCL 爱奇艺电视 TV +

2013 年 9 月，TCL 与爱奇艺联合发布了一项新的跨界产品："TCL 爱奇艺电视 TV +"。这种新产品依赖于 TCL 在电视领域设计、开发、制造和服务方面的优势，也基于爱奇艺在互联网特别是在视频领域运作的经验，将其视频服务由电脑、手机延伸到了电视领域。"TCL 爱奇艺电视 TV +"由 TCL 制造，内容由爱奇艺提供。除了 iQlYI 和 PPS 提供的视频内容外，"TCL 爱奇艺电视 TV +"在运营层面还推出了三种技术：语义方向控制、语义全局搜索和语义信道变化。通过融合这几种技术，最终拥有了全语音控制电视的功能，成为基于"智慧家庭数码港"的智慧家庭处理中心。

（三）电视台独立运营模式：芒果 TV

湖南广播电视台不仅具有 OTT TV 内容整合以及整合平台两大牌照，

---

① 白亮、华园、汪燕燕：《OTT TV 时代广播电视直播业务的现状、发展与监管研究》，《广播电视信息》2014 年第 3 期，第 29 ~ 32 页。

还具有湖南卫视强大的技术支撑以及内容优势，是我国电视产业发展 OTT TV 的重要力量。自 2011 年获得 OTT TV 牌照以来，湖南广播电视台已开始探索 OTT TV 领域，其经验可以为中国传统电视台开发 OTT TV 提供有益借鉴。首先，芒果 TV 可以提供定制内容，凭借其与凤凰卫视、CETV 和韩国 SBS 等电视台的合作，成为富有特色的电视内容提供商，为其定制内容提供了坚实的基础。其次，其 OTT TV 立足于互联网思维，如通过网络来更新 OTT 服务，使 OTT TV 用户能够升级其相关软件。最后，芒果 TV 形成了差异化的竞争优势，例如与韩国三星公司合作，提供部分与韩国相关的旅游及食品等节目。同时在 OTT TV 电视盒子方面展开合作，借助"芒果派"的产品基础，创造出多种运作模式，以寻求差异化。

以上几种发展模式抢占了互联网电视大部分市场。它们在 OTT TV 业务上的竞争不仅促进了互联网企业、电视台的转型，也促进了中国三网融合产业的升级和转型，为相关产业寻求更大的市场和政策空间提供了必要的机会，进一步推动了中国新一轮三网融合的发展。

此外，OTT TV 的发展还在一定程度上成为科技创新的孵化器，加快了三网融合背景下全球电视产业相关新技术的发展。例如，电视服务和互联网模型的组合已经引入了基于云计算 SaaS 的社交电视和视频 B2C 等服务，这是一种新的商业服务模式，集成了在线视频和互联网社交互动。两个平台资源整合产生的互补和协同效应可以大大提高双方的竞争能力。一方面增强了社交用户的互动性，另一方面也改善了在线视频的推广渠道，细分了用户和群组，增加了流量，并提高了视频广告的议价能力。OTT TV 在多种应用体验和其他行业技术集成方面也具有明显的优势。目前，智能电视的操作系统更加智能化，处理速度越来越快，在不久的将来，电视观众可以在客厅电视上轻松上网，也可以加载第三方平台应用程序，因此综合体验模式将更能满足年轻人和受过高等教育人群的需求。与此同时，三屏融合技术也在不断涌现，在不久的将来，我们可以在电视屏幕、电脑屏幕和手机屏幕上切换视频和音频。因此，三网融合的推广为 OTT TV 提供了发展条件。

为了实现 OTT TV 的良好互动，有必要提供应用商店和游戏体验等增值服务，以便更好地实现多屏互动和设备间的无缝连接。如果实现了这种互动，它必将成为 OTT TV 运营商新的利润增长点。用户可以通过电视轻松访问各种应用软件，这将使 OTT TV 的传统服务模式发生重大变化。① 由于 OTT TV 在互动上的巨大优势，它将对内容本身的发展产生深远的影响。为了满足社会阶层分割带来的视频内容的不同需求，OTT TV 将在规模量化和对象分割的方向上开发视频内容，以满足各种用户的需求。在这种发展趋势下，提供 OTT TV 服务的互联网公司充分认识到内容的重要性，并开始将内容扩展到自制内容。内容制作不再是传统媒体组织的专利。除了电视台和在线专业制作公司，视频网站和 IT 互联网组织甚至个人用户都已成为内容的原创者和传播者。OTT TV 提供了媒体内容制作平台，形成了从单一到多元、从封闭到开放的平台系统。在这样的平台系统中，OTT TV 业务的最终产品形式与用户需求密切相关。

通过格兰统计数据可以发现，从 2013 年开始，中国 OTT TV 视频终端的销售量总计达到了 6.25 亿台，同时这些视频终端的销售带动了产业链上游有关产品的发展，最终形成了一条规模可观的 OTT TV 终端设备收入链。而除了这部分收益之外，视频内容本身的生产收入、用户业务订阅费、数据流量费以及广告收入共同组成了 OTT TV 视频市场收入的重要部分。据国际研究机构 Digital TV Research 的报告，中国 OTT TV 收入在 2017 年达到 20.57 亿美元，超过日本居第二位。在技术和内容的推动下，国内智能电视产量还将持续攀升，2017 年，智能电视生产占比超过 63.4%；截至 2017 年，中国 OTT 终端设备保有量（OTT TV + 盒子）已经达到 2.4 亿套。② 易观数据调查显示，到 2017 年 12 月，中国移动端综合视频用户规模已达到 8.7 亿人次。进入 2018 年后，OTT TV 普及率与传统电视基本持平，用户观看终端向 OTT TV 持续转移，同时智能电视内容极大丰富，家庭用户向客厅聚拢，OTT TV 市场开始进入高速发展时期。4K、AR、VR、低延迟、秒级起播等新技术正快速和 OTT TV 结合；AI 的快速发展给 OTT

---

① 吕达等：《基于云平台下的 OTT TV 的技术方案与发展趋势》，《中兴通讯技术》2014 年第 1 期，第 12 页。
② 易观：《2018 年中国 OTT TV 市场专题分析》，https://www.useit.com.cn/thread - 18939 - 1 - 1.html，最后访问日期：2018 年 12 月 2 日。

TV 市场带来了更多的可能；大数据和云计算技术的普及应用，有力推动了 OTT TV 营销的快速发展。多屏 OTT TV 让消费者使用视频的模式变得更为多元化，相比传统的被动观看电视，主动消费已成主流，并从年轻人群向各年龄人群渗透。

总而言之，OTT TV 是互联网向传统视频服务市场扩展的过程，是传统电视向互联网模式的转化，也是三网融合的必然结果。未来，OTT TV 可能会更加平台化，成为用于向外部提供资源、能力和内容的开放接口。在技术的不断完善和发展下，最终演变成 OTT TV 云媒体平台，开辟更广阔的市场，同时也成为三网融合背景下电视产业创新发展的新方向。

第三节　三网融合产业对电视产业创新发展的影响

传媒具有意识形态和产业双重属性。传媒的产业创新发展成为衡量各国传媒软实力的重要标准。在大众传媒系统中，电视以其独有的传播优势，一直是最受公众欢迎的媒体，产业发展也一直领先。但是，在三网融合背景下，传统的电视产业创新发展遭到严峻挑战，正处于转轨的关键时期。

一　我国电视产业发展的历史

（一）传统电视产业发展的历史

电视产业属于文化体制的一部分，而对于文化体制，不同学者有不同的定义。学者胡惠林认为："文化体系在制度上表达和反映了文化、政治和经济的关系，基于这三者之间的关系建立的国家文化体制和政策系统。"[1] 陶彦霓则认为："所谓文化体制，是指文化产品的生产、管理和传播在社会经济发展的某个阶段所拥有的具体形式和运作方式，包括文化生产组织、管理体制、管理方式、方法和传播形式。文化系统是文化产品特殊的生产组织结构和制度安排。文化系统的类型和社会要素界定了文化生产、管理和

---

[1]　胡惠林：《论文化体制改革》，《开发研究》2005 年第 4 期。

传播在实践活动中的特征，体现了实践活动的实际状态，制约了文化财产的生产效率，限制了商品生产的价值取向。"① 一般而言，在文化系统中，我们首先定义政府、公司和工人的责任，划分各自的权利，分配各种利益，并制定规则和管理方法。其次定义根据行政区域建立的各级文化管理机构以及按照国家文化管理职能和文化生产、传播方式之间的基本联系所建立起来的文化行政管理机构。最后定义政府主导的文化传播模式和市场主导的文化传播模式等。②

1996 年，《中共中央关于加强社会主义精神文明建设若干重要问题的决议》提出了"改革的目的是增强文化经营者的活力，共同动员文化工作者的积极性"，"文化体制改革是文化项目繁荣发展的根本途径，要重视新时期的文化改革和文化繁荣，生产优秀作品，培育优秀人才"。2002 年，中共十六大提出文化体制改革的目标、挑战和原则是："将改革深入与结构调整协调起来，互相结合，促进发展，厘清政府与文化企业的关系，加强文化立法建设，加强宏观管理，深化文化公司和机构内部改革，逐步建立文化管理体系和运行机制，为繁荣社会主义文化创造良好的社会环境。"2011 年 10 月 18 日，中国共产党第十七届中央委员会第六次全体会议通过了《中共中央关于深化文化体制改革、推动社会主义文化大发展大繁荣若干重大问题的决定》，提出加快文化体制改革，建立党委领导、政府管理、行业自律、社会监督、企事业单位依法运营的文化管理体制，完善富有文化内涵的产品经营机制，展现国家在市场经济中的把控作用，"建立现代企业制度，加快国有文化单位改革，用现代企业的制度和方法加快文化单位改革，培育合格市场主体"。

电视产业发展是中国文化体制改革的重要组成部分。长期以来，电视业以其广泛的社会影响力，成为党和政府重要的宣传"喉舌"。在相当长的一个时期内，政府通过财政拨款支撑电视台运营，这也使得我国电视产业发展始终带有计划经济的色彩，收入模式单一，市场化发展程度不够。《中共中央关于深化文化体制改革、推动社会主义文化大发展大繁荣若干

① 陶彦霓：《文化体制改革与文化创新》，《云南社会科学》2004 年第 4 期。
② 王晓刚：《文化体制改革研究》，博士学位论文，中共中央党校，2007，第 18 页。

重大问题的决定》中提出，发展现代传播体系，提高社会主义先进文化的辐射力和影响力，加快先进技术的传播，推动覆盖面广的现代新型通信系统的建设。加强广播电台和电视台的建设，加快数字化转换，扩大有效覆盖范围，整合有线电视网络，建立全国性的广播电视网络公司，促进电信网络、广播电视网络和互联网的融合。构建国家新媒体综合广播控制平台，创新业务形式，发挥各种文化传播的作用，进一步体现具有文化企业特征的制度要求，体现企业文化资产的形成形式、管理模式。深化国有企业投资和金融体制改革，支持文化企业进入资本市场，吸引社会资本开展股份制改革。一方面要优化市场资源配置，改变电视产业长期依赖广告收入的单一增长模式，开发新的经济增长点，提高自我造血能力；另一方面要调整产业格局，理顺相应体制，培养适应数字化时代需要的产业体系，按照市场经济产业发展的规律，建立合理的电视产业资本运作制度。

我们大致可以将我国电视产业划分为电视产业初创阶段、"文化大革命"阶段、四级办电视阶段、广播电视集团化阶段。1958 年到 1965 年，可以称为中国电视产业发展的初级阶段。1958 年 5 月 1 日 15：00，北京电视台首次试播，并于 9 月 2 日正式播出，标志着中国电视产业的诞生。1959 年上半年到 1960 年，广州、长春、南京、成都、天津、沈阳等城市也先后建立了电视台。1960 年 3 月，第七届全国广播工作会议提出一项电视台发展三年计划草案，计划到 1962 年，电视台的数量应该在最初 10 个的基础上增加到 50 个。1960 年 5 月 27 日，全国电视台工作经验交流会在哈尔滨召开。会后，西安、合肥、福州、杭州、武汉、济南等多个城市建立了电视台，连地处西部边远地区、各方面条件都比较落后的乌鲁木齐也创办了电视台。[①] 在这一电视产业的初创阶段，电视产业发展以基础建设和宣传工作为主，主要资金来源为中央拨款，采取公共事业制度。电视台的主要目的是服务于阶级斗争和党的宣传工作，服务于"工农大众"，电视台并不承担创收功能，没有产业发展的外部压力与内部动力，电视产业创新发展还无从说起。

---

① 徐光春主编《中华人民共和国广播电视简史（1949—2000）》，中国广播电视出版社，2003，第 104 页。

"文革"时期,全国各电视台相继陷入混乱,任何产业化的萌芽都会成为批判对象,电视产业在此时期基本处于停滞发展阶段。

"文革"结束后,百废待兴,1983年3月31日至4月10日,第十一次全国广播电视工作会议召开,标志着我国电视产业发展走上正轨。这次会议制定了"四级办广播、四级办电视、四级混合覆盖"政策(简称"四级办"政策),即中央、省、市、县四级电视和四级混合覆盖,中国电视产业进入第四阶段,并由此推动了广播电视业的快速发展。① 虽然"四级办"政策不针对企业,也不针对有线电视,但是该政策出台以后企业建设有线电视台的速度也大大加快。到1985年,全国已经有300多个有线电视系统,当时最大的湖北十堰第二汽车制造厂有线电视系统,拥有近100千米的电缆和光缆干线,27000个用户终端,可以转播3套节目,自办3套节目。② 截至1990年12月底,全国经省广播电视厅同意设立的行政区域性有线电视台314个,用户121万户。企业单位有线电视台782个,用户230万户。有线电视站12205个,用户224万户。共用天线电视系统17228个,用户515万户,总计有线电视用户110万户。③

虽然"四级办"政策促进了电视产业的发展,但也导致了电视台之间的恶性竞争现象,电视产业的发展出现了"散、乱"的特点。在电视产业规模不断扩大、电视台数量不断增加的同时,电视产业发展的效果却不容乐观。电视产业创新发展何去何从?电视产业如何定位?成为当时电视产业创新发展的两个首要问题。1985年,国家统计局已经把电视业划入第三产业,但官方对此的正式认可却在几年之后。1992年6月16日,中共中央、国务院宣布《关于加快发展第三产业的决定》,在该文件中,电视产业被划入第三产业。中国的电视产业创新发展第一次有了明确的政策依据。由此,电视台的产业性质终于得到官方的认定。不仅如此,《关于加

---

① 《中国广播电视年鉴》编辑委员会编《中国广播电视年鉴1987》,中国广播电视出版社,1988,第55~56页。
② 《中国广播电视年鉴》编辑委员会编《中国广播电视年鉴1986》,中国广播电视出版社,1987,第50页。
③ 《中国广播电视年鉴》编辑委员会编《中国广播电视年鉴1991》,北京广播学院出版社,1992,第69页。

快发展第三产业的决定》还要求第三产业的机构应做到自主经营、自负盈亏。大部分福利型、公益型和事业型第三产业单位应逐步向经营型转变，实行企业化管理，电视媒体的企业单位属性从此得到官方确认。产业性质的确定直接促进了电视市场的形成。市场就意味着竞争，竞争就意味着要优胜劣汰。压力逼迫"不知愁滋味"的电视人开始寻求突围之路。同时，为了"治散治滥"，1996 年 11 月，广电部发布了《认真贯彻党的十四届六中全会精神、进一步加强和改进广播影视工作的意见》，指出广电系统要加强宏观调控力度，以控制总量、优化结构、提高质量、增强效益为目标，治理擅自建台、重复建台、乱播滥放的问题，力争在三到五年内基本克服散滥现象。1997 年广电部又发布了《关于贯彻落实中共中央办公厅、国务院办公厅〈关于加强新闻出版广播电视业管理的通知〉的方案》以及《关于县（市）广播电视播出机构合并的意见》。在这次"治散治滥"工作中，县级播出机构被合并、调整，地区及地区所在市（县）、市辖区不设播出机构，企事业有线电视台改站是治理的重点和关键。1997 年 6 月，广电部组织六个小组对黑龙江、辽宁、山西、浙江、安徽等 11 个省区市的治理情况集中进行了检查和调研，然后下发了《关于企事业有线台改为有线广播电视站的意见》。1998 年 9 月又提出了"控制总量，调整结构"的方针，其目的就是要改变广播电视领域内重复建设、浪费资源、素质低下、管理落后的局面，进而走集约化发展、提升电视产业竞争力之路。①到 1999 年底，广电部认为"治理任务基本完成，取得了阶段性成果"。县级广播电视实行多台合一、局台合一体制，且形成县乡一体互动格局，播出机构重叠、分散等弊端在一定程度上得到克服，各种经济要素的配置经过此次调整后变得更为合理。②

　　在"治散治滥"及我国即将加入 WTO 的时代背景下，我国将广播电视集团化作为电视产业创新发展的一个重要方向。1996 年 1 月，在全国广播影视厅局长会议上，文化部部长孙家正谈到"九五"计划和到

① 薛留忠：《市场化转型和服务创新：中国广电业的发展与实践》，东南大学出版社，2009，第 26～27 页。

② 刘习良主编《中国电视史》，中国广播电视出版社，2007，第 310 页。

2010 年的远景目标时，提出了现代企业制度的要求，走集团化、产业化、国际化的道路，通过改革、重组、转型、建立大量广播电影企业集团，推动中国广播电影业从大规模转向高质量、高效、广泛、集约、社会化发展，实现社会和经济效益的统一。在 1998 年 1 月全国广播影视厅局长会议上，文化部部长孙家正再次提出以市场为导向、以资产为纽带、实行股份制等多种所有制形式推进电视集团化的思路。① 2000 年，国家广播电影电视总局推出了《2001 年至 2010 年广播影视事业发展计划纲要》，在此文件中，提出"建设若干个在国际上有竞争力、影响力的跨地区、跨行业的广播影视传媒集团"，并认为媒体集团化已成为一种发展趋势，将来国内的影视产业必将与国外的大型传媒集团进行竞争，打造"媒体航母"刻不容缓。该文件指出，未来集团化发展思路是先在中央和地方一级建立广播电视集团，这些集团是广播、电影和电视的三位一体，应该是有线、无线和教育的结合，省、市、县三级相连，资源共享。2000 年 11 月 7 日，国家广播电影监察局公布了《关于广播电影电视集团化发展试行工作的指导意见》（广发办公室〔2000〕284 号），要求广电集团在运营广告的同时运营其他相关产业，逐步发展为多媒体、多渠道、多阶段、多功能的综合媒体集团。2000 年 12 月，湖南广播影视集团正式挂牌成立。2001 年 4 月，上海文化广播影视集团（SMEG）成立，并对下属的广播电视媒体进行了调整，同年 11 月成立了上海文广新闻传媒集团（SMG），整合重组了原上海人民广播电台、上海东方广播电台、上海电视台、上海东方电视台、上海有线电视台等媒体，拥有固定资产 107 亿元，员工 2400 多人。2001 年，江苏、四川、浙江、重庆等地的广电集团或总台也陆续成立。② 同时，经中共中央、国务院批准，在中国加入 WTO 前夕的 2001 年 12 月 6 日，中国最大的新闻集团中国广播影视集团在北京正式成立，集团成员包括中央电视台、中央人民广播

① 《中国广播电视年鉴》编辑委员会编《中国广播电视年鉴 1996》，北京广播学院出版社，1996，第 15 页。

② 薛留忠：《市场化转型和服务创新：中国广电业的发展与实践》，东南大学出版社，2009，第 41～42 页。

电台、中国国际广播电台、中国电影集团、中国广播电视传输网络有限责任公司和中国广播电视互联网等。集团固定资产达到 214 亿元，年收入超过 110 亿元。管理委员会领导由国家广播电影电视总局及中央三台领导兼任。中国广播影视集团定位为国家级的大型媒体集团，是国家重要的宣传和思想文化阵地。在中国广播影视集团成立大会上，相关领导表示该集团的成立表明中国广播电影产业改革迈出了新的一步，展现了广播、电影、电视业的发展，广播影视产业的发展已进入新的阶段。[①]

2001 年到 2004 年，中国经批准成立的广电集团和广播电视总台共有 18 家，除中国广播影视集团外，有 11 家省级集团（总台）、6 家市级广电集团。这些集团和总台的成立，使得中国电视产业重新洗牌，在很大程度上改变了中国电视产业的格局。中国电视产业在管理体制、经营模式、资产重组、结构调整、加强宣传等多方面进行了有益的探索，在部分领域取得突破性进展。[②] 电视集团化为我国电视的产业创新发展起到了积极的推动作用，但是很多电视集团是依靠行政命令而不是依靠资本纽带成立起来的，其集团运行效率低下，"大而不强""大而不精"等情况广泛存在。在 2004 年 12 月举行的国家广播电影电视工作会议上，国家广播电影电视总局明确表示将不再批准建立具有商业性质的广播电视集团，原因是广播电视集团是党和政府的"喉舌"，不同于一般组织，很容易与社会上的产业集团混淆，并要求已经成立的具有事业性质的广电集团内部要尽快剥离经营型资产，组建产业经营公司或者集团公司进入市场开展业务，也可以改为总台，在总台内部进行事业、产业分开运营的改革。[③] 以集团化为标志的我国电视产业发展进入深水区，面临着进一步的改革和转型。

（二）数字电视发展的历史

1. 内地数字电视发展

数字新媒体传播作为信息时代和全球化进程中国家软实力的重要体

---

① 徐光春主编《中华人民共和国广播电视简史（1949—2000）》，中国广播电视出版社，2003，第 553 页。
② 刘成付：《中国广电传媒体制创新》，南方日报出版社，2007，第 114 页。
③ 陆地：《中国电视产业启示录》，上海交通大学出版社，2007，第 101 页。

现，已成为西方发达国家信息传播系统建设的主要任务，也势必推动中国数字媒体传播产业建设的快速启动和发展。中国内地数字电视产业的发展，早在 20 世纪 90 年代初就开始了。在"八五"期间和"九五"期间，"高清电视技术研究"和"高清晰度电视功能样机系统研究"两项国家重点科技项目已稳步推进，并在 1999 年国庆期间对项目研究提出的 ADTB-T 和 DTTB/OFDM 传输方案成功地进行了试验。1999 年 5 月，负责数字高清晰度电视系统标准体系制定的数字电视系统标准化专家委员会成立；同年 6 月，成立了国家数字电视研发和产业化专项领导小组。2000 年 10 月，国家计委批准了"数字电视研发与产业化特殊标准制定专项实施方案"和"数字电视研发与产业化标准测试专项实施计划"，[①] 我国数字电视发展准备阶段工作开始有序进行。

2001 年至 2004 年是中国数字电视发展的启动时期，并在 2003 年取得重大进展。2001 年至 2002 年，中央电视台和济南、广州、苏州、南京、上海等开始试播数字电视，甚至以苏州为代表的一些地方开始正式进行商业运营。2003 年至 2004 年，中国数字电视发展取得重大突破：政策措施方面，国家广播电影电视总局出台了《建立有线数字电视技术新体系的实施意见》《广播电视有线数字付费频道业务管理暂行办法》《广播影视数字发展年工作要点》《关于促进广播影视产业发展的意见》等重要文件；转换实践方面，青岛、佛山、杭州根据各自不同的情况，推行了数字电视整体转换的不同模式，起到了极大的示范作用，中央电视台、上海文广也相继开通了多个付费数字电视频道，第一个数字媒体产业基地南海数字媒体产业园落户佛山等，这都表明中国的数字电视已进入实际运营阶段。[②]

这一时期，我国制定了内地数字电视发展的三个阶段和过渡时间表，提出数字电视转化"三步走"战略，建设电视产业运营的"四大平台"以及推动数字电视整体转换的思路，为数字电视的规模发展创造了有利条件。根据国家广播电影电视总局《广播影视科技"十五"计划和 2010 年

---

① 杨晓宏：《我国数字电视的发展现状与展望》，《中国有线电视》2002 年第 14 期。
② 黄升民、王兰柱、周艳主编《中国数字电视报告（2005）》，中国传媒大学出版社，2005，第 5 ~ 7 页。

远景规划》的要求，2005 年将达到 3000 多万户有线电视用户。2010 年的愿景是全面实现数字广播电视。2015 年，模拟广播电视将停止。实现 2003 年开发有线数字电视、2005 年开发卫星直播内容、2008 年积极开发地面数字电视的"三步走"战略；积极构建四个平台：节目平台、传输平台、服务平台、监管平台。①

2005 年是中国数字电视产业发展的转折点。当年，政府和国家广播电影电视总局推出了一系列政策和措施，以支持电视产业创新发展，如国务院下发《关于非公有资本进入文化产业的若干决定》，鼓励非公有资本建设和运营有线电视接入网，并参与有线电视接收机的数字化转型；国家广播电影电视总局印发《关于推进试点单位有线电视数字化整体转换的若干意见（试行）》，要求促进城市有线电视数字化的整体转换，并印发《关于加强广播电视有线数字付费频道业务申办及开播管理工作的通知》，广播电视有线数字付费频道业务的招标和广播工作将受到监管。国家广播电影电视总局科学技术委员会第七届第三次会议讨论了《广播影视科技发展"十一五"规划和 2020 年远景目标》的征求意见稿；政府的"十一五"规划首次提出将"三网融合"作为主要的技术战略。同时，重组并成立了基于数字视频业务的"中国有线电视网络有限公司"〔简称"中国有线"（CCN）〕，组建全国性数字付费电视集成运营商——鼎视数字电视传媒有限公司。然后，在青岛、大连、太原分别召开了全国有线电视数字化推进工作现场会，并举办 2005 年中国数字电视产业高峰论坛。上海电视台经国家广播电影电视总局正式批准，以电视和手持设备为接收终端，开放视听节目通信服务。中央电视台的"高清视频"频道首次在杭州播出。青岛、杭州分别完成有线电视数字化转换工作等，② 标志着内地数字电视发展进入快车道。

2008 年以来，借助奥运会和上海世博会陆续举行的良好发展机会，我国数字电视开启了腾飞阶段。2008 年 1 月 1 日，国家广播电影电视总局等

---

① 黄升民、王兰柱、周艳主编《中国数字电视报告（2005）》，中国传媒大学出版社，2005，第 17~20 页。

② 《2005 年中国数字电视产业发展大事记》，中国通信网，http://www.c114.net/ngn/301/a193753.html，最后访问日期：2017 年 1 月 23 日。

部门联合发布《关于鼓励数字电视产业发展的若干政策》《关于在有线电视数字化推进工作中进一步严格规范、加强服务的通知》等重要政策文件，确定 2008 年北京奥运会将通过数字高清电视向全世界播出。2010 年，我国东部和中部地区的有线电视基本实现数字化，2015 年开始推动建立数字电视发展创新体系，充分利用国内外资源，在投融资、税收与价格方面实行优惠政策等。自此，我国数字电视三种类别实现齐头并进。义务性基本服务、公益性有偿服务、多样化和个性化市场服务三种服务类别得以构建，电视产业进入全面发展时期。①

2009 年，中国数字电视用户达 8326 万户，其中有线数字电视用户 6200 万户，占据整体数字电视市场规模的 74.47%，有线数字化程度达到 36%，卫星数字电视占据整体数字电视市场的 14.79%，地面数字电视市场占据整体数字电视市场的 5.58%，IPTV 占据整体数字电视市场规模的 5.16%。②

2010 年，国务院颁布《推进三网融合的总体方案》，温家宝总理主持国务院常务会议，决定加快电信网络、广播电视网络和互联网三大网络的整合任务。推进三网融合的阶段性目标得以确立，并在 7 月 1 日公布了北京、大连、哈尔滨、上海等十二个首批试点城市。三网融合的正式推进，标志着我国电视产业已进入三网融合时代，建设下一代广播电视网提上议事日程，形成了数字电视与 IPTV 齐头并进、以互动业务和高清电视为发展核心，在业务种类、用户体验、运营模式乃至 ARPU 值成长空间等方面体现出强劲发展势头的良好局面。③

据统计，截至 2011 年 7 月底，中国有线数字电视用户已突破 1 亿户，达到 10115.2 万户，有线数字化程度达到 54.01%。④ 截至 2010 年底，中

---

① 黄升民、周艳、王薇主编《中国数字电视市场报告（2009）》，中国市场出版社，2009，第 3~6 页。
② 《2009 年中国数字电视发展现状研究》，慧聪广电网，http://info. broadcast. hc360. com/2010/05/211100227797. shtml，最后访问日期：2016 年 6 月 3 日。
③ 吴信训、王建磊、高红波：《2010 年中国数字电视与 IPTV 发展报告》，人民网，http://media. people. com. cn/GB/22100/51194/51195/15212903. html，最后访问日期：2016 年 8 月 21 日。
④ 《我国有线数字电视用户突破 1 亿户》，慧聪广电网，http://info. broadcast. hc360. com/2011/08/311339449259. shtml，最后访问日期：2016 年 12 月 4 日。

国 37 个重点城市中有 31 个已开通地面数字电视信号。2011 年，我国地面国标数字电视将基本覆盖全国 300 多个地级市，其公益覆盖网将基本覆盖全国。① 2010 年，中国卫星数字电视机顶盒市场规模为 1728 万台，2011 年中国卫星数字电视机顶盒市场规模将达到 2376 万台。② 新成立的广播电视卫星直播管理中心，推进了农村广播电视公共服务体系建设，并进一步推动了卫星数字电视的发展。

2. 港台地区数字电视发展

香港有几家主要电视台，分别是亚洲电视（亚视）和香港电视广播有限公司（无线），以及香港有线电视有限公司（香港唯一的有线电视系统）和电信盈科有限公司（盈科）。盈科还经营一家名为"NOW TV"的收费电视台，其节目可以通过互联网和银河卫星广播有限公司的三家付费电视台观看。早在 1998 年，香港特区政府首次推出"数码 21 新纪元"，决心推动香港成为全球互联世界的领先数字城市，其规划中的重要一环，就是发展数字电视。2007 年 6 月，香港电信管理局宣布将采用数字电视广播系统。根据对清华 DMB-T 多载波与香港—上海交通大学 ADTB-T 方式进行比较，香港电信管理局认为清华 DMB-T 多载波方案具有更好的抗多径干扰能力，支持移动接收，更适合香港的实际。香港特区政府要求亚视及无线最迟在 2007 年开展模拟电视与数字地面电视的同步广播，在 2008 年数字电视必须覆盖全港 75% 的区域，在 2012 年前全面终止模拟电视广播。③ 据统计，2011 年初，香港数字电视覆盖率已达 85%，香港数字电视建立 6 个主发射站，同时建设 22 个辅助发射站，最终实现覆盖率达到 99% 的目标，全面推广数字电视。

台湾的无线电视台主要由五家组成，包括台视、中视、华视、民视、公视（公共电视）等。④ 无线数字电视于 2002 年 5 月 31 日首次在台湾西

---

① 格兰研究：《2010 年地面数字电视盘点》，http://www. sinodtv. net/GL-Research/Observed/2010 – 12 – 27/GL-Research20101227174435. html，最后访问日期：2016 年 12 月 15 日。
② 《中国卫星数字机顶盒市场规模和趋势》，慧聪广电网，http://info. broadcast. hc360. com/2011/04/071142379764. shtml，最后访问日期：2017 年 1 月 20 日。
③ 彭吉象主编《数字技术时代的中国电视》，北京大学出版社，2008，第 165～166 页。
④ 方佳怡：《数字化存亡——台湾数字电视的发展概况》，《新闻大学》2006 年第 4 期。

区发布。2004 年 7 月 1 日，台湾无线数字电视投入运营。台湾地区规定一个地区可以同时拥有五个有线电视网络，因此台湾共有 64 家有线电视运营商，但能够覆盖全台的只有东森、中嘉与台湾宽频等三大有线电视多系统经营者（MSO）。

据尼尔森统计，2003 年台湾有线电视的用户达到了 1818 万户，有线电视入户率为 80.8%。三大运营商都已经在自己的网络内提供数字电视服务。台湾当地数字直播卫星电视（DBS）于 1999 年 11 月正式启动，目前由太平洋卫视、房金传播（新媒体集团）两家运营，但因为台湾具有世界最高的有线电视入户率，数字直播卫星电视并没有太大的发展空间。除此之外，台湾"中华电信"于 2003 年 10 月推出了通过互联网观看电视的多媒体点播服务（Multimedia on Demand，MOD）。

台湾"信息通信发展推动小组"于 1997 年 11 月设定了发展地面数字电视广播的时间表，决定于 2001 年 12 月底完成数字电视广播的播出（与模拟频道并行）。[①] 台湾原定实现数字化转换的时间是 2008 年里岛地区完成转换，2009 年东部地区完成转换，2010 年西部地区完成转换，但是由于现实中困难过大，延后到 2012 年。其数位电视的播放频道大概有 16 个，涵盖了台湾 4 家电视台以及台湾的公共电视。[②]

二 三网融合背景下我国电视产业的创新发展

所谓三网融合，即在数字、信息和网络信息技术的影响下，电信网络、广播电视网络和互联网在向宽带通信网络、数字电视网络和下一代互联网演进过程中，服务范围趋于一致，网络互联和资源共享，同时提供语音、数据以及广播电视等服务。[③] 三网融合明确了电信与广电相互进入的标准。在合规条件下，广播电视企业可以运营电信业务和提供基于有线电视网络的互联网接入服务；在有关部门的监督下，国有电信公司可以从事

① 冯广超：《亚太地区数字电视发展概况》，《影视技术》2005 年第 5 期。
② 萧博文：《台湾数字电视转换之经验》，中国通信网，http://www.c114.net/swrh/1995/a567289.html，最后访问日期：2017 年 2 月 2 日。
③ 赵子忠：《三网融合的关键视角——用宽带战略解读三网融合》，《现代传播》（中国传媒大学学报）2010 年第 6 期。

互联网视听节目信号传输、政府新闻视听节目服务和 IPTV 传输以外的广播电视节目的制作和移动电视发行服务等，形成适应性广、维护方便、成本低、性能高的多媒体基础设施平台。

我国的三网融合开始于 20 世纪 90 年代。1997 年 4 月，国务院在深圳召开全国信息化工作会议。会议讨论并通过了"国家信息化总体规划"。该规划提出，中国信息基础设施的基本结构是"一个平台，三个网络"，一个平台是指互连和互通的平台，三个网络是指电信网络、广播电视网络和计算机网络，这是国家首次提出三网概念。1999 年 9 月，国务院转发了《关于加强广播电视有线网络建设管理的意见》（国办发〔1999〕82 号），这就是众所周知的"82 号文件"。该文件明确指出，电信部门不得从事广播及电视服务，而广播及电视部门不得从事电信服务。各种网络资源的综合利用仅在上海市试点，上海市开始全面试验三网融合。在 2000 年 10 月召开的中共十五届五中全会上，三个网络的整合首次被纳入了中央文件。2001 年 3 月 15 日通过的《中华人民共和国国民经济和社会发展第十个五年计划纲要》提出："要发展和完善国家高速宽带传输网络，加快用户接入网络建设，扩大用户使用范围，推动电信网络、广播网络和计算机网络的整合。"这是我国在五年计划中第一次明确提出三网融合。2004 年，国家发展和改革委员会在起草《关于鼓励数字电视产业发展的若干政策》一文时提到，当条件成熟时，电信和广播市场将相互开放，各部门将展开竞争。2008 年 12 月 4 日，科技部与国家广播电影电视总局联合签署《国家高性能宽带信息网暨中国下一代广播网自主创新合作协议书》，明确其主要目标为：基于有线数字化和移动多媒体广播（CMMB）的成果和在独立的高性能宽带信息网络核心技术的支持下，开发适合中国国情、基于三网融合的、有线和无线共同联合的中国下一代广播电视网络技术系统。建设覆盖全国主要城市的示范网。预计将在十年内建成中国的下一代广播电视网络。2009 年 5 月 19 日，国务院批准国家发展和改革委员会《关于 2009 年深化经济体制改革工作的意见》，指出"实施国家有关规定，实现双向接入"。2010 年 1 月 21 日，国务院发布了《推进三网融合的总体方案》，标志着三大网络整合进入实质性阶段。2010 年 2 月，在国务院的协调下，国家广播电影电视总局与工业和信息化部共同制定了三网融合试点方案，6月6日国务院三网融合协调小组讨论并通过了三网融合试点计划。6月9日，国务院办公厅向各地区、各部门发布了《三网融合试点方案》。6月29日，国务院三网融合工作协调小组审议通过了三网融合首批12个试点城市名单，并于6月30日正式公布。① 总的说来，在三网融合背景下，媒体资源垄断被打破，市场状况正在由寡头垄断向寡头竞争、垄断竞争的市场转变。就目前的三网融合模式来看，大致可分为以下几种。

1. 政府主导模式

政府从整个地区的社会经济发展出发，将电信与广电之间的三网融合纳入社会发展规划当中。由政府出面调节广电与电信之间的力量平衡。按照《三网融合试点方案》对目前实力较弱的广电进行扶持，并促使其发展自身优势，与电信积极合作，共同促进当地三网融合和社会信息建设的发展。如宁夏模式。

2. 广电占优模式

所谓广电占优模式是以广播电视部门为主进行三网融合，其重点放在由广电部门独立对原有的数字电视网络进行双向改造，与互联网进行融合，开展三网融合下的综合业务。主要是在原数字电视的业务之外开展增值业务。进而开展互联网与电信业务。如上海模式。

3. 电信占优模式

电信占优模式是指以电信部门为主导进行三网融合，电信依靠自身的网络和 TCP/IP 协议，以 IPTV 为切入点融合广电业务。以山西模式最为典型。

4. 广电和电信合作模式

在更多的地方，广电部门和电信部门在总体上各有优势。广电拥有内容，电信拥有网络和市场运作经验。因此，这些地方的三网融合往往由双方合作，根据各自优势和市场竞争状况，开展各种业务的合作，一般来说，由广电负责内容，电信负责传输与交互回传。如武汉模式。

---

① 《陶世明：抓三网融合机遇　促广电新媒体发展》，搜狐新闻，http://news.sohu.com/20101013/n275589908. shtml，最后访问日期：2017年2月3日。

5. 产业链发展模式

在三网融合的发展中重视整个产业链的发展，提高对产业链各个环节的掌控力，以期在整个产业的上下游都能获利，如深圳发展模式。

综上所述，三网融合促进了新的竞争格局的形成，广电与电信之间、各种模式之间竞争加剧，哪种融合模式更适合我国实际情况，更有利于三网融合背景下电视产业创新发展，是需要我们进一步探索和研究的问题。

第四节　三网融合背景下我国电视产业创新发展的问题

我国电视产业创新发展受社会历史的制约，在不同时期体现出不同特点，并经过 30 多年的发展不断壮大，基本实现了社会效益和经济效益的协调发展。2010 年，广播电视行业在全国的收入高达 2301.87 亿元，这一数据比 2005 年的 931.15 亿元增加 1370.72 亿元，增幅高达 147.21%，年均增长 16.56%，[①] 产业创新发展成就斐然。尽管如此，我国电视产业创新发展仍面临着不少问题，归纳起来主要有以下几个方面。

一　行政色彩浓厚，产业制度不健全

中国的电视产业创新发展主要是由行政力量而非市场力量驱动的。能够优化市场资源配置的产业体系仍然不完善。在行政权力的影响下，市场决定资源结构和配置的能力相对薄弱，如电视集团化的发展即由政府开端，由政府叫停，在其过程中，大部分广电集团是政府行政命令而不是产业资本联结的产物。以重庆广电集团为例，其集团化过程是将经济状况较好、产业化程度较高的重庆有线电视台、重庆电视台与濒临破产、产业化程度低的重庆川剧团、重庆歌舞剧团等简单组合。很多人认为，这是一种"甩包袱"的形式，将本来应由政府承担的文化事业通过组建广电集团的

---

① 《"十一五"时期广播电视发展状况》，国家广播电影电视总局网，http://gdtj. chinasarft. gov. cn/showtiaomu. aspx？ ID = e12b2401 – 37d0 – 4e46 – a761 – eaa925ec4622，最后访问日期：2017 年 2 月 3 日。

形式交给电视台承担。这种形式下，原本产业化程度相对较高的重庆电视台不得不将有限的产业发展资金用于重庆川剧团的退休工资发放等，严重影响了重庆电视产业创新发展。同时，在不完善的工业体制下，电视产业创新发展一直存在着工商业之间的矛盾。在中央和地方电视媒体之间、私营电视制作公司与电视台之间的产业关系仍然没有理顺。各级电视运营商没有在完善的产业体系下进行资源重组和公平竞争。

二 地区差距明显，产业发展不平衡

电视产业创新发展的试点一般集中在沿海经济发达地区，如上海和广州，西部地区的电视产业创新发展似乎相对缓慢。电视产业发展的落后严重影响了地方文化体制的改革和社会经济的发展，使媒体生态环境得不到改善，成为一个互相牵连的怪圈，进一步拉开了各地电视产业创新发展的差距。例如，在电视行业的上市公司中，江苏、北京等地已经出现了更多的电视上市公司。早在1997年，北京有线广播电视网络中心网络部分、广播部分、网络广告制作和该业务的部分资产转移至北京广告艺术集团并推动北京歌华文化发展集团的成立。歌华集团作为发起人，联合北京青年报业有限公司、北京有线电视购物有限公司和北京出版社共同发起成立北京歌华有线电视网络服务有限公司，该公司于1999年9月正式成立，于2001年2月8日在上海证券交易所正式挂牌上市。"歌华有线"总投资额为12.4亿元人民币，扣除发行费用后，实际资金为人民币12.05亿元，用于投资建设北京广播电视网络项目。这对于一家净资产只有3.6亿元，年业务收入只有1.2亿元的公司来说，不啻为一次漂亮的电视产业创新发展运营案例。①

三 产业格局中存在大量的自然垄断与行政垄断

一方面，在传统电视阶段，由于电视频道资源的稀缺性，不可能无限制地发展电视频道和电视台，只能实行频道准入制度。这样，先发展起来

---

① 胡正荣主编《媒介市场与资本运营》，北京广播学院出版社，2003，第232页。

的电视台由于占有频道资源的优势，进而形成自然垄断并提高了后来者进入电视产业市场的门槛，不利于通过市场竞争优化资源配置。另一方面，由于我国电视承担重要的宣传任务，从中央到地方，行政力量对电视的发展乃至电视产业的发展发挥着重要的作用，如"条块结合"的产业格局，导致上级电视台对下级电视台在资源和管理上都存在垄断优势。相对于市场上的节目提供商，各级电视台又因为播出平台的垄断享有完全的议价能力，而各个电视台在面对广电内部单一的有线传输网络时，再次成为受害者。垄断的存在使得真正的价值创造部门无法获得相应的回报，减少了对电视行业的投资，最终影响了电视产业的健康发展。

四 电视产业发展过程"后起之益"的影响

所谓"后起之益"理论，是美国经济学家亚历山大·格申克龙提出的，他认为，先进国家所包含的利益与后起国家不同，后起国家所处的地位是有特殊益处的，这种特殊益处不是先进国家可以拥有的，也不是后起国家通过自己的努力创造的，而完全是与其经济的相对落后性共生的。在有些文献中，"后起之益"也常被称作"后发性优势""落后的优势""落后的有利性"等。[①] 电视产业因为技术更新性较强、替代性广泛存在，可以令后来的电视运营商通过更有效率的形式达到相对领先的电视运营商的水平或状态。而且更重要的是，这种经过比较和选择的方式产生的效果，往往会使这些电视运营商在资源和时间分配上获得优势，最终促成这些后来者的成功。因此，电视产业的发展往往一方面注重先行试点的带动作用，无论是三网融合，还是智慧电视，电视产业的创新发展都往往先让条件成熟者试点，然后据此来引领后面的推广。但另一方面，这种"后起之益"也往往容易影响电视产业的创新热情，为了享受"后起之益"，三网融合背景下的电视运营商们往往不愿创新，而是更愿意在创新者后面抄袭，如在电视节目内容中，我们可以看到相亲节目、电视剧种的跟风状况，这也可以看作"后起之益"的一种表现。

---

① 郑大勇：《我国数字电视产业发展路径研究》，博士学位论文，清华大学，2005，第16页。

第五节　三网融合背景下我国电视产业创新发展的趋势

经过几年的发展，我国三网融合背景下电视产业创新发展已取得初步成效，推动了相关产业的快速发展，并体现出以下特征。

一　跨媒介整合

与传统电视产业相比，三网融合背景下的电视产业另一个显著的特征在于其跨媒介整合特性。传统电视基本上只被用作单独的信息传播工具，它的工业化往往只关注电视本身的特点，三网融合背景下的电视产业已经成为多种媒体融合发展的渠道。它不仅负责传统的电视广播功能，还负责互联网、电话、家庭娱乐、大数据挖掘和人工智能以及在线媒体的职能。电视产业可以依靠三网融合产生"1＋1＞2"的效果。三网融合让电视产业第一次享有了"一次生产、整合加工、多元输出、多重利润"的产业优势。

二　产业链发展

传统的电视产业往往只停留在编辑和广播领域，即一个电视台的策划、摄制、剪辑等一系列工作，该行业的生产单位主要是电视台。三网融合背景下的电视产业可以整合来自内容提供商、网络运营商、平台运营商和三网融合背景下的电视产业终端用户等一系列资源。一方面，专业化程度和生产效率大大提高。另一方面，通过程序集成商和平台运营商，可以实现比传统电视更高的输入和输出效率，并实现更多的增值服务。在电视产业创新发展时代，越来越多的民营编辑公司、内容集成商、平台运营商相互依存，如中央电视台与百度的 AI 战略、湖南卫视与爱奇艺的合作等。传统电视产业更多地依赖于电视台自身的发展，而三网融合背景下的电视产业往往需要整个产业链的各个环节形成协同效应。

三 规模经济与范围经济

规模经济和范围经济是决定市场结构的重要因素之一。它涉及是否允许和鼓励大型企业的存在，涉及市场竞争和资源分配，影响产业政策的实施。美国管理学家小艾尔弗雷德·D. 钱德勒说："经济学可以定义为从事单一产品生产或销售的单一业务，由于规模增加，生产成本或销售成本降低。联合生产或联合分销的经济性产生于一个经营企业内生产或分销多种产品而节省的成本。"只要提供两个或多个生产线输入的服务的成本是次可加的（即小于单独服务每一行的成本的总和），那么这种多产品的成本函数就存在范围经济。换句话说，只要两个或多个生产线结合在一个企业中，比单独生产更具成本效益，就存在范围经济。规模经济的前提是投资的增加和产出规模的扩大。当然，这种生产受到市场需求的限制。只有当消费者购买产品制造商的产品时，他们才能补偿成本和获得利润。产品需求弹性越大，扩张越容易获得规模经济效益。反之，产品需求弹性越小，产生损失的可能性越大。[①]

电视产业是典型的规模经济。整个三网融合背景下的电视产业网络的用户越多，个人用户的成本就越低。同时，在电视行业发展成三网融合背景下的电视产业之后，单一的传统线路可以承载数据传输、电话语音、互联网等业务。该线路具有多种功能，扩展了电视传输的范围。最后，电视产业仍然具有需求侧的规模经济，也就是说，每个用户的价值取决于他可以连接的用户数量。整个双向网络中的用户数量越多，单个用户可以连接的用户数量就越多，单个用户的价值就越高，经济规模就越大，三网融合背景下电视产业网络的商业价值就越大。规模经济与范围经济是三网融合背景下电视产业的突出特征。例如，三网融合背景下电视产业新业务中的"20000户瓶颈"可以看作规模经济的反映。而互联网服务、股票信息服务等增值服务及智慧家庭数码港等，也可以看作范围经济的反映。此外，三网融合背景下电视产业的发展提供了通过一种渠道实现多种服务的可能

①　臧旭恒等主编《产业经济学》（第四版），经济科学出版社，2007，第 84~92 页。

性，规模经济和范围经济的存在驱动了相关企业兼并重组，推动着电视产业创新发展的主体不断壮大和多元化发展。①

四　生产要素扩展

针对产业化这一说法，可以理解为优化生产要素配置和大规模高效率的增值，其中，生产要素的使用尤为重要。总的来说，同一平台上的生产要素越多，工业化规模越大，工业化发展水平就越高。三网融合背景下的电视产业不仅突破了频道资源的稀缺性，还极大地拓展了电视资源和电视产业的基本生产要素范围，把不属于传统电视产业的互联网、电视、企业管理、数据服务、娱乐，成功发展成电视行业的新生产目标，实现了生产要素的扩大，使电视行业有了越来越多的劳动力目标，扩大了电视行业的生产范围，增加了单一平台的使用频次，提高了电视行业的范围和深度。各种生产要素的增加给电视行业带来了几何级增长机会，为创新发展提供了可能。比如传统电视立足于广告和收视费，而台湾地区的东森电视集团已从电视产业发展到了旅游、购物、杂志、网站、建筑等多种产业，并开始通过机顶盒统计用户的观看爱好，有针对性地推出个性化的信息和广告或其他服务，从中获得的利润是传统广告和收视费利润的数倍甚至数十倍。再比如国内三网融合背景下的电视产业运营商已能结合摄像头和自身的网络在窃贼破门而入时向不在家的主人发出警报。重庆电视用户已可以用智能机顶盒与手机连接实现远程医疗。电视产业的业务范围已扩展到互联网产业、信息管理产业、家庭安保产业等领域，生产要素大大扩展，产业边界也大大扩充。

五　资本运作特征

众所周知，资本运作是指利用生产要素的优化配置和资本结构的动态调整，其以资本价值最大化和价值形式运作为主要目标，是一个资本综合运作模式。三网融合背景下的电视资本运作是指通过兼并、重组、持股、转让和租赁等方式实现电视行业运营资金的流动，优化资源配置。通过小

---

① 邬建中：《数字电视产业化的当前困境与转型》，《编辑之友》2013 年第 3 期。

资金控制大资本，最终增强对媒体的控制，提高竞争力，并使其具有抗风险能力。[①] 电视产业是高投入的产业，需要大量资本支撑其发展。然而，传统电视业处于自然垄断和行政垄断之中，其宣传功能限制了资本运作的空间，影响了电视产业的发展。三网融合背景下的电视产业在一定程度上打破了传统电视的自然垄断和行政垄断。内容提供商、项目集成商、网络运营商、平台运营商和广播终端等的出现，使资本运营更加活跃，与此同时，三网融合背景下电视产业跨媒体整合的特点需要更多的资金来支持其发展。可见，电视产业可以通过资本运作优化达到生产资源配置优化的效果，为工业化发展引入更多资金，解决中国电视产业发展的瓶颈，也能够帮助调整中国电视产业结构，促进中国的电视资源实现优势互补，最后达到利益的最大化。[②]

六　创新—扩散

麦克卢汉曾指出"媒介即信息"，一种新媒介的出现带来新的生产方式，带来新的社会变革。从电视产业的发展来看，每一次电视产业的创新发展，都与技术进步紧密相关，并给大众传播甚至社会发展带来深刻的影响。相对于其他产业，三网融合背景下电视产业创新发展更多地依赖于技术创新、管理创新、经营创新等的推动，其媒介整合、范围经济、产业链发展、生产要素扩展等产业特点给予其更大的创新发展空间、更广的创新发展范围。例如，三网融合背景下的电视产业跨媒体整合的特点可以不断吸纳新媒体为电视产业所用，产业链发展的特点可让产业链中任一环节的创新引发其他环节的多米诺骨牌效应；范围经济的特点增加了创新发展的可能性，更重要的是，这种创新又会通过电视产业整合在一起，并通过电视产业的多元经营将创新效应发挥到最大，并引发下一次创新的出现。因此，我们认为电视产业是最适合创新发展的产业。创新—扩散模式在电视产业中相对于其他产业更加迅速，更加重要。不少三网融合背景下的电视产业运营商已注意到这一点。

---

① 唐世鼎等：《中国特色的电视产业经营研究》，中国国际广播出版社，2009，第390页。
② 邬建中：《数字电视产业化的当前困境与转型》，《编辑之友》2013年第3期。

第二章

三网融合背景下我国电视产业创新
发展研究的理论来源

媒介环境学派的代表人物保罗·莱文森（Paul Levinson）认为："媒介的进化不是以旧媒介的消亡为结局，尽管新媒介会极大地冲击旧媒介，但更重要的是新媒介会在一定层面上吸纳、借鉴旧媒介的优点，更适应人性化需求，提供更多的功能，同时还会把以往的旧媒介纳入其中，所以任何一种新媒介都可以看成是'媒介之媒介'。"① 在本书的研究进程中，我们认为，在三网融合背景下，电视与其和手机、电脑等对手在移动化、小型化、私密化上比拼，不如发挥电视屏幕更大、更适合家庭成员一起使用、更有可能安装大功率处理器的优势，定位于"智慧家庭数码港"，成为容纳个人数据处理终端的平台而不是进行同质化竞争，并以此为出发点走三网融合背景下电视产业的创新发展之路。此种提法是否妥当？有什么理论依据？下面我们从媒介进化论、产业经济学、创新理论等视角对此进行分析。

第一节　媒介进化论

保罗·莱文森在媒介进化论中提出，随着技术传播媒介的发展，它们倾向于更多地复制真实世界中前技术的或是人性化的传播环境，人性化趋势模型就是"重返伊甸园"，他从"人文—技术"的视角出发，把媒介技

---

① 〔美〕保罗·莱文森：《人类历程回放：媒介进化论》，邬建中译，西南师范大学出版社，2017，第71页。

术的发展变化放在整个人类社会的进程中思考，深入推理媒介演变规律，提出以"人性化"为核心的媒介进化理论，在他看来："机器可以服务于人道主义情怀，这就是人性化趋势出现的关键。"① 这里的技术人性化趋势其实是在强调人在媒介技术进化过程中的主观能动性，在当前数字技术高速发展的时代环境下具有强烈的现实意义。媒介进化论相比哈罗德·伊尼斯、马歇尔·麦克卢汉或尼尔·波兹曼等学者的技术决定论有一定程度的创新与超越，主要体现在以下四个层面。

一 动态的媒介进化观

莱文森在参考麦克卢汉等人观点的基础上，从宏观的角度对人类媒介比如广播、默片、摄影摄像等进行了整体性的考量，发现媒介进化的方向一定是契合人们在实际生活中传播的需要。他在考察不同阶段人类与媒介的关系上，进一步提出了一系列重要理论，这种媒介研究方法相比"断代史式"的研究方法更能精准地揭示媒介与人类的互动关系及媒介的发展规律。此外，他把媒介和人类社会的关系放在一起研究而非只专注于一两个重要媒介也能为媒介研究提供更广阔的研究思路。

莱文森强调，要看到媒介进化的未来，就必须一如既往地回过头来考察人类环境本身，他所提出的媒介进化规律基于动态的、整体性的思维。比如关于技术在时间与空间上的延伸问题，他用弗洛伊德的第三个观点论证了延伸的动机：在我们心灵的眼睛和耳朵中，我们都曾经与死亡或还未出生的人交谈，都曾在一瞬间去到这个星球或其他星球上某个很遥远的地方，见证了缤纷的、也许"在童话中也高不可攀"的事件。因此，"技术延伸的动机是想象力，信息以光速传递是在模仿我们思想的速度，并试图以电子技术和光化学技术来满足我们的记忆和期待，寻求在任何时间、任何地点与任何人沟通的个人能力"。② 在莱文森看来，"媒介进化并不只是

① 〔美〕保罗·莱文森：《人类历程回放：媒介进化论》，邬建中译，西南师范大学出版社，2017，第100页。

② 〔美〕保罗·莱文森：《人类历程回放：媒介进化论》，邬建中译，西南师范大学出版社，2017，第23页。

沿着时间和空间进行延伸，而是以下面这种方式在时间和空间中进行延伸："逐渐重现非延伸性的，或者说面对面传播的特征，这种面对面的传播是一切传播的起源'"。① 莱文森用人性化趋势理论来替代媒介决定论，但同时认为人性化趋势也有可能随着环境的变化而变化，这是一种动态媒介整体观。以互联网和手机为例，互联网不仅包含广播、电视、书籍等之前所有媒介的内容，还有旧媒介并不具备的交互性，而手机媒体却拥有比互联网更大的便捷性，成为人们日常活动中更为依赖的移动多媒体信息终端。

二 人性化媒介

莱文森的媒介进化理论和其他媒介环境学理论的主要区别在于，他从人性化的角度来考察，把媒介进化的规律看作人类生理特性的需要。莱文森总结出技术媒介在发展进程中的模式，那就是随着技术传播媒介的发展，它们更多地倾向于复制而非替代真实世界中前技术部分尤其是人性化的传播环境。他以从象形文字到全息摄影术的发展过程举例，先进的媒介不仅注重再现真实世界，也要比某些发展水平较低的媒介更注意其超越时空的延展能力，比如从象形文字到语音学，就是再现能力的变弱、空间延伸能力的变强。

同样，在证明技术传播试图克服时空障碍的时候，莱文森又举例说道："电话将我们的听觉延伸到很远的距离以外，这一距离在前技术情景中是难以逾越的，而摄影则将我们的视觉延伸到以往看不到的时间中去。"但为了超越真实世界，最初发展水平尚低的技术必定会牺牲真实世界：电话虽然延伸了听觉但牺牲了视觉，第一代摄影技术延伸了视觉但牺牲了动作、声音和色彩。这些成就了某一方面却又牺牲了另一方面的延伸，变成了更为先进的技术的某种功能，这种更为先进的技术在延展时空的同时，还能够弥补先前对真实世界的延伸所丢失的元素。"技术延伸的发展意味着，即便是最原始的技术，也在试图听从人类的指令，

---

① 〔美〕保罗·莱文森：《人类历程回放：媒介进化论》，邬建中译，西南师范大学出版社，2017，第 31 页。

而不是来自机械的指令。这也是人性化趋势理论的研究对象。"① 换句话说，媒介的进化是"人思想的物质显现"，是经人的指引并被人类理性选择而留存下来的。

麦克卢汉曾提出"媒介是人的延伸"，他把这看作实现对传播技术进行包容性理解的第一步，每一种新媒介的诞生都会成为人的感知系统的组成部分，虽然人创造了技术，但他更注重技术对人的改变。而波兹曼更是一名技术决定论者，他在考察媒介对人类的影响的时候，几乎没有考虑人的主观性和能动性，消极地认为人们深受技术控制，就连人类的思考方式和社会行为模式也受媒介环境影响，故有"娱乐至死"的悲叹。梅罗维茨的媒介情景理论在说明媒介与社会场景及人类行为的关系时，并没有单纯地陷入媒介决定论，而是设法将麦克卢汉的媒介理论和戈夫曼的社会拟剧理论②结合起来，提出新媒介是对旧媒介的合并与整合，整合后的媒介会带来新的社会情境，自然人们的社会角色也会随着新情境而变化，但是这里面依然没有提到人在新媒介产生过程中的主观能动作用，所以跟媒介决定论并无本质区别。

莱文森人性化趋势理论对麦克卢汉的一些观点进行了批驳，在他看来，人类作为智慧生命一定先于人类制造的技术产品而存在。对于人性的优化，甚至是发展来说，语言和工具的重要性十分显著。尽管如此，某种智慧生物须先行存在，然后才能发明并学习如何使用语言和工具，所谓媒介的延伸一定要适应人类环境。如果媒介决定论的观点不适合作为媒介进化的模型，那么以下三位学者的思想对莱文森影响较大。一个是梅达沃，他对拉马克和达尔文的类比举例进行了简单探索，并提出技术进化的过程与生物器官和生命体的进化极为相似。另一个是芒福德，他对人性化趋势有着清晰的认识，只不过芒福德的研究始终未能领悟到这种认识的内在含义，因此，其影响力不大。最后一个是英尼斯，英尼

---

① 〔美〕保罗·莱文森：《人类历程回放：媒介进化论》，邬建中译，西南师范大学出版社，2017，第 24 页。

② 戈夫曼的社会拟剧理论关注的是日常生活中人们如何运用符号预先设计或展示在他人面前的形象，即如何利用符号进行表演。

斯发现了媒介进化的主要机制，这种机制类似于达尔文的进化论。英尼斯认为，在一定程度上，波动的社会既是波动媒介的产物，又是波动媒介产生的原因。这些研究在莱文森看来虽不全面，但都对人性化趋势模式的发展做出了重要的贡献，莱文森的媒介进化论就是在对上述研究的继承和修正中诞生的。

三 软媒介决定论

为与麦克卢汉的技术决定论或媒介决定论相区别，莱文森还特别提出了软媒介决定论与硬媒介决定论。所谓软媒介决定论是一种系统论，莱文森认为媒介系统中的技术只是对事物发展起促进作用，并不起决定作用。相比媒介环境学派大多数人对技术的悲观态度，莱文森的软媒介决定论有着强烈的技术乐观主义倾向，且属于典型的加拿大传播学者玛丽·崴庞德提出的四种媒介立场当中的"非技术决定主义"。[①] 技术决定主义者通常认为，人是技术的"结果"，技术进化不是对人类生物体制的反映，而是对之前的技术建立的体系的反映，技术的进步不受人类控制而独立发展。莱文森虽然没有否定技术的影响，但更强调人类的理性作用，也就是说人类的理性选择和主观能动性是让媒介技术发挥影响的关键因素。媒介技术的进化是对人类生理特性的满足，技术虽然能在人类征服自然的进程中起催化作用，但更多的是解放人性、贴合人性，从而推动人类社会的发展。就算有些技术会对人类产生负面影响，也可以通过人类的理性控制得到解决。而技术悲观主义则过分强调媒介带给人类的负面影响，比如人性被技术替代、异化以及人与自然的疏离甚至人性的丧失等。

在媒介环境学之外，有很多媒介理论批评家对人类过于依赖由媒介建构的虚拟空间而淡化真实世界顾虑重重，甚至担心过度的媒介进化会让人类理性退化。莱文森的看法恰恰相反，他认为虚拟空间不管如何发展，都不可能完全代替真实世界，更不会抹灭真实世界对人类的重要作用，"因为在真实世界中触摸、感知和移动是我们生活中固有的且必不

---

① 〔加〕玛丽·崴庞德：《传媒的历史与分析——大众媒介在加拿大》，郭镇之译，北京广播学院出版社，2003，第 135~137 页。

可少的需求"。① 媒介只不过是人类用来辅助自身，在真实空间完成信息交流活动的手段，它是以真实空间为基础，作为真实空间延伸的存在。莱文森将技术视为适应性机制，这种观点强烈地暗示了技术的人性化发展趋势，他提出"最具适应性优势的延伸是那些超越了环境中不必要的限制，同时保留了环境中让人类觉得舒适自在部分的延伸"②，这是软媒介决定论的重要体现，也更符合媒介进化规律的本质，具有一定的理论开拓性，也是区别于一般媒介环境理论的重要方面，是他进一步推进人性化媒介进化理论研究的基石。正因如此，林文刚把这个软媒介决定论看成"媒介环境学的两极之一"。③

四　媒介进化的规则：适者生存

莱文森通过比较默片与无线广播两种媒介发现，在电视媒介大行其道的时候，默片逐渐走向消亡，而广播不仅存在还颇有生机。可见，只听不看的媒介比只看不听的媒介更能适合人类的需求。由此，他推导出媒介技术不断演进的动力应该是人与社会需求的合力，媒介的发展是"适合人的选择而生存"。莱文森进而认为媒介进化的普遍规则就是"媒介的存活几率与它和前技术时代信息传播方式的近似度呈直接正相关"。④ 所有的媒介都会向着现实世界的需求方向同步进化，这种进化跟生物进化的形式是相似的。在生物进化过程中，有些物种如海星可以存在上百万年，而有些物种却早已灭绝或蜕变。媒介也是一样，有的媒介可能会长期保持一种形态而存在，比如只听不看的无线广播，它的传播形式与前技术时代的信息传播方式高度契合。但有的媒介却正在转型，比如报纸，如果它不适应特定的环境，那么就需要继续寻找"其他的可能性"。

---

① 〔美〕保罗·莱文森：《真实空间：飞天梦解析》，何道宽译，中国人民大学出版社，2006，前言。
② 〔美〕保罗·莱文森：《人类历程回放：媒介进化论》，邬建中译，西南师范大学出版社，2017，第28页。
③ 〔美〕林文刚编《媒介环境学：思想沿革与多维视野》，何道宽译，北京大学出版社，2007，第32页。
④ 〔美〕保罗·莱文森：《人类历程回放：媒介进化论》，邬建中译，西南师范大学出版社，2017，第118页。

在莱文森看来，媒介进化和生物进化一样，媒介若能与前技术时代的传播方式高度契合，那么它将不受后来出现的新兴媒介的影响而存活下来。在他看来，成功的媒介生态除了要拥有对现实世界的重现能力、对时空的延伸能力，还要在同一领域当中比其他媒介表现得更为出色，而是否出色则主要以是否人性化为标准。对多种媒介的进化历程进行比较分析之后，莱文森发现了主导媒介进化的内在联系。首先，媒介能否生存或取得"人类生态位"，主要取决于该媒介与前技术时代传播模式在某些方面的契合度。其次，对媒介的生存而言，精准再现的能力比它对前技术时代环境的再现范围更加重要，比如电视比广播更受欢迎。再次，媒介如果想要存活下来或发展得更久，那么在重现前技术时代的环境方面必须比其他媒介更有"净优势"，这种净优势是指不仅在某一方面与前技术时代的环境高度契合，在其他方面也需要有高度的契合。复次，媒介的生存不仅取决于它重现现实的能力，还取决于它能否保持之前的媒介在时空中延伸的能力，所以电话一直存在。最后，媒介可以通过共同协作，达到与前技术时代环境的契合，实现共同生存、互相融合，成为一个完整的媒介系统，比如电视、电脑等媒介设备。

当然，莱文森承认，一方面，人性化趋势理论排斥大部分媒介决定论，但另一方面，从长远角度来看，就算是人性最稳定的方面，也会随着环境的变化而变化，在技术的引领下，当前电视产生了一系列变革。如电视荧屏上随处可见的"二维码"，扫一扫即可通过这张"通行证"与电视完成互动，"摇电视""抢红包"的奖励方式同样让人欲罢不能，"云电视""智能化""移动化""个性化""4K"等电视新概念让人眼花缭乱，不过这些新鲜时尚的元素能保留多久还有待时间来考验。

如今的电视有的在"众声喧哗"的互联网世界里努力地用"娱乐至死"的精神来迎合年轻网民们的口味，而海量制作、无线播出的网络电视也逐渐淡化了"电视"与"视频"，"影像"与"视像"的边界。类似《爸爸去哪儿》这样的热门电视真人秀节目可以走入电影院。《万万没想到》等节目同样冲破了传统电视机、电脑和电影院的屏障，如果再按照传统的定义去严格区分电视、电影、网络视频已无意义。三网融合让电视的未来发展变得更加多元，而莱文森的媒介进化论还能让我们清晰认识到，唯有最人性化的媒体才能更好地生存。

第二节　产业经济学

在美国围绕产业经济学的研究有两个不同的派别，一个是哈佛学派，一个是芝加哥学派。哈佛学派以贝恩开创的产业组织分析理论（又称 SCP 理论）为代表。该理论分市场结构（Structure）、行为（Conduct）与绩效（Performance）三个指标。逻辑十分明确，框架也相当简单，且每个既定考察因素都有一套完整的衡量标准，超强的实践操作性使得该理论在研究产业经济的时候应用相当广泛。该理论认为，垄断势力的个体行动是糟糕市场绩效的重要因素，个别公司所采取的策略性行为成为市场有效运行的严重障碍。因为这种控制市场环境的势力，剥夺了另一些实力不对称的公司公平竞争的机会。所以政府应该对此现象建立完整的竞争政策体系，达到控制或者限制这些策略性行为实施的可能。然而芝加哥学派反对政府对市场的行政干预，认为这种干预本身就是一种垄断势力，一般一个公司所能够做的事情其他公司也同样能参与进来。如果不能做到，只能说明该公司是个低效率公司。事实上除了公开的合谋必须禁止外，政府在改善市场绩效方面能做的并不多，所以对市场运行应该采取自由放任的政策。技术和进入自由是芝加哥学派研究理论中特别强调的能够决定市场结构的两个因素，该学派认为只有进入自由才能实现最优的市场行为，创造最佳的市场绩效。

一般说来，产业经济学是一门以产业为逻辑起点、研究实体经济的学科。"产业"是指"生产同类或有密切替代关系产品、服务的企业集合"。[①] 电视产业虽具有信息、文化特征，但同一般产业一样，它生产运作的过程遵循着一般的市场规律。因此，运用产业组织理论中的经典分析工具对它的结构、行为和绩效进行研究，在理论构建上是具有适用性和可行

---

① 杨公朴等编《产业经济学教程》（第 3 版），上海财经大学出版社，2008，第 1 页。

性的。在新媒体时代，电视媒体与新兴媒体产业融合发展形成"新电视产业"，其核心特征是提供以"视频"为中心的产品或服务，而电视媒体与新兴媒体产业的融合与竞争归根到底是在吸引和争夺受众。产业组织分析这一理论范式，在一定程度上可以帮助我们更好地认识和分析由电视媒体与新兴媒体融合发展所形成的"新电视产业"。杨公朴等认为，市场结构着重体现市场主体买卖双方之间的关系及特征，也就是市场构成主体之间的交易关系、竞争关系或合作关系。市场价格很大程度上依照市场的结构形成，并由此产生一系列市场行为。企业根据市场供求条件及竞争形势来采取各种决策，如提高或降低价格、升级产品或投放广告等。而市场绩效当然就是指"企业在市场竞争中所获得的最终成果的总和"。[①] 市场绩效最能体现企业的市场运行效率以及利润水平，也就是说，市场结构和市场行为的直接评判标准就是市场绩效。市场绩效是企业在市场关系中资源配置是否合理、利润是否丰厚的反映，同时，它又反过来对市场结构和行为造成影响。

一　三网融合背景下电视产业的市场结构分析

艾岚在其博士学位论文《基于 SCP 范式的中国广播电视产业研究》中提到，电视产业结构"是指构成一定系统的诸要素之间的联系方式，即构成系统整体的各部分的搭配和安排"。[②] 短期来说，市场结构算得上表现市场特征较为稳定的变量。长期来看，它也会随着市场所处内外部环境的变化而做出调整。决定市场结构的主要因素通常有四个，即"集中度""产品差别化""新企业的进入壁垒""技术创新状态"。[③] 其中，市场"集中度"能够反映特定市场中生产资源和资金规模的分配状态，是衡量市场结构的重要指标之一。而前文所述的"新电视产业"是传媒产业的重要组成部分，包括以视频为中心的电视内容产品和相关企业群。有学者就我国电视产业的市场集中度做过计算，得出中国广播电视产业处于市场集中度较

① 童清艳：《传媒产业经济学导论》，复旦大学出版社，2007，第 47 页。
② 艾岚：《基于 SCP 范式的中国广播电视产业研究》，博士学位论文，武汉大学，2014，第 63 页。
③ 杨公朴等编《产业经济学教程》（第 3 版），上海财经大学出版社，2008，第 54 页。

低的竞争阶段，"属于中等程度的'集中寡占型'"。[①] 而互联网巨头百度、阿里巴巴、腾讯等旗下的视频网站在受众资源抢占、原创内容生产和广告份额争夺等方面，对传统电视行业形成强劲挑战。产品差异化也是新媒体产业获得竞争优势的有效手段。生产差异化产品可以在一定程度上避开同类产品间低价竞争的直接冲击。比如在视频产品差异化方面，优酷土豆、爱奇艺、腾讯视频等近几年都在大力投资发展原创内容，实行差异化策略，而产品的差异化最终会通过影响市场结构进而影响企业的行为和绩效水平。在贝恩看来，规模经济、产品差异化和不完善的资本市场等因素都会形成市场进入壁垒。就广电传媒业而言，市场进入壁垒更多更复杂，除去经济因素外还有行政因素。在我国，政府的规章制度使得电视产业拥有较高的行业进入壁垒。在产业间的边界逐步模糊、相关制度放松的前提下，电视产业应注重内容产品的创新与开发，通过"三网融合"实现产业结构的优化，实现规模经济。

二 三网融合背景下电视产业的市场行为分析

市场行为在产业组织理论中扮演了连接市场结构和市场绩效的中介角色。它是企业"为了获得更多的利润或更高的市场占有率等经营目标，所采取的战略行为的总称"。[②] 其战略行为既有价格策略行为也有非价格策略行为。一般来说，电视产品属于公共产品，所以在电视产业的市场竞争中，单纯依靠价格策略而忽略产品内容，仍然很难产生良好的市场效果。在三网融合背景下，市场上不同行业或企业，结成技术研发型战略联盟，推出了一系列新型媒介产品，也诞生了一系列类似 IPTV、手机电视等新的媒体业态。如爱奇艺等网站打造的系列网络节目，以"会员收费模式"大幅增加了其在新电视产业中的内容产业收入。但传统电视产业在权威资源上依然占有优势，所以传统电视产业与互联网完全可以实现互通有无、资

① 高红波：《融媒时代山东省大电视产业创新发展研究》，博士后出站报告，北京大学艺术学院，2013。

② 艾岚：《基于 SCP 范式的中国广播电视产业研究》，博士学位论文，武汉大学，2014，第87 页。

源共享、渠道融通。

产品内容多元拓展也是近几年我国电视产业的创新发展途径。时代华纳、迪士尼等集团业务均涉及所有传统和新媒体领域，如杂志、图书、广播电视、电影、网络、有线电视等。甚至还提供多样化的信息产业领域的相关服务，如网络运营、信息服务、可穿戴设备等。同时，通过与大数据技术的结合，可实现对受众的服务定制和精准营销，还可以对复杂的权限管理做极简化处理。

三 三网融合背景下电视产业的市场绩效分析

产业的市场绩效是在"价格、产量、成本、利润、产品质量和技术进步等方面形成的最终经济成果"。[①] 电视产业具有政治和经济双重属性，其生产的产品也具有社会和经济两种效益。经济绩效主要反映在财务状况或经营成果上，社会绩效则一般通过电视产品对弘扬人类文明、促进社会和谐发展等方面做出的正面的、积极的社会贡献来体现。比如社会影响度、社会满意度、社会支持度等，这里着重探讨其经济效益。众所周知，我国电视产业在促进产业绩效提升的可持续机制上处于滞后的状态。而要重塑电视产业的市场主体地位，技术创新则成为必然出路。技术创新除了技术和生产方法的创新，还包括台网联动、融合发展、移动多媒体、"中央厨房"、海外拓展等组织形式的创新。三网融合推进了电视产业的技术创新，加快了电视与视听新媒体的融合进程。促进了电视产业向数字化、网络化转型，让不同产业资源加速、自由、广泛流动，从而形成规模经济和范围经济，让价值达到最大化。

四 三网融合背景下电视产业结构优化

鉴于电视产品的特殊性，难免会出现经济学领域中"市场失灵"现象。所以不能简单地用产业结构、市场行为、市场绩效理论对三网融合背景下电视产业创新发展进行解读。电视产业的优化方向除了要提升规模、

---

① 杨公朴等编《产业经济学教程》（第 3 版），上海财经大学出版社，2008，第 89 页。

发展多元产品，还要激活市场竞争并促进市场有效竞争结构的形成。我们在肯定网络及新媒体在均衡市场竞争活力、扩大规模效应的同时，也要警惕其垄断特性对经济效率或社会效益造成的不良影响。而在三网融合背景下要实现电视产业创新发展，政策性市场壁垒是建立有效竞争所面临的第一道障碍。传统电视产业中，大量低效电视台的存在削弱了市场竞争活力，也极大阻碍了相对高效电视台规模效应的实现。其存在或难以退出市场一方面是体制原因，另一方面是地方公共文化或政策宣传的需要。我们需要在确保其社会效益的前提下，推动其参与市场竞争，实施重组整合。三网融合表面上是技术、产品、市场的融合，深层来说更是组织结构、传媒理念和规范标准的融合，但其最终目的是要达成"生产出新的产品或服务、创造出新的市场需求和空间、催生出新的产业形态"[①] 的结果。三网融合背景下电视产业的创新发展需要把电视、门户网站、客户端联合起来，跨融合、跨媒体、跨地域、跨专业，实现国内、国际范围的电视内容生产及传播，创造良好的经济效益和社会效益。由此可见，三网融合背景下电视产业创新发展的过程是市场结构优化的过程。

第三节　创新理论

为扎实推进社会主义文化强国建设，我国近几年把"创新驱动发展"纳为国家发展战略，习近平总书记提出了重视人的精神需要、彻底改变社会财富分配不均、人与世界可持续发展的新发展观，该发展观以创新、协调、绿色、开放和共享为主要内容，确立了创新在发展中的重要作用与核心地位，提出："当今世界，国际竞争新优势也越来越体现在创新能力上。谁在创新上先行一步，谁就能拥有引领发展的主动权。"[②]

一　创新与产业经济的发展

"创新理论"最早由奥地利裔美籍经济学家约瑟夫·熊彼特提出，熊

---

① 许志晖：《媒体融合的经济学分析——探寻媒体融合的动因、路径及其效应》，博士学位论文，北京师范大学，2011，第 37 页。
② 习近平：《习近平谈治国理政》（第 2 卷），外文出版社，2017，第 203 页。

彼特在其成名作《经济发展理论》一书中着重论述了创新观点。熊彼特认为，创新和利润有着必然的联系，而利润决定了经济发展，所以创新的根本出发点就是让企业在经济生活中获得最大利益。对于创新的形式，熊彼特认为创新贯穿在产品、技术、市场、原材料供应以及企业组织五个领域，任何一个方面的突破都是创新的表现。生产技术或生产方法的创新对经济发展有着巨大的推动作用，资本主义的根本发展就是依赖创新或生产要素的新组合。此外，企业家也是创新发展的灵魂，因为作为企业推动者和组织者的企业家利用自己架构起连接商品世界的桥梁，从而为创新创造必要的条件，企业家的意志与精神则是创新的主动力。熊彼特在书中用一个种棉花还是种甘蔗的例子论证企业家创新的重要性，一个企业家要是不能根据生产要素的变化进行判断并做出更有赚钱空间的决策，"那么他作为企业家的作用便消失了"。[①]

关于创新理论，国内较有代表性的著作是朱春阳的《现代传媒产品创新理论与策略》，这本专著一共七章，分别从传媒产品创新的制约因素、创新的价值、创新的方式、市场路线以及创新的入市策略及规划等方面来阐释，高度"强调创新作为一个行为与能力的复合体所具有的意义和价值"。[②] 认为创意是创新的源头，好的创意可以开辟新的市场空间，可以优化组合更多的生产要素，从而获得更多更好的产出。阿里巴巴就是用科技最大限度地满足受众的生活需求，各个行业之间原本看似坚硬的壁垒被互联网打破，旧的生产、销售和运营模式集体向新模式转变，2020 年"双十一"购物节，创下 3723 亿元销售额的背后是中国零售模式的巨大变革。除阿里巴巴外，百度、腾讯等其他网络巨头同样在不断开拓传媒新领域，抢占传媒市场。电视产业自然不能坐以待毙，而是要利用三网融合的机会重塑其形态、服务模式和生产流程。

二 电视产业创新扩散趋势

早在 2001 年，互联网先驱、Make 杂志创始人戴尔·多尔蒂（Dale

---

① 〔美〕约瑟夫·熊彼特：《经济发展理论》，何畏、易家详译，商务印书馆，1990，第 68 页。
② 朱春阳：《现代传媒产品创新理论与策略》，山东人民出版社，2005，第 6 页。

Dougherty）提出了"Web 2.0"概念。戴尔·多尔蒂认为互联网的作用不仅不会消失，还应该远比现在重要。传统的网络内容主要由网站雇员主导生成，而"Web 2.0"则是由用户主导内容的生成，两者有质的区别。"Web 2.0"充分肯定并挖掘个人的积极性与主体性，所以被定义为第二代互联网。互联网发展到今天，多平台联动的新媒体传播技术也进入飞速发展的黄金时代，有人把这种能像人一样思考、有智慧的网络技术称作"Web 3.0"。媒介形态的发展让可视化信息以及短视频产业也迎来巨大的发展契机，颇受欢迎的抖音短视频就是极具代表性的后起之秀。汇聚与分权成为网络技术发展新特点，而新的技术话语成为技术范式市场化与商业化的催化剂，随之而来的是以经济利益为先的市场意识形态。在传播领域，传统主流媒体与新媒体走上了相互博弈又融合共生之路。传统电视产业也借助社交媒体来拓展业务、打开营销空间并向智能化、数字化方向转型。智能技术正迅速成为企业运营的核心架构，共享经济、数字支付、网络众筹等传播新方式引导的新经济模式也不断成为新的增长点。埃森哲的首席技术官保罗·多尔蒂（Paul Daugherty）同样认为："积极拥抱数字技术的企业能够帮助员工积累新技能，利用技术提升效率，并创造更丰硕的业务成果。"[①] 数字技术将来会朝着更加智能的方向发展，软件是数字世界的核心竞争力，到时候数字与现实的边界更加模糊、信息更加流通、规模更加宏大。人工智能带给大家"沉浸式"的体验，不仅"重置"了人们在时空中的关系，还改变了人们的生活或感受世界的方式，未来的产业巨头也必然是那些拥抱科技、追求创新、寻求规模化合作的企业。

综上所述，技术上有所变化或者在市场上有所突破是三网融合背景下电视产业创新的两个重要指标。近年来，上到国家层面下到电视产业本身，都已经有意识地加快电视高清化、数字化步伐。2017年，在国家新闻出版广电总局发布的《新闻出版广播影视"十三五"发展规划》中，11项任务清单中有一半以上是围绕创新能力和新旧媒体融合发展来说的，尤其是鼓励研发人工智能、数字印刷、"机器人＋出版"、数字教育、数字娱

---

① 《埃森哲：企业数字化转型成败关键在人》，与非网，http://www.eefocus.com/industrial-e-lectronics/357664－企业数字化，最后访问日期：2016年1月29日。

乐、VR 或 AR 等领域的关键技术，旨在到 2020 年全面提升我国电视产业传播力、引导力、影响力、公信力。三网融合背景下的电视产业创新发展身处"互联网＋""大数据＋""智能化＋"的时代洪流中，需要抓住"媒体融合 4.0"这个重大机遇，主动创新，续写传奇。

三　创新驱动下的电视产业创新发展框架

不管数字技术如何发展，也不论传播媒介形式如何多元，受众接触的核心内容还是文字、图片、视频、音频等，转换的也许只是媒介的不同呈现方式。内容依然是媒介的核心价值，没有内容只有形式的传播只会是无源之水、无本之木。内容创新并不只是一句口号，也不能一蹴而就，还需要自上而下、由里到外、长年累月的经营与探索。首先，要树立自身的品牌，一般越具有品牌优势的媒体越能在新媒体环境中凸显竞争优势，但品牌的搭建是一个长期的过程，栏目的定位及个性化包装也同样重要。湖南卫视的定位经过多次调整，最终从"以娱乐、资讯为主的综合频道"转向"快乐中国"的核心定位，形成了全国著名的"最具活力的中国电视娱乐频道"品牌效应。可见品牌定位对媒介的运营和扩张有着关键作用。其次，要采取内容差异化策略，如网络综艺节目在近几年异军突起，节目在数量、质量、投资、制作团队以及规模上可以与电视综艺竞争。电视综艺的创作者更应该重视当下电视综艺节目的问题实质，电视媒体相比网络媒体的最大优势应该在于其社会导向性，那么就应该承担起其应负的社会责任，尽力克服当前电视综艺同质化、跟风模仿严重的现象。三网融合背景下电视产业的创新发展，在借助全媒体传播优势的同时，一定要承担起传播主流价值观提高民众精神素养的责任，坚持以"创新"为动力，以此来重塑电视品牌。

在创新传播内容的同时，我们还需要创新传播渠道，发展跨屏传播。三网融合为电视产业开辟新的传播渠道提供了可能。电视产业除了搭建广播电视网络协同传播平台，利用微博和微信公众号等传播电视内容外，还可以利用各种先进技术研发新的智能、互动、安全的传播渠道，在互联网电视等新的市场开展"圈地运动"。如果说技术的融合创新已经逐步走向成熟，"互联网＋电视"的形式已不再新鲜，那么"大数据＋人工智能"等"超融合"正在形成。什么是超融合平台？以报纸编辑为例，在大数据和人工智能的支撑下，超融合平台可以把选题策划、指挥报道、融媒体采编发、智能创作、新闻机器等融为一体，策划、采集、编辑、传播、分析、运营等环节被无缝集成，用户的规模与黏性也将大大增强。"一云多屏"在智能终端大为普及的今天也已不是一个新鲜的词语，在不同智能终端之间打破孤立、建立联系可以实现内容价值的增值、用户数量的增加，它已成为智能终端发展模式的一个大趋势，苹果的 App Store 既可以在 iPhone 上运行，也可以在 iPad 上运行，这些企业通过提供云服务平台向不同终端屏分发，智能手机、平板电脑对传统电视造成了极大的冲击，电视机的开机率大不如前，如果传统的广电媒体要绝地反击，可能除了走"一云多屏"的模式外没有其他的选择，只有实现了"一云多屏"才能达到内容在不同终端共享、互通，这样能扩大传播范围并最大限度地争取受众，也就间接拓宽了电视媒体的收益渠道。作为中国唯一一家拥有全终端、全平台牌照的芒果 TV 在 2018 年规划自身的核心战略的时候，也提出要以用户视听、娱乐、互动为中心，架构"一云多屏"模式，进一步打通人和内容之间的藩篱，为电视、电脑、移动终端的受众提供更优质的服务。

总体而言，随着智能电视、社交电视、手机视频等新兴业务的逐步成熟，三网融合不仅改变了企业市场结构、市场行为，也把广电网络推上了产业发展的快车道，有效促进广电产业绩效显著提升。不管是从微观层面的案例入手解读三网融合的具体行为，还是从行业发展的宏观角度分析三网融合给传媒市场带来的诸多可能性，抑或从产业之间的竞合关系入手解析媒体融合的现状及具体的实现路径等，从不同学理层面关注不同媒体之间在形态、功能以及技术上的融合，以及探讨电信业、广电业和计算机业在媒体融合中的角色扮演和行为选择都显得颇为重要。早前，媒介融合还只是作为一个假设性概念被布莱恩·布鲁克斯提出，布莱恩·布鲁克斯当时预测在高度发展的将来有可能出现一种媒体可以打破电视、网络、移动媒体的藩篱，融成一体，这个假设在现在已经成为现实，在新旧媒体融合发展下的大众传媒边界逐渐消融，它们虽然此消彼长但并不是相互取代，而是新旧媒体在技术、市场或内容等方面向着一体化、集成化方向发展，当然这个集成化的过程是一项随着技术的发展不断探索、克服障碍的系统工程，毕竟这种媒体融合不仅是平台的技术融合，还是内容、渠道、播出、终端等方面你中有我、我中有你的有机融合。这个融合不是谁包含谁、谁收服谁，而是在发挥各自最大优势的前提下共同寻求最恰当的合作方式和领域。正如尼古拉·尼葛洛庞帝的圆圈理论所描述的那样，如果用三个交叉的圆圈代表计算、印刷和广播，那么这三个圆圈的交集之处必然成为成长最快、创新最多的领域，由此推及三网融合，我们同样可以判断，电信网、计算机网和有线电视网三网融合之处也必然是内容创新大有可为之处。比如传统的电视媒体企业可以开发互联网电视机，生产的节目也可以通过电信宽带网络传输，而以视频网站为代表的互联网同样可以研发各种智能电视终端设备，电信、联通、移动等运营商则提供相应融合渠道等。总而言之，三网融合是多元主体共同演进，技术、制度、管理等一系列因素共同作用的结果，未来的媒体也将随着三网融合的创新变得更加人性化，更多元，更直接。

| 第三章 |

三网融合背景下国外电视产业创新发展的
相关经验

荀子说："君子生非异也，善假于物也。"本章将以日本、英国、美国这三个国家为案例分析三网融合背景下其电视产业创新发展的相关经验，以期为我国三网融合背景下的电视产业创新发展提供借鉴。

第一节　三网融合背景下美国电视产业创新
发展的相关经验

一　政策与市场环境

美国在世界传媒领域的综合实力、影响力最为强大。自 2010 年开始，美国网络电视视频及相关业务就进入了高速增长期，eMarketer 的数据表明，美国网络电视用户在 2018 年达到 1.826 亿户。

美国广电传媒产业的繁荣发展离不开监管制度与政策法规的作用。美国广播电视监管部门主要由联邦通信委员会（Federal Communications Commission，FCC）、白宫、国会三个机构组成。其中，居于美国电视监管体系中心地位的是 FCC。其依据 1934 年《通信法》创立，主要负责电台、电视的频率、功率和播出时间等一些常规性的技术事务。虽然它享有统一管理美国通信业和广播电视业的大权，但它在制定各种电视产业的政策细节时，必须听从国会和联邦法院的宏观指导意见，美国总统则掌握了 FCC 成员的任命权。

除了管理部门的完善，在三网融合的道路上，美国在政策方面的支持也有力地推动了市场发展。早在 1993 年美国在信息高速公路计划（NII 计划）中就提出要兴建信息时代的因特网帮助国民共享海量的网络信息资源。美国三网融合的重要转折点是 1996 年电信法的颁布，该法案规定有线电视经营商申请营业牌照就能进入电信业务，同时电信部门要与有线电视公司实现相互联通。这种"对称进入"的管制政策，极大地促进了"三网"互通进程，从而有力推进了广电、通信网络的融合，迎来了美国在媒介融合领域的新高潮，进而缔造出康卡斯特（Comcast）、沃尔特迪士尼（Walt Disney）等诸多全球超级媒介产业大咖。而 FCC 将监管互联网的任务归于"竞争监管局"负责。2006 年底，FCC 还通过了一项特许，即本地政府鼓励广电领域的新进入者加入，对新来者的要求不得高于传统有线电视公司，美国电信公司将实施全球化竞争策略。之后，在 2010 年的"国家宽带计划"中，FCC 承诺将在十年内让美国 90% 的家庭宽带网络速度达到 100Mbit/s。同时在 2011 年的美国国情咨文中也要求美国 4G 网络的普及率五年内要达到 98%。2014 年 10 月，FCC 正式提出要对网络电视运营商的运营领域进行重新归类，让其与传统电视融合。2015 年 2 月 26 日，FCC 提出"网络中立化"，其目的是推动监管规则的改革，以此保证网站视频和其他信息内容有相同的载入速度，并且确保每一个访问用户一律平等。但该规则于 2018 年 6 月 11 日被废止，取而代之的是互联网服务提供商享有制定用户如何接入互联网的权力的新规则。2016 年 9 月，FCC 要求付费电视提供商提供免费应用，并计划设立"连接美国基金"（CAF），来支持宽带建设，① 从而为用户提供价格更实惠的视频服务。

二　三网融合背景下电视产业创新发展策略

传统传媒公司是指传统的广播运营商，如康卡斯特、宪章传播公司（Charter Communications）等美国传统广电公司业中的领军者。在进军传媒领域的电信及宽带运营商中，比较具有代表性的有威瑞森电信（Verizon）、

---

① 《美国这个政策一出，有线电视机顶盒离死不远了》，腾讯网 BI 中文站，http//tech. qq. com/a/20160909/056776. htm，最后访问日期：2018 年 3 月。

美国电话电报公司（AT&T）；而进军传媒领域的美国新媒体公司中影响力较大有：脸书（Facebook）、推特（Twitter）、奈飞（Netflix）、优兔网（YouTube）等。下文将选取六个公司来对其三网融合发展策略进行研究。

（一）康卡斯特

康卡斯特（Comcast）是美国规模最大的有线电视运营商，同时也是一家实力雄厚的宽带接入商，其前身是美国在线系统。截至 2018 年第三季度用户规模达到 3010 万户，根据 eMarketer 数据报告，康卡斯特在 2017 年美国付费电视提供商中用户总量排名第一。在 2017 发布的《全球三十大媒体主》报告中，康卡斯特名列全球第三。而在 2017 年的"世界媒体 500强"排行榜中以营业收入高达 804.03 亿美元的超强实力排名第二。

随着三网融合政策带来的激烈市场竞争，康卡斯特主要采取资本合并收购、发展融合业务、注资新媒体领域三大措施来巩固自己在传媒领域龙头老大的地位。

措施一：资本合并收购，拓宽产业链

康卡斯特凭借着自身品牌及经济、业务实力，在面对来自其他三网融合运营商竞争时，采用了投资入股、收购兼并其他公司的策略来整合自身资源，扩大产业规模。在对公司的选择上康卡斯特一直较为青睐与有影响力的大公司强强联手。2001 年，康卡斯特成功收购美国电话电报公司的有线电视和宽带部门，至此康卡斯特在有线电视业务和高速宽带业务领域已经跃升至行业第一。2009 年 12 月到 2013 年 3 月，康卡斯特试图完善从内容到渠道再到市场的产业链构建，它分两步并购了环球影业公司（NBC U-niversal，NBCU），该公司成为康卡斯特的子公司后不仅让康卡斯特的服务范围突破了有线电视运营领域，还将 NBCU 庞大的电视网络和它的主体公园也收入囊中。2014 年初，康卡斯特公司有意收购时代华纳公司（Time Warner Cable），但迫于各组织机构以反垄断的名义加以阻拦的压力，该计划尚未成功。该公司并未放弃，于 2018 年 5 月以约 450 亿美元成功收购时代华纳在线。康卡斯特还将目标瞄准了梦工厂（DreamWorks Studios）。2016 年 8 月，康卡斯特的子公司 NBCU 于 2016 年宣布正式收购梦工厂，此次收购使康卡斯特公司在电影、动画、电视节目制作方面的实力进一步壮大的同时还拓展了其在主题公园和消费产品等方面的业务链。2018 年 5 月康卡斯特介入沃尔特迪士尼收购 21 世纪福克斯集团资产案中，虽最终未能成功收购福克斯，但抬高了迪士尼收购福克斯的报价，从某种意义上来说也是对竞争对手迪士尼的打击。

除了兼并本土企业外，康卡斯特还着眼于全球市场，实现跨地域、跨产业的价值网，升级优化自身传媒产业。如从 2015 年到 2018 年康卡斯特分两次购入日本环球影城（USJ）的股权，成功收购英国天空广播公司（Sky）。

此外，康卡斯特还意识到物联网与人工智能对人们未来生活的颠覆性影响，着力在人工智能、交互娱乐领域开疆拓土，收购、投资有前景的公司和项目团队，以此来获取、储备新技术，这也是对今后电视产业转型发展和企业战略布局的未雨绸缪。如 2016 年 6 月康卡斯特收购物联网公司 Icontrol Networks 的主体业务，为自己的物联网家居和家庭安全平台等业务寻求到了技术支持。再如 2018 年 7 月康卡斯特与美国孵化器公司 Techstars 联手建立康卡斯特 NBC 环球 Lift 实验室（Comcast NBC Universal LIFT Lab），该实验室聚焦于 AR、AI、物联网和移动应用等领域。

措施二：重视内容建设，发展融合业务

近十余年来，康卡斯特公司在与其他公司合作的基础上，通过丰富内容资源，不断发展融合业务，重视原创内容、精品内容的建设，服务更加多元化。正如上文中提到的康卡斯特没有特别出色的原创节目，于是它通过合作、并购的方式来扩充内容资源。如 2005 年，康卡斯特与索尼联手收购美国好莱坞老牌电影公司米高梅，充实自己的电影资源；2006 年到 2008 年，康卡斯特先后与美国广播公司、Showtime 电视网、HBO 电视网等达成长期合作协议，享有使用各公司的电视及广播频道的资格。2009 年康卡斯特通过并购传播渠道传统的 NBCU 来获取原创力极强、内容丰富的资源。2016 年，康卡斯特旗下的 NBCU 公司宣布收购梦工厂，来弥补自身在动画电影方面的不足。

除此之外，康卡斯特还采用了改造网络 IP 和升级云服务平台的方式来创新服务形态，为用户提供多种融合业务。具体的实施策略如下。

　　首先，实现融合业务的创新，夯实网络环境是基础。康卡斯特自 1996 年起，多管齐下、有重点地构建涵盖网络宽带服务、传授宽带知识与技能、WiFi 覆盖及新媒体服务的广电产业链。康卡斯特拓宽自身宽带网络的部署领域，不断提高自身宽带速度。2010 年，康卡斯特与 OneEconomy 一同发起了"数字连接器计划"，教授年轻人宽带技术，并开展关于如何使用技术为社区服务的系列活动；在建设 WiFi 网络方面，2013 年，康卡斯特通过技术合作率先采用 DOCSIS 3.0 技术；第二年康卡斯特又将此技术升级到 DOCSIS 3.1，旨在为高速宽带业务的用户提供更优质、便捷的 WiFi 服务，以此吸引更多新用户。

　　其次，康卡斯特积极发展多元化业务。2008 年康卡斯特先是建立了一个互动媒体平台 Fancast，2009 年与时代华纳联合推出"电视无处不在"（TV Everywhere）的口号，推出 Fancast XFinity TV 的试验版。该平台可以让用户享受通过互联网就能收看 10 家电视频道的服务。2011 年，康卡斯特持续发力推出"超无线"（Xfinity）产品，该产品包括"电视＋互联网或电话"二网合一业务（Xfinity Double Play）和"电视＋互联网＋电话"三网合一业务（Xfinity Tripple Play）。① 此后，康卡斯特借助此平台不断推出各种在线视听服务，并通过集成社交软件和各种互联网应用来增强用户黏性。2013 年，康卡斯特公司还推出了名为"网络＋"（Internet Plus）的套餐业务，包括 25Mbps 宽带业务、电视频道以及电视无处不在服务。2015 年，取消昂贵的付费有线电视订阅服务已成趋势，康卡斯特也着手发展光缆盒的网络电视服务。

　　最后，该公司还组建了自己的设备平台，助力业务发展。公司不仅在 2011 年推出了家喻户晓的 Xfinity 平台，还在 2013 年时，在 Xfinity 平台基础上推出了机顶盒 X1。其具有非常强大的功能，在视频点播、电视直播、互联网视频录制以及网络协议模式视频播出等方面均有所涉及，除此之外还将社交媒体、用户应用程序、个性化收视服务收入旗下。借助此平台，公司于 2012 年、2015 年还分别推出两款流媒体服务 Xfinity Streampix 和

---

　　① 朱新梅：《康卡斯特实现融合发展的主要做法》，《网络新媒体技术》2016 年第 2 期。

Stream。其中 Stream 将助力公司与奈飞和谷歌等 OTT TV 服务提供商竞争。2015 年底，康卡斯特推出了基于苹果 iOS 和谷歌 Android 平台的电视应用程序，在此背景下，用户在室外观看 35 个直播电视频道变成可能。此后，公司不断升级机顶盒的服务，先后推出 X2（2013 年）、X3（2014 年）、Xi4（2015 年）、Xi5（2016 年）。2017 年，康卡斯特推出 Xfinity xFi 路由器，其亮点在于用户可选用宽带和多平台来管理网络。

2015 年 6 月，康卡斯特推出了名为"浏览"（Stream）的网络电视业务，用户可以在平板电脑、智能手机及笔记本电脑等终端上观看直播频道。2015 年 9 月，公司还推出了 OTT 短视频平台"可观"（Watchable），发展网络视频服务，组建专业团队制作高质量原创短视频，要求品质高于优兔网平台网民的原创视频。但因公司战略重心调整，2017 年康卡斯特宣布不再为 Watchable 制作原创内容。

措施三：注资新媒体领域，构建新型运营模式

康卡斯特通过服务提供渠道、内容分发方式等在新媒体环境中构建了新的运营模式，具体体现在连接多种终端设备、携手社交媒体、进军智能家庭业务等方面。其中，连接多种终端设备是指节目传输和内容分发系统与互联网浏览器、平板电脑、智能手机等终端连接，向用户提供便捷、无缝衔接的视频服务。如 2014 年，康卡斯特公司分别与著名的网络视频平台奈飞、自由环球集团（Liberty Global）达成协议，奈飞用户可享用康卡斯特宽带网络，而奈飞将向公司支付宽带费用，与自由媒体集团合作建立一个跨国无线宽带漫游网络，覆盖了美国、比利时等 7 个国家。2016 年，康卡斯特与奈飞达成了合作协议，2017 年奈飞被植入到新一代 X1 机顶盒中。2018 年康卡斯特和网络设备提供商 Plume 公司合作，研发出 xFi pods，实现了设备间在互相通信的同时，还不拖慢传输数据的速度，实则是优化了 WiFi 覆盖的问题。

在社交媒体领域，康卡斯特公司于 2008 年收购了美国老牌社交网站 Plaxo，2013 年 10 月与推特开始进行战略合作，并于次年实现其节目内容在社交媒体平台上的播放。2013 年 11 月，双方联合推出"See It"按钮，推特用户只需点击此按钮就能直接在手机上观看康卡斯特电视节目。

（二）美国电话电报公司

美国电话电报公司（AT&T）于1877年创建，其前身是美国贝尔电话公司。在经历了一个半世纪的分割、重组后，最终西南贝尔于2005年收购了原AT&T，并延续了AT&T的名称。AT&T现在主要业务包括电话业务、电信网络业务、有线电视网等新媒体科技业务，目前是最成功的跨通信、媒体、科技三大领域的运营商。在2017年的世界500强中名列第19，营收1637.86亿美元，净利润129.76亿美元。2018年，AT&T的用户规模高达1.5亿户。在媒介融合的时代背景下，公司瞄准三网融合时机，主要采取兼并收购、业务多元化、革新技术三项举措。

措施一：多元化并购，增强媒体领域竞争力

AT&T曾尝试通过合并大型企业夺取美国最大运营商的位置，如2011年公司欲收购德国电信公司在美业务，但最终因美国反垄断部门的阻拦而放弃收购计划。而后，公司一步步在传媒领域布局、加码，于2014年5月收购了美国直播电视集团，随后便宣布了"家庭娱乐网关计划"（Home Entertainment Gateway）。2014年，公司借助TCG集团的力量合办了新媒体公司"Otter Media"，新公司成立不久就控股了内容提供商Fullscreen公司。2018年AT&T又收购了Otter Media。2015年起公司又开始酝酿收购时代华纳，以此来寻求电视与媒体的业绩增长点，最终在2018年正式收购时代华纳，由于此次收购规模巨大，也被称为"世纪收购"。2016年5月，公司收购原合作伙伴QuickPlay媒体公司，凭借该公司的云技术平台，解决了视频内容传输到任何其他设备的问题，实现AT&T在通信业和传媒业之间的优势互补，刷新了美国传媒行业的新格局。

措施二：重视OTT TV服务，优化服务质量

从IPTV到OTT TV服务，美国电话电报公司一路马不停蹄，凭借合并其他公司所获得的资源优化电视媒体服务。2006年7月该公司推出U-Verse业务。此后该IPTV业务不断辐射到美国各大城市，截止到2010年1月25日，U-Verse已为280多万户家庭所使用。2013年10月，该公司针对用户使用手机、平板电脑等终端收看的直播内容大幅增加这一趋势，将100个直播电视频道添加到"电视无处不在"服务的节目中；2015年6

月，美国电话电报公司进一步加大对移动端播出频道的建设力量，其总数量突破 200 个。

AT&T 于 2015 年 7 月和 2016 年 5 月分别收购 DirecTV 及 QuickPlay 媒体公司，借助其内容及传输资源，于 2016 年 11 月 30 日正式推出了 DirecTV Now、DirecTV Mobile 和 DirecTV Preview 三项平价级流媒体服务。其中 DirecTV Now 是集各个电视台节目而组成的 35 美元/月套餐，可观看百余个频道；DirecTV Mobile 的特点是面向手机用户的服务程序；DirecTV Preview 则是免费但有广告的视频服务。2018 年 6 月 AT&T 又发布了一项新的虚拟付费电视服务 WatchTV（15 美元/月），此服务为无体育频道内容的精简版 OTT TV 套餐，并且 AT&T 为该服务推出了配套的不限流量的套餐。

在优化流媒体视频服务设备方面，早在 2006 年 7 月 AT&T 就推出了支持高速上网、卫星电视的机顶盒服务 "Homezone"，2016 年推出的 DirecTV Now 服务使用户就算脱离机顶盒或者绑定合约也可收看直播。2017 年 8 月公司又推出 Primetime 平板，它支持 DirecTV Now 节目播放。

措施三：革新网络技术，发展物联网领域新型业务

2015 年初，AT&T 提出到 2020 年实现网络 75% 的核心网功能虚拟化和软件控制，2017 年 4 月，AT&T 成为白盒交换机的先行者，并于 2018 年 3 月宣布计划在未来几年内凭借白盒路由器来支持 5G、VR、AR 等应用服务。2018 年 1 月 AT&T 明确宣布，将会于一年内在十余个美国城市率先推出 5G 网络服务，此 5G 网络符合 3GPP 组织批准的 5G 通用标准。5G 网络除了在速度上比 4G 网络更快外，还支持虚拟现实、浸入式 4K 视频等领域的发展。

早在 2008 年，公司就看准了物联网广阔的发展前景，成立专业的物联网研究组 EDO（Emerging Devices Organization）。2010 年 AT&T 还收购智能家居公司 Xanboo 旗下的企业解决方案事业组，为 AT&T 旗下工业领域的 M2M（Mobile to Mobile）业务提供技术方案。AT&T 在 2014 年、2015 年先后成立了物联网创新中心 AT&T Foundry 和 "移动和商业" 事业部门。而后 AT&T 将带宽作为其物联网开发工作的核心，积极开发面向物联网的连接、平台和互联网解决方案并确定物联网、车联网业务为未来最大的利润增长点。经过近十年的努力，AT&T 已于 2016 年成为美国物联网市场的领军者，在美国的市场份额为 43%。99% 的全球 100 强企业选择 AT&T 作为其物联网的合作伙伴。[①]

（三）威瑞森电信

威瑞森电信（Verizon）是美国最大的电话公司和无线通信公司，同时也是在全球范围内拥有超强实力的通信跨国联合大企业，主要业务为无线通信、语音通话和固定宽带。《2017 年度通信行业报告》中，2017 年威瑞森电信位居全球电信运营商第二，同时还以美国 500 强排行榜中排行第 14 的成绩荣登 2017 年《财富》。

Verizon 的前身是"大西洋贝尔"，公司在 2000 年对通用电话电子公司（GTE）进行收购，此后更名为"威瑞森"（Verizon）。为了迎接三网融合后的挑战，该公司主要采取下列对策。

措施一：资产并购，壮大自身实力

Verizon 为了壮大自身在无线通信领域的实力，一直致力于合并其他通信企业来扩张自己的业务版图，有时不惜通过分阶段拖长时间战线来达到目的。如 Verizon 对英国沃达丰集团（Vodafone）在美国的无线业务的收购就是分阶段完成的。在第一阶段，Verizon 和 Vodafone 联合成立了 Verizon Wireless Communications（以下简称 Verizon Wireless）。第二阶段是在 2013 年，当时 Verizon 收购了沃达丰在 Verizon Wireless 的全部股权。这项跨国并购交易标志着沃达丰撤出美国通信市场，Verizon 成为美国无线通信领域实力最强的服务商。此外 Verizon Wireless 还不断扩张合并新媒体公司。如 2014 年，Verizon 从英特尔集团（Intel Corp.）收购了英特尔传媒公司。英特尔传媒公司是一个开发云电视产品和服务的商业公司。另外 Verizon 公司通过收购英特尔传媒公司的 OnCue 和美国在线（AOL）形成了在广告运营和数字化内容领域的领先优势。Verizon 建立了基于移动互联网的平台，并成功吸引大规模的用户，同时实现了广告收入的增长。2017 年 6 月 Verizon 收购美国互联网巨头雅虎，Verizon 的子公司美国在线整合了雅虎多个核心

---

① 《2018 全球最强物联网公司榜单揭晓，20 家企业物联网战略大起底》，NetWork World，https://blog.csdn.net/cf2SudS8x8F0v/article/details/79599338，最后访问日期：2018 年 3 月。

业务，进而组建 Oath 数字媒体公司，此举使该公司成为世界顶级移动媒体公司，数字媒体业务也在不断发展。

措施二：优化网络，跨屏连接新业务

Verizon 与 AT&T 都是美国 IPTV 发展的主力。2005 年 9 月公司先推出了 Fios 产品，这是一种光纤到户网络的语音、视频和数据服务；Verizon 通过 FTTP 的建设来推动宽带业务的不断拓展，还利用无线通信捆绑向用户推出新的电视业务体系。2009 年 Verizon 分别与 ABC、CBS、NBC 等内容商及 SNS 网站建立紧密合作关系，推出了能在电视上运行 Facebook 和 Twitter 的电视窗件，用户可以在看电视的同时阅览社交媒体的信息。自 2010 年 3 月起 Verizon 就支持 3G 手机用户用 skype 打电话，这成为美国电信运营商中的首例。

在优化宽带服务方面，2016 年 2 月，Verizon 和其 5G 技术论坛合作伙伴正在推进 5G 生态系统的创新，2018 年公司宣布先在定点城市开始 5G 服务的试运营并选取其中数个城市同步推出 OTT TV 服务，相对于同样提供 OTT 视频套餐的 AT&T，Verizon 正面临着严峻挑战。公司正在同其 5G 技术论坛合作伙伴合作，为用户加速推进 5G 建设，而 5G 技术将成为使能源网格更高效、城市更智能、交通更安全以及创建更多互联网连接设备的基础。

（四）脸书

脸书（Facebook）创办于 2004 年，通过向用户提供聊天、影音、档案分享、博客和讨论群组等多种互动功能而筑造出享誉全球的社交帝国。Facebook 的用户相当广泛，根据公司 2018 年的第二季度财报显示，目前全球有多达 25 亿的用户都在使用 Facebook 及其配套的应用，如瓦次普（WhatsApp）。2018 年 9 月，Facebook 称自己和 Messenger Stories 的日活跃用户突破 3 亿。[①]

随着社交媒体逐渐成为人们生活中的一部分，人们也日益养成了在社

---

① 《FB 和 Messenger Stories 日活跃用户突破 3 亿》，腾讯科技，http://tech. qq. com/a/201809 27/009619. html，最后访问日期：2018 年 10 月。

交平台上阅读新闻、观看视频、游戏娱乐等习惯。皮尤研究中心调研数据表明，2018 年在社交媒体上阅读新闻的美国人占全部美国人的 68%，其中经常阅读者占 20%。网络分析机构 BuzzSumo 2017 年的调查数据也表明视频已经成为 Facebook 吸引、黏连用户的最佳方式之一。Facebook 也意识到视频对用户的重要作用，即视频比文字更会讲故事，也更容易让人记住这个品牌。而且随着人们对移动设备的依赖和观看、分享社交平台上视频信息行为习惯的改变，2017 年，在公司创始人扎克伯格宣布的未来 Facebook 十大发展战略中，视频直播就占有一席之地。在 Facebook 与电视及视频融合的过程中，可以将其方式归纳为以下两大部分，一是合作视频业务，二是探索特色视频服务。

措施一：合作视频业务，共享视频资源

起初，用户在 Facebook 的网站内观看 Facebook 视频，通过个人电脑、手机中的摄像头来录制、上传视频，并给视频加"标签"。2012 年 4 月，拍照分享应用 Instagram 也成为 Facebook 的一部分，至此 Instagram 上的用户的原生视频内容分享成为 Facebook 的视频增长点，也成为用户的内容消费方式。接着，公司又在 2015 年 1 月收购了视频初创企业 QuickFire Networks，此后 Facebook 能够在不占用过多带宽的情况下，让用户观看高清视频。

同时，Facebook 也与众多电视台开展合作，凭借自身的用户资源优势为电视台提供新平台和新评估方式。如 2013 年 9 月公司推出"公共反馈指数"（public feed API）和"关键字内情指数"（keyword insights API）两项服务。

Facebook 试图在网络视频某些专业领域也能有所成绩，例如，2016 年 9 月 Facebook 与美国 ABC 新闻（美国广播公司）展开合作，直播了总统大选辩论视频，自 2017 年以来 Facebook 已成为美国国民获取新闻的首选平台。[①] 2017 年 5 月，Facebook 宣布与 Vox Media 和 BuzzFeed 等数字媒体公

---

① 皮尤报告：《68% 美国人用社交媒体阅读新闻，却不信任这些内容》，百家号，https://baijiahao. baidu. com/s? id = 1612031766013675084&wfr = spider&for = pc，最后访问日期：2018 年 7 月。

司达成合作关系，享有其短视频节目的播放权。Facebook 分别于 2017 年 9 月和 2018 年 3 月与美国职业橄榄球联盟（NFL）和美国职业棒球大联盟（MLB）合作，成功获得了其体育赛事的优先转播权。此外，Facebook 还关注自身的科技创新，在 VR 领域进行了大量投资。

措施二：探索特色视频服务，科技创新、原创内容与社交紧密结合

2015 年 8 月，Facebook 推出 Facebook live 服务，该直播服务开始仅限名人使用，直至 2016 年 4 月才向一般用户开放，并添加了全球视频流播放地图、视频滤镜等功能。此后便不断优化视频直播功能，如 2017 年 5 月添加了"Live Chat with Friends"和"Live With"两项功能，允许用户边私聊边观看视频；又如 2018 年直播功能从移动端走向桌面端，以吸引游戏玩家用户。

2015 年 3 月 Facebook 推出了"嵌入式"视频播放器，从此 Facebook 上的视频将更美观方便地嵌入到其他网页。2015 年 9 月 Facebook 发布 360 度视频，这得益于 2014 年 Facebook 收购的 VR 公司 Oculus，用户不仅可以发布、观看 360 度全景视频，还可以在 Oculus Rift 和 Gear VR 上观看视频。2017 年推出页头视频（Facebook Video Cover），当进入某个人页面时，视频将会自动播放，若点击视频还能放大。为了方便用户在制作视频过程中选择无版权纠纷的背景音乐，2017 年底到 2018 年初，Facebook 得到了环球音乐、索尼/ATV 音乐的版权授权。2018 年 Facebook 收购了交互视频技术公司 Vidpresso，为 Facebook 在提升视频质量方面做好技术储备。2018 年 10 月，推出了面向 Facebook 及其他社交应用用户的 Portal 和"Portal +"两款用于视频聊天的设备，该设备能智能跟踪录制对象，还能进行语音降噪。

（五）奈飞

奈飞（Netflix）是世界上最大的版权视频服务提供商，是网络视频领域的先驱和领导者。它为用户提供电影、电视剧集等海量网络视频服务，现已覆盖了 190 个国家和地区。Netflix 成立于 1997 年，最初主要从事线上出租录像带和 DVD 业务，1999 年开始涉足网络视频服务，但因宽带网络技术的限制等，直到 2007 年才正式开展，而后 Netflix 还开始转战原创电影和电视剧制作领域。

Netflix 始终保持着创业公司的增长动力，截至 2018 年 5 月，Netflix 凭借高达 1526 亿美元的市值，成为全球最大的媒体公司，[①] 相对于传统付费电视运营商，网络电视无须投入大规模资金用于传输线路等基础设施建设，也无须受类似传统电视视频播出方式的限制，Netflix 的影视剧集通常都是集中一次性上线。Netflix 在节目内容分发方式上与时俱进即注重引进新技术，还关注用户收视行为变化。在面对三网融合的视频节目的竞争中，从充实内容资源、优化业务模式及扩展终端与渠道三方面采取了应对策略。

措施一：充实内容资源，注重原创精品

从内容资源上来看，Netflix 一方面不断进行节目引进、版权购买，另一方面重金打造精品自制剧。2008 年，Netflix 以较低的价格从 Starz 等电影和电视制作公司购买了节目版权，以解决初期阶段缺乏市场影响的问题。2012 年底，Netflix 与迪士尼公司签署了独家协议，Netflix 四年后将拥有迪士尼相关电影的网络电视优先独家播出权。近年来，越来越多的有线电视公司与 Netflix 合作，将 Netflix 的服务整合到其机顶盒中。2018 年 1 月，Netflix 宣布与日本动画制作公司 Production I. G 和 BONES 共同合作动画制作等业务，这两家动画公司的作品将会借助 Netflix 平台向全球公开发行。

随着 Netflix 业务范围的扩大和业内知名度的提高，业内同行将其视为劲敌，Netflix 再难以低廉的价格买到同等质量的节目版权。于是，2007 年 Netflix 推出了自己的第一款流媒体产品"Watch Now"，以期改变业务结构。随后，Netflix 开启原创自制剧模式，并广受用户好评，屡屡获奖。从 2012 年至 2016 年，Netflix 不断加大对原创节目内容上的资金投入，其原创作品数量在四年里翻了近 30 倍。2013 年凭借其自制精品原创剧作《纸牌屋》《发展受阻》在艾美奖中获得提名；2017 年 Netflix 参与制作的《玉子》《迈耶罗维茨的故事》均入围第 70 届戛纳电影节主竞赛单元。

除了剧集，Netflix 还在电影、纪录片上持续发力。2015 年推出《无境

---

① 《网汇贷理财全球最大的媒体公司：坐拥全球 1.2 亿用户，他的公司市值达万亿！》，搜狐网，http://www.sohu.com/a/240724535_507882，最后访问日期：2018 年 7 月。

之兽》，获得第 72 届威尼斯电影节金狮奖提名；2016 年发行的《白头盔》获第 89 届奥斯卡最佳纪录短片奖；2017 年的《泥土之界》在黑人影评人协会奖中揽获四个奖项，并在第 90 届奥斯卡中喜夺金像奖；2018 年纪录片《坚强之岛》与《伊卡洛斯》均获得第 90 届奥斯卡最佳纪录片提名，前者斩获金奖。

措施二：优化业务模式，探索运营模式

Netflix 的收入主要来源于会员费和广告费两部分。Netflix 于 2013 年在 DVD 租赁套餐中独立出流媒体视频服务，并推出两种付费视频套餐。一种是 7.99 美元/月的套餐；另一种是 11.99 美元/月的套餐，后者可支持一个账户在四台设备上播放网络视频。尽管从 2014 年起，Netflix 连续多次上调套餐价格，2017 年提供 4K 模式的 11.99 美元/月的套餐涨到 13.99 美元/月，但 7.99 美元/月的套餐保持不变。

措施三：扩展终端与渠道，瞄准全球市场

Netflix 积极扩展终端和渠道。首先，它开发了使视频广播格式能适应多个终端的软件系统技术。例如，Netflix 将与苹果的四个智能终端进行深度集成，将苹果产品特点软硬结合的模式进一步升级为“硬件 + 软件 + 内容 + 互联网”垂直整合的生态系统，实现双方的无缝对接；其次，与终端制造商合作，如 2013 年 Netflix 与诺基亚公司（Nokia）展开智能手机视频点播业务的合作。凡购买了指定诺基亚型号手机的用户将能够免费享受 Netflix 6 到 12 个月的收视浏览服务。

Netflix 自 2010 年开启了全球化战略，与全球各大电信网、广电网公司积极展开合作，短短 8 年的时间其公司业务扩展到全球 190 个国家及地区。2013 年 11 月起，Netflix 能在英国维珍传媒公司（Virigin Media）旗下的有线电视平台播出网络电视。2014 年 4 月，Netflix 与美国 RCN、加拿大电信和媒体公司的子公司大西洋宽带公司（Atlantic Broadband）以及美国格兰德传媒公司（Grande Communications）三家中等规模的有线电视运营商签署合作协议，2014 年 7 月与美国电话电报公司签署合作协议，Netflix 公司使用电话电报公司的宽带系统。2014 年，Netflix 还分别与德国电信和法国布伊格电信合作，前者将 Netflix 的应用程序植入其付费电视平台，后者则

将 Netflix 应用程序纳入其机顶盒中。同年 9 月，日本软银电信公司（Softbank）与美国奈飞公司合作在日本市场推出网络电视服务。2018 年 3 月，奈飞公司与英国天空广播公司（Sky）合作，并将自己的原创视频内容植入 Sky Q 机顶盒内，联合推出 10 英镑/月的"Ultimate On Demand"套装。近年来 Netflix 还与很多电视厂商合作。如 2014 年到 2016 年分别与日本索尼、韩国 LG 集团、韩国三星达成合作意向，将 Netflix 应用预设进其几款将要上市的智能电视中，用户可在线享受 4K HDR 视频效果。

（六）优兔网

优兔网（YouTube）是目前世界上最大的网络社交视频分享平台，它创办于 2005 年，第二年被谷歌公司收购。它成为社交化网络平台主要是通过分享、订阅、标签、群组和评论等功能实现的。YouTube 借助谷歌强大的实力，从用户生成内容（UGC）到专业生产内容（PGC），使得其内容资源越加丰富。此外，它还由最初的低分辨率视频和单声道播放，慢慢发展到 1080p 的高清分辨率，直至 2018 年，YouTube 更是推广 4K 超高画质视频，让用户在桌面端和移动端同步享受高清视频。

YouTube 有着超大的用户规模，2018 年 7 月，YouTube 月活跃用户达到 19 亿。在三网融合时代，YouTube 所采取的经营策略主要有与电视媒体机构合作和打造原创精品这两种。

措施一：与电视媒体机构合作，打造专业频道

通过在电视台开通官方频道或双方合作开发内容两种形式，YouTube 不断打造专业频道。电视台看中 YouTube 的超强内容分发能力和用户需求力，纷纷在 YouTube 上开设自己的官方频道，相关知名电视台或广播公司有美国 Fox、CBS 以及 ESPN，中国 CCTV，日本富士电视台，英国第四电视台等。2008 年公司与美国探索传播公司（Discovery）签约，双方合作开播九个网络频道。截至 2017 年 2 月，公司与四十余家主流大型机构合作推出了很多专业频道。有的节目甚至被电视台转制成电视节目，如 2012 年 9 月 YouTube 投资健康美食节目"Recipe Rehab"，2013 年，YouTube 举行了首届"YouTube Music Awards"，典礼中的演出在美国纽约、韩国首尔和俄罗斯莫斯科三地同步进行。

YouTube 在 2009 年同英国广播公司（BBC）、英国第四电视台达成合作，让来自全球各地的 YouTube 用户能免费、完整地观看有线电视台的视频资源。YouTube 与电视台合作的二次售卖，不仅丰富了网络平台的视频内容还为电视台吸引了更多网民。2017 年 YouTube 推出了 35 美元/月的 YouTube TV 服务，该直播平台整合了 ABC、CBS、Fox 等的有线电视节目并且平台内的电视频道阵容还在持续壮大。

措施二：打造原创精品，创新盈利模式

为了寻求精品内容，YouTube 先是与专业影视制作商和电视台合作来扩充资源。如 2008 年 11 月，YouTube 与米高梅公司（MGM）、狮门娱乐公司和 ABC 达成合作，同时 YouTube 坚持采用 UGC 内容生产模式，不断鼓励用户制作、上传主题迥异和风格多变的视频内容。2010 年之前，公司专注于吸引用户上传 10 分钟以内的短视频，坚持免费分享与免费观看；2010 年以后，谷歌与 YouTube 加大对原创视频领域的投资，在全球新增 50 个原创频道，通过创新盈利模式来吸引更多新用户及网红用户。为了让网络红人与专业公司在其自制节目中实现商业创收，2016 年 10 月，谷歌收购了营销平台 FameBit，帮助 YouTube 中的网络红人和专业公司在网红产业链上实现共赢。此外，2017 年 1 月公司推出了直播打赏功能"Super Chat"，此功能一方面能增加主播的收入，另一方面也让主播和粉丝之间的联系更紧密。

在音乐节目上，YouTube 也花了不少心思。如 2014 年，YouTube 推出了一款名为"YouTube Music"的付费音乐类服务，用户只需花费 9.9 美元/月即可享受离线时也能收看无广告音乐节目的服务。在 2015 年 10 月，YouTube 与谷歌音乐合作推出付费订阅服务"YouTube Red"，2018 年 5 月更名为"YouTube Premium"，用户能在观看 YouTube 视频时与节目互动。2017 年，"YouTube Red"与"Google Play Music"整合后，于 2018 年被分为"YouTube Music"（不含影片）和"YouTube Premium"（含影片）两个版本。两个版本均支持离线缓存、无广告播放，但"YouTube Premium"为付费高级版，可观看视频节目。

除了关注用户自制视频与音乐服务外，YouTube 还在自制剧上发力。

2016 年 2 月，YouTube 在筹备半年之后终于一次性推出了仅对会员开放的四部自制剧。

第二节　三网融合背景下日本电视产业创新发展的相关经验

一　政策与市场环境

日本在经济与科技实力方面已迈入世界强国之列，该国对高清电视的研发远远早于其他国家。日本曾在 2016 年的戛纳秋季电视节上当选为主宾国，并向世界展示其领先的 4K 技术和动画制作技术。日本的电视传媒从节目策划到内容制作再到服务与网络平台推广等都对其他国家电视产业的发展有着重要的参考价值。

日本政府推进三网融合在政策上可以追溯到 2001 年 6 月颁布的《电信业务利用放送法》，该法使广电经营电信业务合法化。它允许利用同行卫星和有线通信播放电视节目。2001 年，日本政府成立了总务省，对电信和广电部门进行统一监管，随后日本总务省设立了信息通信审议会、电信团体组建的协会和电信业纷争处理委员会等机构，这些机构都从不同的维度保障了三网融合下各相关企业部门能够有条不紊地展开竞争与合作。

然后，日本在 2002 年 12 月出台的《关于促进电信和广播电视融合技术开发的法律》界定了电信广播电视融合技术的含义，即基于互联网的电信传输的整合和基于因特网的电信传输用于数字信号广播的技术。同时，日本政府也敦促尽快确定促进电信广电融合技术开发发展的目标及实施过程中的一些细节。

网络信息技术是三网融合的技术支撑，2000 年日本政府提出了信息技术基本战略。2001 年至 2009 年，日本政府依次提出了"e-Japan 2002 计划""e-Japan 战略 2""IT 新改革战略""i-Japan 战略 2015"。2006 年 1 月，日本设立了作为总务大臣咨询机构的"关于广播电视与通信的现状与发展恳谈会"（即"竹中恳"），经多次会议研讨，于同年 6 月提交了最终报告。该报告从普通使用者、竞争力强化与事业多样化、软实力强化等三个视点出发，在对融合与协作的迟缓、不充分的竞争等市场问题进行分析的基础上，提出了广播电视与通信未来的发展方向，即在 21 世纪 10 年代初实现在全国任何地方都能使用低价的宽带的目标。在融合环境的整备方面，该报告认为，需要调整 IP 组播（IP multicast）的著作权法，使著作权法与电子通信业务利用广播法以及传输线路的多样化相对应；完善促使融合服务出现的环境，促进从通信服务发展形态的影像发送到通过 IP 网络传送广播电视节目的融合广播电视的出现与普及，以便于使用者的利用；改革广播电视与通信的技术开发方式，在国民最大限度享受技术革新所带来的好处的同时使日本技术标准国际化，尽快使 NHK 的研究和 NTT 的基础研究成为其法律上的义务；对广播电视与通信的法律体系进行根本改革，改变现有的由 9 个法律组成的广播电视与通信分隔的法律体系，在 2010 年建立与传输、平台、内容等层级相对应的法律体系。就这样，日本依靠完善的管理体系和政策法律一步步规范和推进三网融合，许多广电、电信运营商都纷纷提供三网合一服务，即"付费电视 + 网络 + 电话"服务。

二 三网融合背景下电视产业创新发展策略

日本传统的传媒公司和电信公司中比较具有代表性的有日本放送协会（NHK）、日本电话电报公司（NTT）等。2015 年 Netflix、Amazon 等新媒体公司开始向日本市场提供视频内容服务。从 2016 年起，这些新媒体公司的自制内容也逐步上线，在影响日本电视观众收视习惯的同时，对电视从业者和内容生产、播出方式也产生着影响。日本本土新媒体公司 LINE、美国推特（Twitter）等渐渐成为人们不可或缺的信息工具。①

（一）日本放送协会

日本的地面电视分为公共电视台和商业电视台，其中，日本放送协会（HNK）是日本和世界上唯一的公共电视台。NHK 成立于 1925 年，与世界 47 个国家和地区的电视台与新闻机构建立了合作关系，现在是日本规模最

---

① 林杨：《2017 日本传媒产业发展报告》，载崔保国主编《中国传媒产业发展报告（2018）》，社会科学文献出版社，2018。

大、最具竞争力的广播电视机构。相比世界其他媒体机构，NHK 最为特别的是其旗下的两大研究所——NHK 放送文化研究所和 NHK 放送技术研究所，两部门为日本 NHK 的蓬勃发展立下了汗马功劳。NHK 是世界上规模最大的广播电视系统之一，NHK 没有广告，也不接受政府拨款，其经营运作依赖收取国民的许可证费，NHK 节目制作精良、视听体验优质，广受观众青睐。NHK 本着自己强大和坚实的观众群体，每年营业收入约占日本电视市场的 30%。三网的融合为 NHK 提供了更多的机会和挑战，在机遇与危机并存的环境下，NHK 主要从节目视听效果、节目内容上采取了措施。

措施一：关注新技术，全面提升视听效果

长期以来，NHK 都视技术为其融合发展的基础和核心，日本于 2001 年成为全球第一个正式开通 3G 服务的国家，NHK 是超高清视觉技术的先驱，旨在以新技术增强节目视听效果。

NHK 下属的放送技术研究所是日本唯一一家专门研究广播和电视相关技术的研究所。NHK 利用其众多专利来提高自己的实力。从 2011 年开始，NHK 的放送技术研究所就着手研究超高清电视的传输技术，并于 2012 年进行了全球首次 8K 超高清电视直播试验，日本全国全面停播模拟电视信号后，NHK 和英国广播公司（BBC）用 8K 超高清电视拍摄并传送了伦敦奥运会的赛事实况。2014 年 1 月，NHK 成功实现了 8K 超高清电视的远距离传输。2016 年，NHK、索尼和松下协同，继续研发 8K 技术，旨在让画质更高清、细致。

2017 年，NHK 开始陆续试验各种新系统，如利用 AI 语音辨识技术来支持新闻等节目制作。日本 NHK 电视台将从 2018 年 4 月开始在晚间"NEWS CHECK 11"节目中使用人工智能"YomiKo"来模拟真人主播的声音。同时，NHK 还将在移动端网站中开设与 Yomiko 合影的 AR 功能。

措施二：节目内容"精"且"新"，积极与新媒体携手

纪录片一直是 NHK 的一张王牌，在国际上都享有很高的声誉。NHK 的纪录片不论在选材，还是在制作效果上都体现了 NHK 令人敬佩的优良品质。一方面，NHK 放送文化研究所在收视率、收看资讯时间、个人生活、社会舆情及政府支持率上为 NHK 节目内容的制作提供了理论依据；

另一方面，NHK 在题材选择上密切贴合时代主题，既有传承也有创新，既有质量也有数量。NHK 的纪录片分散在 NHK 的三大电视频道，每天都在黄金时段播出，节目形式有特辑与专题两种。NHK 纪录片于 1976 年开始在 NHK 综合频道播出。NHK Special Feature 是由 NHK 的各种频道共同创造的纪录片品牌，也是 NHK 纪录片中的王牌计划。目前每年播放 100 至 150 件作品，因其独特的视角和播放时间而受到人们的广泛欢迎。NHK 还会根据时政热点和观众需求，适时策划并制作一些有时代个性的纪录片和相关话题节目。如 2016 年 NHK 敏锐地捕捉到当前国际形势的动荡和不安，顺势推出了《动荡的世界》《巨龙中国》《东京审判》等纪录片；① 2017 年重点打造了科学纪录片《人体：神秘的巨大网络》。NHK 还专注于新兴的人工智能技术，它制作了两部相关纪录片：《试图咨询 AI，日本怎么样?》和《人工智能——是天使还是魔鬼?》。② 此外，为了迎合视频节目传播方式和日本观众的收视习惯等，NHK 积极携手新媒体，创新节目收看方式。如 2008 年底 NHK 在网站上推出 NOD 服务，让观众免费收看部分最新开播的电视节目和以往的特选节目。同时，NHK 还新增了一项业务——通过网络付费可以点播已经在电视台播出的电影和电视作品。2008 年，NHK 与 15 家日本电信、家用电器和电视广播公司联合成立 IPTV 论坛，以开发国内 IPTV 服务。2013 年 1 月 15 日，NHK 为了纪念日本电视播放 60 周年，成立了免费在线视频网站"电视 60 年特辑"（テレビ 60年・特選コレクション），该网站具有社交媒体功能，但只是向网络用户提供之前播放过的部分节目。同年 9 月，NHK 启动了融合了广播电视和网络视频的 Hybrid Cast 服务，观众可在观看高清节目的同时获取新闻、天气、股票等信息。而后，Hybrid Cast 的平台扩展到智能手机和平板电脑等移动设备上。Hybrid Cast 的一大特色就是观众可以即时参与互动，极大地增加了收视的趣味性和参与感。NHK 还在新推出的节目中借助社交媒体提升节目的参与度、话题度，如邀请嘉宾对 Twitter 上的热门话题进行互动。

此外，NHK 还开设多个社交媒体账号。2016 年，NHK 利用社交媒体

① 房磊：《4K 超高清发展动态研究》，《广播与电视技术》2014 年第 12 期。
② 崔亚娟：《2016 年日本 NHK 纪录片发展概况》，《当代电视》2017 年第 7 期。

来吸引年轻人关注和讨论新推出的 60s 纪录片；借助 Facebook、Twitter 等平台通过原创编辑、话题讨论将 NHK 节目进行病毒式传播，让观众特别是年轻观众能快速获取精华信息。

（二）日本电报电话公司

日本电报电话公司（NTT），创立于 1976 年，现在是日本最大的电信服务提供商。1991 年 8 月 NTT 开始进行业务分离，分出了子公司 NTT DoCoMo（NTTドコモ），该公司专注于移动通信领域，其中 NTT 控股占 20%，现在 NTT DoCoMo 在全球拥有超过 6000 万的用户。在 2018 年《财富》公布的世界 500 强企业排行中，NTT 名列第 55 位，2017 年全年营业收入为 1065 亿美元。在三网融合的时代浪潮中，NTT 主要采取了科技创新、进军智能家庭服务等措施来稳住自己的行业地位。

措施一：技术创新，提供视频新服务

基于日本数字技术的迅速发展，NTT 还致力于科技创新，给用户更佳的视频体验。如 NTT 于 2004 年率先提供 "4th MEDIA" 的联网电视服务。2008 年 3 月 NTT 旗下的 NTT Plala 子公司推出 "光 TV" 联网电视的付费套餐。2013 年，NTT 又推出新设备电视棒，用户将电视棒插入电视机 HDMI 端口便能享受智能电视的影像服务。NTT Plala 于 2014 年 10 月推出首个 4K 电视频道；并于同年推出了商用 4K/60p 视频点播服务，这在世界上属于首例。2018 年 7 月，NTT DoCoMo 成功开发出世界上首个基于 5G 的 8K 虚拟现实直播系统，用户日后可以佩戴 VR 设备来观看 8K 直播全景视频。接着，NTT 看准发展神速的智能手机等终端设备这一个大好契机，便借着移动终端的发展不断创新服务。例如，2010 年 4 月，NTT DoCoMo 推出了具有 NKH 数字电视服务的 Xperia 智能手机。不久后还推出了移动应用商店 DoCoMo Market。随着年轻人热衷于使用智能手机观看网络视频，NTT DoCoMo 于 2012 年 4 月推出面向智能手机的 NOTTV 视频广播服务。2016 年 8 月，NTT DoCoMo 发布了基于智能手机的可提供 360° 全视角 3D 影像效果的 VR 视听软件。

措施二：进军智能家庭服务，拓展海外市场

2011 年 11 月 NTT DoCoMo 提出 "Shaping a Smart Life"（简称 "Smart

Life"）战略。2011 年起，NTT DoCoMo 开始正式为会员提供"DTV"流媒体视频服务。截至 2017 年，DTV 在日本视频点播订购（SVOD）服务中排名第一。NTT 和 TBS 电视台等机构于 2012 年 4 月联合推出一家面向智能手机的电视台——"NOTTV"，它包含新闻、体育、娱乐、电视剧等视频节目，但由于"NOTTV"服务成本过高，该电视台于 2016 年 6 月 30 日被喊停。2012 年 4 月，NTT DoCoMo 与 OTT 企业合作推出了"dmarket"服务，为用户提供视频、电子书、音乐资源和移动端应用程序等服务，这也是"Smart Life"战略布局下的一部分。2013 年，NTT DoCoMo 同新媒体"连我"（LINE）公司建立了合作，并提供两款集合了语音和短信业务的手机端新应用。

同时，NTT DoCoMo 一直加强其"DoCoMo 云"平台的建设，并致力于对智慧家庭服务领域的探索，2018 年 1 月 NTT DoCoMo 携手日本物联网（NB-IoT）的主要参与者法国赛肯通信（Sequans）在日本联合开发 LTE-M 物联网技术生态系统；2018 年 6 月 NTT DoCoMo 宣布将推出全球物联网解决方案"Globiot"；2018 年 10 月 NTT DoCoMo 宣布持续跟进推出 LTE-M 的物联网服务，用合并、收购的方式一步步扩大全球市场份额。如 2013 年 NTT 对数据中心服务提供商 RagingWire Data Centers 和云网络服务提供商 Virtela Technology Services Inc 进行收购，此举让公司在全球网络服务市场的地位大大提升。再如 2012 年 NTT 收购意大利公司 Buonglorno，2016 年收购了戴尔 IT 服务部门，这些收购无一例外都是在彰显 NTT 占领全球市场的决心。

（三）"连我"

"连我"（LINE）是由 NHN Japan 打造的一款极富特色的即时通信软件。2011 年 6 月 LINE 被正式推向市场，LINE 包括免费通话、免费短信、全天候在线及数百种"聊天表情贴图"等特色功能，而后也在不断扩展游戏、音乐、视频等周边应用，目前游戏、广告和卖表情贴图是其营业收入的主要来源。App Annie 的调查显示，2018 年 4 月 2 日，LINE 位列 App Store 日本社交类 App 排行榜榜首，并在多个亚洲国家位居前五。在此之前，日本的 Mixi 和美国的 Facebook 一直占据社交媒体界的大部分市场，而通信软件界也有 MSN messenger 和 Skype，想要突破并不容易，但 LINE 另辟蹊径，借智能手机迅猛发展的东风迅速找到移动通信应用市场的突破口，最终占领日本、泰国、印尼、中国台湾等用户市场。在三网融合的时代背景下，LINE 主要从提供特色视频服务、由单一社交媒体应用转向多元化智能端口两个方面努力。

措施一：依托自身社交特色，提供特色视频服务

在视频功能上，LINE 通过短视频分享和携手电信运营商来提供特色服务。2012 年 4 月发布的 LINE Camera 具有拍照、修图、拼图、贴图、拍视频功能，2013 年在发布的新版本中，正式加入短视频分享"微片"功能来满足用户视频分享的需求。2013 年 5 月，LINE 和 NTT DoCoMo 达成合作，并宣布 LINE 将为 NTT DoCoMo 的智能手机开发提供技术支持。该程序在界面上有一个专用的按键通话按钮。2015 年 LINE 发布了两款产品，一是线上视频应用"LINE TV"，有移动端和桌面端两种，用户可免费观看视频节目。二是直播服务"LINE LIVE"，起初只有公司和艺人可在此平台上免费直播，普通用户可以登录 LINE 或 Twitter 账号来观看直播节目，如演唱会、"LINE LIVE"直播等，在观看直播的同时还可以发贴图、评论、点赞或给主播打赏礼物。直到 2016 年 8 月后"LINE LIVE"才向公众开放，同时，"LINE LIVE"开设了名人专属直播频道。

在视频内容建设上，LINE 以其贴图产品中的卡通角色为主角，编辑制作特色动画片，打造独树一帜的"萌文化"。如 2013 年 LINE 推出 *Line Offline* 与 *Line Town* 两部高人气动画片，同年 1 月和 4 月在东京电视台（TV Tokyo）播出。其中 *Line Offline* 讲述的是以 LINE 的馒头人、布朗熊、可妮兔等卡通角色扮演的一系列上班族物语；而 *Line Town* 讲述的是卡通角色们在名为 Line Town 的小城中发生的日常暖心、搞笑的故事，进入市场后得到用户的广泛传播。

措施二：由单一社交媒体应用转向多元化智能端口

长期以来，LINE 都在围绕着通信、贴图、游戏三个核心功能提供服务，而近几年 LINE 则通过并购、投资来扩大自己的业务与服务范围，如在音乐、网约车、移动支付等方面齐头并进。2017 年 6 月公司 CEO 出泽刚在 LINE CONFERENCE 2017 年度开发者大会上宣布公司未来五年将在"连结""影像""人工智能"上发力,公司要加强影像和流媒体能力,同时扩大 AI 服务的辐射范围,让 LINE 成为一个智能端口,全面满足所有用户的购物、生活信息、AI 等日常需求。

第三节　三网融合背景下英国电视产业创新发展的相关经验

一　政策与市场环境

在英国电视产业的媒介融合过程中,具有阶段性意义的政策是 2003 年《通信法》。该法案批准英国成立独立的融合规制机构通信办公室(Office of Communications,以下简称 OFCOM),OFCOM 整合了无线电管理署、无线电广播管理局、电信管理办公室、独立电视委员会和广播标准委员会五家管理机构。至此,英国电信与广电监管机构完全融合。

英国政府深知,宽带建设是三网融合的技术基础,而移动网络建设是重点。2010 年,英国政府宣布实施一项战略,即"快速宽带未来"战略,计划到 2015 年前为英国 90% 的人口提供超高速宽带服务,并将移动互联网建设列为国家重点基础设施建设项目之一,英国将打造欧洲最好的超高速宽带网络。但是,超高速宽带网络仍然难以覆盖英国的偏远地区,为了打通英国超高速宽带建设的"最后三分之一",英国政府提供 5.3 亿英镑的公共资金,加上地方政府和其他机构在 2011 年提出的"移动基础设施项目"所提供的资金,这两项资金都用于提升英国互联网覆盖范围和技术水平,而在 OFCOM 发布的 2016~2017 年度工作计划中也再次提到支持农村地区的移动宽带覆盖工作,"快速宽带未来"战略将得以实现。

此外,英国政府鼓励多方参与三网融合的决策,以提高决策的科学性。OFCOM 在《2018 年通信市场报告》(CMR-2018)中对英国通信行业中电视和广播、固定和移动电话、互联网接收和消费以及帖子的数据进行分析。该报告表明大半家庭利用互联网观看节目视频,1/3 的人观看 BBC iPlayer 的节目,40% 左右的家庭订阅按需服务的网络视频。

二 三网融合背景下电视产业创新发展策略

（一）英国广播公司

英国广播公司（BBC）于 1922 年正式成立。如今，英国广播公司是英国最大的新闻广播公司和世界领先的全媒体组织。2018 年 6 月的统计显示，BBC 创造了每周用户数量达 3.76 亿的新纪录。[①] BBC 虽然是公营媒体，但是受政府以外的监管委员会监管，受《皇家特许宪章》及 BBC 公司与文化、媒体和体育部大臣签订的架构协议管制。BBC 立足于为公众提供高质量、多样化的广播电视服务。BBC 在国内外共有十余个电视台，本土的 BBC ONE、BBC TWO 不接受商业广告，其主要收入来源于政府特殊津贴中的电视许可费。面对三网融合的时代契机，BBC 积极拥抱新媒体，坚持做精品内容，主要措施有以下两种。

措施一：搭建数字平台，行走于新媒体前沿

BBC 早在 1988 年就建立了网站"bbc.co.uk"，该网站是一个综合性网站，主要用于介绍 BBC 节目和发布各类新闻信息。2001 年 11 月 BBC 在原网站的基础上进行优化并推出 BBCi——一个跨网络、数字电视、互动电视和移动平台的数字互动服务品牌，[②] 2008 年 BBCi 更名为 BBC Online，并最终确定了品牌名称和服务范围。BBC 的网络视频点播服务 iPlayer 从 2005 年开始酝酿，到 2007 年才正式推出，而后顺势完成了对电脑、手机和电视上的应用程序的开发，一跃成为传统媒体互联网视频服务中最具影响力的品牌。目前，iPlayer 已经历了三代，用户可以通过时移、点播、直播和下载来观看 BBC 视听节目。[③] 2018 年其更名为 BBC Sounds。

2008 年 BBC 推出了数字互动电视服务"BBC Connected Red Button"，此服务能实现用户与电视节目进行互动的功能。BBC Connected Red Button 于

---

① 星空月圆：《BBC 的全球用户数量增至 3.76 亿》，搜狐网，http://www.sohu.com/a/259246614_999 23293。

② BBC 新闻：《BBCI 预示着新的互动时代》，2001 年 11 月 7 日。

③ 周洋：《BBC iplayer：以用户体验为核心》，人民网，http://media.people.com.cn/n/2012/1113/c3516 21 - 19568174.html。

2012 年、2013 年先后在 Virgin TiVo 和 Freeview 及 Freesat "智能电视" 上推出, 2015 年 4 月更名为 BBC Red Button。在其 2014 年度报告中, BBC 还提出了 "通过线上创新, 增强用户黏性" 的战略目标。随着智能手机的兴起, BBC 推出了 BBC Mobile、iPlayer、BBC News、World News 等多款手机端应用程序。2014 年, BBC 与新创立的技术公司 "群体情感"（Crowd Emotion）合作尝试使用人工智能技术来衡量受众对特定内容的情绪反应, 以便找到新的受众。2017 年 7 月, BBC 旗下的 BBC Taster 推出移动端 VR 内容平台应用 Taster VR, 该应用使用 EEVO 技术, 为用户提供移动 VR 体验, 使其能够在平台上分享他们的视频, 并且还能够生成用户热点与反馈。

除此以外, BBC 还在热门社交媒体上开通自己的账户, 拓宽自身节目播出的渠道。如 BBC 在 Facebook 上传播的内容主要有三个板块, 分别为教育、娱乐与新闻。教育指教育民众, 娱乐指 BBC 原创纪录片和短剧, 新闻指以新闻形式告知信息, 其中新闻是 BBC 的核心支柱。对 BBC 这样的顶级媒体而言, 做好这三件事就等于塑造了英国的国家形象, 回报了社会。截至 2018 年 4 月, 由 BBC 世界频道 DigiHub 在 Instagram 上制作的试验平台——"Insta Facts", 现已坐拥 480 万名粉丝, 而 BBC 在 Twitter 上开设的账号 @ BBCBreking 和 @ BBCWorld 分别拥有 3700 万名粉丝和 2280 万名粉丝, 还有 926 万人是 @ BBCNews 的粉丝。此外还有许多 BBC 知名记者, 也开通了自己的账户, 借平台来筑造自媒体。

措施二: 成立集中生产部门, 打造精品内容

早在 2006 年 BBC 便成立了视频部（BBC Vision）, 它将电视、网络、移动端等不同部门整合在一起并统一制作视频, 使视频产品从前期策划、中期制作到后期发布的全过程都能适应不同媒体平台的需要。2007 年, 新闻中心（BBC News）内的广播、网络及电视新闻部门被重组, 并建立了全媒体新闻编辑部和全媒体节目部两个新部门, 还加大对点播平台、移动客户端、网站视频等的投资力度。这一系列改革, 不仅确保了 BBC 在广播、电视、网络三个平台的内容制作和新闻菜单一致, 也促进了各平台之间信息、人员及采访嘉宾等资源的共享。2008 年, BBC 启动数字媒体项目 DMI。虽然后来这一项目中断, 但却加快了 BBC 数字化改革的步伐。2012

年 BBC 成立了广播电视"新闻室","新闻室"是在线新闻产品的集中制作部门。BBC 还相当重视对员工媒体技能和素养的培训。2005 年，BBC 新闻学院（The BBC College of Journalism）成立，并于 2009 年扩大成 BBC 学院，为员工提供新闻、制作、领导能力和技术方面的全方位系统培训服务。尽管媒介融合时代对媒体的渠道多元化有较高要求，但对 BBC 而言，公司仍然坚守"内容为王"的核心要求，强调"权威、原创、快速、精品"。BBC 的核心内容主要有新闻资讯和电视节目两部分。以 1953 年创办的 BBC 新闻时事专栏《全景》（Panorama）为例，《全景》与新闻调查中心合作，共同制作电视纪录片，其播出平台有 BBC One、BBC Two、BBC News。该节目敢于揭露政府与企业集团的丑闻、聚焦热点且个性鲜明。如 2016 年英国脱离欧盟之事闹得沸沸扬扬并持续发酵，《全景》便于当年推出纪录短片《我们为什么投出脱欧选票》。

（二）英国天空广播公司

英国天空广播公司（BskyB）成立于 1990 年，是英国最大的私营付费电视运营商。2017 年数据显示，该公司的营业收入高达 129 亿英镑。截至 2017 年，BskyB 在英国、爱尔兰等市场上拥有共计超过 2250 万的用户。现在的 BskyB 已经是一家集游戏、视频点播、电话通信、数字电视、宽带网络等服务于一体的综合性通信公司。

随着媒介融合大潮汹涌而来，BSkyB 没有故步自封，而是借此契机，打开视野，从渠道兼并、融合新媒体、坚持优质内容三方面来牢牢抓住欧洲的付费电视市场。

措施一：渠道兼并，拓展产业链

BSkyB 的渠道兼并主要指两个方面，一是指与电信网、互联网公司的合并，二是指在电视服务领域的扩张。2006 年底 BSkyB 就宣布与谷歌公司合作，共享网络广告和视频资源。2010 年 6 月，BSkyB 收购英国维珍媒体公司的电视业务；2011 年，BSkyB 收购 The Cloud，这是一家在欧洲拥有超过 20000 个热点的 Wi-Fi 热点提供商。尽管 BSkyB 已经是英国最大卫星电视运营商，但仍阻挡不住 BSkyB 想要扩大自己业务版图的决心。2014 年，BSkyB 在成功收购德国 Sky ltacia 和 Sky Peutschland 后更名为 Sky Plc，通过收购这两家电视台，BSkyB 不仅扩大了自身在欧洲的服务覆盖区域，而且笼络了更多的订阅用户。2014 年，BSkyB 与实时视频公司 Grabyo 进行节目内容的版权合作，以扩展自己的社交视频分享业务。

措施二：融合新媒体，衍生新业务

技术是媒体融合的黏合剂，BSkyB 不断升级自身技术水平，从单一的传统电视业务拓展到电视平台、移动终端等跨平台服务。2005 年 11 月，BSkyB 与英国沃达丰公司联合推出天空移动电视服务，让 3G 手机用户可以接收来自 Sky Digital 平台的 20 余个移动电视频道，2010 年，BSkyB 推出宽带互联网综合视频点播服务 "SkyAnytime＋"。2011 年，BSkyB 又推出包含网络电视和手机电视两项服务的 SkyGo 服务和首个 3D 电视频道，Sky-Go 的注册用户能随时随地观看点播视频和 Sky 的直播视频，但非注册用户则需要付费才能享受该服务，而 3D 频道仅服务于 Sky 高清用户。

传统广播电视运营商在终端层面的拓展，可分为视听效果的优化和功能的智能化、网络化思路。基于这一思路，BSkyB 始终保持与先进终端技术同步发展，从自制 3D 节目到保证 4K 电视的传输，力争提供最佳视听体验。另外 BSkyB 开始涉足终端硬件的智能化领域，打造网络化功能 "Sky 云"，不再仅仅满足于将节目单纯搭载在传统机顶盒上进行生产与销售，并且在机顶盒的设计上，将其改进成了与互联网电视盒子的娇小外形趋同，不再是宽扁型大体型。

随着移动互联网及智能手机的迅猛发展，BSkyB 积极建立移动端口。2012 年，BSkyB 推出 Andriod 和 iOS 版本的 Sky 体育节目 App，方便用户观看 Sky 体育 1 到 4 频道的节目资源。2012 年 7 月，BskyB 在英国推出主打体育赛事的 NowTV 服务，2014 年 12 月 NowTV 针对 Windows 8.1 系统上架可应用于 PC 端、平板电脑的全新 App。

措施三：坚持优质内容，重原创

BSkyB 发现通过拥有优质的电影和节目、转播最高规格体育赛事能迅速吸引受众。于是 BSkyB 与 BBC、英国独立电视台（ITV）合作打造数字电视 Freeview，来丰富视频库的优质资源。接着，BSkyB 发现自己直接参与到节目的制作流程当中掌握主动权远比从别家购买节目、电影、电视剧实在，于是开始着手自制原创节目和电视剧。2013 年 6 月，BSkyB 明确表明其在 2014 年用于英国原创节目的投资金额将高达 6 亿英镑。2014 年 4 月，美国有线电视频道 Pivot 成为 BSkyB 原创自制电视剧 *Fortitude* 的制作伙伴，这种双方联合制作节目的方式也为拓展节目传播渠道打下良好基础。

（三）英国沃达丰集团

英国沃达丰集团（Vodafone）是一家跨国电信集团，也投资能源化工领域，其业务范围遍及全球 27 个国家，在 2017 年全球十强电信运营商中排名第四，是英国最有价值的品牌。而英国沃达丰公司（Vodafone UK）是沃达丰集团的一部分，它是英国第一大电信运营商，还是全球最大的移动电话运营商。截至 2018 年 3 月，Vodafone UK 拥有 1750 万用户。[①] 在三网融合的风口上，Vodafone 同样也借助政策红利，采用了并购及业务扩展的战略。

措施一：并购扩大企业影响力

Vodafone 于 1993 年成立了专门从事国际市场并购和扩张活动的子公司 Vodafone 国际集团。Vodafone 除了通过本土内的合并来提高自身的技术水平外，还将目标锁定欧洲主战场。2012 年 4 月，有线和无线全球公司（Cable & Wireless Worldwide，CWW）以 10 亿英镑的价格被 Vodafone 收购。此次收购使得 Vodafone 拥有了移动网络、固定线路网络，并获得 CWW 丰富的客户。在接下来的两年里，沃达丰收购了西班牙有线电视运营商 One SA 和德国 Kabel Deutschland。不只是欧洲国家，Vodafone 在新兴市场国家当中也动作不断。如 2001 年收购了日本电信和爱尔兰最大的无线通信公司 Eircell 的股权，还兼并了日本电信旗下的移动业务子公司 J-Phone。2005 收购了捷克移动电话运营商 Oskar Mobil、土耳其第二大移动电话公司 Telsim 等。

措施二：技术升级，业务扩展

2006 年 12 月，Vodafone 收购了英国企业应用系统集成商 Aspective，这预示着其在信息通信技术（ICT）市场上的雄心。而后 Vodafone 不断强化自身技术水平，为三网融合后的新业务发展奠定了基础。2013 年

---

① 《沃达丰集团 2018 年年度报告》。

Vodafone 提出三年中期战略 "Vodafone 2015"，重点在用户、政企、网络、运营四大领域打造核心优势。2016 年，Vodafone 又提出成为 "领先的融合通信运营商" 这一新的战略愿景，融合通信和物联网都是其重点关注领域。

2014 年 9 月，该公司与博通公司（Broadcom）合作，借助博通公司在有线和无线通信半导体技术方面的实力推广超高清机顶盒（STB）技术。同时，Vodafone 家庭宽带在英国全面铺开。2015 年 6 月，退出英国固定宽带市场三年之余的 "Connect" 品牌重返市场，并提供不限量的数据流量及 WiFi 路由器、非高峰时段固网免费等业务，还推出 iOS 和 Android 两个系统的应用程序，用户可通过移动终端控制路由器的设置。2015 年 10 月 12 日，沃达丰为英国用户提供全面的家庭宽带和电话服务。2017 年 7 月，Vodafone 推出 "光纤到户"（FTTH）的宽带服务，这是为了帮助客户享受高速互联网服务。同年 9 月，Vodafone 推出了 "VOXI sim-only" 计划，为社交媒体网站和应用提供 25 岁以下无限时间、文本和无尽数据服务。2018 年，其把年龄上限提高到 30 岁。2018 年 2 月，Vodafone 与中国的华为公司共同完成了全球首个 5G 通话测试。

在融合通信上，Vodafone 持续提高固网市场份额，推动固移融合业务的发展，大力拓展 TV 服务和移动支付业务，为客户提供 "个人 + 家庭 + 商务" 的数字化解决方案。尽管全球电视业正受到网络新媒体的猛烈冲击，但英国电视观众并没有过多的受到网络视频的影响，Vodafone 也涉足电视领域，即使有很多竞争对手存在。Vodafone 的优势也非常明显，那就是有着非常完整的网络优势资源。资料显示，截至 2015 年 9 月底，Vodafone 为全球部分国家提供了电视接入服务，并拥有约 900 万用户。如 2015 年 7 月，Vodafone 宣布，向西欧国家用户推送有偿的 Mediaset 直播与点播电视节目。从 2016 年 4 月 1 日起，Vodafone 凭借完整的网络优势资源，为用户提供 IPTV 电视接入服务。在电视节目方面，共向用户提供了 54 个频道，其中 25 个是具有 1080P 全高清画质的数字频道。

第四章

三网融合背景下基于智慧家庭数码港的电视产业定位创新

第一节　智慧家庭数码港的产生背景

通过对电视产业环境及电视用户的调研，可以发现：第一，三网融合越来越被人们接受。第二，三网融合在城市与农村间存在差异。电视产业在农村的发展空间相对更大，对电视产业的定位创新必须对此有所考虑。第三，手机、电脑等终端越来越侵占电视的传统生存空间。电视产业必须与之错位竞争。第四，当前用户家庭里面仍存在电视，不少用户将电视作为一个家庭，特别是客厅应有的"家庭媒体"。第五，人们对智慧广电及三网融合等新事物较感兴趣，也有较强的接受度。

我们在调研中确认，电视的传统位置在客厅，它往往被认为是家庭成员一起分享时光的"家庭媒体"，相比其他个人数据处理终端如手机等，电视一般来说屏幕更大、体积更大、更依赖固定电源供应、更有可能安装大功率处理器从而使其具有更强劲、更持久、更稳定的数据处理能力，成为家庭数据处理中心及"云计算"的一个节点。因此，电视的发展与其与手机、电脑等对手在移动化、小型化、私密化方面比拼，不如发挥电视屏幕更大、更适合家庭成员一起使用、更有可能安装大功率处理器的优势，定位于"智慧家庭数码港"。在这个提法中，我们使用"智慧"而不是"智能"，是因为智慧是生物所具有的基于神经器官（物质基础）的一种高

级的综合能力。它包含了智能，比智能的概念范围更大，而这也符合当下
"智慧广电"及"智慧家庭"的定义。使用"数码"而不是"数据"，是
因为数据是进行各种统计、计算和科学研究或技术设计等所依据的数值，
而数码又称数字系统，是用0或1来进行信息的输入、处理、传输、存储
的系统，比数据更有系统性，强调了数据间的关联性。

一 "智慧广电"与"智慧家庭"

电视产业交互性、个性化服务的实现离不开人工智能的驱动。智能电
视终端的普及和研发的深入为人工智能技术在电视内容生产领域的发展提
供了可能，据统计，仅2017年智能电视机的销量就达4662万台。人工智
能通过大数据分析、算法、机器深度学习，让电视具有语音图像识别、专
家系统等功能。在传播视听内容的同时，智能交互、多媒体应用、应用管
理、安全管理等服务的作用日益凸显，引领并不断适应用户需求的变化。

人工智能已经应用在电视内容的生产上，智能算法和大数据分析在节
目选题、板块设计、演员选择、画面优选、编辑制作、数据可视化等多方
面发挥着作用。在2018年第五届世界互联网大会上，新华社与搜狗联合推
出了"人工智能主持人"（见图4-1），主持过程的模仿相似度高达99%，
不管是声音、眼神、脸部还是嘴唇的动作都和真人相差无几。人工智能主
持人克服了主持人在高强度工作、危险场景等极端环境下难以深入和持续
报道的不足，实现了全天候、多场景的现场播报。近年来，智能机器人还
作为主持人参与了很多节目的录制，如在2018年江苏卫视跨年晚会、益智
节目《最强大脑》《一站到底》以及中央电视台《加油！向未来》等栏目
中，智能机器人的出现往往都成为亮点，"人机大战"还带来了节目的收
视高潮，有效衔接了节目板块和内容环节，提升了栏目的科技感和制作
水平。

人工智能与"物联网"的综合运用体现在"智慧家庭数码港"中就是
构建起了"智慧家庭"。当前，家庭智能电视终端已经实现了遥控器的
"语音交互"智能操作，通过语音完成节目内容的精准搜索、播放进度控
制、个性化内容精确推荐、便捷服务等。随着移动互联网的发展，"物联

图 4 - 1 新华社人工智能主持人

资料来源：https://baijiahao.baidu.com/s? id = 1617073771500292164&wfr = spi der&for = pc。

网"的发展也渐入佳境，"万物皆媒""万物相连"逐步实现。"物联网"使三网融合实现了一次新的飞跃，以智能电视终端为纽带，推动了智能家居的发展与互联。智能电视终端作为"智慧家庭"中"物联网"的接口和起点，也推动了其他家电智能化的发展，通过"物联网"的射频识别（RFID）、红外感应器信息传感设备，实现智能空调、智能冰箱、智能灯光、智能安防等外部设备的智能化升级和互联互通，将智慧家居由被动受控向主动为用户提供个性化生态场景服务，构建了个性化、场景化的智能服务体系。小米（MI）通过智能电视、智能手机构建了新一代的智能家庭系统，并定义为米家（MIJIA），小米手机、小米音响、智能电视、米家互联网空调、黑鲨游戏手机、小米耳机、空气净化器、扫地机器人、电饭煲、九号平衡车等智能家居电器实现了智能互联和交互控制，用户依据个性化需求设置场景化的智能服务，享受便捷、舒适、温馨的智能生活（见图 4 - 2）。

人工智能推动以"智慧家庭数码港"为入口的"智慧社区""智慧城市"建设。依托智能家庭建设基础，各类生活服务、社区业务、政务办理、城市建设等功能都将全面融入"智慧家庭数码港"，这些智慧服务不仅能满足生活缴费的需要，还能促进公共服务的加强，这将进一步推动

图 4 – 2　米家手机界面

资料来源：http：//bbs. xiaomi. cn/f – 363 – 0 – 0 – 0 – 906 – 0 – 1。

"智慧社区""智慧城市"的建设。例如，用户在客厅就可以实现对优质教学资源的点播、回放和跨屏学习，并可与授课教师进行远程互动，学习成效得到有效提升。智能电视终端也能成为"精准扶贫"的桥梁和纽带，EFG 界面定向推广农产品，打造了电商扶贫的新模式。"智慧家庭数码港"对各种公共数据的有效传播及应用，也提高了政府部门的服务及管理能力，有效地实现对整个城市的智慧化管理，保障城市的科学化发展。

（一）智慧广电

"智慧广电"的战略新思路首次在 2015 年 3 月的 CCBN 主题报告会上被提出，会上指出未来广电行业的发展方向是"智慧广电"，要做到高度融合新兴网络信息技术（如云计算、大数据、互联网、智能终端）与广电部门在制作优质内容与社会公信力上的优势。在随后的三年里，国家各有关部门和行业主体也在诸多大型会议中将"智慧广电"作为重点讨论内容。在 2016 年至 2018 年，"广电媒体智慧化"被作为主要内容在"中国国际广播电视信息网络展览会"（CCBN）和"媒体融合技术研讨会"（IC-

TC）中讨论。建设"智慧城市"也在"十三五"规划纲要中被提出，其中，为促进电视产业更好的发展，《国家新型城镇化规划（2014—2020年）》指出"智慧广电"与"智慧城市"建设的六大发展方向紧密相关。"智慧广电"现阶段主要包含了智慧生产、智慧传播与智慧服务三个方面。

"智慧广电"是国家广电总局根据我国电视产业的现状和未来而新近发布的重要政策，国家广电总局在《关于进一步加快广播电视媒体与新兴媒体融合发展的意见》中明确提出："努力寻求广播电视与政务、商务、教育、医疗、旅游、金融、农业、环保等相关行业合作与融合的有效路径，积极参与智慧城市、智慧乡村、智慧社区和智慧家庭建设。"因此，电视平台智慧化发展不仅成为国家战略布局的一个重要组成部分，更是贯彻"智慧广电"发展目标的必然要求。

"智慧广电"首先以智能电视终端为基础，智能电视终端是指具有操作系统、人机交互等功能，并可实现网络服务、可扩展应用的电视设备或其他收看终端。当前主要有"传统电视机＋智能机顶盒"、智能电视一体机、智能手机等多种形态，不同形态间智能终端在数据处理和运算上实现了"一云多屏，屏屏互动"。

"智慧广电"是通过打造有线、无线、卫星传输网络的综合性互联互通平台，全面应用大数据、云计算、人工智能等新一代信息技术，借此全面提升广播电视管理、网络、业务及服务能力的广播电视系统。"智慧广电"是国家层面对未来电视发展的权威定位和公开指南，也是多方面、全角度提高电视综合服务能力的有效选择。那么，如何以"智慧广电"为契机，更好地实现三网融合背景下电视产业的创新发展？笔者认为，"智慧广电"需要着力发展"两个方向"和"三种载体"。

"两个方向"，一是指以家庭为产业定位方向，如前所述，电视着眼于满足家庭层面的需要比只着眼于满足个人层面的需要会赢得更有效的数据，占有更具购买力的市场。二是以新电视产业为方向，通过延伸电视产业服务范围，与移动互联网、物联网、人工智能更好地融合，使电视产业服务占有更广阔的市场。

"三种载体"，就是"云＋网＋端"的综合性载体。一是建设以电视平台为基础的综合性云信息平台，通过接入大数据系统，完成对海量信息的分类筛选、粗加工和精加工；二是搭建大数据处理平台，通过对大数据的深度挖掘，采集更有价值的数据，完成对用户个性化需求的准确定位和有效满足；三是完成智慧电视客户端的打造，通过客户端完成信息服务与用户需求智能匹配的结合，同时，设计更为科学合理的商业模式进行配合，从而完成以电视产品矩阵为依托的综合性智慧传播网络。"两个方向"和"三种载体"的实现都需要我们的"智慧家庭数码港"推动。

在智慧生产方面，广电机构、影视制作企业等通过建设自有网络化生产体系，形成贯穿产业链的数字化流程，使节目内容生产制作的整体流程、机构管理、服务业务都具备"运作流程数字集成化"的特征，在不建立大型传媒集团的前提下，实现广电行业内外部企业的协同生产、共同传播和赢利。通过广电来引导、聚合专业机构或个人内容生产者，从而大规模推进媒体内容生产变革。

在智慧传播方面，其涵盖了视频智能化推荐与用户自主化选择两大块，其中视频节目智能化推荐功能是以视频的大数据技术为支撑，这已经成为各大视频服务的标配，是实现视频节目精准化传播的主要路径。后续又以用户对推荐内容的点击率、分享率等指标为智能化传播效果的评估依据。为满足个性化需求，视频又创新出自主化选择模式。这种自主化选择既体现在视频观看和传播终端设备上，又体现在对影视作品的主题选择上，甚至渗透在影视作品的创作、再创作环节之中，进而影响用户的社交媒体传播方式。用户有选择性地在社交媒体中分享、评论影视作品使得视频传播范围和热度均得以扩大、提升。而部分网络名人或专业组织在社交媒体上所策划的互动话题，则会让影视作品持续发酵，结合剧情或节目从用户生活中的衣食住行等方面来构建电视与大众用户间的互动传播关系。

在智慧服务方面，广电部门联合互联网公司与相关科技服务公司提供更多兼具特色的融媒体服务，使广电成为融入大众生活与社会服务主流的角色，其涉及的领域有医疗、教育、文娱、社区管理等。现有的成功典型也不少，如贵州的广电部门与医疗单位合作，建设智能医疗系统，即便是小山村用户通过电视和数字机顶盒，足不出户就能与社区医院的医生实现远程"面对面"会诊。

"智慧广电"的智能化服务范围可以分为国家公共机构和家庭两个部分。其中前者的公共服务是融入智慧城市、智慧社区的建设发展之中的，助力广电行业在未来发展中寻求新的发力点。[①] 目前全国各地广电部门均积极响应，涌现出了不少利用广电实现智慧城市建设的范例。其中北京的歌华有线为提高社区居民通过家中机顶盒享受社区服务的质量，积极参与智慧城市的建设，更是通过"智慧广电"在智慧社区服务中打造了多个社区服务样板，如"朝内生活圈"等。贵州也在积极参与智慧城市的建设项目，一方面促进"智慧城市""物联网"以未来广播电视网为核心承载网络，另一方面也在积极建设"一云、双网、三用"的"智慧广电"新体系。基于"广电云"着力发展民用、政用、商用三个方向，积极推动"智慧广电"在城乡的同步发展。

（二）智慧家庭

"智慧家庭"主要是指通过物联网、云计算、移动互联网、大数据技术和智能终端设备的叠加，完成家庭环境的智能化服务，如窗帘自动感知、人体温度感知等，通过智能化设计和自动化控制，搭建出一个兼具舒适性与便利性的家居生活平台。

由于电视平台自身所具备的公共性和私密性，其提供的新闻、综艺、影视、戏曲、音乐等多种节目，正好与智慧家庭给用户提供的体验达成了一致。

首先，实现信息服务的落地化，解决了"信息落地最后一公里"的难题，依托智能电视客户端、个人移动智能设备等载体，将用户的信息需求与信息提供者直接关联，稳步提升家庭的幸福感和获得感。

其次，推动家庭消费的转型升级，由于新媒体技术的冲击，实体经济"江河日下"，智慧家庭将产品、技术、服务等与以家庭为典型代表的社会单元连接起来，在便利人民生活的同时助推消费的转型升级。

---

① 胡正荣、王润珏：《建设"智慧广电"的愿景与路径》，《广播与电视技术》2017 年第 10 期。

再次，实现公共服务的智能化，改革开放使我国的社会与经济结构发生明显转变，要实现良好的家庭单元式服务和社区化管理，就应该借助智慧家庭实现"智慧医疗""智慧政务"等公共服务的落地，从而有效提升国家对社会的管理质效以及社会公共服务水平。

最后，实现家庭信息生态圈的平台化，通过电视与人工智能技术的结合，使家庭可以通过智慧家庭设施设备完成子女教育、家庭事务辅助决策等事项，从而为构建和谐家庭提供有力支撑。

智慧家庭属于智慧城市、智慧社区的一部分，也是"智慧广电"建设的重要应用与方向之一。它是以家庭为载体，综合大数据、人工智能、移动互联网、物联网和云计算等新兴信息技术的智能生活方式。广电行业凭借电视这一媒介在家庭组织传播环境中得天独厚的优势特点，推动电视利用自己客厅媒体的优势地位，成为智慧家庭发展的一大入口，为未来家庭多元化需求提供全方位的解决方案。如美国广电大亨康卡斯特推出的"Xfinity"系列家庭融合套餐服务，除了有线电视、家庭宽带外还包揽了智能通信、安防监控等融合业务。广电企业、互联网企业、电信企业三大电视阵营都是根据自身优势来定义智慧家庭的含义，并发展智慧家庭业务。

广电企业均拥有信息网络设施基础、终端与业务布局基础与广大的家庭用户基础，因此整合与用户生活相关的公共服务信息，为大众提供便民服务的优势十分明显。2015年广东有线、北京歌华有线、浙江华数等11家单位共同成立家庭智能网关产业联盟，携手打造基于广电网络的面向家庭的智慧综合服务平台。市民可通过电视、手机终端在家查询医保、社保、车辆违章和住房公积金等信息，查询并缴纳有线电视费、水电费和煤气费等。还可将机顶盒设置为家庭网关，将节目统一成 IP 形式实现对电视、手机、电脑等不同终端的传输和对不同节目的分发。此外，广电企业利用用户规模基础庞大、本地化属性强、公信力较高等优势，同样也能具有发展智能家居的条件，但和互联网科技公司相比在技术上还存在一定的差距。

以小米、百度、360 等为代表的互联网企业纷纷推出智能电视、机顶盒及安防设备等智能家居硬件，旨在将这些终端硬件作为家庭网络入口，依靠物联网技术，获取用户数据，优化业务服务。如小米联合上千家智能硬件研发生产公司不断完善产品体系，稳固自己在智能家居行业的地位，通过米家 App 对其家居进行实时控制，收集用户数据，进而发现业务痛点，解决难题，创新业务模式，构建新的家庭物联生态。

为迅速打开智慧家庭的市场，中国联通、中国移动、中国电信三大电信运营商推出了家庭网关和智能机顶盒等特色产品，如中国移动携手多家互联网企业于 2017 年成立了数字家庭合作联盟，旨在打造智能家庭生态圈。中国移动还将移动网、固网账户合二为一，实现多屏共享，从"和·家庭"起步，发展到 2016 年凭借"魔百和"智能机顶盒为用户的不同终端定制电视服务，并延伸至智能家居、数字娱乐、在线教育等智慧家庭服务。为进一步打造通过"天翼网关"和应用程序就能操控智慧家庭设备的新型智慧化生活方式，中国电信以"家庭成员共享"为设计理念，先后推出"悦 me"和"天翼高清"等智慧家庭产品。中国联通 2015 年推出的"智慧沃家"融合产品也获得不俗的反响，"沃家电视""沃家总管""智能家居"等应用满足了家庭成员在影像娱乐、医疗健康、家居生活等方面的智能需求。

二　大数据与场景化

（一）大数据对电视产业的影响

大数据时代下，电视已经不仅仅是一个传播渠道，更是一个大数据资源库。用户的收视行为数据逐渐演变为一笔重要的电视产业财富，成为了解、研究用户喜好的重要来源。通过对用户观看视频节目的种类、关键词搜索、观看时长、节目收藏及分享转发等大数据进行合法合规地整理、分析，能全方位地优化电视节目质量。近年来，为促进大数据在电视产业服务中的创新性发展，经过不断探索，国家广播电视总局终于在 2018 年底建立并试运行了广播电视节目收视综合评价大数据系统，并产生了喜人的成果。该系统汇聚了大量用户收视行为数据，旨在服务于广电行业的高质量发展。

从电视产业链的视角出发，大数据贯穿于电视内容产品前期策划、中期制作和后期传播与营销的整体过程中，帮助决策者设计出更贴近用户喜好的节目作品，为客户提供精准服务。

首先，在前期策划中，依托于网络的海量视频数据能预测不同种类的用户喜好，帮助投资方低成本地制定可行的实施方案。除了视频业务之外，大量的技术、服务与在线电子商务等功能都会被引入，为用户创造更方便快捷且质量更高的体验。这里的海量数据主要依靠两个途径获取：一是同一视频更广的播出范围及更大的用户观看规模；二是同一节目内容不同的收视数据。只有数据达到一定规模，大数据才对电视节目策划具有分析价值。

其次，在中期制作中，大数据能让用户参与到内容的生产制作中，甚至影响作品中的诸多因素。通过大数据对观众的精准分析，制片人、投资方会参考大数据的意见来决定演员和剧情走向，实现用户于无形中参与节目创作的效果，如美国奈飞（Netflix）公司在制作著名剧集《纸牌屋》时，就鼓励用户参与到对剧集导演、演员的选择中，最后用户的推荐也确实成为选定角色的有力依据，再如国内乐视 TV 推出的剧集《光环之后》利用用户反馈互动的大数据确定了剧情的发生地点和"包养""性爱""背叛"等故事题材关键词，用户还参与了主角演员的选定。另外，制片方还邀请网友在播出前试看样片，根据网友反馈再进行后期制作，这种时时刻刻按照用户的喜好去制作影视节目的方式，自然会受到热捧。

再次，在节目传播中，利用用户的反馈数据，变静态为动态，建立切实有效的评估体系。收视率一向被认为是电视节目价值的体现，也成为众多电视追求的目标。大数据为收视率测量技术的发展带来巨大支撑。大数据时代以"全数据""全样本"颠覆取代了传统的随机抽样，如第四代收视测量技术通过对电视机顶盒的升级，能够精确到秒地观测、记录用户开机、关机、换频道、使用增值业务等行为路径，以此获取较为精细的反馈数据，凭借清晰的用户喜好，勾勒出清晰的用户画像。同时这些数据经过模型及算法的处理后也能为社会文化、经济效益等其他领域提供多元的价值评估可能。

最后，在内容营销上，借助用户数据实现内容产品的精细营销。"个性化定制"与"智能化推荐"相结合的优势使得电视台能够获得有价值的数据，通过对受众行为的分析能够获得较为清晰的受众画像，较全面地把握受众的兴趣与爱好及行为特点，进而对电视内容的制作与传播产生越来越大的影响力。大数据基本的技术条件是海量的用户数据和先进的数据处理能力，对海量数据的处理能力为分析全部（至少是大部分）观众的行为提供了技术支持。在电视节目局限于电视机播出的时代，由于大规模数据的获取成本高、处理难度大，只能以样本户的收看行为估算全部观众的行为。

大数据在电视领域的运用，使"算法节目制作"（Algorithmic Programming）成为趋势，通过对海量数据的采集，了解用户的收视兴趣、关注热点、消费痛点、心理特征，运用算法找出用户的共性心理需求以及对叙事模式、剧本情节、男女主演、剧集长短等创作元素的倾向和规律，节目创作者根据这些分析结果进行节目制作，颠覆了传统的节目生产和发行模式。《纸牌屋》的热播正是得益于大数据分析，美国奈飞公司通过对3000万名用户的使用行为和心理偏好的数据进行分析，确定了男女主角、叙事模式、情节冲突、剧集长短等创作元素，一经播出就创造了全球范围内的收视和点播高峰。《何以笙箫默》《欢乐颂》等电视剧热播，大数据分析在其中也起了关键作用，通过大数据分析在网络上完成了对剧本的选择、剧情的改编，确定了表现风格，契合了用户的观赏需求，借助OTT TV、IPTV等终端的EFG推荐，带来了高收视率和美誉度。

此外，依托大数据分析，可视化的数据新闻类节目也应运而生，2015年中央电视台"一带一路"特别节目《数说命运共同体》就是数据新闻节目的典型代表，通过对数据的可视化呈现，形象地展现了"一带一路"的成就，使节目更具可信度、权威性，带来别样的内容体验。

大数据分析不仅给节目的创作带来了变革，在"智慧家庭数码港"中还能面向不同的用户进行个性化推荐，根据对用户画像的构建，准备把握其使用行为和心理特征并进行定向推送。通过家庭智能电视终端的个性推荐系统，确定用户喜欢的节目类型，在智能终端EFG界面进行精细设计和滚动推荐，用户一开机就可以看到自己喜欢的节目。大数据分析在用户开机选择的空白期发挥了引导的作用，节目的集中推荐也满足了用户的审美需求。在春节期间，各大 OTT TV 盒子的 EFG 界面都推出了春节特色节目，有历年的春晚节目如小品、相声，也有《一年又一年》等特别节目，将年味做足做长。2016 年小米盒子在圣诞节期间为长期点播动画的儿童进行个性化推荐，在 EFG 节目中推出了少儿圣诞特别节目，不仅有各国圣诞歌曲、圣诞儿童节，还剪辑了不同动画片中圣诞节的视频进行滚动播放，《小猪佩奇》《小老虎丹尼尔》中涉及圣诞节的剧集被集中推荐，在浓厚的节日气氛中满足了儿童的观影需要。在"智慧家庭数码港"中，大数据应用以用户为中心进行的个性化、精细化推荐，满足了用户的欣赏和体验需求。

大数据技术的应用是"智慧家庭数码港"的重要支撑，也是三网融合中不同产品形态间竞争的基础。在"智慧家庭数码港"中用户的开关机、频道切换、收看时间的长短、点播、回看甚至收看的反应、评论等行为都是一种数据。大数据将采集的样本扩大为全体用户，比抽样统计更加精准。通过家庭智能电视终端（智能电视机、智能电视机顶盒、OTT TV 终端等）对海量用户的数据进行采集，并回传至大数据存储服务器进行专业化的分析，不仅解决了传统电视收率统计精确度低的问题，而且对节目内容的点播次数和观看时长的统计也更加精准。大数据还可以对用户行为进行深度分析，构建用户画像，从而准确把握用户群体的心理特征和行为偏好。这些数据推动着节目内容生产制作、传播收视向科学化、专业化、精细化的方向发展。

（二）场景化对电视产业的影响

电视不仅是家用电器，还是连接自身与节目、自身与其他家庭成员或其他广大用户的纽带。观众观看视频节目，是建立在一定的场景和情境之下，现在，用户观看节目的场景主要有与家人一同分享的居家模式和依靠智能移动终端的移动模式。在场景的发展变迁中，电视产业的创新发展从技术创新驱动和用户体验驱动两方面找到了突破口。

技术创新驱动是指电视台、融合运营商将各种应用场景进行集成，通过创新自身技术为用户提供更加丰富、便捷的服务。首先，基于移动互联网的融媒体跨屏互动识别技术实现了电视台在不同场景下的互动功能拓展，解决了电视节目与用户间、用户与用户之间的交流互动问题；其次，电视节目与用户之间的互动数据的采集、解析技术又进一步帮助节目投资方、制作方了解用户喜好，并根据人工智能等技术增强用户黏性，为电视带来更多的经济价值；再次，移动互联网技术为摇一摇、扫一扫直接观看视频的功能奠定了基础，进而衍生出微信摇电视、移动视频直播等多屏互动业务，支持用户与电视节目实时互动以提高内容运营质量和后续统计效果。而 AR 和 VR 等新型技术的出现更是赋予了电视节目场景化更广阔的发展空间。

用户体验驱动是指在用户的要求不断提高的前提下，在各个场景中诞生的新服务形式。如体感游戏 Xbox 的开发就是基于 AR、VR 与 MR 技术，充分满足了用户的视觉、听觉、触觉等需求，这就是一种源于用户感受的服务创新。

用户体验与节目内容质量同样具备吸引用户关注的能力。通过充分调动用户的不同感官，利用既有的技术手段，结合终端设备的摄像头、话筒及其他各项传感器，研发出各种互动性和沉浸感强的业务。国内外广电媒体与 VR 科技公司、互联网公司和其他服务机构从 IP 创意、全景拍摄、后期制作与分发到增值业务展开多维度合作，不断探索满足用户多重感官体验的新节目模式，推进 VR 在电视产业中的发展。2015 年美国广播公司运用 VR 技术推出了令人耳目一新的 VR 新闻节目——《叙利亚之旅》，并推出了与此技术相关的一种服务——"ABC News VR"。我国中央电视台在 2017 年春晚上首次采用了 VR 技术直播，同时设置了 4 个花絮拍摄机位，多角度捕捉高清画面，用户能在央视影音程序上选择任意角度观看节目。

三 迎合需求与创造需求

《连线》杂志主编安德森于 2004 年首次提出"长尾"一词。如果用正态分布曲线图来描述，曲线的"头部"是指用户主要关注、追捧的事物，而"尾部"是往往被大多数用户忽略掉的事物。在网络技术高速发展的今天，用户关注的成本大幅度降低，人们关注"尾部"产生的总体效益有可能会超过"头部"。① 安德森认为长尾曲线中的头部是动态变化的，当长尾被挖掘后，有可能会取代头部，形成新头部。换言之，一来长尾可做头部的补充，围绕头部能衍生出其他产品或服务来满足少部分用户个性化的需求；二来利用长尾中被关注的数据来收集用户其他感兴趣的信息，为头部的迭代创新提供数据支撑。"长尾"需求就是分散化的大众对于个性化、多元化产品的需求。

在电视产业中，中央媒体相对于地方媒体就是头部，视频节目收视率高、所占时间资源大的相对于收视率低、时间资源紧凑的就是头部，反之则是长尾。而电视产业因拥有海量的内容，头部完全可以因长尾力量而被彻底颠覆。发展长尾的基础是头部，即便是在信息过剩的网络环境下，用户依然会首先注意到头部的主流信息，那么打造优质精良的头部内容能提升整个品质。因此电视产业首先得建立专业精良的头部内容，借助头部的热门信息，从用户熟悉的热点入手，建立起信任后，再进行有目的的推荐，进而收集用户相关行为数据，不断挖掘他们的潜在需求，寻求、开拓更广阔的视频节目市场，最终获取新的经济价值。在运用长尾理论满足视频用户个性化需求的过程中，可以从研究小众用户市场的相关数据、构建长尾内容、打造专业化长尾节目这三个维度来实现。

在对小众用户市场相关数据的研究上，首先是对小众市场细分内容的研究，深入了解小众追随者的爱好与需求，通过对数据的深入挖掘，引导潜在的消费者，延展"长尾"，主动满足消费者个性化需求，注重原创视频内容的研发，不断增加其版权和节目模式储备。通过用户调查、受众测试、数据分析来细分用户，了解确定受众的兴趣点、节目表现形式，以此来支撑节目内容的策划和制作。在此背景下，目前一些电视节目正在尝试以加入用户原创内容的方式来重新挖掘网络受众的价值，吸引他们直接或间接加入内容生产体系中。

① 〔美〕克里斯·安德森：《长尾理论》，乔江涛译，中信出版集团，2006，第10～12页。

第二节　智慧家庭数码港的定义与特点

我们将"智慧家庭数码港"定义为：在三网融合背景下，以智慧广电建设为契机，运用大数据、物联网、人工智能（AI）等新技术，使电视成为智慧家庭建设中内部智能化识别、定位、跟踪、监控和管理的中心，成为家庭与外界进行数据交互的桥梁，并在一定程度上成为家庭的数据"保险库"与数据金融中心。同时，电视通过物联网等与智慧家庭中的各种设备连接（包括手机、电脑等个人信息终端）组合成不同的功能模块，实现"1＋1＞2"的效果，成倍提高设备的效能。电视在满足家庭用户的视听需要之余，成为智慧家庭数据处理和交互的融合平台，不断引导和满足家庭对智慧生活的需求。

第一，电视定位成"智慧家庭数码港"会提高家庭数据的处理效率，并赢得更有购买力的市场。大数据的一大特点是数据量大，而单位数据的价值量低。一般来说，家庭成员中个人的各种意见是随时可能改变的，是会受到家庭其他成员影响的。因为手机、笔记本电脑等私人媒体的存在，这些"数据"往往会随时随地直接发送出去。但这些发送出去的"数据"相当一部分是价值不大的"数据噪音"。一夜醒来，最初的意见可能已经发生变化，已发的帖子有可能会被发帖人删除，已下的订单有可能被下订单的人取消，从而增加数据处理的难度，降低大数据的处理效率。而在家庭中因为意见领袖和人际传播的存在，经过家庭成员讨论决定的意见，往往是相对稳固的，是更有力量的。这些家庭意见可以看作已经过一定处理、价值量更大的数据，因此，电视着眼于满足家庭层面的需要比只着眼于个人层面的需要会赢得更可靠的数据，占有更有购买力的市场。

第二，电视定位成"智慧家庭数码港"还可在技术上发展成为家庭内各种个人数据处理终端如手机、电脑等的数据处理交互集成平台。各种个人数据处理终端有便携化、小型化、私密化的特点，其数据处理能力往往是有限的，它们无法依靠单薄的电池或处理芯片进行相对复杂的数据分析处理，而家庭内所有个人数据处理终端的运算能力集合起来却是相对更强大的。因此，我们可以为电视开发出针对电脑、手机等个人终端的各种接口，让电视在保证其播放及上网等基本功能的同时，还可以与各种设备连接组合成不同的功能模块，实现"1 + 1 > 2"的效果，成倍提高设备的效能。这样，电视就成了包容个人数据处理终端的平台，而不是与之进行同质化竞争。

第三，电视作为"智慧家庭数码港"还适应了当前"物联网"的发展，所谓"物联网"是指通过射频识别（RFID）、红外感应器、全球定位系统、激光扫描器等信息传感设备，按约定的协议，把各种物品与互联网连接起来，进行信息交换和通信，以实现智能化识别、定位、跟踪、监控和管理的一种网络。其目的是实现物与物、物与人，以及所有物品与网络的连接，方便识别、管理和控制。① 而在三网融合背景下，电视通过与互联网的连接，实现物联网的信息交换和通信中心功能。通过类似 iPhone 5S 指纹识别等安全技术，实现智能设备信息交换、跨平台运用与身份安全验证等功能，从而使电视成为家庭内部智能化识别、定位、跟踪、监控和管理的中心，成为家庭与外界进行数据交互的桥梁，并在一定程度上成为家庭的数据"保险库"与数据金融中心。在保障家庭私密的前提下进一步为大数据云端提供更多数据。

第四，电视作为"智慧家庭数码港"还可以为家庭决策提供辅助，按照卡内基梅隆大学赫伯特·西蒙的观点，人类的理性是有限的，因此所有的决策都是基于有限理性的结果，如果能利用存储在计算机里的信息来辅助决策，人类理性的范围将会扩大，决策的质量就会提高。② 而电视在集合家庭所有智能设备的数据处理能力的基础上通过数据挖掘（指通过特定的计算机算法从大量的、不完全的、有噪声的、模糊的、随机的实际应用数据中，提取隐含在其中的、人们事先不知道的、但又是潜在有用的信息和知识的过程③）对家庭数据进行分析，并利用电视机大屏幕利于图像显示的优势，以可视化数据（指借用图形、图像、地图、动画等更为生动

---

① 吕廷杰：《物联网的由来与发展趋势》，《信息通信技术》2010 年第 2 期。
② 涂子沛：《大数据：正在到来的数据革命，以及它如何改变政府、商业与我们的生活》，广西师范大学出版社，2012，第 87 页。
③ 沈浩、黄晓兰：《大数据助力社会科学研究：挑战与创新》，《现代传播》（中国传媒大学学报）2013 年第 8 期。

的、易于理解的方式来展现数据的大小，诠释数据之间的关系和发展的趋势，以期更好地理解、使用数据分析的结果①）来提供家庭决策辅助。这样，电视产业就完成了大数据采集、处理、展示的整个链条，从而使大数据从专业商业运用扩展到了家庭日常运用。

第五，电视作为"智慧家庭数码港"符合我国网络带宽发展相对滞后的国情，有利于分布式运算的高速高效进行。三网融合背景下许多复杂的个人数据处理都是交与互联网"云端"进行，通过分布式计算来实现，但其运算处理速度受到当前国内相对滞后的互联网带宽的限制。在这样的情况下，我们可以充分运用家庭局域网的高带宽，对家庭中各种智能设备的数据处理能力进行集中，借助家庭中所有智能设备的数据处理能力参与整个社会的分布式计算，从而相对高效地对大数据进行处理。在此情况下，家庭大数据的云处理可分为三个层次。第一层次是"个人云"，即家庭成员通过个人数据处理设备对数据的交互与处理。第二层次是"家庭云"，即通过电视以家庭为单位对数据进行处理。这两个层次的数据处理我们可以看作即时挖掘，是能够直接为家庭成员服务的。第三层次是"社会云"，即在电视作为节点式运算设备参与的基础上，专业设备商通过大型计算机对数据进行处理，进行数据的深层挖掘，并提供更广范围数据间的相关性报告以实现数据的传承，如图书馆、专业数据中心等。这样，个人云、家庭云、社会云三者之间相辅相成，即时挖掘与深层挖掘广泛相关，共同构成家庭大数据处理系统。

综上所述，我们将电视定位成"智慧家庭数码港"，这说明电视不仅是一个视听媒体，更是家庭与数据源之间的一个集成处理平台与桥梁。在"智慧家庭数码港"中，数据的处理和运算通过"云端"的分布式计算来实现，这种云计算不仅包括个体数据信息的处理，还包括家庭成员间、家庭与社会的交互和数据处理，智能电视终端向下处理家庭云，向上连接社会云，成为家庭这个社会基本细胞的数据处理中心及社会大数据云计算的基本节点。

---

① 〔美〕Scott Murray：《数据可视化实战》，李松峰译，人民邮电出版社，2013，第6页。

"个人云"——智能电视终端对家庭成员个体的生活、服务数据进行处理与交互，家庭智能网关能够实现一个账号的跨屏使用，根据用户个人的使用环境进行智能切换，实现"一云多屏，屏屏互动"。个人云还包括对个人智能设备如个人电脑、可穿戴智能设备（VR 眼镜、智能手环）、智能手机与智能家居的数据进行交互和处理。

"家庭云"——智能电视终端对家庭数据和信息进行处理，满足家庭群体的生活需要，通过大数据发掘及分析，找出家庭成员共同的情感需求、审美爱好及使用习惯，通过数据的处理和运算为家庭成员服务，使家庭成员"重回客厅"，增进相互间的情感。

"社会云"——家庭作为社会的细胞，智能电视终端使家庭与社会的交互更加紧密和便捷，这种交互更多地体现在家庭与社会间各种数据的处理和大数据运算上，智能电视终端作为家庭参与社会活动的节点借助物联网、人工智能（AI）等新技术参与到智慧社区、智慧医疗、智慧城市的数据交互和信息服务中来。

个人云、家庭云、社会云代表了用户在"智慧家庭数码港"中的三种数据交互和运算系统，三者相辅相成，共同构成家庭大数据处理系统（见图 4 - 3）。

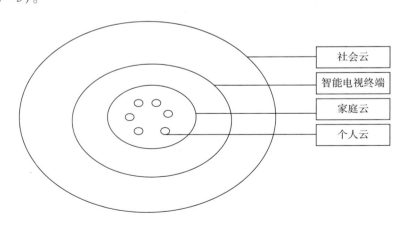

图 4 - 3　智慧家庭数码港

首先，"社会云"在最外圈，代表将与家庭交互的各种数据，第二个圈是电视，家庭成员通过电视进行数据的交互。电视成为管理家庭各种私人媒体及家庭物联网的数据处理中心，通过指纹识别等技术保障个人或家庭数据隐私。第三个圈是家庭云，电视与外界交互的数据是由家庭成员发送或接收的，是可能经过家庭数据处理的。第三个圈内是分散的个人云，家庭成员之间互动并相互影响，个人的数据处理及信息传播设备如个人电脑、可穿戴智能设备（如谷歌眼镜、三星智能手表 Galaxy Gear、苹果 iWatch……）等是能够被电视包含整合的。在这种情况下，电视向下处理家庭云，向上联结社会云，成为家庭这个社会基本细胞的数据处理中心及社会大数据云计算的基本节点。

在传统信息传播环境中，媒介即信息，而在三网融合背景下，媒介即数据。决定媒体生存与否的，将是媒体能否在合法的前提下收集尽可能多而准的用户数据，同时在此基础上进行跨媒体的数据整合与多次开发，以模块化的方式重新组合数据，创造更有市场价值的产品，提供给不同的用户，适应不同的需求，达到"一次生产，多次加工，多元输出，广泛相关，多重服务"的目的，从而实现数据的增值与二次开发。在此背景下，传统的电视节目播出市场已被手机、电脑等"多屏"瓜分，成为一片"红海"。电视的基本功能已从电视节目播出转向数据收集与处理。

三网融合背景下电视产业的定位也正在于此：基于"智慧家庭数码港"的功能，对家庭成员的数据进行收集，并在家庭这个社会基本细胞层面先期进行数据处理，但这只是数据处理的第一步。既然是"电视"，其优势是互联网上流动的大数据，是由互联网连接而成的数据"云"，广电系统完全可以凭借广电中心的大型计算机或由其统筹的分布式计算系统，对个人及家庭两个层面的数据进行分析、重组，实现二次开发。在此基础上，一方面根据其收集的数据判断用户的喜好，进行有针对性、导向性的服务，占有自己独特的"蓝海"市场。另一方面将原始数据或处理过的数据分层打包，组合成不同产品，销售给不同的商家，实现数据的再次获利，并从数据的相关性中发现新的商机。

因此，三网融合背景下电视产业的发展重心不再是电视节目提供商，而应是数据营销商。它的盈利点在于通过三网融合基础上的"数据融合"，进行基于客户关系管理（CRM）的"精确数据化营销"。而所谓客户关系管理可以被描绘为吸引、保留、资本化开发客户的过程。其核心在于：不论互动渠道是什么，一定要为用户提供持续差异化的、个性化的用户体验。[①] 电视对跨媒体内容进行数据化处理而实现功能整合，实质上是用户需求的互补性融合，这种互补性融合不应仅局限在数字终端设备、网络或内容的功能融合上，也不应只是一种类型的内容通过互联网被传输至一种或多种终端设备上，更重要的是在对数据进行分析整合的基础上，让这些基于双向数字网络流动的数据为"用户融合"提供帮助，从而实现基于跨平台的客户关系管理。让相关商家能通过电视这个数据化平台，通过数据的相关性而不是穷究其因果性来实时掌握每一个客户、每一个家庭的个性化需求，并通过一对一的精确传播和定制服务来吸引、保留并资本化利用客户。由此可见，电视的最终盈利模式在于把有关用户偏好的数据与跨平台的交易框架结合起来，通过跨平台数据的挖掘、分析、整合，真正地理解用户，最大化利用现有的客户资源，并在一定程度上挖掘、引导、创造客户的需求，在已有数据分析的基础上为客户提供差异化的、持续性的产品体验，以开发创新型的杀手级业务和持久盈利点。[②]

第三节　基于智慧家庭数码港的电视产业定位创新

在以"智慧家庭数码港"对三网融合背景下的电视产业创新发展进行产业定位后，需要分析当前电视的功能及核心价值，这是制定三网融合背景下电视产业创新发展策略的重要基础。在这里，我们借用日本电通公司的蜂窝模型（见图4-4），对其进行分析。

首先，电视的功能可以分为基本功能、附加功能和文化功能。电视的基本功能是通过视频播放及接入广播电视网接口，成为广播电视网终端。

---

① 〔意〕玛格赫丽塔·帕加尼：《多媒体与互动数字电视——把握数字融合所创造的机会》，罗晓军、王佳航等译，人民邮电出版社，2006，第43页。

② 邹建中：《浅析大数据时代我国互联网电视产业的发展策略》，《现代传播》（中国传媒大学学报）2013年第12期，第6～10页。

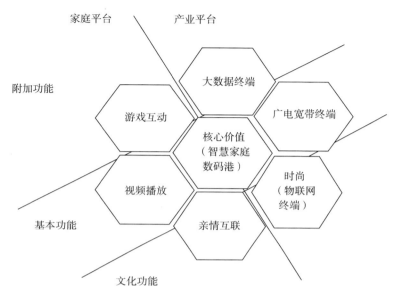

图 4-4　日本电通公司的蜂窝模型

在传统媒体时代，其核心价值是大屏播放；在大数据时代，其核心价值是成为超高清数据可视化平台基础上的"智慧家庭数码港"，承担智慧家庭中心功能。电视的附加功能是安装互联网接口，甚至是处理器，成为互联网终端；还可与 Xbox、电视盒子、体感游戏附件等连接，让其拥有虚拟游戏、体感互动功能。最后，作为一种大众媒介，电视还拥有文化功能，一方面，电视以大屏居多，传统位置在客厅，有成为"智慧家庭数码港"的基础，以及将家庭成员联结在一起的亲情功能。另一方面，电视是当下时尚文化的一个符号，很多用户以拥有电视为自己的时尚标签，并将它与其他智能家电相连，让电视成为当下时尚的物联网终端。

　　在对电视的三种功能进行分析后，我们还发现这三种功能可以划分为两个平台。具体到电视上，一个平台是家庭平台，其视频播放、游戏互动等功能，使电视不再只是一个展现超高清视频的屏幕，而是"智慧家庭数码港"的超高清数据可视化平台。值得注意的是，其数据可视化不应只理解为视觉上的可视化，我们应发挥电视的平台功能，为其附加各种交互、表现手段，如虚拟现实的 3D、4D 体感附件，增加手势控制等功能，以获得更好的人机数据交互体验，将其视为基于人体感觉的视觉、听觉、触觉等全方位的"新数据可视化"。另一个平台是产业平台,从产业发展方向来说,电视应是电视网、互联网、电信网的"三网融合"平台,并通过与物联网的连接,进一步发展为移动互联网、广播电视网、物联网的"新三网融合"平台。进而在"新三网融合"的产业环境下形成"万物皆互联,体感为中介,电视为平台"的产业格局,达到家庭平台与产业平台的和谐统一,这才是电视产业定位之所在。因此,接下来我们从家庭平台和产业平台这两个层面来探究电视产业的发展策略。①

一 家庭平台

电视作为家庭平台是数据可视化与智能人机交互体验的一次跨越式提升,也是电视产业继普通电视、智能电视后的又一大机遇。它将成为大数据时代家庭人机交互的数据可视化入口,让数据成为人体的延伸,形成感官即数据、所见即所得、所得即所用、体感即融合的产业发展新格局。

首先,在大数据时代,用户体验已发生了明显的变化,即从洞察力到体感力的改变。所谓洞察力,我们认为是在传统三网融合时代,人们通过一定思维活动,寻找事物因果关系和客观规律的能力。在传统三网融合时代,电视网、互联网、电信网提供给人们的信息仍然需要大脑进行一定的数据处理,然后才能得到我们需要的因果关系和客观规律。而体感力是指大数据时代,人们在云计算和移动智能终端的帮助下,通过融合虚拟现实的"新数据可视化"手段,以感官直接接受外界刺激而实时发现事物相关性的能力。大数据时代的一大特点是数据量大,在一定程度上已达到信息过载。人们必须通过体感力直观、迅速甚至实时地发现事物间有价值的相关性,才能在竞争中处于不败之地。而按照麦克卢汉的观点,媒介即信息,真正有意义的信息并不是各个时代的媒介所提示给人们的内容,而是媒介本身。按此观点,在某种程度上可以认为媒介即数据。三网融合实质上已成为数据融合而不是功能融合。

其次,麦克卢汉还说过,媒介是人体的延伸,既然媒介即数据,那么

---

① 邬建中:《当前我国 4K 电视产业的发展策略研究》,《现代传播》(中国传媒大学学报)2015 年第 5 期。

也应可以由此推论出数据是人体的延伸，数据的可视化必须和人的感官全面融合，发展为集视觉、听觉、触觉、嗅觉等于一体的"新数据可视化"。数据是人体的延伸，是因为媒介可看作人听觉、视觉的延伸，虚拟现实技术如3D、4D电影和体感游戏、力回馈手柄等的引入，让媒介甚至成为嗅觉和感觉的延伸，而人体的各种器官是相连的，各种器官的感觉是相互影响的。由此推论，各种媒介作为人体的延伸，实质上也是相连的、相互影响的。因此，在媒介即数据的前提下，我们可以认为，数据即人体的延伸，数据的数据性相关与人体各种感官的相关是统一的，感官即数据。而只有云计算在某种形式上充当了大脑的功能，在以电视为平台，以全方位感官交互为手段的"新数据可视化"出现后，感官即数据才第一次有了得以实现的技术基础。

再次，云计算得出的理性结果必须由人的各种器官，通过听觉、视觉等感官体验而接收，这个接收过程是通过传统可视化数据、虚拟现实、体感反馈等强调用户体验，强调感官刺激，以类似生物神经反应的形式传递给用户的，是受人的感官影响的。苹果手机之所以成功，iPad之所以流行，手势操作，电视、电影之所以受欢迎，就是因为它们符合了体感力发展的趋势。正如卡普在《技术哲学纲要》中所说："在工具与器官之间所呈现的那种内在关系，就是人通过工具不断地创造自己，因为其效用和力量日益增长的器官是控制的因素，所以一种工具的合适形式只能起源于那种器官。"未来发展的方向应是追求所有家电、家具的智能化，通过物联网进行连接，通过大数据和云计算完成对数据相关性的处理。而人与电子产品的交互均以模拟人的自然生理方式进行，并通过智能手表、谷歌眼镜等穿戴式设备，凭借移动智能终端，在移动互联网的连接下，让实时信息刺激与交互成为人体的一部分，融入日常生活，实现所见即所得、所得即所用。而作为"智慧家庭数码港"的电视将是其中的关键一环。

最后，电视还可以成为亲情平台，以虚拟现实中的互动融合来促进现实中的融合，以弥合工业化对家庭亲情所造成的伤害，形成体感即融合的格局。克莱·舍基曾在《未来是湿的》中提到："工业化好比一台烘干机，将社会关系中一切带有人情味的东西烘干，然后用原子式契约将个体联系起来，我们把烘干的社会关系称为组织。未来在本质上是湿乎乎的，人与人之间可以凭一种魅力，相互吸引，相互组合。"而电视正是这样一种让人相互吸引、相互组合的工具。在传统的电子文化中，因为手机低头族等现象的存在，人际交往常常被手机屏幕等电子设备瓜分。各个单独的人在社会中日益孤立、分隔、松散，其行为也更多是个体和封闭的。而电视及其附加的体感附件所连接的大"智慧家庭数码港"，使人与人之间不再是互联网上干巴巴的个体，而是可伸手触及的、充满情感的团体。在传统社会，家庭成员会在生活中进行各种主题聚会，分隔两地的亲人通过电话进行交流。而电视凭借互联网，将放大家庭成员的兴趣交合点，以体感互动游戏、视频 4K 通话等，为家庭成员搭建更广阔的亲情平台。正如保罗·莱文森所说："人性化媒介的进化趋势是再现真实世界的水平不断提高，但同时这样的再现又试图维持（甚至增加）原始媒介在时空方向完成的延伸，所以人性化趋势进化的目的不仅是再现前技术环境，不仅是回到现实世界对传播的生物局限，而且是技术世界的延伸，这样的延伸大大超越了原来的生物局限。"电视将不再仅播出电视节目和电影，也可以通过其他设备如手机的摄像头，播放自制的家庭短片，并通过网络形成类似优酷、YouTube 的电子社区。家庭成员不只是在客厅沉默，而是可以通过大数据分析形成趣味相投的新群落，其活动不仅包括传统娱乐，还可以在这个 4K "智慧家庭数码港"上发展出更多的基于数据处理的电子娱乐，进行多方位的交流，实现体感即融合，为家庭成员提供除人际交往外的多维度交往渠道。①

二　产业平台

家庭功能可看作电视面向用户体验的定位，而在三网融合时代，电视还需要针对自身外部环境的变化进行产业定位，即成为新三网融合时代的产业发展平台。

随着新媒体技术的不断发展，当前电视产业发展中的一个重要变化是

---

① 邬建中：《当前我国 4K 电视产业的发展策略研究》，《现代传播》（中国传媒大学学报）2015 年第 5 期。

从三网融合到新三网融合。对于"三网融合",国际电信联盟的定义是通过互联、互操作的电信网、互联网和电视网等网络资源的无缝融合,构成一个具有统一接入和应用界面的高效网络,使人类能在任何时间和地点,以一种可以接受的费用和质量,安全地享受多种方式的信息和应用。2010年6月29日,国务院三网融合工作协调小组公布了三网融合第一批12个试点城市名单,标志着我国三网融合工作的正式开始。

当前的传媒生态已较当初发生了明显的变化。首先,从用户使用实际来说,电信网与互联网已融合为移动互联网,如微信就既是个人通信工具又是个人互联网工具,集成了支付、社交、通信、发布信息等多种功能。其次,物联网已凭借人们对智能家居的需要而在某种程度上成为相对独特的一种网络形式。在物联网中,万物皆互联,多屏可互通,每个家庭的所有家电都可成为一个智能网络并与互联网交互。最后,电视网在中国特色下相对封闭,有待转型。应以"智慧家庭数码港"为发展方向去融合移动互联网和物联网,成为家庭大数据平台。目前已有部分企业推出了类似产品,如传统电视厂商创维与手机厂商华为荣耀跨界合作,共同推出了电视新品酷开荣耀智慧屏幕 A55。此款电视最大的特点是机身无任何接口,无遥控器,电视内容全部依靠无线传输。在电视功能外,更强调了移动设备和 PC 对电视的同屏传输能力。而国家新闻出版广电总局规划院有线所所长秦矍龙在第七届中国广电行业趋势年会上透露,国家广播网与互联网融合终端标准已结束征求意见阶段,在审查后就将正式发布。业内人士认为,这标志着国家层面对"三网融合"的进一步调整。

同时,在电视作为家庭亲情平台的基础上,还可将其扩大到社会大家庭,促进整个社会的聚合,并形成产业发展平台,制造新的产业商机。如传统社会中有各种因共同兴趣而形成的俱乐部:车友在一起展现自己改装过的汽车,文人在一起展示自己的书法与诗作。进入数字时代后,很多的个人创作将是数字形态和寄生于网络上的,是相对抽象而个人化的,但通过 4K 界面和物联网,可形成如电竞游戏一样触手可及的电子文化,在电子社区中展示各自的时尚亮点,形成朋友圈和兴趣组等。其交互的场所会更多地变为具有虚拟现实、智能互联功能的电视大屏。这种由于共同兴趣自发形成的无形的网络组织，又会爆发出惊人的能量，产生巨大的连锁反应，将产品带入家庭和社交关系网中，突破个人消费的孤立和松散，以病毒式营销和虚拟现实体验形成新的产业功能。

综上所述，立足于我国实际的产业环境，当前的电视产业发展必须以用户体验为指引，在操作层面上着眼于新三网融合的"智慧家庭数码港"（即从用户体验出发，原来电视网、电信网、互联网的三网融合已发展为电视网、物联网和移动互联网的新三网融合。原三网融合作为国家政策无可厚非，但它应理解为国家层面对电信网、电视网、互联网的主干网调整和体制调控）来实施。其工作重点应着眼于电视已不仅是一个播出屏幕，而且是一系列用户体验改革中的交互平台，是集成体感附件的"智慧家庭数码港"来进行，最后形成"万物皆互联，体感为中介，电视为平台"的电视产业创新发展格局。可以说，当前的电信、广电和互联网企业谁实质上去推进新三网融合，谁就占据了产业发展的制高点，而"智慧家庭数码港"则是三网融合背景下电视产业创新发展的根本出路。①

---

① 邬建中：《当前我国4K电视产业的发展策略研究》，《现代传播》（中国传媒大学学报）2015年第5期。

第五章

三网融合背景下我国电视产业内容生产的创新

党的十九大报告指出："中国特色社会主义进入新时代，我国社会的主要矛盾已经转化为人民日益增长的美好生活需要和不平衡不充分发展之间的矛盾。"[1] 新时代电视内容生产的主要矛盾也已经从"有没有、够不够"的问题向"好不好、优不优"的问题转变，内容生产的观念也正在从"以受众为中心"的内容生产向"以用户为中心"的内容服务转变。三网融合正是适应了这一主要矛盾的变化，通过创新内容生产，构建"智慧家庭数码港"，来不断满足用户日益增长的电视内容新需求。

第一节　三网融合背景下电视产业内容生产现状

三网融合的推进不仅为观众提供了更加丰富的节目内容，还从根本上改变了传统电视内容的生产和分发模式。在新电视产业背景下，牌照方、运营商、终端厂商、内容服务商等产业主体纷纷在内容生产的不同领域展开了激烈的竞争，如何持续不断地吸引受众成为内容生产和竞争力提升的动力所在。随着新媒体技术和媒介融合的发展，电视产业内容生产出现了新的变化和趋势。

一　生产主体多元化

2015 年，国务院办公厅印发了《三网融合推广方案》，进一步确认了

---

[1]　习近平：《决胜全面建成小康社会夺取新时代中国特色社会主义伟大胜利——在中国共产党第十九次全国代表大会上的报告》，人民出版社，2018，第 2 页。

在全国范围内推动广电、电信业务双向进入的工作。方案指出："符合条件的电信企业在有关部门的监管下，可从事除时政类节目之外的广播电视节目生产制作、互联网视听节目信号传输、转播时政类新闻视听节目服务、除广播电台电视台形态以外的公共互联网视听节目服务、交互式网络电视（IPTV）传输、手机电视分发服务。"①

（一）竞争激烈化

广电和电信业务的双向进入扩大了电视产业的主体范围，不仅有以各级电视台为主体的数字有线电视，在 IPTV 领域还建立了从中央到地方的总—分播控体系和运营关系，全国 20 多个地区的 IPTV 集成播控平台已与中央总平台完成对接，实现了节目内容统一集成、播出控制等主要业务功能（见表 5 -1）。

表 5 -1　IPTV 服务许可持证机构名单

序号	全国 IPTV 集成播控服务许可持证机构	全国 IPTV 内容服务许可持证机构
1	中央电视台	中央电视台
2		上海广播电视台

资料来源：《IPTV 服务许可持证机构名单》，国家广播电视总局网站，http：//www. nrta. gov. cn/art/2016/3/23/art_110_30265. html。

在互联网电视领域也出现了新的传播平台和内容生产主体，截至 2020 年 1 月，已有 7 家电视平台获得了国家广播电视总局颁发的互联网电视集成服务机构牌照，16 家电视台或制作中心获得互联网电视内容服务机构牌照（见表 5 -2）。

表 5 -2　互联网电视持证机构名单（截至 2020 年 1 月）

互联网电视集成服务机构（7 家）	
序号	持证机构名称	授权运用主体
1	中国网络电视台	未来电视有限公司

---

① 《国务院关于印发三网融合推广方案的通知》，http：//www. gov. cn/zhengce/content/2015 - 09/04/content_10135. htm。

续表

互联网电视集成服务机构（7 家）		
序号	持证机构名称	授权运用主体
2	上海广播电视台	百视通网络电视技术发展有限责任公司
3	浙江电视台和杭州市广播电视台	华数传媒网络有限公司
4	广东广播电视台	广东南方新媒体股份有限公司
5	湖南广播电视台	湖南快乐阳光互动娱乐传媒有限公司
6	中国国际广播电台	国广东方网络（北京）有限公司
7	中央人民广播电台	银河互联网电视有限公司

互联网电视内容服务机构（16 家）

序号	持证机构名称
1	中国网络电视台
2	上海广播电视台
3	浙江电视台和杭州市广播电视台（联合开办）
4	广东广播电视台
5	湖南广播电视台
6	中国国际广播电台
7	中央人民广播电台
8	江苏电视台
9	国家广播电影电视总局电影卫星频道节目制作中心
10	湖北广播电视台
11	城市联合网络电视台
12	山东电视台
13	北京广播电视台
14	云南广播电视台
15	重庆网络广播电视台
16	贵州广播电视台

资料来源：《电视持证机构名单》，国家广播电视总局网站，http://www.nrta.gov.cn/art/2018/5/2/art_110_37834.html。

面对有限的受众资源，IPTV、OTT TV、数字有线电视等不同形态的集成平台之间的竞争更为激烈，工信部《2017 年通信业统计公报》显示，2017 年 IPTV 用户数量达到 12218 万户，较 2016 年有较大的增长，增长率达到 40.87%，而有线电视用户却减少 1384 万户，出现负增长（见图 5 -

1）。截至 2020 年底，三家基础电信企业发展蜂窝物联网用户达 11.36 亿户，全年净增 1.08 亿户，其中应用于智能制造、智慧交通、智慧公共事业的终端用户占比分别达 18.5%、18.3%、22.1%。发展 IPTV 用户总数达 3.15 亿户，全年净增 2120 万户。

图 5 – 1 2012 ~ 2017 年有线电视和 IPTV 用户数量统计

资料来源：《2017 年通信业统计公报》，http://www. miit. gov. cn/n1146290/n1146402/n1146455/c6048084/content. html。

随着 IPTV、OTT TV 的崛起，市场环境由垄断向充分竞争加速转变。以 CIBN 互联网电视来看，CIBN 全渠道在 2016 年的总激活用户数超过 1.1 亿户，覆盖智能 TV 端、移动端，用户日均开机时长 2 ~ 2.5 小时，视频内容累计时长超过 1000 万小时，日更新 300 小时。传统的有线电视网所面临的用户流失、市场份额减少等行业性问题越发突出。此外，同一平台内部的竞争也更为激烈，奥维云网《2018 年中国 OTT 发展预测报告》显示，"2017 年中国 OTT 终端保有量达 2.4 亿台，激活量 1.68 亿台，其中智能电视激活量 1.29 亿台"。[①] 如果不能持续吸引受众的关注，传播平台终将会被市场所淘汰。

（二）生产多元化

三网融合的推进使广电市场的主体规模持续扩大，截至 2016 年底，全

---

① 《2018 年中国 OTT 发展预测报告》，奥维云网，http://www. 199it. com/archives/689916. html。

国经批准设立的广播电视播出机构有 2578 家，全国持有广播电视节目制作
经营许可证的机构有 14389 家，同比增长 40.6%。内容生产主体由传统的
电视台扩展为电视内容提供商、集成商、网络运营商、渠道、终端等多元
主体，互联网内容服务商、视频网站、智能电视机厂商也加强了与电视集
成牌照商的合作，推出精品节目内容和定制服务，"在线的网络门户和生
活资讯服务商也移植内容到电视终端"。[①] 互联网电视持证机构内容合作方
统计如表 5-3 所示。

表 5-3　互联网电视持证机构内容合作方统计

持证机构名称	运营主体	内容合作方
中国网络电视台	未来电视有限公司	中央电视台、腾讯、沙发院线、爱看动漫、PPTV、网易、中录国际等
上海广播电视台	百视通网络电视技术发展有限责任公司	上海广播电视台、派拉蒙、NBA 等
浙江电视台、杭州市广播电视台	华数传媒网络有限公司	浙江广播电视台、杭州市广播电视台、阿里影视、优酷、乐视视频等
广东广播电视台	广东南方新媒体股份有限公司	广东广播电视台、腾讯、华谊兄弟等
湖南广播电视台	湖南快乐阳光互动娱乐传媒有限公司	湖南卫视、华纳、米高梅、派拉蒙、环球等
中国国际广播电台	国广东方网络（北京）公司	优酷、腾讯、搜狐、PPTV 等
中央人民广播电台	银河互联网电视有限公司	中央人民广播台、江苏广播电视总台、爱奇艺、1905 电影网等

从电视的内容服务商、合作方的统计可以看出，主要的内容生产主体
有以下两类。

1. 传统的广播电视台

三网融合时代，传统的电视台仍是主要的内容提供商，无论是在节目
形态、播出时间上，还是在时效性上，传统的电视台的节目内容贡献了主
要力量。在电视牌照持有单位中，中国网络电视台、湖南广播电视台、上
海广播电视台、广东广播电视台、浙江电视台不仅持有电视牌照，还是

---

① 邵坤：《互联网电视的发展及对传统电视业的影响》，《新闻界》2011 年第 2 期，第 60～
62、74 页。

IPTV 的内容服务机构，中央电视台和上海广播电视台是全国 IPTV 内容服务许可持证机构。传统电视在三网融合的内容生产领域仍是主要力量。在电视新闻、重大事件直播、大型综艺节目的传播上，传统的电视台仍然具有内容优势。

2. 视频网站网生内容

从各大牌照商的内容合作方可以看出，以优酷、爱奇艺、腾讯等视频网站为代表的网生内容也成为电视内容产业的重要资源，这些内容不仅包括视频网站自制的内容，还包括普通用户生产的内容（UGC）和专业用户生产的内容（PGC）。网络剧、网络综艺、网络电影是网生内容的主要节目形态，一些网络原创节目在制作水准、内容质量和口碑方面都取得了不俗的成绩，2016 年《老九门》的播放量达到了 115 亿次，2017 年以《鬼吹灯之黄皮子坟》《颤抖吧，阿部》《热血长安》等为代表的网络剧的播放量达到 206 亿次，点击量超过 833 亿次；《爸爸去哪儿》《吐槽大会》《脱口秀大会》等网络综艺在各自的独播平台形成了热点，带来品牌效应；网络电影在 2016 年全年上线 2200 部，虽然优秀影片较少，但在题材上更加多元，突出"网感"，满足了观众的多样需求。

二　节目形态多样化

内容生产主体的多元化带来了节目形态的多样化，节目形态也跳出了传统的电视节目类型体系，从单纯的新闻节目、电视剧、网络综艺不断延伸，根据用户的需求设置不同的频道，如少儿、电影、教育、体育、游戏、宠物、生活等多重服务领域。CIBN 互联网电视充分发挥运营服务商的作用，将节目内容升级为特色产品，打造了东方大剧院、禅文化、中国城市等个性化品牌。华数和 TCL、长虹、海信等国内知名电视机厂商形成紧密合作，将华数 TV 的业务和资源集成到电视机终端，包括电影、电视剧、新闻、娱乐等高标清海量资源，还依托智能终端开展电子政务，满足不同用户的收视和生活需求。

（一）内容上细分化

从这些 OTT TV 终端的开机画面可以看出，传统的电视剧、电视综艺、电视直播已远不能满足受众的收视需求，节目内容更加丰富多彩，针对受众不同的需求定向推送，如少儿节目、体育节目、动漫节目、宠物节目等，满足特定群体的个性化需求，内容上的细分化、传播上的精细化成为趋势。

（二）互动性不断强化

互动性一直是传统电视传播的短板，在新媒体技术的助力下，游戏节目、互动直播、VR、AR、MR 等成为 IPTV、OTT TV 的内容亮点，这种互动除了线上互动，还能实现多终端的跨屏互动，如百视通推出的《潮童天下》栏目，成功在线下实现整合，构建了儿童消费服务的垂直平台。

（三）数据服务比例增加

在三网融合背景下，提供生活服务成为节目内容的一部分，这些服务有基本的电商、教育、生活服务，如在线购物、水电缴费等。政府还借助 IPTV、OTT TV 等平台推出电子政务。杭州市政府在华数 TV 客户端推出"华数政务"标签，发布从市政府到街道社区的各类政务信息，涵盖了社会救助、卫生计生、助残扶残、人力社保、办事指南和在线办理等多种服务类别，用户通过遥控器或智能电视终端在客厅就可以完成政务的办理。苏州电视台的"无线苏州"、湖北广电云政务平台、长沙广播电视台"智慧长沙"都是在融合政务服务方面探索出了特色。广西电视台运用"广电 + 新媒体 + 电商"的方式，开展电商精准扶贫，帮助农产品做宣传，找销路。

三网融合的推进重新定义了电视内容的形态，一改传统电视节目在内容形态上的单一性，更加注重互动性和服务性，这种功能的增强和范围的扩大正是顺应了从"以受众为中心"向"以用户为中心"的理念转变，也从侧面反映出三网融合进程中平台间竞争的激烈化程度。

三 受众需求个性化

互联网规模的不断扩大，为三网融合提供了广泛的用户基础，根据 2020 年 9 月发布的第 46 次《中国互联网络发展状况统计报告》，截至 2020 年 6 月，"我国网民规模为 9.40 亿，较 2020 年 3 月新增网民 3625 万，手机网民规模达 9.32 亿，较 2020 年 3 月增加 3546 万，网络新闻用户规模达到 7.25

亿，占网民整体的 77.1%"。① 网络用户和规模的增长为"多网合一""多屏互通"提供了良好的使用条件，用户行为和需求也发生了新的变化。

（一）内容需求个性化

丰富的节目资源给用户的内容需求带来多样的选择空间，不同用户群体在节目内容偏好上有较大差异。在电视方面，影视剧成为用户最喜欢的节目，传统电视台制作的电视剧、真人秀节目、综艺节目仍然创造了较高的点击量、播放量，如《我就是演员》《国宝档案》《那年花开正月圆》等传统电视节目。2016 年，网络播放排名前 15 的剧中，有 12 部来自传统电视台，调查显示，网络视听用户中有接近一半（46.2%）的用户比较偏爱 UGC，其次是美剧、动漫、纪录片，占比分别为 43.8%、38.5% 和 37.3%。需求的差异化也带来个性化趋势，OTT TV、IPTV 等平台借助大数据根据用户的使用习惯进行定向推送，特别是在 EFG 开机画面中，在用户打开电视机不知如何选择时，根据个人习惯推送的节目内容往往能获得较高的点击量。

（二）收看终端跨屏化

随着收看终端的网络化、智能化和普及度的提高，用户的收看行为也发生了变化，智能电视成为一种新兴的家庭娱乐模式终端，节目内容的收视呈跨屏化趋势，用户通过智能手机、平板电脑等移动终端收看节目的频次和时长不断增加。电视剧《延禧攻略》在智能电视机、智能终端热播的同时，在智能手机客户端上以二倍速或多倍速加快播放，使剧情更加紧凑，信息量集中，解决了手机屏幕小、电量消耗大影响收看的问题，剧情的情节点、拍摄花絮等短视频也带来了高点击量和评论量。

（三）付费点播常态化

在传统的电视节目中，节目内容以"节目流"的形式持续不断地进行线性传播，直播成为唯一的收看方式，三网融合改变了这种传播结构和收看方式，点播、回看、时移成为新的收看方式，2017 年仅在有线电视终端

---

① 《第 46 次〈中国互联网络发展状况统计报告〉》，http://www.cac.gov.cn/2020-09/29/c_1602939918747816.htm。

使用视频点播的用户达到 2401.98 万户，使用电视回看、时移业务的用户达到 3057.75 万户，并呈现不断增长的趋势，这也体现了用户需求的差异化和个性化趋势。

此外，付费成为新的常态，购买 VIP 会员进行付费点播，参与互动的用户不断增加。2015 年，爱奇艺网络独播的《盗墓笔记》采取用户购买 VIP 会员进行付费收看的模式，五分钟内播放请求就达到 1.6 亿次。2017 年，电视剧《三生三世十里桃花》在腾讯视频热播，VIP 付费会员享有提前 2 集剧情更新的特权。2017 年付费数字电视用户达 7013.78 万户，其中高清付费频道订购用户达到了 2627.19 万户。2020 年 3 月，腾讯视频的付费会员数已达 1.06 亿个，截至 2020 年第三季度末，爱奇艺付费会员规模达 1.048 亿个。付费点播的增加也是用户对节目质量、服务体验的高追求的表现，唯有内容生产上的不断创新才能解决内容服务与用户需求之间不充分、不平衡的矛盾。

三网融合从根本上改变了传统电视节目的生产和传播结构，平台的扩大、主体的多元、终端的多样使竞争更为激烈。节目内容再次被重新定义，数据服务成为内容的一部分，"以受众为中心"的内容生产正在向"以用户为中心"的内容服务转变。构建"智慧家庭数码港"是广播电视网、电信网、互联网三大主体进行内容创新的共同目标，三大网络分别以数字电视、IPTV、OTT TV 为主要产品形态在客厅领域展开了竞争。从三网融合相关政策法规，以及《持有互联网电视牌照机构运营管理要求》（广办发网字〔2011〕181 号）等通知可以看出，电视内容生产主体不只包括传统的电视台，互联网内容服务商、牌照集成商对内容和服务的集成也成为内容生产的一部分。"智慧家庭数码港"的内容创新应从融合的产品形态出发，在传统电视台、数字电视系统、IPTV、OTT TV 等几个方面进行内容生产的创新。

第二节　三网融合背景下电视产业内容生产分析

在三网融合背景下，基于频率稀缺的电视频道限制被打破。播出渠道相对传统电视时代成倍增加。运营商需要通过内容购买等手段来培育新的内容生产商，以适应不断增加的内容播出需要。在传统的市场环境下，电视的内容提供商主要为电视台和一些影视制作公司等民营制作机构服务。这样的市场环境让内容生产远远跟不上市场需求。内容生产和播出的缺口较大，造成在全国电视屏幕上一些节目反复或同时播出。而在三网融合背景下，节目内容不只限于电视节目，股市行情、在职培训、天气预报等信息传播将成为节目常态。电视、电信与互联网融合，手机、平板电脑、摄像头、iwatch、谷歌眼镜等私人媒体终端的出现，使每一个人都可以成为内容生产者与提供商。一方面是内容形式的拓展及数量的增加，另一方面是内容提供商的形式与数量急剧增加。在此情况下，我们认为在三网融合背景下，基于"智慧家庭数码港"的现代电视内容生产需要实现以下几个层次的转型来应对当前的挑战。

第一个维度：基于智慧家庭数码港的非组织内容生产

所谓非组织内容生产，我们认为是在三网融合背景下，随着非传统内容生产手段的普及，基于"智慧家庭数码港"，个人、论坛跟帖者、微博发布者及关注者等都在有意或无意中成为内容的提供者。他们之间是没有组织的，内容生产手段可能是非传统的，但他们数量众多，有着巨大的生产能力和创新能力。他们会以意想不到的方式制造内容热点，然后引来众多的围观者，这些围观者在成为观众的同时又会成为创造者，会对最初的内容热点进行添加、充实，后来者与最初的热点内容制造者之间、后来者与后来者之间、内容制造者与观众之间、内容制造者之间往往会进行互动。整个内容会不断根据观众的爱好进行改善、发展，最后在众多参与者的力量下以很少的投入成本制造出规模相对较大的作品。这类作品因为吸引了众多人的参与，天生具有相对广阔的市场。人们会喜欢自己创作的作品、自己能参与的作品、自己能与创作者争论并影响它的作品。因此，这类内容具有较高的"用户黏着度"，更有市场潜力。"智慧家庭数码港"要给此类非组织内容生产者创造宽松的环境和更多的机会，鼓励他们进行内容生产并在适当的时候进行激发和引导，成为这类内容提供者的一个平台和港湾。为"智慧家庭数码港"提供一个富有生命力的内容提供源。

第二个维度：基于智慧家庭数码港的家庭内容生产

我们认为，通常情况下电视相对于电脑、手机来说屏幕更大、重量更大、体积更大，更不易移动。因此，它作为一种"客厅媒体"或者一种家庭媒体的功能在可预见的将来仍然不会改变。在三网融合的背景下，"智慧家庭数码港"的发展与其一味去与手机、电脑等在移动化、个人化、小型化、私密化上比拼，不如发挥电视屏幕更大，更适于家庭共同使用的传统优势，将其功能定位成"智慧家庭数码港"。那么，"智慧家庭数码港"需要针对家庭的需要和爱好引导相应的内容提供商进行相应的内容开发，其节目内容要更强调家庭性，更多地服务于家庭层面的需要。这样"智慧家庭数码港"的整个定位及产业的健康发展才有明确的方向。为此，我们可以着眼于三个方面，一是在传统电视内容方面继续推出定位于家庭的服务，如"团聚时光"及"快乐客厅"之类的节目。二是增值业务方面定位于家庭的需要，如家庭信息内容服务、物联网内容服务、家庭培训内容服务等。三是满足家庭及成员个人创造的需要，给家庭及成员创造内容的平台和接口，"智慧家庭数码港"在保证其三网融合的基本功能的同时，还可以容纳家庭的各种数字传媒设备，与各种设备组合而形成不同的功能模块，实现 $1+1>2$ 的效果，产生能效的倍增。这样，"智慧家庭数码港"包容了手机、电脑等私人化媒体而不是与之进行同质化竞争。通过"智慧家庭数码港"，单个家庭成员创造的节目内容可集成为家庭节目内容，单个家庭或若干个家庭创造的节目内容又会成为其他家庭欣赏、使用的节目内容并激发其他家庭创造节目内容的兴趣。

第三个维度：基于智慧家庭数码港的知识传承与生产

对于"智慧家庭数码港"来说，其传递的很多内容在某种程度上也是一种知识，也能作为知识进行管理和传承。因此，"智慧家庭数码港"的运营商还需要引入知识管理的理念。运营商可以利用其传递的内容，帮助"智慧家庭数码港"产业链上的各种运营商建立知识管理系统。系统建立后通过各运营商的配合，将其知识创造存入知识库，让全社会的人从中获取知识，改善工作效率或进行决策，最后由知识的使用者再分享回馈自身的经验给知识库，由此推动社会的创新与发展。在信息爆炸的时代里建置数据库的主流方向为"Metadata"，意指"诠释数据"或"超数据"，它的基本理念是"data about data"，也就是说要将数据重新分析组织整理，以提升数据的附加值，让使用者通过简单的消化吸收便能转换为知识。"智慧家庭数码港"能够提供各种先进的技术来活化这些知识，成为完美的知识管理工具，同时也成为新的利润增长点。另外，在视频微课流行的今天，各种网络远程视频授课、云教育正在勃兴，"智慧家庭数码港"可以利用电视平台在视频内容生产、制作、传播等多方面的优势。一方面，着手对原来积累的资料，如中央电视台教育频道原来的电视教育课程、中央新闻制片厂的珍贵历史文献片、科教频道的《互联网时代》等科教纪录片资源进行整理和二次开发。另一方面，通过建立电视平台用户大数据库，与知识库进行对接和精准管理，使用户个性化的继续教育需要得到精准化满足。特别是可以利用电视平台成为"智慧家庭数码港"的优势，将电视平台与家庭物联网结合，成为家庭大数据中心。而所谓家庭物联网即家庭中各种电器家具等物连接而形成的网络，其应该具备三个特征：一是全面感知，即利用 RFID、传感器等随时随地地获取物体信息；二是可靠传递，通过各种电信网络与互联网的融合，将物体信息实时准确地传递出去；三是智能处理，利用云计算、模糊识别等各种智能计算技术，对海量数据和信息进行分析和处理，对物体实施智能化的控制。物联网是收集大数据知识的入口，而电视平台可以对其收集的大数据知识进行管理，并上传到云数据库进行分享和传承。[1]

不同的观众对节目有不同的喜好，对节目内容有各种各样的知识需求，基于"智慧家庭数码港"，他们的需求将通过购买运营商的内容体现出来。运营商通过销售数据与市场调查汇总观众的内容需求，并调整自己的节目组合。通过这样的市场运作，"智慧家庭数码港"实际上成为内容制作商与观众间的数据传递者与管理者。一方面这顺应、引导了观众的内容需求，另一方面也培养、激励了优秀的内容制作商，以达到供需平衡，

---

[1] 邬建中：《电视平台内容生产的转型之路》，《青年记者》2016 年第 20 期。

实现整个"智慧家庭数码港"产业链的健康发展。

第四个维度：基于智慧家庭数码港对传统电视内容的开发

电视运营商与电信运营商相比最大的优势在于内容，在于当前的广播电视网络传输公司与电视台等传统内容生产商处于同一系统内部而享有的独特便利。基于"智慧家庭数码港"的运营商可以根据对家庭用户的大数据分析，有针对性地对电视产业几十年来积累下来的内容进行智能化的二次开发，一方面形成对用户的精准传播，另一方面盘活传统电视产业多年积累的内容资产，但在开发过程中，必须意识到传统电视节目内容是针对电视屏幕开发的，运营商需要借助"智慧家庭数码港"对之进行智能化处理，使传统电视内容能适应电脑屏幕与手机屏幕的传播需要，适应智慧家庭和智慧广电的相关要求。此外，"智慧家庭数码港"的运营商需要继续与传统的电视内容提供商保持良好的战略联盟关系，不断将变化的市场情况与用户需求反馈给它们，使它们能紧跟时代发展，不断地挖掘整合，确保"智慧家庭数码港"产业有稳定的内容来源，这是三网融合背景下电视产业的核心竞争力。

第五个维度：基于智慧家庭数码港的增值内容生产

"智慧家庭数码港"运营商需要积极研究三网融合下信息传输的新兴市场和产业链变化，对传统电信、互联网的内容生产商进行研究并结成联盟。"智慧家庭数码港"运营商应该认识到互联网电视、互联网信息内容、移动电话信息等应是"智慧家庭数码港"增值服务的基础，是"智慧家庭数码港"需要进入的并有希望在信息社会增长最快的业务领域，如土豆网宣称，"每个人都是自己的电视台"，Google 地球已成为需求者众多的一个市场，视频网站捧红了"旭日阳刚"，网络电视如 CNTV、芒果台等也早已大行其道。目前，数据增值业务的内容提供商多由电信、互联网企业把持。"智慧家庭数码港"运营商需要提早布局，找准切入空间，并迅速与部分增值业务内容生产商结成相对稳固的战略联盟关系，确保对增值内容生产的掌握。

第三节 基于智慧家庭数码港的电视
产业内容生产创新

在三网融合背景下，"以用户为中心""以内容和服务为王"，创造智慧生活、构建家庭数据信息港是广播电视网、电信网、互联网三大主体进行内容创新的共同目标，三大网络分别以数字电视、IPTV、OTT TV 为主要产品形态在客厅领域展开了竞争。从三网融合相关政策法规，以及《持有互联网电视牌照机构运营管理要求》等通知可以看出，电视内容生产主体不仅包括传统的电视台。

互联网内容服务商、牌照集成商对内容和服务的集成也成为内容生产的一部分。家庭数据信息港的内容创新应从融合的产品形态出发，在传统电视台、数字电视系统、IPTV、OTT TV 等几个方面进行内容生产的创新。

一 传统电视台的内容生产创新

在三网融合时代，传统电视台依然是内容生产的主要来源，电视节目不仅满足了广电网络、IPTV 直播的需求，电视连续剧、电视综艺等栏目也是 OTT TV、智能电视终端、视频网站上用户进行点播的内容。

（一）传统电视台的优势

作为传统的内容生产端，在"智慧家庭数码港"的建设中，传统电视台具有以下优势。

1. 权威性

在三网融合进程中，虽然电信网、互联网具有了电视节目制作和集成的业务能力，但新闻时政节目仍只能由电视台制作和播出。这些电视新闻栏目、专题报道、深度报道等各类新闻资讯类节目满足了用户的信息需求，在一些突发事件报道、权威信息发布上，电视台依然具有传播优势。虽然新媒体、自媒体用户能够参与到新闻事件的报道中来，但在专业性、权威性和报道深度上仍无法与传统电视台相比。

2. 直播的日常化

传统电视节目是基于线下节目流的连续播出，"在公信力基础上，电视媒体的直播化展示出一种对生活全景的直播和呈现，这是其他形式暂时无法比拟的"。① 近年来，基于网络平台的短视频直播飞速崛起，但这些网络直播在节目内容上存在低俗性、随意性、低端化以及传播碎片化等问题。电视媒体在重大事件、突发事件的现场直播中，凭借深入第一现场的采访权、强大的创作阵容、高水平的节目摄制，营造出不可替代的"仪式感"，网络直播仍然难以望其项背。网络直播页面示例见图 5-2。

图 5-2　网络直播页面示例

资料来源：视频截图。

3. 高端大制作

视频网站的 PGC 虽然提供了海量的视频资源，但这些视频在时长、制作水准、质量上与电视台制作的节目内容还有很大差距。热播电视剧、"现象级"真人秀节目大多由电视台制作，这些节目也往往是各大智能电视终端 EFG 界面推荐的主要内容，是各大平台用以满足用户点播、跨屏收视、付费观看的重要资源。2012 年，浙江卫视从荷兰 Talpa 公司购买了

---

① 胡智锋：《新环境下中国电视的发展与创新空间》，《新闻与写作》2018 年第 3 期，第 22~25 页。

《The Voice of...》的节目模式版权，根据国内观众的审美习惯进行本土化改编，打造了电视真人秀《中国好声音》，仅节目制作费就超过 8000 万元，《中国好声音》在浙江卫视、腾讯视频一经播出就引起了轰动。《中国好声音》也一度成为"现象级"真人秀节目的代表，更是引发了国内电视台引进国外模式改编制作的热潮。据统计，2013 年国内有 23 家电视台引进国外 43 档节目模式进行改编，这种高端大制作是其他视频网站、UGC、PGC 所无法超越的。

（二）传统电视台的内容创新策略

互联网时代，个体被激活并成为社会传播的基本单位，传统媒体沦为信息来源的一部分。传统电视台虽然在内容方面有一定的优势，但远不能满足"智慧家庭数码港"的内容需要，面对用户的多样需求，应在内容、服务等多方面进行创新。

1. 加大高质量节目供给

随着 4K 智能电视终端拥有量的增加，超分辨率节目成为稀缺资源，在机顶盒、OTT TV 中 4K 片源仍以国外电影的点播为主，电视剧、电视综艺等节目占比很低。传统电视台应发挥高质量、大制作的优势，进军超清晰度市场，策划制作系列超高清晰度节目以满足多终端收视需求，积极探索 8K 超高清节目的内容生产。此外，还应加快推进高质量声音广播、环绕立体声的研发，与超高清画面相匹配，提升节目整体效果。

2. 台网互动，跨屏制作与传播

传统电视节目的线性传播模式难以与受众形成有效的互动和沟通，随着互联网特别是社交媒体的发展，台网互动、跨屏制作有了新的突破。电视栏目通过开通官方微博、微信，在节目播出前对话题进行预热，推出节目精彩预告，调动观众的收视兴趣；节目播出时通过话题营销、网上互动、弹幕等形式与观众进行现场交流，提高节目关注度；节目播出后通过精彩回顾、点播等途径再次推送，延续节目的生命力。近年来，一些热播的综艺节目在台网互动方面已经进行了探索，有些经验和模式值得借鉴和推广。《我是歌手》第二季推出了微博投票，场外观众通过微博与节目互动，为自己喜爱的节目点赞、投票。《中国梦之声》设置了微博虚拟观众席，投票结果直接影响竞演成绩，电视直播过程中会显示观众的头像，打通了线上线下的空间。

手机 App 也是电视节目跨屏制作的新方式，通过节目定制 App 不仅便于观众的参与，而且基于 App 开发的游戏、互动板块也是扩大节目品牌影响力的方式。湖南卫视《我想和你唱》栏目开音乐节目互动创新之先河，场外观众通过手机 App 上传与明星嘉宾同框合唱的视频，经过栏目组筛选，到现场与明星嘉宾合唱，这种基于新媒体的节目创作与互动方式，顺应了互联网发展的潮流。东方卫视《女神的新衣》通过植入"明星衣橱"App，观众在节目直播过程中，通过 App 扫码就可以挑选和购买喜欢的衣服，在 App 上还可以对节目进程中明星的设计进行点评，通过"问答有礼"环节，有效提升了观众跨屏的参与度，回答正确的观众可以获得节目提供的明星签名、优惠券等，这种台网的深度结合，也开创了电商的新模式。

3. 走品牌化、精品化路线

优质的内容永远是王道，谁占有独家的优质资源，谁就是王者。即使面对受众的碎片化接受，传统电视台仍要坚持品牌化、精品化路线，在节目品质上下功夫，这也是传统电视节目被不同平台或 OTT TV 购买、集成或持续付费点播的前提。中央电视台的《国宝档案》《朗读者》《经典咏流传》《中国诗词大会》《见字如面》等栏目在全平台的热播，正是得益于节目的精品制作和文化品质，一改综艺节目过度娱乐化的弊病，发掘传统文化精髓与电视真人秀表现形式的有机结合，带来了良好的口碑，形成了极好的品牌效应。

在节目品牌和口碑的营销下，基于精品节目的衍生品，如"番外篇"、制作花絮，也是 IPTV、OTT TV 平台上热门点播的对象，浙江卫视《中国好声音》《我就是演员》等综艺真人秀节目在正常播出之余，将拍摄花絮策划成专门栏目，在 OTT TV 终端播出，借助口碑和粉丝效应延续了节目的生命力，"番外篇"的热播也加深了观众对节目的了解，人物形象更加真实和丰满，对主体栏目产生了反哺效应。

4. 以技术创新推动内容创新

大数据、智能化、云计算是"智慧家庭数码港"的新特征，传统电视台在发挥节目内容优势的同时，还应积极运用大数据、人工智能技术创新节目形态，增强核心竞争力。大数据不仅能够实现对用户的精准分析，还是节目制作的新手段。"算法制作节目"在《纸牌屋》的拍摄实践中的体现就是最好的例子，通过数据分析能够准确把握用户的消费心理和视听需求，为选题策划、主题设置、剧本选择、营销传播提供数据支撑和决策判断，此外，数据分析也成为一种新的节目元素，数据新闻在电视新闻报道中逐渐形成特色，综艺栏目也可以借助数据分析增强节目效果。

人工智能（AI）、虚拟现实（VR）、混合增强等新技术的发展，为电视节目创作提供了新手段，要积极推动新技术与电视节目的深度结合，扩大创意空间，创新节目形态。新闻节目《数说"十三五"》采用现实增强技术（AR），将数据动画展示在城市街道、山峰河流等现实场景之上，这种将数据和真实新闻现场结合的方式，让人耳目一新。《数说命运共同体》中借助现实增强技术（AR），主持人能够在共建"一带一路"各个国家、工作场景中自由穿梭，不同工作场景中动作、语言的衔接顺畅自然，给人耳目一新的感觉，也凸显了命运共同体之间的紧密联系。

5. 主动与网络运营商合作

新媒体时代网络生产的内容也是电视荧屏上收看的主要内容，这些内容既有视频网站的专业生产内容（PGC）也有用户上传的内容（UGC），网络剧、网络纪录片、网络综艺在题材、叙事手法、剪辑上更注重创新，扩展了传统电视节目内容的创作和传播空间。电视台应抓住机遇，主动参与网生内容的制作，发挥网生内容接地气、互动性强的优势。上海东方卫视2015年联合优酷、爱奇艺、腾讯等视频网站制作了明星互动脱口秀节目《小哥喂喂喂》，采用网络直播和点播相结合的形式，主持人费玉清充当接线员来解答和解决场外网友的提问与烦恼，节目诙谐幽默，全程进行网络直播并与用户同步互动，点播量超过1.5亿次。第二季已经在东方卫视播出，网生内容反向输出到了电视台。

6. 以互联网思维建设广电移动新闻客户端

传统电视媒体在新闻时政类节目的报道中具有公信力和权威性，但在自媒体迅速发展的今天，新闻栏目化播出的形式导致其时效性弱化。依托移动互联网、人工智能（AI）等技术，建设广电移动新闻客户端，是推动传统媒体与新兴媒体深度融合、提升舆论引导能力、加强主流媒体阵地建设的重要抓手。移动新闻客户端在新闻资讯的实时更新、精准推送，生活服务、用户互动以及智慧家庭的对接上发挥了优势，弥补了传统电视节目传播上的不足，虚拟现实（VR）、H5、无人机等新技术的运用也提升了用户的视听体验和新闻传播的效果。

此外，移动新闻客户端也是用户发现新闻、上传新闻的接口，用户成为新闻生产的来源，打通了大小屏幕的隔阂，增强了用户黏性。2016年广东广播电视台的移动新闻客户端"触电新闻"App上线，客户端以新闻咨询、短视频和直播为主，实现了传统媒体与新媒体之间的互通互融。湖北广播电视台"长江云"打通了省、市、县三级媒体和政务的新媒体业务，构建了综合性的融媒体服务平台，特别是各级党政部门的入住，打造了一批便民的移动政务服务产品，如"一键问政""民声""党风政风热线"等栏目，成为践行"网上群众路线"的重要平台（见图5-3）。

图5-3　长江云移动新闻客户端界面

资料来源：手机截图。

7. 打造"内容 + 平台"的场景化增值服务

在内容生产创新中还应积极与新媒体平台互动,将节目内容融入平台,构建新的家庭收视场景,实现价值链的增值。2015 年中央电视台春节联欢晚会,首次使用微信参与互动,开发了"摇一摇"抢红包、明星拜年等互动新手段,这种互动方式也升级为微信中"摇电视"栏目,用户"边看边摇",成为一种新的家庭收视场景。天猫平台全程参与了东方卫视《极限挑战》栏目的制作和录制过程,节目环节、任务设置、场景等元素都有天猫平台的参与,用户还可以在天猫上与明星进行互动,低价快速完成海外购。这种"内容 + 平台"的合作既改变了传统电视节目互动不足的缺陷,也延伸了节目的内容产业链,平台借助节目内容扩大了影响力和受众面,成为一种新的广告植入方式,"内容 + 平台"也成为一种新场景。

二 基于数字电视的内容生产创新

传统广播电视网通过有线模拟电视(CATV)的方式进行电视节目的传输,随着三网融合、数字技术的发展,电视节目的拍摄、制作、传输(有线、无线、卫星)和接收的所有环节都采用数字信号的方式,用户通过数字电视机顶盒,在客厅就可收看数字电视节目。2008 年《关于鼓励数字电视产业发展的若干政策》(国办发〔2008〕1 号)提出了以有线电视数字化为切入点,加快推广和普及数字电视广播,加快有线电视网络由模拟向数字化整体转换的目标。当前,我国已完成了广播电视网由有线模拟电视(CATV)向数字电视的整体转换。数字电视包括地面无线传输(地面数字电视)、卫星传输(卫星数字电视)、有线传输(有线数字电视)三类。[1]

有线电视的发展经历了从模拟到数字再到下一代广播电视网的转换和升级,并不断融入新技术,增强服务功能,向智慧广电的方向发展。2018 年 11 月 16 日,国家广播电视总局印发了《关于促进智慧广电发展的指导

---

[1] 连少英:《互联、互动、融合、增值——"三网融合"时代我国有线通信电视发展趋势分析》,《现代传播》(中国传媒大学学报)2012 年第 5 期,第 151 ~ 152 页。

意见》，指出：要以服务用户为中心，加快广播电视网络传播体系整体性转型升级；加快全国有线电视网络整合和互联互通平台建设；加快建立面向5G的移动交互广播电视技术体系；加快建立新一代卫星直播技术体系；加快广播数字化进程。① 中宣部副部长聂辰席在全国"智慧广电"建设现场会上指出："广播电视要积极参与智慧城市、智慧乡村、智慧社区和智慧家庭建设，不断增强广播电视台内容制作创新力和活力。"②

（一）数字电视系统的内容优势

1. 频道多，图像质量好

传统电视台提供了数字电视传输的主要内容，各地方的数字电视供应商不仅集成了上星卫视频道的高标清内容，本地频道、付费点播频道还是重要的节目来源。山东有线（淄博）数字电视节目单（见图5-4）中，涵盖了所有上星卫视的高标清内容，还集成了市县级电视台的节目频道。体育、足球、戏曲、纪实、生活等付费频道的集成也满足了用户点播的个性化需要。此外，数字电视保持了传统有线电视在节目传输上的优势，采用MPEG-2压缩和编码技术，较OTT TV、IPTV有更高的画质。

2. 贴近性，闭路电视的传统

数字电视延续了有线模拟电视闭路传输的优势，不仅可以集成当地电视频道的内容，大型企事业单位、学校、乡镇等内部频道的自制节目和影片资源也是节目内容的主要来源，这些闭路节目内容贴近用户的生活，能够满足用户对本地数据信息的需求。IPTV、OTT TV虽然可以集成更多的地方频道资源，但无法实现闭路电视的传播，数字电视在贴近性传播上具有较大的传输价值。

3. 服务性，边远地区卫星信号覆盖

卫星传输也是数字电视的一种形态，在一些有线电视网、电信网、互联网无法覆盖的边远地区发挥着重要作用，直播卫星"村村通"工程的建

---

① 《广电总局印发〈关于促进智慧广电发展的指导意见〉》，http://www.tvoao.com/preview/195613.aspx。

② 聂辰席：《在推进全国"智慧广电"建设现场会上的讲话》，国家广播电视总局官网，http://www.nrta.gov.cn/art/2018/11/26/art_183_39776.html。

山东有线（淄博）数字电视频道新排序表（2018年9月）

178套基本频道▶

序号	频道名称	序号	频道名称	序号	频道名称	序号	频道名称	序号	频道名称
1	中央-1	37	中央-12	73	金鹰卡通	109	河南卫视高清	145	梨园频道
2	山东卫视	38	中央-13	74	卡酷动画	110	河北卫视高清	146	考试在线
3	淄博新闻	39	中央-14	75	优漫卡通	111	贵州卫视高清	147	篮球
4	淄博都市	40	中央-15	76	北京纪实高清	112	湖北卫视高清	148	快乐宠物
5	淄博生活	41	好享购物	77	中国交通频道	113	重庆卫视高清	149	职业指南
6	淄博公共	42	预留频道	78	中国气象频道	114	吉林卫视高清	150	家庭理财
7	淄博科教	43	中视购物	79	中国足球高清	115	东南卫视高清	151	东方财经
8	淄博图文	44	快乐购	80	中国教育1套	116	广东卫视高清	152	财富天下
9	张店台	45	北京卫视	81	中国教育2套	117	山东齐鲁高清	153	劲爆体育
10	张店图文	46	浙江卫视	82	优购物2	118	山东体育高清	154	先锋乒羽
11	导视频道	47	天津卫视	83	CCTV-1高清	119	山东公共高清	155	电子体育
12	聚鲨环球精选	48	湖南卫视	84	CCTV-2高清	120	畅享导视	156	第一剧场
13	家有购物	49	江苏卫视	85	CCTV-3高清	121	电视指南	157	国防军事
14	优购物	50	安徽卫视	86	CCTV-4高清	122	收藏天下	158	天元围棋
15	山东齐鲁	51	东方卫视	87	CCTV-5高清	123	齐鲁剧场	159	书画
16	山东影视	52	黑龙江卫视	88	CCTV-5+高清	124	世界地理	160	摄影
17	山东体育	53	辽宁卫视	89	CCTV-6高清	125	怀旧剧场	161	四海钓鱼
18	山东生活	54	深圳卫视	90	CCTV-7高清	126	风云足球	162	新动漫
19	山东综艺	55	江西卫视	91	CCTV-8高清	127	风云剧场	163	央视台球
20	山东少儿	56	四川卫视	92	CCTV-9高清	128	老故事	164	高尔夫网球
21	山东公共	57	河南卫视	93	CCTV-10高清	129	女性时尚	165	茶频道
22	山东农科	58	河北卫视	94	CCTV-12高清	130	英语辅导	166	快乐垂钓
23	山东教育	59	贵州卫视	95	CCTV-14高清	131	留学世界	167	高清综合
24	家家购物	60	湖北卫视	96	山东卫视高清	132	发现之旅	168	高清剧场
25	居家购物	61	高清畅享馆	97	北京卫视高清	133	游戏竞技	169	高清探索
26	时尚购物	62	重庆卫视	98	浙江卫视高清	134	法治天地	170	高清影院
27	中央-2	63	吉林卫视	99	天津卫视高清	135	金色频道	171	新视觉高清
28	中央-3	64	陕西卫视	100	湖南卫视高清	136	动漫秀场	172	测试频道1
29	中央-4	65	云南卫视	101	江苏卫视高清	137	都市剧场	173	测试频道2
30	中央-5	66	山西卫视	102	安徽卫视高清	138	全纪实	174	山铝新闻
31	中央-6	67	东南卫视	103	东方卫视高清	139	游戏风云	175	齐鲁石化
32	中央-7	68	广东卫视	104	黑龙江卫视高清	140	极速汽车	176	齐鲁石化高清
33	中央-8	69	新疆卫视	105	辽宁卫视高清	141	生活时尚	177	现代农业
34	中央-9	70	西藏卫视	106	深圳卫视高清	142	武术世界	178	山东有线导视
35	中央-10	71	兵团卫视	107	江西卫视高清	143	文物宝库	179	中央-NEWS
36	中央-11	72	农林卫视	108	四川卫视高清	144	老年福		

全频道时移 30天回看 精彩节目不再错过

40套高清畅享馆▶

序号	频道名称	序号	频道名称	序号	频道名称	序号	频道名称	序号	频道名称
1	畅享导视	9	精彩影视	17	劲爆体育	25	生活时尚	33	音乐会
2	高清综合	10	欢笑剧场	18	英超直播	26	美食之旅	34	魅力音乐
3	高清影院	11	高清剧场	19	高清探索	27	极速汽车	35	少儿音乐
4	环宇电影	12	都市剧场	20	自然传奇	28	全纪实	36	动漫秀场
5	院线电影	13	热播美剧	21	求索纪录	29	游戏风云	37	3D畅享
6	经典电影	14	影像英伦	22	求索动物	30	幸福彩	38	4K畅享
7	欧美电影	15	雅趣综艺	23	求索生活	31	环球新艺	39	BT纪实
8	亚洲电影	16	宝岛怡家	24	求索科学	32	演唱会	40	全纪实

交收视费送宽带 政府补贴最高200元

图 5-4 山东有线（淄博）数字电视节目单

资料来源：http://tieba.baidu.com/photo/p? kw=%E9%AB%98%E6%B8%85%E9%A2%91%E9%81%93&ie=utf-8&flux=1&tid=5880151220&pic_id=6fe8b80a304e251f6ce384edaa86c9177e3e53ef&pn=1&fp=2&see_lz=1。

设是广播电视精准扶贫、服务三农、远程教育、支持乡村振兴战略的重要方式，也是广播电视公共服务工作的重要体现。

（二）数字电视系统的内容创新策略

1. 因地制宜，发挥地缘优势

数字电视的贴近性使其在用户的本地事务中占据地缘优势，在"智慧家庭数码港"的建设中更能凸显其服务价值和民生功能。数字电视应进一步整合本土资源，推出特色节目，提升本地用户的视听和服务需要。重庆生活时尚频道的《冷暖人生》《生活麻辣烫》以重庆方言为特色，由群众演员来表演生活中的故事，深得重庆人民的喜爱。江西都市频道的《寻味江西》，发掘当地的美食和民俗文化，不仅带动了旅游的发展，节目中的美食店也是线下市民争相"打卡"的网红景点。

2. 加大优质资源供给，增强互动性

仅有本地节目资源还是难以满足用户多元化的视听需求，数字电视还应集成优质资源，与电视内容服务商开展多领域的合作，使节目资源更具多元化，打造海量资源库。用户既能通过双向网络点播自己喜爱的节目，也能在有线 App 客户端实现跨屏收视，进一步强化互动性。山东广电积极探索融合服务，在自制节目的基础上与华数 TV、芒果 TV、搜狐视频、优酷 TV、CNTV、PPTV 等互联网内容服务商合作，共建节目资源库，设置互动点播板块，用户不仅可以在 30 天内点播回看全电视频道的节目，还可以选择不同影视内容进行跨屏互动。山东有线 EFC 点播界面如图 5 - 5 所示。

3. 打造智慧型广播电视公共服务体系

三网融合使数字电视拥有了宽带数据业务、交互业务等技术处理能力，在"智慧家庭数码港"的建设中，数字电视在发挥内容贴近性优势的同时，还应加强智慧服务能力建设，构建"智慧广电"，主动开展与用户生活息息相关的电商、教育、医疗、金融、三农等行业的智能衔接，构建以数字电视为核心的智慧家庭、智慧社区、智慧教育、智慧医疗等广播电视公共服务体系。

歌华有线在构建"智慧广电"融媒体服务方面进行了有效探索，已打造"朝内生活圈""歌华生活圈""密云便民服务频道""海淀电视政务大厅""电视图书馆""家庭远程医疗"等板块，构建"智慧广电＋"生态链。歌华有线智能点播界面如图 5 - 6 所示。

图 5 - 5　山东有线 EFG 点播界面

资料来源：网络截图。

图 5 - 6　歌华有线智能点播界面

资料来源：http://www.bgctv.com.cn/html/xwzxgb/。

　　基于广播电视网的互联网接入、互联网数据传送增值、国内 IP 电话等业务，是实现广播电视网价值最大化的有效方式，也是广播电视增强服务性和公共性的渠道之一，但在当前的融合进程中信息服务业的价值还未真正发挥出来，在"智慧家庭数码港"和"智慧广电"的构建进程中，广播电视网要增强信息服务能力，实现广播电视向"多媒体形态、多信息服务、多网络传播、多终端展现"的全业务服务模式演进，让广播电视成为全体人民美好生活中更加密不可分的一部分。

在精准扶贫、乡村振兴战略中，数字电视融入了党员远程教育、便民就医、乡村广播、农村电商等业务，打造了面向农村的智慧型广播电视公共服务体系。农民通过电视屏幕就可以享受远程教育、医疗、电商等服务，不仅能有效缩小城乡数字鸿沟，也提升了农村的公共文化管理和服务水平。2018 年广西壮族自治区人民政府发布了《数字广西"广电云"村村通户户用工程三年攻坚会战实施方案（2018—2020 年)》，在三年内建成新型广播电视覆盖服务体系，健全"广电云"政用、民用、商用服务体系。

4. 5G 深度融合

5G 时代具备万物互联、更高带宽、更低时延、更高可靠性的特点，5G 时代的来临给传统广播电视的内容生产和传输带来了新变化。通过 5G 技术，超高清、AR、VR、MR 都将在多种智能终端实现实时直播、点播互动，广播电视节目实时制作、全现场直播、多智能终端的连接将更加便捷。在 5G 时代，广播电视网要深度融合 5G 技术，扩大广播电视网络的覆盖面，在内容生产上开展多种合作，在资源和技术上实现共享，共同运营优质产品。

三 基于 IPTV 的内容生产创新

IPTV 的全称是 Internet Protocol Television，即互联网协议电视，亦称交互式网络电视或互动电视。作为三网融合的产物，IPTV 是通过电信网传输以电视频道节目为核心视听内容的信息服务。简单讲，就是电视提供内容，电信提供渠道的融合。IPTV 以其可管可控、内容丰富成为网络视听产业发展中具有代表性的新媒体业务，国家广播电视总局公布的《2019 年全国广播电视行业统计公报》显示，IPTV 用户达 2.74 亿户。

2012 年，国家广播电影电视总局发布了《关于 IPTV 集成播控平台建设有关问题的通知》，明确了要建设全国统一的 IPTV 集成播控平台体系、实行中央与省级集成播控平台分级运营的模式、建立和完善两级 IPTV 内容服务平台体系。2016 年已基本建成了覆盖全国的 IPTV 集成播控平台，

2018 年，30 多个省市自治区的分平台与总平台签署合作协议。

（一）IPTV 的内容生产优势

1. 满足多样化的收视需求

IPTV 的主要资源也是来自传统电视台的节目内容，并能够实现电视直播功能（中国移动除外），点播、回看、时移也是 IPTV 的一大特色。此外，IPTV 还集成了 PGC 等网生内容，并购买了优酷、爱奇艺等的影视资源库，4K 影片、电视综艺、纪录片等不同类型节目资源能够满足用户付费点播的需要。广东 IPTV 的 EFC 界面如图 5－7 所示。

图 5－7　广东 IPTV 的 EFG 界面

资料来源：http://gd.189.cn/kd/iptvzq/gz.html/。

2. 服务性、交互性强

IPTV 不仅实现了传统电视节目的直播和回看，中央、地方两级集成播控体系还大大扩展了 IPTV 中电视频道的数量，用户通过 IPTV 可以看到集成商提供的全国各地的电视频道节目。除此之外，IPTV 还具有多项服务业务，满足各类生活的需求，如能够帮助用户参与电子政务、远程医疗、远程教育、网络游戏等。基于电信网的传输优势，IPTV 还具有开展各类电话会议、视频会议、基本电信服务的业务优势。

（二）IPTV 内容创新策略

1. 打造个人化的 IPTV

在三网融合背景下，各大网络主体的竞争更加激烈，IPTV 应利用大数据技术分析用户的心理特征和使用习惯，把握用户需求的变化，打造个人化的 IPTV。开展精细化运营，进行精准推荐，以用户为中心开展增值业务，强化线上与线下的互动。

2. 增强集成播控能力

集成播控也是 IPTV 业务的一环，对不同内容服务商所提供节目资源的筛选也是内容生产的一部分，这将决定什么样的资源能够呈现在用户的 EFG 节目单中，直接影响 IPTV 平台的质量和竞争力。集成播控应该根据对全网用户的大数据分析、确定用户群体的偏好、综合考虑购买成本等多因素，进行优化选择。此外，集成播控也是确保 IPTV 业务的安全性和可管可控的必要措施。

3. 加强网台联动，放大传播效果

传统的电视台是 IPTV 直播和点播节目的主要来源，应加强网台互动形成传播合力，特别是在一些精品节目、重大事件的报道中，IPTV 应进行专题推送，发掘节目后续资源，提升节目的传播效果。2018 年春节期间，IPTV 总台围绕春节联欢晚会，在 EFG 上推出了春晚系列专题，集中推送各大卫视的春晚、网络春晚、《过年七天乐》等栏目，营造了浓厚的节日气氛，形成了联动效应。

4. 融入智慧家居，提升用户体验

IPTV 提供了多样化的收视需求和交互方式，在客厅的资源争夺中，依托 IPTV 智能电视终端融入智慧家居，提升用户体验是必然之举。中国电信在 IPTV 主业务"天翼高清"的基础上，推出了"高清＋网关＋智能家居"业务，构建共享的家庭云平台，通过智能终端 App"小翼管家"就能实现视频监控、语音点播和对家电的智能控制，提升了用户的体验。中国电信天翼智慧家庭界面如图 5-8 所示。

图 5 – 8　中国电信天翼智慧家庭界面

资料来源：zhonhttp：//www. yueme. tv/。

5. 拓展"互联网 +"服务领域

IPTV 的双向互动优势对"智慧社区"建设提供了条件，通过"互联网 +"拓宽服务领域。四川电信运用"互联网 + 医疗健康"理念，推出远程智慧医疗服务，真正实现了"让数据多跑路、患者少跑腿"。通过 IPTV 终端进行双向交互，实现了远程问诊，解决了看病难、排队难的问题，为智慧广电建设提供了新思路。四川电信互联网 + 医疗健康界面如图 5 – 9 所示。

图 5 – 9　四川电信互联网 + 医疗健康界面

6. 跨屏制作与传播

IPTV 的电视业务还应积极利用新媒体"两微一端"的传播矩阵，发布节目预告、服务通知、举行大型活动与用户进行互动，增强用户黏性。例如，天津广电 IPTV 开通了官方微博账号，将 IPTV 节目中精彩预告、花絮、节目短视频上传到微博，与用户展开互动、讨论，增强了用户黏性。天津广电 IPTV 官方微博界面如图 5 – 10 所示。

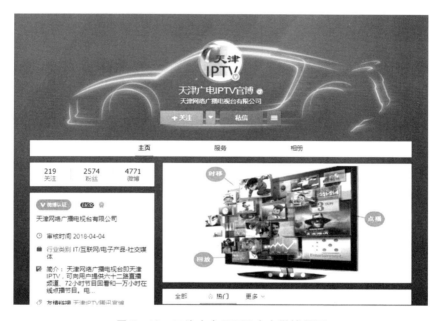

图 5 – 10　天津广电 IPTV 官方微博界面

资料来源：https://weibo.com/u/2617374085。

四　OTT TV 的内容生产创新

OTT TV 就是指"互联网公司越过运营商，发展基于开放互联网的各种视频及数据服务业务"。① 在我国，是指通过公共互联网面向电视机传输的、由国有广播电视机构提供视频内容的可控可管服务。OTT TV 涉及内容提供商、集成商、渠道、智能终端等多个产业主体，在体验上实现了传

①　张国涛：《OTT TV——触及电视全产业链的挑战》，《传媒》2013 年第 9 期，第 62～64 页。

统电视机＋智能机顶盒、智能电视机、电脑、手机等终端的多屏和跨屏接收。

截止到 2020 年 3 月，国家新闻出版广电总局已颁发了 7 家电视集成服务商牌照和 16 家电视台电视内容服务机构牌照。除了外部的数字电视、IPTV 的竞争外，牌照商、互联网企业、智能电视机（终端）厂商等参与主体在 OTT TV 内部也存在激烈的竞争。

（一）OTT TV 的内容生产优势

1. 节目内容来源广泛

OTT TV 内容集成服务商、内容服务商通过自制、购买、联合制作等多种形式集成节目资源，形成了一定的规模，这些节目来源既有传统的电视台精品节目的点播，也有视频网站 PGC 等网生内容，还有购买自国外影视公司和商业视频网站的资源，海信、TCL 等传统电视机生产商以及小米、乐视等智能电视一体机生产商也聚集了海量的视频内容、应用服务。节目类型上涵盖了电影、电视剧、动漫、游戏、新闻、体育等多种形态，从节目数量上看，7 家集成平台上的内容时长已经超过 200 万小时，为满足用户的多元视听需要提供了资源。

2. 网络原创节目形成特色

网络自制节目是 OTT TV 的节目来源，网络综艺、网络电影、网络剧在数量和质量上都有较大的提升。内容上带有明显的互联网特质，贴合年轻用户群体的喜好，注重粉丝经济，适应用户社交与移动观看需求，内容主题也更加积极，类型化作品的专业性不断提升，独播剧、付费剧成为主流。

3. 跨屏互动优势凸显

电视基于连接和互动的优势，催生出一系列电视新业态。智能电视终端与手机端可实现跨屏、跨账号连接与互动，电视集成商集成了教育、游戏、医疗、健康等各领域的应用，搭建了以应用平台、用户为基础的大屏生态。用户通过一个账号就可以在手机和智能电视终端同时观看、点播节目，享受各种应用和服务。

4. 用户黏性逐渐增强

2018 年中国 OTT 终端保有量达 2.4 亿台，激活量达 1.68 亿台，并呈现持续增长趋势。从智能电视一体机和智能电视机顶盒激活量的增长趋势可以看出，用户对电视的认可度不断提升。各大品牌的智能终端生产商以电视终端为核心打造家庭云平台，汇集海量节目资源及个性化应用推荐，极大丰富了用户的使用体验。智能电视收看方式的灵活性，满足了用户"边看边聊"多屏互动的需求，贴近了用户"碎片化"的收视习惯，用户黏性不断增强。

（二）OTT TV 的内容生产创新策略

1. 原创内容栏目化、精品化

栏目化是电视节目的主要播出方式，通过固定的播出时间、名称、板块、主持人以及统一的风格，与观众形成一种"约定"，便于形成收视期待。电视中的原创内容无法实现直播，只能以点播的形式出现，但以栏目化的形式进行推送，固定的节目名称、板块、主持人，以及特别固定的更新时间和推送，便于增强用户黏性，塑造品牌栏目。栏目风格、结构、标识的固定也是原创内容精品化制作的方向。

2. 资源细分、差异化策略

面对海量的视频资源和应用，只有根据用户的使用习惯和个性差异进行精细化传播才能真正发挥价值。对于电视产业内部的牌照商、内容提供商、智能终端生产商而言只有对资源进行细分和差异化传播，才能不断形成竞争优势，避免无序化和同质化竞争带来的资源浪费。CIBN 电视对资源和服务进行了多种细分并形成了细分市场的产业链和三大细分内容品牌，《东方大剧院》集成了上千小时的国内外戏剧、戏曲资源，成为电视产业中的第一家观剧平台。《CIBN 生活派》《CIBN 文艺影院》等栏目分别以"构建新生活理念"和线上观影为特色卖点。CNTV 在"扫一扫""摇一摇"互动方式的基础上，依托强大的节目制作资源和集成优势，为用户提供"上电视"服务，打造"五湖四海，央视现场"。暴风影音公布 VR 发展战略，在 VR 游戏、VR 旅游、VR 影院、VR 教育等方面集成优势资源，开发暴风 VR 电视一体机实现裸眼 720 度的全景视频观看，力争打造成最大的 VR 应用平台。

3. "一云多屏", 深挖 IP 价值

IP 是英文 "Intellectual Property" 的缩写, 是知识产权的代名词。IP 主要是指"那些具有高关注度、大影响力且可以被再生产、再创造的创意性知识产权"。[①] 近年来, 在电视领域, IP 影视、IP 剧一度成为热词, 对原创综艺、电影的热播和追捧就会形成 IP 价值, IP 产业链是根据热度和粉丝效应进行影视化的延伸, 在不同的终端进行改编, 创造出不同的节目形态, 延伸节目的产业链, 实现"一云多屏"和价值增值。湖南卫视《我是歌手》的热播创造了较高的 IP 价值, 芒果 TV 深挖 IP 价值链, 打造了《我是歌手 谁来踢馆》系列节目, 在手机端、电视、视频网站上也创造了较高的收视和点播率, 通过原创节目的粉丝效应在智能电视终端实现了新的价值增值。

4. 融入智慧家居, 构建平台的横向生态链

电视的发展得益于互联网、大数据、物联网等技术的发展, 是"智慧家庭数码港"中信息处理和运算平台之一, 也是客厅智慧生态的重要接口, 通过智能电视终端与智能家居在软件和硬件上的互联, 将内容的生产创新扩展为"内容＋终端＋服务"的横向生态链。小米电视正是从内容出发, 在智能家居生态圈中实现了从内容到软硬件终端和服务的扩展。这种生态链也给终端企业带来更多的增值空间。

构建"智慧家庭数码港"是三网融合背景下我国电视产业内容生产创新的目标所在, 传统电视台以及三大网络主体要依据各自的优势, 在打造精品节目、开发定制应用、融入智慧生态圈以及提升公共服务体系等方面不断探索并形成特色。

---

① 尹鸿、王旭东、陈洪伟等:《IP 转换兴起的原因、现状及未来发展趋势》,《当代电影》2015 年第 9 期, 第 22～29 页。

第六章

三网融合背景下我国电视产业平台的创新

第一节　三网融合背景下电视产业平台的定义与特点

一　平台的定义

所谓"平台"（platform），是指"适合某些事物发展的载体，可以是实体或虚拟的，具有极强的集性特征。在传媒领域，平台往往指为多方在媒介的内容生产与交换、市场运用与管理、技术研发和应用、人才培养和交流等方方面面提供的机会和场合"。[①] 平台的特点无外乎"广""大""多"等，"广"是指平台所涉及的范围广度，充分彰显其包容性和开放性，可以为人们充分进行各种物质和精神产品的交换提供便利；"大"是指平台所涵盖的面积，这个面积并非现实空间中的实际面积，而主要指的是平台中所蕴含的类属在人们心目中所占据的位置；"多"是指一个平台能够承载的机会往往是数不胜数的，而非单一的，即使是单一的交易类平台亦能提供多个不同层级的机会。综上所述，笔者认为，所谓"电视产业平台"就是以电视为主要的交换媒介，基于电视自身内生性的独有"声画"优势，重点围绕内容制播、市场运营、技术交换、人才交流等方面进行合理化交换的机会和场域。

---

① 邬建中：《电视平台内容生产的转型之路》，《青年记者》2016 年第 20 期。

可是，即便平台被定义得如此重要，长久以来，平台依然是电视产业中最容易被忽视的环节。曾任央视风云制作公司艺术总监的杨继红在其《新媒体融合与数字电视》一书中认为，在传统电视时期，美国三大电视网在电视业叱咤风云的时候，极少有人谈论传输平台，并将其称为"哑平台"。① 而从产业链的角度，可以把电视的运营形象地比喻为"一辆四轮马车"，其四个轮子是：内容、网络、技术和用户。这四个轮子其实就是数字电视运营商、节目内容提供商、设备供应商和技术服务提供商。② 1996 年我国广电部门开始制播分离、台网分离的改革进程，各地广电部门纷纷成立广电传媒集团，通过合资的形式成立有线网络运营公司，而由于大多数传媒集团或有线网络公司都是在行政主导下建立并且运营的，只有集团的壳子，缺乏真正的市场化运作机制，当初希望通过改革拉长产业链的设想并没有完全实现。③ 基于此，探索三网融合背景下电视产业平台创新发展研究，首先就需要厘清我国电视产业环境的特点，然后对其现状及发展策略等方面进行探索。改革后广电产业链结构如图 6 - 1 所示。

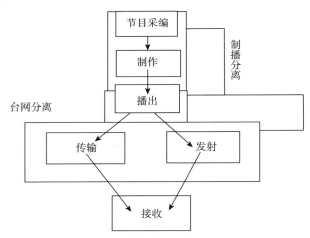

图 6 - 1　改革后广电产业链结构

资料来源：曾剑秋主编《网和天下——三网融合理论、实验与信息安全》，北京邮电大学出版社，2010。

---

① 杨继红：《新媒体融合与数字电视》，清华大学出版社，2008，第 123 页。
② 曾剑秋主编《网和天下——三网融合理论、实验与信息安全》，北京邮电大学出版社，2010，第 121 页。
③ 邬建中：《电视平台内容生产的转型之路》，《青年记者》2016 年第 20 期。

二 我国电视产业平台的特点："平台为王"

笔者认为，在当前中国国情下，传媒产业（包括电视产业）环境的最大特点是，在一定程度上并不是"内容为王"，而是"平台为王"。第一，国内垄断平台通过行政权力或行业垄断地位获得了对内容的超强控制力与复制力，如腾讯复制了许多成功的互联网内容，并通过其腾讯平台的垄断地位挤压、掠夺竞争对手的市场空间，联众游戏、偷菜等都是其牺牲品。中国电信等垄断平台通过4G、5G的换代对相应内容进行更新和市场淘汰，通过对流量入口的垄断和分配权而控制内容等。第二，内容最终能否流通，能在多大范围内流通，是由少数平台决定的。在这种制度下，平台会转化为具有决定权的商业利益集团，如广电、电信、移动对国内整个内容产业的绝对话语权，华数、CNTV、上海文广等七家有牌照的平台对广播电视内容的控制力等。第三，在国内版权保护尚不成熟的情况下，内容是可以低成本复制的。有内容并不一定能保证自己独占利益，大量的内容通过各种下载、盗版蓝光光盘被复制并流通。当前，国家正在大力加强版权保护，但在一定时间内，我国的版权保护情况仍不容乐观，拥有内容并不能保证独占内容。第四，严格意义上的"内容为王"是应该以独特内容形成吸引力，并通过内容的延伸控制整条产业链，如迪士尼通过对视频内容的控制延展为对相关玩具、游乐园的整个产业链的绝对话语权。而当前国内的相关产业远远不能通过对内容的占有而形成对整个产业链的话语权。只有通过强有力的垄断平台才能实现，如腾讯在2013年市值就超过了1000亿美元，比美国迪士尼的市值都高。小米TV虽然通过对版权的购买形成了节目内容库，但也要通过小米电视这一平台进行低价倾销形成相对垄断，然后通过对小米电视硬件价格与内容播出服务费的捆绑来实现内容的销售，通过增加小米电视盒子和体感附件实现电视与手机、平板电脑和家庭娱乐的互联互通，进一步强化小米的平台化优势，通过平台而不是通过内容来延展整个产业链而实现赢利。第五，平台在营销上也占有独特优势，强势平台可以凭借自身而不是平台上流通的内容来获得关注，用关注来获得相关资源，再用这些资源来促进内容建设甚至平台自身的发展，用平台实现内容生产的最优化。如中国移动的 4G 发展，就是以平台获得关注，以关注吸引资源进行内容建设，省掉了不少硬广告成本而获得了更好的软广告效益，最终带动 4G 内容的生产。第六，广电的内容牌照从长远来说，并不能阻止 OTT TV 等视频及数据服务平台的发展。传媒学者张国涛曾指出，互联网公司越过运营商，发展基于开放互联网的各种视频及数据服务业务，终端可以是电视机、电脑、机顶盒、智能手机等。虽然自己不生产内容，甚至不提供传输网络，但其只需依靠任何一个智能化的终端，就可以提供丰富的信息内容服务，集成各种可借用、可购买、可整合的资源形成自我价值，这就是平台的价值。[1]

三　我国电视产业平台的转型

在三网融合背景下，数据成为最重要的资产，每个媒体实际上只成为一个数据入口，而数据处理在平台乃至云端。为了适应大数据时代的到来，电视产业平台需要多方努力，完成由节目整合分发商向智能数据挖掘处理商的转型，同时，也成为三网融合背景下，跨媒体内容的倍增器。

在三网融合背景下，媒体间的垄断与壁垒被打破，电视可以经营互联网业务，电信可以经营电视业务，各种媒体走向融合。"一次生产、多次加工、多元输出、多重服务"的服务方式最为可行。而这样的融合过程在很大程度上依赖平台运营商跨媒体数字化平台的存在。依靠平台运营商，手机、互联网、报纸、杂志的内容可以实现整合与共享，并可以在其中展开跨媒体的协作。各种内容在平台运营商的数字化平台上统一处理、集中储存，并在此基础上进行二次开发，最后面向社会提供有偿信息服务，实现信息的增值。[2] 其相关流程见图 6-2，较粗的线条表示信息的增值。

除媒体内容外，还可以包括非媒体内容平台的建设项目，如重庆广电网络传输公司与城市"一卡通"强强联手，共同打造信息化应用平台。两者合作打造的"一卡通支付平台"已实现水、电、气、通信等费用缴纳，以及苏宁、永辉等百货商超的网上购物与付款等服务功能，并相继推出了

---

① 邬建中：《新三网融合背景下电视产业的转型之路》，《编辑之友》2015 年第 12 期。
② 邬建中：《电视平台内容生产的转型之路》，《青年记者》2016 年第 20 期。

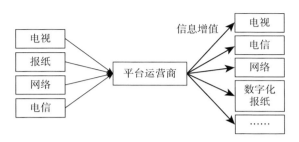

图 6 - 2　跨媒体平台信息增值流程

电视邮箱、电视教育、电视商场、电视游戏、电视证券等各种附加服务，提升了机顶盒的应用价值，加快了城市的信息化进程。

第二节　三网融合背景下电视产业平台创新发展现状

一　三网融合背景下我国电视产业平台创新发展概述

数字技术、人工智能等信息技术在全球范围内的大肆扩张，使传统电视技术在"受威胁"的境地下得到了较快发展，我国三网融合政策的实施，亦给传统电视媒体增加了新的发展动力。经过数年发展，三网融合对电视产业平台产生了极为深远的影响，三网互通互融正在加速，并已贯穿到电视产业链条的各个节点，传统电视产业的流程基本被解构重组。同时，值得关注的是，在接收渠道多元化、信息使用个性化的当下，传统电视产业的用户群体已出现大量分流，如何借三网融合的东风，加速推进我国电视产业平台发展，已成为中国电视产业发展的关键命门。

虽然外部市场竞争依然激烈，唱衰电视产业的声音此起彼伏，但是在电视产业从业者积极的自救和政府政策红利的持续刺激下，我国电视产业呈现了从"低谷走向高峰，再从高峰回落平原"的发展态势。

具体来讲，我国电视产业发展格局呈现五个典型特点。

一是电视产业市场虽受极大冲击，但是用户规模始终维持在相对稳定的规模。同时，伴随政策的不断完善和信息技术的更新换代，电视产业市场吸引了更多的跨界者加入，纷纷在硬件、软件、节目生产等领域展开争夺。据统计，我国单个用户家庭同时拥有多个接收终端已成为"标配"，IPTV、卫星直播、电视、传统有线电视和地面电视的用户数量均稳中有升。《2017—2018 年中国视频用户体验白皮书》发布的数据显示，截至2018 年第一季度，我国家庭电视收视用户约 4.5 亿户，电视覆盖家庭总量趋于饱和，其中，有线电视用户总量 2.39 亿户，高清用户约为 0.92 亿户，电视终端保有量超 2 亿台，与有线电视付费用户规模相当。

二是电视媒体业务融合化发展趋势明显。伴随数字技术的不断成熟，智能设备、高清设备、虚拟现实设备等性能的不断提升，传统电视平台的内涵和外延都得到了极大提升，一改往日固定在某个点位如家庭、会议室等地方观看电视节目的传统，实现了可移动观看、可实时回放等多重功能。同时，"村村通""户户通"工程的实施，更是加速了传统电视产业从视听服务向多业态服务的升级。

三是电视广告呈现逐步衰落态势，虽然电视平台仍旧是多数行业投放广告的首选，但是从市场整体环境来看，新兴行业和新兴品牌的广告投放力度都在显著减小，广告种类并未有太大增加。当前，电视广告投放主要集中在央视和强势的省级卫视，较为弱势的省级卫视和地面频道广告收入急剧下滑。此外，由于广告投放渠道的多元化，广告主对传统电视媒体的忠诚度有了较为显著的下降。

四是 IP 热不断升温，电视节目经营市场日趋繁荣。过去几年，我国电视节目交易市场逐渐火热，电视节目交易的品种、方式不断丰富和完善，节目交易数量明显增加。同时，由于政策引导等，原创类 IP 已逐步占据电视节目市场主体地位。

五是资本经营方式日益多元。党的十八大以来，受国家政策的激励，我国电视产业机制改革明显加速，特别是鼓励电视产业市场化运作，以及允许外资参与节目内容生产，使得原本就具有优质管理团队和技术、内容直播优势的电视平台拥有了进一步提升节目质量、扩大传播范围的资本，也使其播出样态、内容创作、产业经营等有了明显改观。

值得关注的是，虽然电视产业发展稳中有进，在三网融合竞争中有着先天的内容优势和用户积累，但是也存在一些问题：一是三网融合深度不足，依然存在"两张皮"情况，加之资金缺口、技术标准不一等问题，阻碍了电视行业发展；二是盈利模式设计问题，当前电视产业收入来源依旧集中在收视业务、数据业务和广告业务上，缺乏足够的后续发展动力。此外，由于行政化色彩浓重、机构较为庞大，电视产业的发展规模和速度一直受到限制。

二 大编辑台：基于跨媒体的融合发展

大编辑台的实质是通过跨屏互动与融合，连接形态大小不尽相同的屏幕，从而给予用户更多的个性化选择。面对新媒体浪潮的不断冲击，同时也为挽回不断流失的观众群，许多传统电视产业平台已经通过大编辑台进行跨媒介领域的创新，通过全景式呈现晚会、事件现场等方式，吸引用户从移动客户端、PC 端、OTT TV 端等端口中自主选择观看机位，从而深度体验电视节目内容制作的全过程。

大编辑台在体量、数量上拥有一定优势，对电视媒体的机构设置、技术装备和文化价值观念等提出了更高的要求，经过梳理，笔者认为，当前国内大编辑台主要有以下问题。一是设立大编辑台的出发点在于打通内容生产传播环节、集约各类优势资源，可根据各个接收终端的不同需求选取恰当的内容，最终达到降低生产成本的目的。但是，由于受机构整合、媒体属性不同等因素影响，一线记者、编导需要将多数精力分配到平台所属的各个媒体上，一旦没有相对统一的规划或调度，很容易导致一线人员无所适从。二是虽然大编辑台可以快速采制新闻并通过自有平台将最新的事件进展传输出去，但是如果用户想详细了解整个事件，依然需要通过某个特定的媒体进行观看，因此，这种看似美好的"跨媒介平台"编辑虽借的是多媒体编辑的名，但行的依然是某种传统媒体（如电视）之实。在这种情况下，跨媒体平台的采编人员多数也是沿用过去的机制进行生产，导致其他人才难以融入。三是由于采编人员个体的价值观、世界观和人生观的不同，加之学历和技术水平的差异，大编辑台虽然强行融合了多个媒体，但是容易出现信息不深入的问题。加之融合前既有利益链条被打破，非常容易出现大平台下各个媒体的本位主义。

基于前述问题，笔者认为，可以着重从三个方面予以解决。

一是从生产流程再造来看，传统电视的生产流程大致包含了内容的制作、传输以及消费，是单一的线性生产传播链条。数字媒体技术的成熟，打破了这一单一的链条，已经基本形成了从内容制播到受众反馈的双向互动系统。因此，需要重新梳理生产流程，打破传统界限，从视频采制到剪辑播出全部进行数据化与网络化处理，同时，根据用户不同需求及时调整内容生产传播方案，以受众需求为内容生产的原动力。

二是借力互联网工具，了解掌握用户属性和习惯，如消费偏好、品牌忠诚、生活习惯等，从而通过跨屏数据信息为用户贴上标签，帮助大编辑台从业者实现对用户的行为分析和身份认证，并以此为基础，对目标用户群体展开精准分析，进行精准传播，从而实现精准的跨屏传播甚至跨屏定向传播。

三是重视培养用户跨屏观看节目的习惯，依据不同屏幕终端的属性，对节目内容、传播时长、节目风格等进行针对性调整，通过连接"两微一端"，开启吸引用户的新接口，增强话题输出能力，引导用户主动增强与平台的关联。同时，加快打造品牌化节目，通过口碑效应，完成产业链延伸。

三 "中央厨房"：助力电视产业平台发展

"中央厨房"作为我国新近打造的集成了信息的采、编、播等的系统，打破传统媒体的层层壁垒，将各类资源进行整合，是传统媒体未来发展的可选路径之一。其最大的特点和优势在于使用多种生成方式、多元传播渠道，进行一体化策划和一次性采集，实现全天滚动播出、全球同步覆盖。

那么，在"中央厨房"的搭建、使用过程中，如何才能最大限度地发挥其效用呢？笔者认为，"中央厨房"的建设要坚持六大原则：一是抓住一个前提，重构采编流程；二是统一一个标准，做好底层核心架构统一；三是树立一个主体，以互联网技术为依托；四是实现一个目标，达成用户沉淀目的；五是生产一个结果，实现互联网产品多元化传播；六是紧握一个抓手，搞好三大平台建设，特别是应该从转变机制体制、规避行为认知误区着手。

（一）规避认知误区，为搭建"中央厨房"扫清障碍

一是国内诸多媒体一拥而上拥抱"中央厨房"，恰恰反映了没有形成很好的沉淀。很多媒体的"中央厨房"最大的作用在于展示，是一项政绩工程，并未进行实际的常态化运行，虽常常标榜这是媒介所拥有的，但并不理解是怎么拥有的，导致未能发挥"中央厨房"真正的效力。

二是未能清醒认识到"中央厨房"的本质功能和作用，仅仅把"中央厨房"作为"旧瓶装新酒"的一种工作解决方案，而非位于核心地位的整体调控系统，特别是有的人仍旧唯技术论、唯内容论。

三是"中央厨房"是一种借鉴了其他行业已有经验的传播和运营系统，以内容生产和节目传播为主，当前许多人错误地认为，过多的集成优质内容，最终会导致内容同质化的发生，但却忽略了作为主体的媒体人的主观能动性。

四是错误地把"中央厨房"作为解决传统电视媒体积蓄已久的各类弊端的解药，认为只要建立了"中央厨房"就可以实现媒介转型，过高的估计其功能和作用，而忽视了传统电视所处的经济、社会、文化、政治等各种因素的影响，虽然已经开始调整采编模式，但是并未实现彻底转型。

（二）厘清发展思路，为搞好"中央厨房"把好脉门

一是提高变革意识，改变业务机制流程。一方面，调整传统电视运行机制，建立总编协调会、采前会等常态化议事决策机制，同时配套建立重大突发事件应急处置机制，调配专人进行实时监控，确保"第一现场、第一时间、第一声音"，完成融合性的采编播过程。另一方面，调整建立新的运营架构，打通电视媒体内容各个流程，明确采集、编辑、播出等关键环节的团队和人员，并赋予其相当的权限，从而将团队整合为一个统一整体，减少资源浪费。

二是尝试建立有效的数据收集分发体系。在理顺业务流程之后，借力大数据技术，实现"中央厨房"的数据化、智能化、个性化。一方面，积极与新媒体巨头合作，把社交数据引入内容生产全过程，同时建立起相应的监控体系，实现对重大事件的实时监控；另一方面，采用算法推荐技

术，根据前期积累的用户数据，打造符合用户需要的内容，并积极推送给用户，从而实现信息分发的科学化、个性化。

三是不断创造新产品，增强用户体验。用户体验对于电视产业发展至关重要，就"中央厨房"的使用来看，要在统一构架下，打造出行之有效的运行模式和商业模式，在尊重基本事实和客观规律的前提下，将用户需求放在首位，打造具有竞争力的新产品，从而吸引用户持续关注。

四　VR平台：用虚拟打造更真的现实

在政府政策和社会资本的双重助力下，VR在传统电视产业中得到了越来越多的应用。凯文·凯利在《连线》杂志发表的文章中曾发出惊人的预判，"混合现实"将成为人类终极媒介。他认为，"现在的互联网是信息之网，而用人工现实建造的是体验之网"。就VR的媒介属性来看，其价值在于能够突破二维平面的束缚，开创用户与用户、用户与电视之间新的信息接收与反馈形式，形成在特定场景下的沉浸式体验。就VR平台的构架逻辑来讲，一方面，要着力从用户体验上消除因接入电视而产生的背离效果。由于VR体验需要借助穿戴设备才可以接入虚拟世界，通过全景式影像画面搭配全景声的方式，将用户带入，虽然体验VR的时候能够获得虚拟世界的存在感，但是同时切除了自身与周边现实的信息体验连接，因此，需要着力解决这种背离的体验感。另一方面，要着力从用户自身出发展开交互式叙事，让用户能够自主寻找、确定信息源，从而改变传统电视以节目内容为中心的单线讲述，将用户从单一的观看者转变为主动寻求者。

在互联网信息时代，我国正大踏步向前。根据高盛发布的VR报告，视频游戏、事件直播和视频娱乐三大领域将完全由消费者推动，占整体VR预期营收的60%，剩余40%由企业和公共部门推动。从上述数据可以判断，作为数字技术的代表，VR如果能很好地与电视产品结合势必会对电视产业产生更大的作用。从VR在电视产业平台上的应用来讲，其大致可在以下几个方面产生强大的推力。

一是VR事件直播。以事件专属算法、360度全景摄像机来为用户提供重大事件的VR直播，如体育赛事、阅兵仪式、重大会议进展等，通过立体化模拟呈现的方式，形成"VR＋"的新业态模式，在用户穿戴专业设备之后，能够产生强烈的在场感和参与感，不断拉近用户与事件的距离，使用户突破原来的被动收看模式，增强用户使用黏性，带来大流量和大收益。同时，得益于VR技术的可模拟性，可通过对现场事件进行模拟的方式尽可能还原事件真相，达到传播科学、去伪存真的目的。

二是VR视频游戏。通过虚拟现实设备、主题游戏系统、移动游戏操控设备搭建起VR视频游戏平台，以电视这个家庭信息港湾为中心，在屏幕上完美复刻现实中的环境，让用户在游戏之余，也能顺带体验游戏当中的美好风景，从而颠覆用户传统的旅游方式，达到"不出门便可游览现实与虚拟世界"的目的。

三是VR视频娱乐。相比3D技术、巨幕电影等围绕着平面银屏的变革，VR视频娱乐从视听语言设计到事件陈述方式都进行了革命性再突破。借助VR设备，让用户自由选择不同的视角，以一个"局内人"的身份，浸入式参与故事发展，从而获取区别于传统电视单一结局的可能性。

第三节 基于智慧家庭数码港的电视产业平台创新

新媒体技术日新月异，其对媒介产业发展影响的深度与广度都在不断加深。就单个用户而言，虽然其使用信息的场景有很多，但是家庭依然是许多用户较为偏爱的场景，也就是说电视在新媒体环境下亦能够产生更大的影响力。因此，新媒体技术、新广电政策对于电视产业平台创新发展路径的影响就成了一个重点探索方向。

一 新机遇：大数据与场景化

凭借新媒体技术手段，大数据、场景化给电视产业带来的机遇多于挑战。因此，如何使其更好地为电视产业发展服务就成为我们首要面对的问题。

（一）深入挖掘大数据，服务电视产业平台创新

大数据的勃兴，使得许多产业都直接或间接地与其产生了关联，笔者

认为，当前虽然众说纷纭，但是关于大数据的讨论仍然处在见仁见智的阶段。所谓"大数据"，是指区别于传统的数据计量与分析手段，凭借高运算速度的新媒体系统（包含硬件和软件），对用户偏好进行精确的捕捉、分析、管理和分发处理的机制。其特点在于数据量大、传播速度更快、数据类型更多元、真实性相对较高、价值密度相对较低等。

受大数据这些典型特质的影响，电视产业理应将其作为一柄利器，不断探索大数据对电视的内容生产、信息传播和产业营销的影响，并且变电视为大数据处理平台，同时在合法合规前提下，将用户变为可利用开发的数据财富。

从媒体代际更替的角度来说，电视是更为传统的一种媒体，虽然经过多年的发展与完善，其已经形成了一套独有的发展体系与模式，但是在大数据时代下，如果仍然沿袭过去的老路，最终一定是走上"死路"。同时，"数据鸿沟"客观上依旧存在，大数据时代的用户分层趋势明显增强，不同用户阶层对于相同事物的价值判断体系有着天壤之别，加之媒介技术对用户信息消费习惯的改造，用户对于"使用什么媒介"和"如何使用媒介"的话语权不断增强，可以说，电视媒体用户已经完成了由过去的单纯使用者到现在的掌控者的转变，大数据与电视融合发展成为必然趋势，如何规避风险，用好大数据，推动电视产业的转型就成为关键。

因此，除强化电视专有设备、巩固既有用户群之外，还应及时转变思维模式，借力大数据，引入大数据分析，解决电视内容制作难题，实现精准化制播。根据用户属性不同，对信息进行精准细分，才能更加贴近用户媒介使用心理，完成后续信息消费及增值服务开发。

一方面，根据电视产业平台发展特性逐步推动电视专有数据库的建立和完善，要注重收集、整理、分析用户数据，从用户性别、年龄等社会属性统计到内容偏好、消费习惯等行为心理偏向都要进行剖析，通过自有端口和其他端口，将庞大的用户数据归集整理到数据库当中，并合理运用于节目传播全过程中，以提高节目内容吸引力和节目质量，达到实时分析数据的目标。近年来，国内许多电视机构在大数据运用上都产生了极好的效果，如浙江卫视的《天猫双十一晚会》、《奔跑吧，兄弟》（后改为《奔跑吧》）等节目，通过"大屏 + 小屏"引导式互动的形态，实时获取用户数据，并根据用户反馈进行设计，收到了极好的社会效益和经济效益。

另一方面，打造安全舒适的大数据库。在使用大数据的过程中，如果缺乏必要的技术防护手段，无法给用户提供安全的数据环境，一旦大量敏感信息泄露，将会给电视产业和用户造成不可挽回的损失，并且数据价值越高损失就越大。这就要求在建立专有大数据库时，也要重视建立多层次、立体化的大数据安全防护体系。

（二）营造舒适的场景，提供多元个性选择

所谓"场景化"，是指为引发用户在特定时间、特定环境中产生的特定心理感知或行为实践的概念化表达。通常是运用相关技术手段计算和掌握用户偏好，从而为用户提供"个性化""精准化"的服务和产品，并且能够实现用户需求满足的实时化；通过优质内容与舒适服务的结合来吸引和沉淀用户，以提升电视媒体的传播力、影响力、引导力、公信力以及事关电视发展的商业价值性。如果把电视内容产品作为电视产业的最重要内容的话，那么，如何嫁接电视用户与相应场景，直面电视发展的局限和短处，创造或转接足够多的"场景"，进一步提升电视价值，就成为一个值得深入思考的问题。

第一，以电视平台为基础，集成各种应用场景，让用户使用更加便利。寻找恰当接口，将场景化平稳嵌入到电视平台当中，完成此工作理应具备几个核心要素：一是高强度的体验，用户的满意是场景化运营逻辑的第一要素，通过大范围覆盖、多维度重塑、现实场景改造等方式，实现电视平台与用户感官体验的结合，通过设备将用户置于场景带来的强刺激当中，从而体会场景带来的乐趣；二是多维度的链接，通过智能互联网技术和移动智能终端所搭建成的动态"链接"，使用户体验的场景能够以几何倍数增加；三是可复制的"圈子感"，圈子、社群在社交媒体风行的今天已成为划分不同话语体系的标准，因此，必须充分考虑电视场景的内容可复制能力；四是大数据的驱动力，不同层级、不同性质的大数据能够为基于智能设备的场景设计提供从设备互联数据分析到智能化服务的完整解决方案。

第二，综合运用全媒体技术和设备，搭载 VR、AR 等技术，增强用户体验。在厘清构建场景化核心要素的基础上，从三个层次分析如何在电视上营造场景。一是从满足用户场景化体验着手，营造出强现场感场景，让用户产生"我在现场"的浸入感，即通过连环场景的布置，实现场景的真实化，使用户享受充分的感官刺激。同时，诉诸情感化，以情动人，通过规划电视产品和内容，打造专业、高品质场景，让用户在场景使用中获得情感上的满足。二是注重场景化细节打造，吸引用户主动加入，仅仅依靠电视平台"带用户流量"是远远不够的，场景的细腻雕刻，更能使用户记住并产生良好的体验。三是善用社交媒体，通过社交媒体和电视平台的交互式传导，引导用户关注和参与。

二　分需求：迎合与创造的辩证法

用户需求是支撑电视平台发展的重要力量之一，当前的电视产业发展进程中，产品多数为迎合用户需求，这也是一旦找准用户需求就会出现"爆款"电视节目产品的重要原因。

（一）迎合需求，基于"长尾效应"的明智之举

所谓"长尾效应"，是指在互联网时代，受成本、效率等因素的限制，当某种不畅销产品的存储、流通和展示的平台和渠道足够宽广，以至于产品的生产成本急剧下降，加之产品的销售成本一同急剧下降时，之前看上去需求极低的产品，只要有人卖就会有人买，并且加总起来会形成比主流产品更大的市场份额，产生更大的效益的一种效应。

笔者认为，"长尾效应"之所以能够存在并得到实践的印证，原因主要在于其切实满足了个体用户的需求。这种需求看似个性，单个生产成本会非常高，但是用户需要是迫切的，因此产品完成了从生产到售卖的过程。从电视平台的发展来看，这个效应的影响一样存在。一是互联网技术的持续更新发展，如云计算、云储存等技术不断更迭，为电视节目制播提供了宽广的市场空间。虽然以家庭为单元的个性化收视需求增多，但是技术的近无限扩容性使得降低电视节目生产和销售成本成为可能。二是传统电视节目的制播成本相对高昂，由于 UGC、PGC 和 OGC 等的流行，低成本的制作和传播能够让从事小众化产品制作的平台获取发展所需的社会效

益和经济效益。三是相较于传统电视的单向性，在智能终端设备和智慧网络接入后，用户"想看就看"的个性化需求得到了满足，个人电视台、个人视频网站等兴起更是有效说明了"长尾效应"在电视平台的实际应用。

（二）创造需求，基于"降低试错成本"的目的

从市场营销学来看，用户的需求大致可以分为负需求、无需求、潜在需求、下降需求、不规则需求、充分需求、过量需求、有害需求等种类。虽然充分需求是我们在制造电视节目产品时所希望看到的，但是多数情况下是无法实现的，因此，着力创造需求，解决用户的其他类型需求，才是最佳的解决之道。

一是解决用户负需求问题。通过网络调研、入户访问等方式，了解用户第一手资料后，重新设计电视产品，积极做出响应和调整，让用户看到和用到，将负需求转化为正需求。

二是转变用户的无需求心理。通常情况下用户对于无用的产品、不熟悉的产品会产生这种心理反应，需要电视平台找到用户兴趣的小切口，将产品与用户需求连接，从而激发用户购买欲望。

三是满足潜在需求。潜在需求是用户对于某种商品或服务具有强烈的需求愿望，但受限于现实条件而暂时无法满足。在当前技术发展浪潮下，手机成为连接用户与用户、个体与群体的桥梁，基于此，可围绕电视这个智慧家庭数码港，不断用新技术引领，开发用户的潜在需求，尝试新业务，推出新产品，并将新业务通过电视这个家庭大数据平台进行处理与分析，从而不断开发稳定的前沿业务，降低试错成本。

三 市场化：个人用户与家庭市场

电视产业市场中的每位终端用户的社会属性、情绪个性都不尽相同，但是他们拥有一个共同的特点，就是通过媒介形成了一个整体市场，而串联起他们的线就是信息端的"云"，个人云正是其中重要的组成部分。

所谓"个人云"，是指充分借助智能终端设备及电脑等设备，以互联网技术为依托，通过互联互通形成存储、传输、获取和分享数据的一种在线服务。特别是智能终端设备的普及，使每个用户都成为信息的输入与输出终端，其发展趋势如下：一是消费化，即每位用户都可以通过智能终端进行数额不等的购买行为，但随意性很大，用户数据不规则；二是虚拟化，随着虚拟现实设备的普及，虚拟技术广泛应用，极大地增强了用户的环境选择随机性，实现了随地随时访问；三是应用程序的多层次化，随着技术开发的深入，同一个应用程序可以实现在手机、PC、电视等多个平台的使用，用户可以任意切换，而无须担心数据丢失的问题；四是云计算，用户根据个人兴趣爱好以及可承受的费用，在互联网上自由选择应用、服务和内容，培养了"自助式服务"的使用习惯，便于电视产业平台深入推进和完善各类服务，扩大服务范围；五是可移动性，移动设备与个人云的完美结合，基本可以保证用户完成想要完成的任务，语音识别和场景识别的接入，使用户的可移动能力大为增强。相较于个人云的随意性和零散性，家庭云具备了社会基础单元的影响力。所谓"家庭云"，是指建立在电视平台基础上，以互联网技术为依托，打通互联网、电视网、电信网，从而获取家庭用户所需资源的一种在线服务。在家庭使用情景中，通过整合个人云，将其发展成家庭云，使每位家庭成员都可以在大数据及人工智能分析的帮助下做出贵重物品购买决策，实现家庭医疗、家庭影院等功能。但是要真正体会家庭云的重要性，必须具备六个硬性标准：一是建立与电视传播特性相符的定制化、开放性操作系统，为家庭用户提供友善的操控界面；二是打造专业的云电视平台，将其作为电视提供的产品和服务的存储中心、运算中心、服务中心等，从而在平台上实现海量信息资源和软件的共享，体验云电视平台提供的个性化家庭智能服务；三是采用标准化的云计算和云存储技术，保障家庭云系统的稳妥运行；四是建立以家庭用户为中心的交互式体验，打造云安全、云支付、云识别、云控制等多种交互方式；五是家庭云系统要能迅速响应家庭用户个性化需求，提供相对稳定、安全、可持续的在线云服务；六是建立并完善多层次、全开放的家庭云生态系统，有效保障家庭云数据的安全。

第七章

三网融合背景下电视产业用户服务的创新

如前文所述，三网融合为我国电视产业创新发展带来了巨大的契机，在移动互联网、云计算、区块链、人工智能、AR、VR、MR 等新技术带动下，我国电视产业在定位、内容、平台等层面已发生了相应变革。在此背景下，我国电视产业如何适应用户新需求，寻找更好的、适应新时代媒介环境的盈利点，真正加强电视网与互联网、电信网的互联互通，拓展业务范围，提升业务水平，在面向用户的三网融合终端、用户服务与盈利模式上不断实现创新，这是我们下面需要重点讨论的问题。

第一节 三网融合背景下电视终端的进化

传统电视时代，受众欣赏电视节目内容只能依靠传统电视机设备，进行单向信息的接收，受众对信息没有实质性的选择权、参与权或主导权。同时，传统电视机属于家庭娱乐终端，是家庭文化建构的重要组成部分，具有较强的家庭文化属性。

随着互联网和移动互联网的发展，受众利用电视机设备进行家庭娱乐活动的频次逐渐减少，甚至年轻一代的受众由于个体化意识增强，有的完全脱离电视机终端，通过手机、平板电脑等移动终端获取视听内容，实现个体化娱乐。传统电视机作为传统电视产业的唯一接收终端受到极大的冲击和挑战。

自 2010 年国家明确提出三网融合发展战略后，传统电视产业开始转型，电视接收终端发生巨大变革，从传统电视机终端，逐渐发展到如今的智能电视终端。在此过程中，电视机由单一的信息接收终端转变为多元、复合、开放的家庭智慧生活平台，成为智能设备和互联网终端的一部分，电视产业的外延向互联网领域拓展，与互联网技术、产业背景不断融合。

为争夺电视产业终端市场，产业链条上的五大主体——广电有线电视网络公司、通信运营商、硬件生产商、集成与内容服务牌照方和互联网企业发挥各自产业优势，不断实现电视家庭终端的创新，为个人用户提供越来越多的家庭生活服务，也为企业用户进入家庭客厅提供渠道服务和内容服务。

一 DTV 和 IPTV

广电有线电视网络公司和通信运营商都在电视产业中扮演着电视信号传输商的角色。三网融合一提出，广电有线电视网络公司便自主研发数字电视机顶盒，为用户提供电视节目直播、点播、回看等 DTV 收视服务。同时，由于受互联网技术和内容服务的冲击，广电有线电视网络公司逐渐加大数据传输的网络带宽，提供高清甚至超高清的视觉体验，优化数字电视机顶盒的操作系统，实现除收视服务以外的信息服务、生活服务、娱乐服务等，逐步搭建起基于数字电视机顶盒的家庭智能生活平台。广电主动向互联网靠拢，但这仍是基于自身网络系统的创新。

与此同时，广电有线电视网络公司与通信运营商开展合作，开办 IPTV 业务。IPTV 是通信运营商通过 IP 专网和专用 IPTV 机顶盒与广电合作开展的视频业务，其显示终端通常是电视机。2005 年 3 月，上海文广首先获得以电视为终端的 IPTV 运营牌照，成为全国最早进入 IPTV 市场的传媒机构。2005 年 5 月上海文广与中国网通成功开创我国第一块 IPTV 试验田；6 月又与中国电信签署 IPTV 战略合作协议。这是通信运营商涉足电视产业市场的开始。上海文广还专门成立负责运营 IPTV 业务的百视通公司。百视通公司也成为我国广电与互联网结合开展多元业务的典范。至此，国有广电机构生产的电视内容可通过通信运营商的宽带网络收看，增加了用户的电视收视终端选择权。同时，IPTV 作为交互式网络电视，使用户有了更多自主性，用户可以暂停、回看节目，能享受远程医疗服务和用遥控器实现预约挂号，可浏览新闻、查阅房产信息、选购产品等，还可开通可视电话，了解最新的交通情况。这些功能都在传统电视收视功能基础上，向提供生活咨询和生活便利性服务方面发展的尝试与创新。

但 IPTV 还只是在三网融合过程中的初步尝试，广电与通信运营商之间还是存在条块分割的运营状态，而且 IPTV 的扩展性较弱，不可安装第三方应用，也无法实现网络电视的智能化运用，因此存在很大的局限性。

二 OTT TV

2010 年 1 月，国务院《推进三网融合的总体方案》正式印发，三网融合被纳入国家发展战略，三网融合进入"互联网＋"时代，三网融合的速度加快，"互联网＋传媒"的融合深度加深，双方在内容、渠道、平台、经营、管理甚至思维方式、文化理念等层面都进入融合状态，[①] 同时，融合过程中涉及的主体增多，更多领域的终端主体加入其中。

2012 年，中国联通与中央人民广播电台、爱奇艺、华为达成合作意向，采用"IPTV＋OTT"的双模架构，利用沃 TV 试水 OTT TV（Over The Top TV）业务，用户可以通过"宽带＋电视机顶盒＋电视机"的方式观看电视。自此，一场 OTT TV 的终端大战爆发，诸多电视一体机、机顶盒问世，广电企业、通信运营商、互联网企业、机顶盒厂商、电视机厂商纷纷加入战局瓜分新市场。

OTT TV 是基于开放互联网的视频服务，终端由电视机拓展到电脑、机顶盒、智能手机等，用户接入视频信号和内容更加方便。但在我国，OTT TV 讲求可管可控，是通过公共互联网面向电视机传输的由国有广播电视机构提供视频内容的服务，接收终端一般为国产电视一体机或互联网盒子、硬件生产商、广电内容牌照方和互联网企业参与其中（见图 7 - 1）。

（一）硬件生产商

参与到 OTT TV 终端的硬件生产商包括家电企业、PC 厂商、机顶盒

---

① 王薇、黄升民：《中国传媒产业 15 年》，《传媒》2017 年第 12 期。

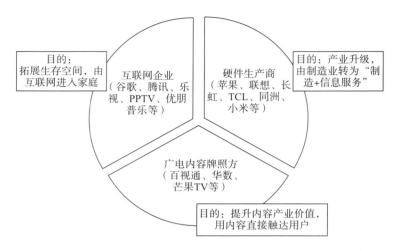

图 7-1　OTT TV 终端市场主要角色

资料来源：王薇：《OTT TV 终端市场战局解析》，《广告大观》（媒介版）2013 年第 6 期。

生产商、手机厂商等。OTT TV 使家电企业从简单制造业向"制造＋信息服务"转变，从一次性获取销售收入向长期业务盈利转型，实现了传统家电企业的产业升级。创维、海信、长虹、TCL、康佳、海尔等主流家电企业和联想、清华同方等 PC 厂商将主要力量集中在 OTT TV 电视一体机研发和生产上；而传统的机顶盒制造商，如同洲、迈乐数码、杰科电子、SVA（上广电）、开博尔等，以及以智能手机起家的手机厂商小米，则以互联网盒子产品为主。① 如今，小米由个人智能设备厂商拓展到家居智能设备厂商，已成为手机厂商涉足 OTT TV 电视一体机领域的领头羊。

此外，硬件生产商也加大对高品质电视面板的投入，4K 电视机成为消费主流，原用于小尺寸面板的 OLED 技术开始大屏化运用，2015 年成为 OLED 电视元年。奥维云网《2019 年 Q1 中国彩电市场总结报告》预计，2022 年 8K 电视规模达到 250 万台，4K 与 8K 用户达到 2 亿户，较2018 年同期增长 7.2%，OLED 电视份额为 0.3%，较 2018 年同期增长0.1 个百分点。

---

① 王薇：《OTT TV 终端市场战局解析》，《广告大观》（媒介版）2013 年第 6 期。

（二）广电内容牌照方

受我国对广电内容管控政策的影响，我国所有终端都必须与获得国家广电总局颁发的内容集成平台牌照运营商合作，才能接入互联网为用户提供视听服务。截至 2018 年 3 月 9 日，我国互联网电视集成服务持证机构共 7 家，互联网电视内容服务持证机构共 16 家，① 其中前 7 家为同时拥有集成和内容服务牌照的机构。同时，截至 2017 年 12 月 31 日，互联网视听节目服务持证机构 586 家。②

这些集成和内容服务持证机构在电视产业链中主要负责视听内容生产与接入，但它们并不满足于仅仅为终端企业提供内容，逐步涉足互联网盒子等终端设备生产，如百视通的"小红"、华数的"彩虹 BOX"、芒果 TV 的"芒果派 M210"等产品相继问世，并延续它们在电视内容领域的优势，突出内容和服务亮点。芒果派突出湖南卫视节目的独家授权，引入与凤凰卫视、华娱卫视合作的内容。彩虹 BOX 强调海量内容库、个性化内容推荐、多种应用服务。③

（三）互联网企业

互联网企业在互联网视频领域积累了大量内容资源和服务经营经验，相较硬件生产商、广电内容牌照方具有明显优势，它们在完成 PC 端、移动端个人视频内容的布局后，开始向家庭电视端视频领域进军，与各资方一起在新市场角逐。如前所述，爱奇艺发力较早，在 2012 年与央广新媒体成立银河互联网电视有限公司，2013 年已经有搭载银河牌照、爱奇艺内容的电视和互联网机顶盒面世。腾讯 2011 年入股未来电视，2014 年下半年成立 OTT 事业部，正式进军电视业务。其间，芒果、搜狐、优酷、乐视、PPTV 等视频公司纷纷开通 OTT TV 业务。④ 根据勾正数据提供的《2018 上

---

① 国家广播电视总局：《电视持证机构名单》（截至 2018 年 3 月 9 日），国家广播电视总局官网，http://www.sapprft.gov.cn/sapprft/govpublic/6955/373346.shtml，最后访问日期：2018 年 11 月 2 日。

② 国家广播电视总局：《互联网视听节目服务持证机构名单》（截至 2017 年 12 月 31 日），国家广播电视总局官网，http://www.sapprft.gov.cn/sapprft/govpublic/6955/362247.shtml，最后访问日期：2018 年 11 月 2 日。

③ 王薇：《OTT TV 终端市场战局解析》，《广告大观》（媒介版）2013 年第 6 期。

④ 《从产品设计上看腾讯、爱奇艺、优酷的 OTT 会员营销》，运营人，http://tem365.com/ar-chives/3279，最后访问日期：2018 年 11 月 2 日。

半年 OTT 行业发展报告》，截至 2018 年第一季度，爱奇艺、腾讯总装机都达到 54% 的覆盖率，成为目前覆盖终端规模最大的两个视频媒体；优酷则重点推广 App，覆盖率达到 35%。

在实际运营过程中，硬件生产商、广电内容牌照方、互联网企业谁都没有绝对实力统领电视终端市场链各环节，因此都顺应共享经济的时代背景采取合作模式运营 OTT TV。例如，乐视网在内容牌照上与中国网络电视台合作，在收视终端上与富士康合作，并推出了四核智能电视机"乐视TV 超级电视"。[①] 海信在牌照上与华数合作，在内容上则与爱奇艺、优酷、腾讯合作（见图 7 - 2）。

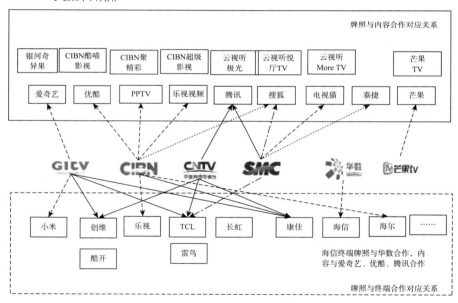

图 7 - 2　2018 年初牌照方与内容方、硬件终端方合作对应关系

资料来源：勾正数据：《2018 上半年 OTT 行业发展报告》。

---

① 王薇：《OTT TV 终端市场战局解析》，《广告大观》（媒介版）2013 年第 6 期。

三 智能电视

以 OTT 为核心技术的电视产业呈现良好的增长态势。2018 年第一季度，OTT 总激活终端规模超 2.1 亿台，其中含智能电视激活设备 1.72 亿台，OTT 盒子 0.42 亿台；OTT 激活覆盖户数达 1.75 亿户，半年增长率为 16%，首超有线电视缴费户数。

OTT TV 推动着我国电视终端的换代升级，电视产业进入智能化时代。智能电视机的问世让电视实现功能延展，将电视升级成集收视、购物、游戏、生活缴费、家电操控等于一体的多媒体终端，并且实现了电视、网络和程序之间跨平台搜索、互动。智能电视已开始成为继手机、台式机、笔记本、平板之后的第五种信息访问终端，用户可随时访问自己需要的信息，更是具备全新的遥控装置，可以和各种移动终端连接互动。用户用移动端投屏到电视机的视频消费习惯也逐渐养成。据 CNNIC 统计，2018 年 6 月智能电视接入互联网的数量已达 2.4 亿台，2014～2018 年的复合增长率达到 13.04%（见图 7-3），[1] 2020 年 6 月网民使用电视上网的比例达到 28.6%。[2] 此外，根据勾正数据提供的《2018 上半年 OTT 行业发展报告》，2018 年上半年，我国智能电视日均开机率为 52%，日活 8938 万台。《2019 年度 OTT 行业发展报告》表示，2018 年期末中国智能电视开机日活达 10003 万台。

与此同时，智能电视的出现也让分散到手机、平板等移动终端的个体用户重新回归家庭视听娱乐模式，将手机小屏上的互联网内容转换到智能电视大屏上，满足用户的大视听需求。用户对大屏电视越来越青睐，2014 年以来 55 寸以上的智能电视销售占比迅速提升，从 2014 年初的 10% 提升至 2016 年 9 月的 35%。[3] 另根据奥维云网《2019 年 Q1 中国彩电市场总

---

[1] 酷鹅用户研究院：《2018 年中国智能电视用户洞察报告》，199IT，http://www.199it.com/archives/797760.html? weixin_user_id = fco6ETQjpKNm0EhlSGoIRvbUQ0bXwo，最后访问日期：2018 年 11 月 6 日。

[2] 中国互联网络信息中心（CNNIC）：《第 46 次〈中国互联网络发展状况统计报告〉》，199IT，http://www.199it.com/archives/1128995.html，最后访问日期：2020 年 9 月 29 日。

[3] 罗林：《智能电视实现稳步增长 2018 年销量将达 5228.1 万台》，智能电视网，https://news.znds.com/article/31247.html，最后访问日期：2018 年 11 月 25 日。

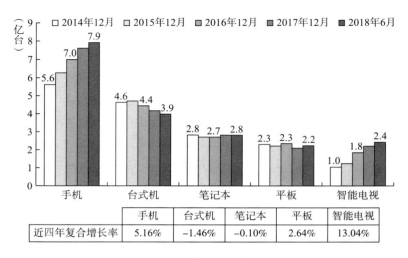

	手机	台式机	笔记本	平板	智能电视
近四年复合增长率	5.16%	−1.46%	−0.10%	2.64%	13.04%

图 7 - 3　联网设备接入数

资料来源：酷鹅用户研究院：《2018 年中国智能电视用户洞察报告》。

结报告》，我国 2019 年 1 ~ 3 月，32 寸、39.5 寸、43 寸面板价格逐月叠加 1 ~ 2 美元并持续走高，但是对比上年同期价格跌幅仍在 20% 以上，65 寸、55 寸等尺寸均价逐月走低，对比上年同期跌幅接近 30%。一季度 55 寸仍是市场销量第一尺寸，全渠道占 33.6%，对比上年同期增长 0.1 个百分点；65 寸成为市场增长量最快尺寸，全渠道占 11.9%，对比上年同期增长 5.2 个百分点，销量同比增长 76.1%；市场平均尺寸较前一季度有所下降。电视机设备也开始面板化，以期实现与其他终端面板的充分接轨、融合。

　　另外，数字电视机顶盒从最开始的电视模拟数字信号到数字信号传输，再到如今的智能终端服务器，操作系统一步步迭代升级，功能逐步多样化，并结合云计算实现云服务，同样也促使电视终端的属性外延拓展。2018 年 11 月 19 日，新疆广电网络发布智能电视操作系统 TVOS 3.0 和天山媒体云 2.0，将业务分为家庭、集客、融媒三大板块。其中，家庭业务涵盖电视、宽带和智能家居操控；集客业务开发社区、党建、专线、视频会议等业务；融媒业务实现数字内容的多次分发。同时，新疆广电通过 TVOS 云系统，STB、XTV、XVR 云终端，MNUI/VRUI 云门户实现云直播、云点播、云制播、云导播、云搜索、云推荐、云商店、云导航、云统计、云广告、云语音、云分发等功能，并逐步将电视终端的家庭属性向智慧社区、智慧城市平台的搭建转型，助力社区幸福和谐，探索新零售，构建以家庭为中心的智慧社区、智慧城市治理新平台。

数字电视机顶盒的更新换代，加速了我国有线视频点播用户和有线智能终端点播用户的增加。截至 2018 年第三季度，我国有线视频点播用户总量达 6530.1 万户，环比增长 2.9%；其中高清视频点播用户总量达到 6293.0 万户；4K 视频点播用户数量快速增长，环比增长 13.5%，总量达到 1151.8 万户（见图 7-4）。智能终端用户总量达 1729 万户，环比增长 9.6%。[①]

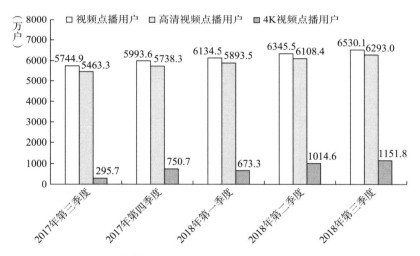

图 7-4 2017 年第三季度~2018 年第三季度视频点播用户情况

四 基于未来场景的电视终端创新

如今，人类技术的不断创新推动我国三网融合背景下的电视产业进入另一个全新时代，8K、AR/VR/MR、AI 人工智能、5G 等新技术给电视的未来场景带来更多可能性。

---

① 广电视讯：《2018 年第三季度中国有线电视行业发展公报》，搜狐网，https://www.sohu.com/a/272567548_488920，最后访问日期：2018 年 11 月 20 日。

（一）8K 技术

超高清、超大屏是未来家庭视听娱乐的切实需求。2018 年在 CES 国际电子产品展中，OLED 和 8K 高清大屏电视成为亮点。夏普发布的 70 寸 8K 电视是像素分辨率达到 7680×4320 的超高清电视，同时还展示了用于 NHK 的 8K Super Hi-Vision 卫星电视传输。韩国电子巨头 LG 公司也发布了 88 英寸 8K OLED 电视。在德国 IFA 2018 展会上，三星首次展出了 8K QLED 电视；我国的 TCL 也在此展会上推出首台 75 寸 8K 电视——2019 FIBA 篮球世界杯定制款 8K QLED 电视。

2018 年，已成为 8K 电视屏幕元年，超高清在超大尺寸电视市场也将迅速取代全高清，面板硬件制造商不断突破技术极限，为用户视听享受而创新。据 IHS Markit 研究预测，2018 年 60 寸及以上显示器市场中，约 1% 为 8K（7680×4320 像素分辨率）屏幕，而这一比例到 2024 年将达到 19%。[①]

（二）AR/VR/MR 技术

增强现实（AR）、虚拟现实（VR）、混合现实（MR）等技术让人类可以将虚拟世界现实化，让计算机生成一套三维动态视景和实体行为的系统仿真，充分调动用户的各种感官，完成人们在模拟环境中的现实体验互动。这两项技术对电视产业来讲具有极大的使用价值。暴风 TV 于 2016 年便推出全球首款 45 寸 VR 智能电视，这是互联网企业用 VR 技术介入电视的尝试。未来，VR 一体机可能会成为电视产业的新终端。Pico 小怪兽 VR 一体机是国内硬件制造商对新电视形态的一种探索，甚至有人认为它会取代传统电视设备。利用 VR 一体机可以观看高清视频、3D 电影、360 度全景资源，没有卡顿，没有延迟。

其实，360 度全景直播业务已于 2016 年在体育直播中应用，在 2016 年上海 F1 比赛中，中国移动在赛道上实现了首个实时 360 度多视点流媒体服务。尽管现有的全景直播还以手机等移动终端为主，但随着 AR 和 VR

---

① IHS：《2018 年 8K 电视面板市场将起步》，199IT，http://www.199it.com/archives/677725.html，最后访问日期：2018 年 11 月 2 日。

技术的发展以及 5G 网络的运用，流媒体录像设备分辨率从 480P 可以发展到 4K VR，360 度全景直播收看体验将逐步大屏化，这将赋予用户更为身临其境的全景感，电视用户的现实参与感也会增强。

同时，AR/VR/MR 技术与电视终端的结合也为在线教育的家庭化提供了可能。未来，用户可利用基于 AR/VR/MR 技术的各类电视终端设备完成在线课程的讲授和聆听，实现教师与学生的虚拟仿真实景对话与互动。重庆虚拟实境科技有限公司开发的混合现实远程教育产品 iVReal 让学生可以在虚拟母语环境中与远在加拿大的老师实时"面对面"教学，自由交互，给学生创建高效母语环境与经历，并通过角色扮演的社交游戏方式，增强学生的语言输出能力。

（三）AI 人工智能

2017 年，我国《新一代人工智能发展规划》（国发〔2017〕35 号）、《促进新一代人工智能产业发展三年行动计划（2018—2020 年)》（工信部科〔2017〕315 号）等政策文件出台，人工智能技术研发和产业化发展进入全面推动阶段。《人工智能标准化白皮书》（2018 版）显示，智能电视语音识别测试方法、智能电视语音识别通用技术要求、智能电视手势识别技术要求及测试方法、智能电视娱乐操控编码规则及测量方法等都处于在研过程中。

目前，国内人工智能在语义识别、语音识别、人脸识别、图像识别、智慧金融、智慧安防、客服的精度和效率上已远超人工，这些都为电视产业发展提供了更多可能。语音识别、语义识别和人脸识别可改变未来时事新闻播报模式。2018 年 11 月 8 日新华社启用全球首个"AI 合成主播"，开启新闻播报新纪元。人脸识别可帮助电视终端与电视收视检测系统连接，实时获取电视用户情况；图像识别和智慧金融可与家庭消费物联网连接，及时提供购物消费提醒和服务；智慧安防可为用户提供实时家庭安防数据，甚至可与报警中心连接，完成实时安全监控和保障措施。

人工智能在电视终端领域的早期尝试来自 Comcast 2015 年推出的"X1 语音遥控器"，用户通过电视遥控器发出语音指令对电视进行操作。这项技术目前正在进行迭代优化以实现大规模运用。电视观众甚至能够去掉遥控器或智能手机终端设备，直接用语言操控电视。LG 的 ThinQ、三星的 Smart Things 平台等都可以直接通过 AI 语音调节电视音量、寻找最爱的节目、控制智能恒温器、开关家电等。

我国的线上零售巨头阿里巴巴也凭借天猫精灵进入电视终端市场。阿里巴巴人工智能实验室（Alibaba A. I. Labs）于 2017 年 7 月 5 日发布 AI 智能品牌天猫精灵（TmallGenie）及其语音终端设备天猫精灵 X1。天猫精灵 X1 内置的 AliGenie 操作系统，能够听懂中文普通话语音指令，实现智能家居控制、语音购物、手机充值、叫外卖、音频播放等功能，还可通过机器学习和计算能力，了解使用者的喜好和习惯，成为家庭生活的智能助手。

人工智能还可以为独居用户提供电视陪看机器人，实现家庭多人观影体验，监测播出内容，感知观看者的面部表情变化，从而发掘用户兴趣并据此做出喜好产品推荐，这类产品在日本已经进入了商用阶段。

随着互联网与人工智能技术的崛起，网络电视逐渐成为主流趋势，天猫、小米、乐视、华为等巨头纷纷推出了自己品牌的智能电视盒，至此，网络上的丰富内容终于被引入电视中，同时，游戏大厂索尼、微软等公司所打造的云端游戏库也把目标瞄准人们的客厅，一时间，电视又重新焕发了活力，再次成为人们休闲娱乐的首选。

（四）5G 技术

推动形成全球通信统一的 5G 标准是我国"十三五"期间的一项重要任务。5G 的首要商业应用是固定无线接入（WTTx），即使用移动网络技术而不是固定线路提供家庭互联网接入服务。将会有越来越多的家庭购买 WTTx 服务，[①] 这将推动 8K 电视面板的升级换代，促进 8K 超高清视听内容的快速传输，保证电视大屏的画质和音效，提升 6 倍带宽需求。同时，5G WTTx 也将大大增强家庭监控、流媒体和云游戏等其他基于视频应用的体验。5G 有望使大部分家庭实现响应式和沉浸式的 4K 游戏体验；利用机器 24 小时不间断地读取家庭监控视频内容。

[①] 《5G 时代十大应用场景白皮书》，华为技术有限公司官网，https://www-file. huawei. com/-/media/corporate/pdf/mbb/5g-unlocks-a-world-of-opportunities-cn. pdf? la = zh&source = corp_comm，最后访问日期：2018 年 12 月 11 日。

5G 的 eMBB 增强型移动宽带、mMTC 海量机器类通信、uRLLC 超高可靠与低时延通信等均为电视产业与 5G 创造巨大融合发展空间。5G 能让体育观众感受到运动中的速度与激情。2017 年韩国电信在国际雪橇和俯式冰橇联合会（IBSF）培训日，通过超小型相机传出的运动员视角实时 4K 视频，使用户可以选择多角度摄像机观看时速高达 120 千米～150 千米的雪橇运动。5G 网络的运行速度将为这一体验提供更强的网速保障，增强体验感。

同时，通过 5G 技术，电视产业的视听内容可以与家庭无线物联网互动，实现智能家居、家庭安防、家庭能源管理、家庭消费物联网等功能。日本 NHK 所研发的新产品"Hybridcast Connect X"平台可以帮助用户在观看一档烹饪节目时，由平台数据感知冰箱中缺少烹饪节目中美食所需食材，并通过手机 App 提醒用户购买，用户可即时付款并选择送货上门。通过结合电视节目内容联动地感知用户需求，打通线上与线下，可以有效地把观众变成用户，① 实现家庭消费物联网功能。

此外，5G 网络的实际体验速率也可以满足 AR 和 VR 的家庭消费物联网需求。如电视画面中的景象可以及时反馈温度、风力、湿度等环境信息，通过物联网调动空调、风扇、加湿器等设备，观众可以实时观看和沉浸式体验画面中的模拟场景，增强各种感官对电视内容的感知。

其实未来电视产业终端市场的发展离不开"电视 + 5G + AI"的强力组合。人工智能与基于电视大屏的家庭安全管理相结合，能够进一步加强家庭居住的安全性和舒适性。比如，通过部署 5G 无线摄像头可以触及有线网络难以达到的盲区，运用 5G 高速传输网络下的高清图像给予人工智能计算机视觉方面高质量的判别基础，在紧急的情况下，还可以对入侵行为直接报警，而且可以运用 AR/VR 技术实现对家庭安防的演练，做好险情预防工作。

5G 技术为我们创造了一个完全相互连接的世界，5G 时代，只有电视终端与 5G、物联网、人工智能等融合，才能助力"智慧广电"更好更快发展。

---

① CCBN：《5G 与广电业务融合发展的 8 大趋势》，广电独家公众号，https：//mp. weixin. qq. com/s/zuKYlAEdy6I1mloB3l08Ew，最后访问日期：2018 年 11 月 30 日。

综上所述，在三网融合背景下，电视终端逐渐实现由传统节目播出终端向家庭大屏生态中心终端、家庭"互联网＋"终端、家庭人工智能终端、家庭大数据和云计算终端、家庭场景化社交和生活终端转化，它将人与机器的工业化关系变成以大屏连接的家庭关系纽带，成为一体化智能家居、智能家庭生活的操作平台。

第二节　三网融合背景下电视产业用户需求的发展

一　从直播到点播

尽管电视围绕用户做了较多创新探索与尝试，但我国有线数字电视行业的发展仍不太乐观，有线数字电视用户规模持续下滑，2017 年有 2.45 亿户的总量，① 到 2018 年 9 月底已降至 1.99 亿户，其中缴费用户 1.47 亿户，② 较 2017 年底减少 600 万户。但《收视中国》公众号发布的文章《2018 上半年电视观众时移收视观察》显示，2018 年上半年，电视频道 7 天内播出节目的时移收视实现稳步增长；观众仍然喜欢点播、回看省级上星频道的电视、综艺类节目；一些爆款电视剧和综艺的时移收视已经超过直播。③

同时，电视用户的视频点播热情增高，需求增多。2018 年第三季度有线视频点播用户较上季度净增 184.6 万户。其中，高清视频点播用户环比增长 3.0%，总量达到 6293 万户；4K 视频点播用户快速增长，季度净增 137.2 万户，总量达到 1151.8 万户。④

据重庆有线电视网络股份有限公司提供的信息，重庆有线电视的直播观众数量不断流失，但点播用户量和用户活跃度逐渐提高。2017 年 1～3 月

---

① 中国广播电视网络有限公司、格兰研究：《中国广电发布 2017 年第四季度有线电视行业发展公报》，《中国有线电视》2018 年第 S1 期。

② 中国广播电视网络有限公司、北京格兰瑞智咨询有限公司：《2018 年第三季度中国有线电视行业发展公报》，《有线电视技术》2018 年第 11 期。

③ 祖薇：《电视台首播收视下降　时移收视"走红"》，《北京青年报》电子版，http://epaper.ynet.com/html/2018-09/27/content_304794.htm? div＝-1，最后访问日期：2018 年 11 月 9 日。

④ 中国广播电视网络有限公司、北京格兰瑞智咨询有限公司：《2018 年第三季度中国有线电视行业发展公报》，《有线电视技术》2018 年第 11 期。

重庆有线电视点播量 8000 万次，7～8 月增长到 1 亿次，2017 年底点播量升至 2 亿次；2018 年第一季度则达到 3 亿次。点播业务的迅速成长，一是由于互联网所带来的内容消费习惯演变，用户对影视娱乐内容的自主性和选择性加强；二是由于用户对优质内容的认可与需求。

从勾正数据提供的 2017 年上半年大屏报告来看，OTT 点播明显比直播更受欢迎，在日均到达率上，OTT 点播是直播的 1.8 倍，在收视时长上也要高于直播，日均终端全部时长是直播的 2.4 倍，日均终端到达时长是直播的 1.3 倍。2018 年上半年，OTT TV 开机日活数已达 8938 万台，其中 56% 只看 OTT 点播。① 2018 年上半年，银河·奇异果、云视听·极光、CIBN 酷喵影视的视频点播率与点播时长位列前三，点播月活用户中，78% 使用两个以上视频应用观看视频，其中一个月使用两个应用的占比最高。② 2018 年第一季度，音乐、游戏类应用日均活跃度虽不足 1%，但用户忠诚度较高，日均使用时长分别为 52 分钟和 42 分钟（见图 7-5）。

二 从个人到家庭

电视机刚进入寻常百姓家庭时，居民经济水平较低，电视收视是以家庭为主的群体行为，甚至一台电视机就能满足好几家人的收视需求。随着居民经济实力和生活水平的提高，电视机可以实现人手一台，电视收视向个人收视倾斜。但手机、平板电脑的出现彻底打破了电视的个人属性，让其回归家庭，回归群体属性。根据尼尔森的全球视频点播收视调查，尽管移动终端在中国快速普及，大多数（54%）受访者还是表示愿意在智能电视上观看视频点播节目，③ 而且和伴侣一起使用智能电视的居多，占 31.8%，其次是和父母、子女一起使用，占 26.9%。在使用频率方面，随

---

① 勾正数据：《2018 上半年 OTT 行业发展报告》，199IT，http：//www.199it.com/archives/791746.html，最后访问日期：2018 年 11 月 10 日。
② 勾正数据：《2018 上半年 OTT 行业发展报告》，199IT，http：//www.199it.com/archives/791746.html，最后访问日期：2018 年 11 月 10 日。
③ Nielsen：《全球视频点播收视调查 中国遥遥领先》，199IT，http：//www.199it.com/archives/461341.html，最后访问日期：2018 年 11 月 4 日。

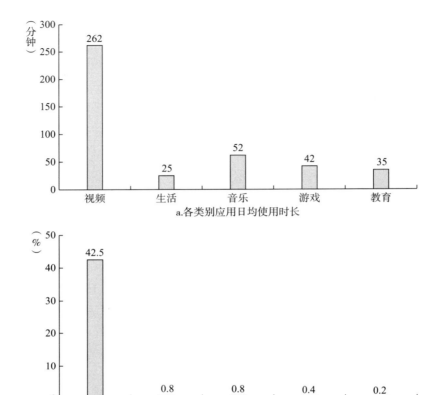

图 7 – 5　2018 年第一季度 OTT 用户点播内容类型

资料来源：勾正数据：《OTT 大屏 Q1 季度用户行为洞察报告》，199IT，http：//www.199it. com/archives/719819. html，最后访问日期：2018 年 11 月 4 日。

着家庭使用人数的增加，每天使用的频率增大。从每天使用频率占比来看，与父母、子女一起使用的占比最高，为 69%。① 勾正数据 2018 年《OTT 大屏 Q1 季度用户行为洞察报告》② 和《2018 年 7 月智能电视大数据报告》③ 中均反映出智能电视的重度使用家庭由"小家"过渡到"大家"

---

① 酷鹅俱乐部：《智能电视用户行为大揭秘》，199IT，http：//www. 199it. com/archives/694835. html，最后访问日期：2018 年 11 月 4 日。
② 勾正数据：《OTT 大屏 Q1 季度用户行为洞察报告》，199IT，http：//www. 199it. com/archives/719819. html，最后访问日期：2018 年 11 月 4 日。
③ 勾正数据：《2018 年 7 月智能电视大数据报告》，199IT，http：//www. 199it. com/archives/762224. html，最后访问日期：2018 年 11 月 4 日。

的趋势，核心家庭逐渐成为智能电视重度用户的主力。

同时，集客业务的开设，让广电受众从家庭延伸到政府、企事业单位，群体收看成为电视观众的主流收看模式。

三 从"收看"到"使用"

如前文所述，广电增值业务的创新、智能电视应用的丰富优选，逐渐培养了用户使用电视的习惯。家庭用户打开电视不再是单纯地接收广电节目，更是为了寻找符合自身偏好的信息，使用自己喜欢的应用或功能，并利用这些功能丰富家庭活动，增进家庭成员关系，推动家庭情感建设（见图 7-6）。在各个电子设备的家庭用户视频使用占比中，智能电视以 89% 位居第一，远高于其他设备。[①]

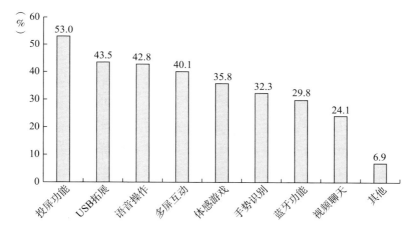

图 7-6　智能电视用户关注的功能占比

资料来源：酷鹅俱乐部：《智能电视用户行为大揭秘》，199IT，http://www.199it.com/archives/694835.html，最后访问日期：2018 年 11 月 4 日。

集团用户打开电视主要是使用专属的视频会议、业务学习、团队建设、远程教育、数据监测等。他们对电视的使用实质上是对电视承载的信息数据的使用。

---

① 酷鹅俱乐部：《智能电视用户行为大揭秘》，199IT，http://www.199it.com/archives/694835.html，最后访问日期：2018 年 11 月 4 日。

不管是家庭还是集团用户，他们对智能电视投屏功能的关注度非常高。① 手机内容投屏到电视观看，更便于家庭用户与家人共享，跟家人保持良好的互动；集团用户通过投屏可以快速完成项目提案、会议沟通等事务。此外，USB 拓展、语音操作、多屏互动、体感游戏、手势识别、蓝牙功能、视频聊天都是家庭和集团用户的常用功能。通过 USB 拓展访问 U盘，电视连接鼠标键盘玩游戏非常酷爽；运用语音功能查询天气、搜索新闻极为方便；电脑、手机、电视多屏互动能够帮助用户快速完成基本事务；体感游戏能让用户随时舒展筋骨，娱乐健身。

四　从信息到数据

综观三网融合背景下电视产业已出现的互联网电视等新形式，其主要思路仍在于集合互联网、家庭游戏机等功能，并与其在"红海"市场展开同质竞争。而按照麦克卢汉的看法，媒介即信息，真正有意义的信息并不是各个时代的媒介所提示给人们的内容，而是媒介本身。按此观点，笔者认为，在三网融合背景下，传媒生态已发生了变化，我们在某种程度上可以认为媒介即数据。首先，所有的媒介信息是用数据表现的，当前在各种媒体平台上流动的不同形态的内容，其实已在某种程度上成为跨媒体的同一种形态——数据。"我们应推进的不是数字化而是数据化，即一种把现象转变为可制表分析的量化形式过程。"② 其次，在大数据环境下，每个媒介实质上只是一个数据入口，而数据处理在云端进行，媒介通过云端处理更多地提供相关性而不是因果性数据报告，媒介已成为整个相关性数据链中的一环。再次，不同媒介之间的差别通过数据同质化，并通过比特币等金融工具量化、物质化，三网融合实质上已成为数据融合而不是功能融合。更重要的是，在三网融合背景下，互联网本身正在向下一代语义网转化，其更看重数据的分析与整合而不是信息的共享与互动。麻省理工学院

---

① 酷鹅俱乐部：《智能电视用户行为大揭秘》，199IT，http://www.199it.com/archives/694835.html，最后访问日期：2018 年 11 月 4 日。
② 〔英〕维克托·迈尔－舍恩伯格、肯尼思·库克耶：《大数据时代生活、工作与思维的大变革》，盛杨燕、周涛译，浙江人民出版社，2013，第 104 页。

的蒂姆·伯纳斯·李曾提出，下一代互联网是语义网，即数据网，从某种程度上来说，就像一个全球性的数据库……语义网不仅仅是把数据传上网，它还要在数据之间创建连接，数据一旦连接，计算机和人都可以对数据进行探索：通过一个数据发现另外一些相关的数据。我国学者涂子沛也认为，互联网已从 Web 1.0 的以网站为标志的信息传播共享、Web 2.0 的以社交媒体为顶峰的信息交流和协同，发展到 Web 3.0 的以语义网为基础的数据智能管理。① 因此，我们的互联网电视产业也必须随着三网融合背景下互联网的发展而进行相应调整。其出路不在于集合电视、互联网、家庭游戏机等功能，也不在于成为传统功能集合商，而应成为大数据的采集与处理商。②

第三节　基于智慧家庭数码港的电视产业用户服务创新

一　服务定位的创新

在电视适应市场和用户需求的过程中，电视功能和业务范围不断更新与拓展，电视的属性也在发生着变化，电视的服务对象和服务属性都需要被重新定义。

（一）服务对象定位于家庭用户

电视过去是受众专门收看电视节目的介质，但如今电视成为与手机、平板大小相异的大屏，是接收、使用、传播信息的工具之一。2018 年 CES 国际消费类电子产品展览会明确表示"电视不再是电视了"。当电视拥有足够多的连接和功能，可以用于工作、游戏和娱乐，那么电视、手机、电脑、游戏机之间不再有明确的区别，各种设备都只是屏幕。电视机也只是一块更大的屏幕。作为家庭大屏，电视将是智能家庭中心、虚拟助手访问

---

① 涂子沛：《大数据：正在到来的数据革命，以及它如何改变政府、商业与我们的生活》，广西师范大学出版社，2013，第 284~287 页。

② 邹建中：《浅析大数据时代我国互联网电视产业的发展策略》，《现代传播》（中国传媒大学学报）2013 年第12 期。

点、游戏机和强大的电脑。①

"看电视"的受众慢慢开始把电视当作信息工具、数据平台来使用，受众变为"用电视"的用户。用户成为三网融合背景下电视的服务对象。电视受众逐渐演变为电视用户。

从受众"看电视"到用户"用电视"的转变，让电视也跟手机、平板一样，成为信息集成和数据交互平台。但电视与它们又有区别，电视是面向群体的智能信息与数据交互的大屏，家庭群体是它赖以生存的根基，集团等组织客群则是电视第二核心服务群。电视的未来在家庭、组织等群体。电视一方面可以满足家庭娱乐、家庭信息、家庭生活需求，优化家庭生活场景与体验；另一方面可以为组织客户定制个性功能，适应办公、商务需求。目前大部分企业办公室、会议室都配有一台智能电视机，方便投屏展示方案，促进快速沟通。服务群体用户是电视相较手机、平板等个人信息平台的独特之处。用户、群体成为未来电视服务对象定位的关键词。

（二）服务属性定位于智慧家庭数码港

电视是家庭或组织的信息聚合中心，也是人群信息互动、注意力聚合的焦点。它往往扮演信息聚合中心角色，促进家人之间、同事之间、商业伙伴之间的信息互通。

随着智能电视日益普及，观众回归客厅。而电视一直是家庭客厅标配，是客厅文化核心符号，它是将一家人集合在一起共享时光的"客厅媒体"。在三网融合背景下，与其让电视与手机、电脑等个人终端在个人信息空间竞争，不如发挥电视屏幕大、画质高，更适合家庭成员共同使用、共享美好时光的优势，强化其基于家庭的核心属性，将其服务属性定位于"智慧家庭数码港"。目前空调、冰箱、电扇、微波炉等家电也在力争成为智慧家庭数码港的中心。电视具有极强的可视性，相比其他家电设备更具有成为智慧家庭数码港的潜质。电视拥有更大的屏幕，可视范围较其他设备更广，信息传导更直观；无线遥控器和语音交互系统对家居设备的操控

---

① 收视中国：《2018 年电视市场十大发展趋势》，广电猎酷，https://www.lieku.cn/article/2/8608，最后访问日期：2018 年 12 月 24 日。

性也较强,信息接收与处理也会更快速。电视屏幕的优点显而易见。未来的电视有望消除传统电视与其他家居设备、个人设备之间的隔阂,不仅升级了传统传输节目信息的功能,还更开放地与其他家庭设备形成共生物联系统,增强人机交互体验。①

(三) 智慧家庭数码港的数据催化

不论是家庭用户还是组织用户,他们使用电视趋于信息、功能的使用,而他们使用电视的行为数据借助大数据技术形成用户行为大数据。电视这一智慧家庭数码港由提供大众传播的内容服务转向提供大数据的精准数据服务,用户的电视使用行为数据将逐渐成为电视产业最富潜力的资产。

利用这些信息交互数据,电视可对用户进行资本式开发,以数据为催化剂让用户产生价值增值的化学反应。电视可根据家庭成员的直播数据、点播数据、在线互动数据、购物数据、娱乐数据、物联网数据,生成家庭用户画像,形成家庭电视用户行为模型,并连接到家庭用户在互联网、物联网和线下的其他行为数据中,从而预测家庭用户需求,提供精准广告或资讯服务,搭建获取商品的桥梁,助推快速满足家庭用户心理需求。

使用用户数据时,不要拘泥于电视层面,也可以拓展到其他商业领域,实现电视与更多资源的连接。例如,基于家庭在娱乐休闲、便民生活、商业交易、子女教育上的基础需求,电视可与购物中心、电影院、酒店、家政服务机构、品牌商店、银行、公交系统、培训机构、加油站等进行数据对接及业务合作,让智慧家庭数码港成为"核反应堆",让单个用户的价值在其中产生裂变式增值,产生"1 + 1 > 2"的几何级数的价值飞跃。

二 服务形式的创新

围绕智慧家庭数码港的建构思路,我们认为未来面向电视用户服务的

---

① 收视中国:《2018 年电视市场十大发展趋势》,广电猎酷,https://www.lieku.cn/article/2/8608,最后访问日期:2018 年 12 月 24 日。

创新应智能化、管家式，并且充分认识和理解用户生活场景，深耕用户场景创新服务。

（一）智能化家庭管家式服务

智能化家庭管家式服务，首先是家庭用户服务智能化。一是电视智能化，二是将电视与家庭内其他智能设备进行数据对接，以家庭为切入点，以电视为中心建立家庭云，通过融合自动化控制系统、计算机网络系统和网络通信技术于一体的家居控制系统，来管理家庭设备，同时满足智能家居节能、健康和安防等基本需求。做到对家庭智能化设备的可管可控，对家庭用户行为数据进行实时采集、运用。在社会云的智能化支撑下，以家庭云为重心提供基于每个家庭自身特点的在地化随身服务。

其次是为家庭提供管家式服务。随着我国的经济发展，时间成本越来越高，个性化休闲需求也增多，从家庭事务中解放出来成为一种生活态度。人们越来越没有时间，也不愿意花时间来管理家庭事务，这就让家庭管家有了存在的必要。管家起源于法国，讲究家庭事务管理的礼仪、细节，其职业理念和职责范围都有严格的规范和明确的行业标准。未来的家庭管家不一定非得靠人力，完全可以由智能化电视来主导。这也是经济发展到一定程度的家庭服务需求。基于电视的管家式服务，较人工管家而言专业性、标准性、规范性更高。

最后，管家的管理服务主要针对家庭事务。家庭智能管家可以帮助家庭成员完成个性化、私密化事务处理，如膳食、家居环境、家庭生活规划、接送家中客人、家庭财政、育儿、养老等管理服务。例如，电视智能管家根据用户对电视剧中用餐场景的语音反馈，识别其晚餐偏好和需求，并结合社会云中的膳食科学知识，为用户提供晚餐地点或食材建议，用户也可以借助家庭云，利用手机完成食材在线下单与配送。当然，智能管家的服务水平取决于家庭数据资源的挖掘与整合、个人数据资源的上传与处理。只有当家庭云和社会云完全打通才能做到绝对的专业。

（二）场景化与新电视产业

智能化家庭管家式服务离不开对家庭用户生活场景的研究与服务创新，电视也应朝着开发基于家庭需求的用户生活场景的新电视进发。

"场景"，按照新华字典的释义，一是特指电影、戏剧作品中的各种场面，由人物活动和背景等构成；二是泛指生活中特定的情景。在戈夫曼的拟剧论看来，人生是一场表演，社会是一个舞台，人生如戏。但不管是电影或戏剧的场面，还是真实生活的情景，场景一词都与特定的时间、特定的空间有关，每个场面或情景都由特定时空内具体的人与人、人与物之间关系的交错集合构成。时间、空间、人物、事物，以及四者组合而成的关系或事件，是场景的核心关键词。场景中各类关系的产生机理，相互的关联链条、关联属性、关联可能性、关联趋势，以及关联后能产生的反应链，是我们建构新电视模式的焦点。

新电视模式的建构可以充分参考和运用场景营销的理念。所谓场景营销就是企业基于消费者所处的具体情景和时间，通过与消费者的互动而展开的营销活动。[①] 移动互联网、物联网的进步又让用户碎片化的行为数据得以被实时追踪定位、分析挖掘，并实现多平台数据的连接。

新电视可以利用大数据、云计算等先进技术，连接用户特定时空内的线上和线下行为、电视消费使用与电视外消费行为，理解并判断不同场景下用户的情感、态度和需求，通过电视与其他设备的智能入口连接，实现用户即时场景连接与感知，满足用户场景化的价值诉求，激发用户购买欲望，实现营销目标。其核心是给用户提供更加贴心的家庭生活解决方案。

新电视的场景营销应用，可以发挥电视智慧家庭数码港的属性特征，以电视为家庭信息中心，用管家式服务，深入洞悉与电视相关的用户生活场景。新电视场景主要有两种形式，即电视使用场景、电视即时场景。电视使用场景即用户直接与电视接触，使用智能电视应用等活动的场景。电视即时场景则是基于电视智慧家庭数码港的属性，以及智能化家庭管家式服务模式，针对用户在家庭内外即时生活需求的场景。这两种形式的场景都最终关联到用户的消费场景，即用户基于电视设备连接多终端开展的一系列生活消费活动。

无论哪种场景，实质都是运用场景中的元素去激发用户需求，而且场景

---

① 蔡余杰、纪海：《场景营销：大连接时代的"营销颠覆者"》，当代世界出版社，2016，前言第 2 页。

越具体、详细、真实，用户越容易被带入其中，需求越容易被激发，用户解决痛点的动力和营销转化率也越高。例如，电视使用不是简单的电视收视或应用，还有家人陪伴、家人交流、家庭集体娱乐、家务等活动。这涉及陪伴、交流、娱乐、家务所需的道具，如零食、水果、手机、麦克风、书籍、健身器材、洗衣机、扫地机等。电视使用场景是一个多元复杂的场景，围绕电视使用的家庭生活细节被连起来，并且与消费场景打通，形成一个更为真实的生活场景。新电视模式可以从用户家庭生活出发去构建电视内容与服务。

此外，当电视成为家庭信息转换中心，电视即时场景也将通过电视物联网与面部、指纹识别，不知不觉中实现用户数据上传、处理，完善家庭生活大数据，并建立家庭云，与社会云并行互通，迅速完成针对用户需求的消费信息推送或即时上门服务。当一家人要一起外出郊游时，他们的智能鞋会将家庭成员个人数据通过物联网汇集到电视家庭云，并由其向社会云的交通数据部分发出交通需求指令，远程操控，为家庭安排符合成员人数的车辆到家门口接用户，或是与公共轨道交通数据交换，实时调整轨道交通的运量和运时。家庭云中有关家庭需求的信息也会跟进到个人手机终端，随时随地提醒用户完成实时家庭需求消费。当用户在 ZARA 挑选衣服时，手机会基于精准地理定位，结合社会云中的 ZARA、ZARA HOME 店铺数据和用户家庭云数据的计算，向用户推送购买沙发靠枕的提醒信息。当然这需要提高家庭云和社会云的安全性，进行加密算法开发，同时也需要及时采集用户活动的数据，用于二次开发。

三　用户推广的创新

电视的智能管家式服务和场景服务都涉及对用户需求的满足，因此，针对用户的信息推广服务也是服务的一部分。首先，要抓住家庭的本质，还原家庭以血缘、亲情为主的社会本质属性，发挥家庭培养爱与归属感的社会功能来开展推广。其次，针对家庭用户的信息推广和反馈都需要智能化，做到效果监测和推广服务的实时性。

（一）亲情推广的回归

面向家庭用户的推广，应首先回归家庭本质。家庭是个体最初的并贯穿其一生的最重要的社会化单位，是个体培养爱与归属感的第一场所。血缘和亲情是家庭关系的润滑剂。根据莱文森的媒介进化论，技术最后应促进亲情。莱文森认为媒介进化的最终目的是要使人的欲望和需求得到满足，人性化是媒介进化的内在本质。[①] 亲情是最基本的人性本能需求。互联网化、智能化让我们有了重新还原亲情，重新让亲情主导家庭互动的机会。面向家庭用户的智能化推广应该是带着亲情的推广。

具体来说，通过智慧家庭数码港推动家庭中的亲情建设与维护是推广的前提。首先，推广内容与亲情有关。智慧家庭数码港一方面可以向用户推介优化亲情的具有家庭消费属性的产品或服务，如家电和家居产品、亲子娱乐项目、购房与装修等，或是助力年轻人建构家庭。另一方面可以发现与开发其他日常用品、日常行为中与家庭亲情关联的产品或服务，及时为用户推荐。如旅游、酒店等项目可挖掘家庭旅游的必要性和现实需求，连接电视中的旅游、酒店内容资源，在推广中强化家庭旅游对亲情关系的助推作用，同时开发更多以家庭亲情关系为核心的旅游、酒店产品。

其次，推广手段要能增强亲情体验。亲情体验不是简单地打感情牌，是让家庭用户在以智慧家庭数码港为中心的信息接收和消费过程中，体会到家人对自己的关心、自己与家人的联系、自己对家庭的贡献，让用户有家庭存在感和自我实现感。同时帮助家庭成员不断调整心态与行为方式以适应不断变化着的家庭阶段及其任务，适应夫妇关系，学习和适应父母角色，调整子女离家后的生活态度和方式。推广前期需要洞察电视用户亲情现状、亲情需求和亲情观念。例如在家用 MPV 汽车推广中，不拘泥于用广告描述家人的和谐融洽关系，而是要将产品倡导的其乐融融的亲情互动引入到家庭日常生活中，利用车载音响与智慧家庭数码港的数据连接，播放家人前一天晚上追的热门剧集的主题曲或插曲；家人在汽车内的生活需求讨论也可以通过车载语音系统连接到智慧家庭数码港，并通过数码港的语音识别功能，建立与家庭云和社会云其他数据的互动，识别该需求与家庭采购清单的重合度、优先级，然后为用户搭建商品或服务采购通道，回传

---

① 陈功：《保罗·莱文森的媒介进化理论对媒介环境学的超越》，《当代传播》2013 年第 2 期。

到处于汽车内的用户手机终端，帮助用户完成实时购买任务。总之，智慧家庭数码港对家庭用户的帮助需要做到有心、用心，让用户融入亲情场景，增强亲情体验感，打造融洽的亲情关系。

（二）智能化推广与反馈

针对用户的信息推广，不能只撒网不收网。推广需要实时监测用户满意度和需求动向，运用 RTB 实时竞价的程序化购买实现推广和反馈用户数据的双向互动。程序化购买目前主要应用于互联网领域。未来以电视为中心的智慧家庭数码港建成后，电视也将被纳入用户大数据体系中。电视作为家庭用户行为数据采集终端和企业主商业数据投射终端，与电脑、手机一样成为 RTB 中的 SSP 供应方平台，帮助广告主进行流量分配管理、资源定价、广告请求筛选，使其可以更好地进行自身资源的定价和管理，优化营收。智慧家庭数码港也可扮演 DMP 数据管理平台角色，通过全面整合管理由家庭活动连接的各方数据，进行深度建模和人群细分，建立自动化人群策略，提供全面深入的数据洞察和智能管理，指导广告主进行广告推送优化和投放决策。同时帮助广告主真正提供跨媒介、跨平台、跨终端的广告投放平台，通过实时数据分析来投放广告，并形成报表。而且竞价式的精准推广模式，能够快速满足用户需求，获取用户反馈；能够帮助广告主快速找到推广用户，提升盈利概率；能够真正提升电视智慧家庭数码港的平台价值。

（三）基于智慧家庭数码港的客户关系管理

因此，基于智慧家庭数码港的电视产业发展重心不再是电视节目提供商，而应是数据营销商。它的盈利点在于通过三网融合基础上的"数据融合"，进行基于客户关系管理（CRM）的"精确数据化营销"。所谓客户关系管理可以被描述为吸引、保留、资本化开发客户的过程。其核心在于：不论互动管道是什么，一定要为用户提供持续差异化的、个性化的用户体验。基于智慧家庭数码港的电视产业对跨媒体内容的数据化处理而实现的功能整合，实质上是数据化的用户需求的互补性融合，这种互补性融合不应仅局限于数字终端设备、网络或内容的功能融合，也不应只是一种类型的内容通过互联网被传输至一种或多种终端设备上，更重要的是在对数据进行分析整合的基础上，让这些基于双向数字网络流动的数据为"用户融合"提供帮助，从而实现基于跨平台的客户关系管理。让相关商家能通过智慧家庭数码港这个数据化平台，通过数据的相关性而不是穷究其因果性来实时掌握每一个客户、每一个家庭的个性化需求，并通过一对一的精确传播和定制服务来吸引、保留并资本化利用客户。由此可见，基于智慧家庭数码港的电视产业的最终盈利模式在于把有关用户偏好的数据与跨平台的交易框架结合起来，通过跨平台数据的挖掘、分析、整合，真正地理解用户，最大化利用现有的客户资源，并在一定程度上挖掘、引导、创造客户的需求，在已有数据分析的基础上为客户提供差异化的、持续性的产品体验，以开发创新型的杀手级业务和持久盈利点。[①]

同时，建立客户服务中心的用户反馈和管理系统也至关重要。客户服务中心可分三个层面，即智能电视应用系统内的智能客户服务模块、24 小时人工电话客服，以及社交平台智能客服。后两个层面目前已基本成熟，但服务水平、服务内涵还需加强。客服的内容除了答疑和技术受理之外，还需要在用户消费项目即将到期的时候，展开针对性的"客户慰留计划"，或建立用户关怀团队为用户提供整合服务。客户服务其实比网络铺设、维护和升级更重要。

（四）使用与满足：用户推广的具体模式

三网融合背景下互联网电视用户服务的市场推广主要应考虑两个问题。第一，要"推得动"，互联网电视是一种新的产品，要使用户对其产生使用意愿，愿意将传统电视转换为互联网电视。第二，要"守得住"。即互联网电视相对于传统电视增加的新功能，要让用户能够持续使用而不是中途退出。

从单纯市场经济的角度来看，"推得动"是经济学中的"有效需求"问题；而如何"守得住"涉及经济学中的"边际效应"原理，即用户在逐次增加 1 个单位消费品的时候，其总效用是相应增加的，但每一个消费品

---

① 邬建中：《浅析大数据时代我国互联网电视产业的发展策略》，《现代传播》（中国传媒大学学报）2013 年第 12 期。

所带来的单位效用却是相应递减的。因此，虽然互联网电视在功能上有较大增长，但是与其所增加的成本相比较，互联网电视对用户发挥的效用可能会递减。如果这种情况一直持续下去，用户可能会最终放弃对互联网电视的使用。

由此看来，要在市场上顺利推广互联网电视，必须按市场规律进行操作。在考虑整个大数据时代的社会条件基础上，从最终用户的接受心理和行为出发进行市场推广。在这方面，我们可以借用传播学中经典的"使用与满足"理论，即将媒介接触行为概括为一个"社会因素＋心理因素→媒介期待→媒介接触→需求满足"的因果连锁过程，把受众看作有自身"需求"的个人，把他们的媒介接触活动看作基于自身的需求来"使用"媒介，从而让需求得到"满足"的过程。1974年传播学家卡兹等人在《个人对大众传播的使用》一文中，提出了"使用与满足"的基本模式。日本学者竹内郁郎对其又做了若干补充。使用与满足理论示意见图7-7。

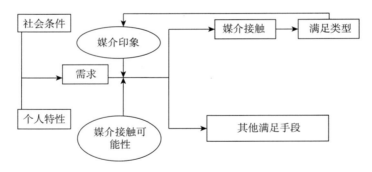

图7-7 使用与满足理论示意

但是，这个理论植根于当时的社会背景与技术条件下。而大数据时代我国的电视产业发展，却有着自身的不同特点：如我国电视用户服务和骨干数据传输企业均由国有企业垄断，仍带有事业及企业双重属性；国家政策对电视用户服务发展存在不少制约，其市场推广的背后存在更多的政府力量；我国社会经济条件和发达国家有差距，在电视的市场推广中，广大用户对价格更加敏感，更容易出现边际效应等。因此，我们必须根据我国实际条件对上述模式进行相应的发展改造，建立起契合我国实际情况的电视市场推广使用与满足模式（见图7-8）。

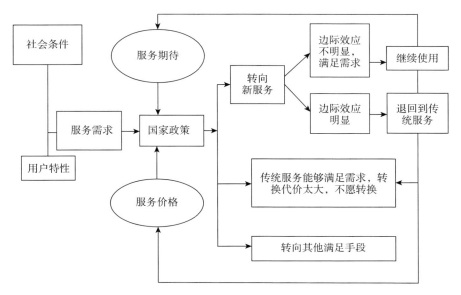

图7-8 三网融合背景下我国电视用户服务推广"使用与满足模式"示意

在该模式中，我们提出了如下假设：①在中国当前实际情况下，用户服务需求主要由用户特性（个性化需要等）和三网融合背景下的社会条件（社会经济条件及大数据技术发展水平等）两方面因素共同影响；②用户是否采用新服务取决于用户的服务需求（受用户特性和社会条件影响）、对服务期待和服务价格的敏感性；③用户的服务需求在我国现有条件下将由国家政策过滤，只有符合国家政策的需求才能成为大规模市场行为；④在对用户服务的使用中，实现了对用户服务的期待，满足了自身需求，解决了边际效应递减问题的用户将继续使用用户服务，否则将回到传统服务；⑤采用新服务并继续使用的用户、采用新服务又中途放弃的用户和坚持只使用传统服务的用户的行为都将影响服务价格、服务期待并最终影响用户服务的市场推广和国家相关政策的制定。

在上述假设中，服务需求、服务期待、服务价格、边际效应是四个关键因素，四者相互关联、相互影响，构成了我国用户服务市场推广的核心。在我国，用户对服务的需求是由用户特性和国家对用户服务的相关政策共同决定的；在服务需求基础上，用户通过对服务价格和服务期待的权衡决定是否采用服务，这是用户服务市场推广能否成功的关键；而在市场推广取得初步成功，用户购买服务后，我们还要不断加强用户服务的软件建设，不断开发满足三网融合背景下用户需求的服务业务，让用户觉得物有所值，解决用户服务受边际效应递减影响的问题；最后，前期市场推广的顺利与否又会对服务价格和服务期待产生影响并最终带来国家政策的变化，影响用户服务后续市场推广的顺利进行。[①]

---

① 邬建中：《浅析大数据时代我国互联网电视产业的发展策略》，《现代传播》（中国传媒大学学报）2013 年第 12 期。

| 第八章 |

三网融合背景下电视产业盈利模式的创新

第一节　三网融合背景下电视产业盈利模式现状

　　传统电视产业的收入主要来自四个板块，即收视费、广告费、点播费、增值服务费。收视费是基本收入，用于传统电视基础设施建设和维护，后三个板块是传统电视产业的盈利板块，其中广告收入是传统电视媒体长久以来的经济支柱。以往每年的广告招标会成为电视媒体的年度盛会，但随着互联网发展的冲击和内容经济的不断深化，传统的电视广告盈利模式逐渐失去魅力。

　　长期以来，电视产业的盈利模式单一，几乎都是通过各类节目内容吸引受众关注，获得收视率，再将受众收视率出售给广告商而获利。但电视受众的注意力逐年流失，广告商的电视资源购买欲望降低。根据国家新闻出版广电总局公布的数据，2017 年全国电视广告收入 968.34 亿元，比 2016 年（1004.87 亿元）减少 36.53 亿元，同比下降 3.64%。[①] 从 2019 年各大卫视广告招商情况来看，招标金额再创新低。截至 2018 年 12 月底，北京卫视以 20.3 亿元位居榜首，湖南卫视仅获得 13.09 亿元的招商额，约

---

　　① 国家新闻出版广电总局：《2017 年全国广播电视行业统计公报》，http://www.sapprft.gov.cn/sapprft/contents/6588/379318.shtml，最后访问日期：2018 年 12 月 24 日。

为上年同期（50.69 亿元）的 1/4，① 收益惨淡。

有线电视网络收入也逐年下降。2017 年有线电视网络收入 834.43 亿元，比 2016 年（910.26 亿元）减少 75.83 亿元，同比下降 8.33%。其中，有线广播电视收视维护费收入 414.00 亿元，付费数字电视收入 65.56 亿元，三网融合业务收入 102.82 亿元。② 用户自主付费收视意愿非常弱，网络媒体的视频付费用户不断攀升。根据 2018 年 11 月 14 日腾讯公布的第三季度财报，腾讯视频订购用户达 8200 万户，同比增长 79%，环比增长 10%，该季度腾讯视频广告收入同比增长 34%，③ 增长态势与广电网发展情况形成鲜明对比。

广电三网融合带来的业务收入，以及网络等新媒体广告收入成为新增长点。2017 年广电网络媒体广告收入 306.71 亿元，占广告收入总额的 18.57%。同时，广电新媒体业务收入 277.66 亿元，占实际创收收入的 5.73%，其中，交互式网络电视（IPTV）收入 67.61 亿元，互联网电视（OTT）收入 18.31 亿元，网络视听节目服务收入 142.98 亿元。④

逐渐下滑的收益额推动广电机构不断创新自救。一是开发招商优惠套餐，将频道广告资源打包优惠销售，增加资源吸引力。2018 年湖南卫视招商总价值 3500 万元的"标准套餐"，如果直签一年可减 300 万元，直签两年可减 1800 万元，浙江卫视也推出了类似的优惠方案。这种方式看似有广告销售收益，但收益较单体节目的销售总额大打折扣，与很多快消品的甩卖并无二致，不能解决广告盈利的燃眉之急。

二是联合口碑互联网企业，开发定制内容，并利用互联网企业的口碑

---

① 庞李洁：《2019 卫视招商困境：签约额骤降、90% 资源流向互联网，卖方市场转为买方市场》，镜像娱乐，https://mp.weixin.qq.com/s/tSVwb40J_YrM5tg-K3E27A，最后访问日期：2018 年 12 月 24 日。

② 国家新闻出版广电总局：《2017 年全国广播电视行业统计公报》，http://www.sapprft.gov.cn/sapprft/contents/6588/379318.shtml，最后访问日期：2018 年 12 月 24 日。

③ 新商业情报 NBT：《腾讯视频会员数量增至 8200 万，广告收入同比涨 34%》，百家号，https://baijiahao.baidu.com/s? id = 1617192906841887143&wfr = spider&for = pc，最后访问日期：2018 年 12 月 24 日。

④ 国家新闻出版广电总局：《2017 年全国广播电视行业统计公报》，http://www.sapprft.gov.cn/sapprft/contents/6588/379318.shtml，最后访问日期：2018 年 12 月 24 日。

开展话题营销。如江苏卫视与得到 App 联合推出的脱口秀节目《知识就是力量》，湖南卫视与腾讯微视联合推出短视频制作类节目《快乐哆唻咪》。但《快乐哆唻咪》更像是湖南卫视为腾讯微视定制的电视广告栏目，腾讯微视利用湖南卫视的权威性建立用户认知，而该节目只在湖南卫视的电视端和官方网络视频平台芒果 TV 独播，与它合作的腾讯视频没有完整剧集片源，优酷、哔哩哔哩等热门视频网站更是没有，爱奇艺则只能搜到节目视频链接，必须链接到芒果 TV 收看。芒果 TV 的流媒体速度和稳定性远远不及成熟的互联网视频平台，因此收视体验较差。栏目资源没有嫁接到网络渠道，其资源的转化率极低。这样的播放限制可能是出于版权考虑，但这样的合作模式其实相当封闭和固化，与互联网的共赢、共享平台思维背离，与三网融合的初衷背离，与智慧家庭数码港、家庭智能管家服务的理念背离。

三是微商冠名电视栏目。微商一直面临销售"三无"产品、充斥假货等负面评论的困境，当大品牌纷纷逃离电视投奔网络媒体时，一叶子、卡瘦、三草两木、阿慕施等微商品牌进军电视媒体，借力电视媒体的社会公信力走出困境。电视与微商的合作也是新时代电视盈利的新方式。

虽然各家电视台的自救方案不同，但都不约而同地固守"广告主导盈利"的思维，盈利创新多围绕传统广告形式展开，没有打破广电行业的思维禁锢。一味迎合广告主口味，以广告主需求为主导的创新，势必牺牲用户体验，导致用户流失，收视下降，广告主离场，盈利持续下滑的恶性循环。

尽管广电在网络新媒体领域的收入新增长点为广电带来了希望，但这些盈利收入来自广告费、收视费、点播费或增值服务费，其盈利模式大都拘泥于广电本身，以广告创收为中心，靠内容生产所产生的注意力经济维持生存。如今用户的注意力很难为单一媒体保留，而且同档综艺 80% ~ 90% 的广告流向互联网，这就意味着广电需要在更多领域做出尝试，运用现在流行的跨界思维和整合思维，利用多种手段，结合智能数字化的智慧家庭数码港构建，寻找创新发展路径。

第二节 三网融合背景下电视产业盈利模式的转向

一 盈利模式转向的背景

三网融合过程中，电视产业在技术、内容、业务上发生了一系列变化。在此背景下，电视产业的盈利模式也必须进行相应转向。

（一）新技术

传统电视产业面对的传播对象是受众。受众是大众传播时代的产物，重点强调电视内容接收者对传播内容的单向接收。电视播什么，受众就只能看什么，受众几乎没有对视听内容的选择权，受众也没法对电视内容提供商提需求。

互联网灵活的内容供需互动直接冲击传统电视产业原有的"电视台—受众"单向信息传输结构，而三网融合为电视产业基于用户需求的转型带来可能。2015 年 11 月国家广电总局科技司开始布局有线电视网络光纤到户，为用户提供高清和 4K 视频点播等服务，而且有线数字电视网络传送的广播电视信号具有抗干扰能力强、传输信号质量好、频带宽、画质佳等优点。2018 年第三季度，我国有线电视双向业务渗透率持续提升、有线双向网络覆盖用户季度净增 76 万户、用户总量达 17052 万户、有线双向网络渗透用户季度净增 334.3 万户，用户总量达 9475.3 万户，环比增长 3.7%。① 数字电视技术通过有线双向网络增进了电视台与受众的互动，受众的收视行为数据可以快速通过数字网络回传反馈到电视台，从而加速了电视台预测受众收视时长、收视偏好等行为与态度的过程，电视媒体可以及时调整视听内容以满足受众喜好需求。

（二）新内容

迫于网络电视深挖受众需求、提供多样化视听甚至相关消费内容的压

---

① 中国广播电视网络有限公司、北京格兰瑞智咨询有限公司：《2018 年第三季度中国有线电视行业发展公报》，《有线电视技术》2018 年第 11 期。

力，传统电视媒体也在数字电视内开辟除常规直播内容外的回看、点播、增值服务等业务板块，也将广电系的广播内容融合进来。

以重庆有线电视网络股份有限公司（以下简称"重庆有线"）为受众挑选的内容为例，电视点播包含电影、电视剧、纪录片、综艺、卡通等；在增值业务板块，重庆有线针对特殊收视需求增加国内媒体品牌专区、体育、健康、音乐、学堂、生活、健身等专栏内容；重庆有线还专门为中老年群体开设"爱爸妈"专栏，提供医疗健康、坝坝舞等内容；其中还有重庆区域内区县广电当地文艺演出、读书讲座等视频内容。电视内容逐渐丰富化、多元化，甚至还增加了基于电视视听媒介属性的游戏、卡拉 OK 等服务功能。

（三）新业务

业务创新是广电扩大用户规模的主要途径。以吉视传媒股份有限公司针对吉林省地区受众开展的业务为例，除广电基本的直播、回看、点播、网络服务等业务外，吉视传媒还开设交互应用业务，如电视彩票、财经资讯、电视商城、电视银行等在线交易，电视彩信、电视信息定制等电视通信，电视医疗、电视音乐、家庭相册、卡拉 OK、互动游戏等家庭娱乐增值业务（见图 8 - 1）。

随着三网融合的深化，宽带业务也成为广电网的主营业务之一，与通信网同台竞争。2018 年第三季度，我国有线宽带用户季度净增 7.5 万户，总量达 3833.3 万户，占有线数字电视用户总量的比重提升至 18.9%。[①]

在此基础上，广电利用优质的光纤信号和富裕的容量，开辟面向集团客户的业务（简称"集客业务"）用户群进一步拓展。集客业务是广电网络公司继电视、宽带后的第三大主营业务，现有的集客业务包括互联网集团专线、点对点集团专线、光纤集团租赁和企业虚拟专网，涉及数据、远程教育、信息服务、视频点播、语言等增值业务。

电视与智能手机和电脑相比屏幕大，可展示的内容多、带宽高、成本

---

① 中国广播电视网络有限公司、北京格兰瑞智咨询有限公司：《2018 年第三季度中国有线电视行业发展公报》，《有线电视技术》2018 年第 11 期。

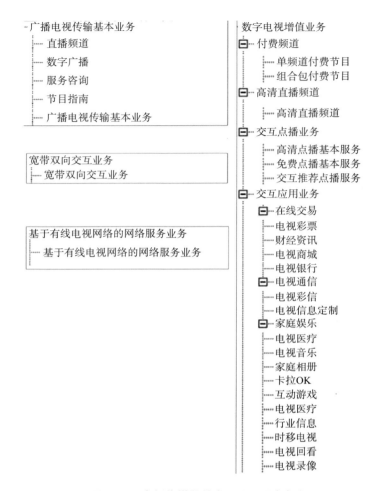

图 8 - 1 吉视传媒股份有限公司业务框架

资料来源：吉视传媒股份有限公司官网，http://www.jishimedia.com/tplt/xl2011 06301142338.jsp？infoid=11131&cid=272，最后访问日期：2018 年 11 月 30 日。

低，视频传输可保证双向高清，而且，机顶盒终端的安全性更高。因此，利用有线电视网络搭建政府机构和企业虚拟专网、公共服务接入平台，以及企业信息发布平台，可以保障内容的丰富、高质与服务的安全性。

2017 年，全国广电网络企业所开展的集客业务，除了传统的数据专网、电子政务，还一定程度地进入社会管理服务、智慧城市、智慧社区、智慧酒店、智慧公安、智慧党建、智慧旅游、智慧交通、智慧教育、智能检测、政府云计算中心建设、教育网建设、电信普遍服务等领域。① 随着这些服务城市和农村社区的智慧建设项目的推进，广电将电视节目传输功能延展到信息媒体传播，从服务个人和家庭用户向服务散客和集团用户转型。

总之，游戏、音乐、彩票、通信、家庭相册、卡拉 OK、企业虚拟专网、企业定制服务等业务创新，再加上智能电视的普及和智能应用的丰富，帮助广电运营商拓展电视、视频内容以外的新业务，逐渐培养用户"用电视"的习惯，有助于增加用户黏性，提高用户留存率，增加其营业收入。

二　盈利模式转向

（一）由个人转向家庭

电视产业的盈利模式需要转向，一是由个人转向家庭。电视的未来在家庭，在于抓住智能化的机会进行家庭服务及其盈利点的开发。寻找未来电视产业的盈利点必须将视野植根到用户在家庭室内外的活动行为及其相关需求上，以家庭生活、消费行为和需求为中心。这里的"室"专指居家空间的室，而非办公室等非居家场所。这里的用户行为包括家庭成员个体的居家行为，以及家庭成员共同行动及其相互关联、影响的行为。

用户在室内的家庭活动行为与衣、食、住、学、乐、健、用有关，在室外的家庭活动行为与食、行、住、乐、学、健、用有关（见表 8 - 1）。用户室内外的活动，除了衣和行不重合外，其他类型都有不同程度的交集。但具体来看，室内外的食、住、学、乐、健、用的内容和形式还是有细微差别，而且室内的"衣"会影响室外行为，室外的"行"也可以受室内行为影响。认清家庭成员室内外行为的差别后，我们才能发现具体盈利机会，以家庭室内活动行为为例，把握家庭室内活动行为的盈利点，可以从抓住居家生活的心理需求，即陪伴需求、休闲需求、与外界保持连接的

---

① 中国广播电视网络有限公司、格兰研究：《中国广电发布 2017 年第四季度有线电视行业发展公报》，《中国有线电视》2018 年第 S1 期。

需求等入手。陪伴可来自家人，也可来自宠物。CBNData 消费大数据显示，宠物成为 90 后生活中最好的陪伴之一。他们在宠物商品上的消费增速几乎是整体人群的两倍，而且购买的宠物产品趋向多元化、专业化，讲求趣味、精致。① 布丁、肉干、猫草，以及功能性的猫主粮和保健品越来越畅销，而且宠物用品和设备的智能化水平提高，宠物智能环境监察设备、智能喂养设备、自动清洗厕所等产品出现。宠物推车、车载垫、宠物电热毯等设备未来也很容易实现智能化。因此，针对年轻用户的陪伴需求，从宠物关联消费中挖掘盈利点，嫁接电视智慧家庭数码港与宠物智能设备、宠物主人行为数据，开展关联性服务，获取利润。

表 8 - 1　家庭用户室内外典型行为梳理

室内行为		室外行为	
行为类型	具体行为和需求	行为类型	具体行为和需求
衣	着装（衣柜、鞋柜、镜子）	食	就餐（情侣、夫妻、亲子、朋友、商务）
	护肤（美容仪、护肤品）		下午茶（情侣、夫妻、亲子、朋友、商务）
食	烹饪（烘焙、炖品、烹饪工具）	行	汽车（代步/出游、租车/买车、自驾/代驾）
	外卖		旅游（自驾、飞机、火车）
	速食	住	酒店（主题、民宿、亲子）
住	陪伴（家人、宠物）	乐	逛商场（购物、休闲）
	睡眠（床上用品、唤醒设备、助眠品）		K 歌（家人、朋友、商务）
	家务（家政服务、清洁设备或工具、家电）		户外亲子（公园、商场娱乐）
学	书籍、笔记本、台式机、手机		文化活动（看电影、现场演出、展览）
乐	聚会（朋友、亲人）（餐具、家具、灯光）	学	教育培训（补习、语言、专业）

① 第一财经商业数据中心：《崛起的年轻消费力：2018 中国互联网消费生态大数据报告》，消费站，https：//cbndata.com/report/1239/detail? isReading = report&page = 1，最后访问日期：2018 年 12 月 25 日。

续表

	室内行为		室外行为
乐	娱乐（电视、游戏、音乐、玩具、零食）	学	书店、Kindle、Pad、咖啡馆、耳机
	网购		健身（设备、工具、课程视频）
健	健身（私教、儿童看管、马拉松）	健	就医（陪护）
	线上就诊	用	智能装备（手环、电子秤、机器人、灯光、安防）
用	智能装备（手环、智能翻译机、AI语音助手）		

此外，年轻人的休闲需求更多来自"懒得做家务"，他们会利用擦窗机器人、扫地机器人等智能家居设备解放双手，享受闲暇生活，提升生活品质。而与外界保持连接的需求，则以网络社交、网购、网游、手环数据共享、请朋友到家聚会等方式来满足。这些需求场景都涉及具体产品或服务的消费，是未来电视产业的盈利机会。

（二）由内容转向数据

电视产业盈利模式转向的第二个方面是由内容转向数据。以往电视以内容为王，以收视率为本，以广告为支柱，但收益不断下滑。如今已是数字时代，智能化、数据化是电视产业发展的方向。因此电视产业的盈利需要以内容为后盾，建立内容数据库、用户大数据库，特别是家庭数据库，然后从内容服务盈利转向数据服务盈利，特别是家庭数据盈利。

在梳理用户居家需求的过程中我们不难发现，用户对生活用品、生活场景智能化的需求增多，相关产品和服务的数据化水平均在上升。人类正在步入"数据为王"的时代。广电行业早在2015年就意识到大数据的重要性。2015年10月，全国三十余家省市有线电视网络公司共同成立"中国广电大数据联盟"。该联盟以全国超过4000万双向数字电视用户的收视数据为基础，搭建全国广电大数据平台，实现数据共享、联合发布，但联盟进展速度缓慢。2017年深圳广电集团总工程师傅峰春在题为《以媒体内容库和大数据建设推动广电融合发展》的演讲中就指出："广电未来运营靠大数据支撑。"① 他认为，广电内容生产、媒体运营、新媒体发展、智能推送、商业变现都离不开大数据支撑；同时有线电视和 IPTV 的运营创造了广电渠道大数据，其运营也依靠大数据。他还指出广电大数据由广播电视台的内容端和有线、IPTV、OTT 运营商的渠道端两大部分构成。其中内容端包括内容大数据、用户大数据、整合营销大数据，渠道端包括用户大数据、汇聚内容大数据。

2018 年 12 月 26 日国家广播电视总局宣布广播电视节目收视综合评价大数据系统基本建成并开通试运行。这个"全网络、全样本、大数据、云计算"的节目收视综合评价体系可以汇聚海量样本用户收视行为数据，满足对超大规模、多源异构收视数据分析与节目综合评价的需要。截至 2018 年底，收视综合评价大数据体系汇聚了来自不同地域的 2254 万有线电视用户和 1969 万 IPTV 用户收视数据。②

从用户需求来看，广电的数据盈利转型也是必然的。CBNData 大数据显示，2017 年中国家庭场景消费呈智能化趋势。智能产品在整体家庭场景消费的市场占比进一步加大，产品是否有智能操作功能成影响消费者购买的重要因素。智能安防也逐渐成为家庭刚需。2016 年智能门禁机增长率达到 116%，门禁智能卡也达到了 63%。此外，管理运动和健康的智能手环在线上呈现爆发式增长，2016 年天猫平台共卖出约 900 万只智能手环。③ 面对这么多家庭数据的产生，电视产业需以小米的智能数据生态链为典范，以电视为家庭空间的操控中心，构建家庭智能数据生态圈，通过与家居活动内容涉及的产品和服务数据关联，打通家庭室内外、线上线下的内容数据、用户数据、零售数据、营销数据，创造盈利机会。

---

① 傅峰春：《以媒体内容库和大数据建设推动广电融合发展》，搜狐科技，http://www.sohu.com/a/130197773_683129，最后访问日期：2018 年 12 月 25 日。

② 人民日报：《广电总局试运行收视综合评价大数据体系根治收视率造假》，百家号，https://baijiahao.baidu.com/s? id = 1620901202932256592&wfr = spider&for = pc，最后访问日期：2018 年 12 月 26 日。

③ 第一财经商业数据中心、天猫：《2017 中国家庭场景互联网消费洞察报告》，消费站，https://cbndata.com/report/106? isReading = report&page = 1，最后访问日期：2018 年 12 月 25 日。

（三）由观看转向场景

所谓"场景化"，是指为引发用户在特点时间、特点环境中产生的特定心理感知或行为实践的概念化表达。通常是运用相关技术手段计算和掌握用户偏好，从而为用户提供"个性化""精准化"的服务和产品，并且能够满足用户需求的实时化，通过优质内容与舒适服务的结合来吸引和沉淀用户，借此提升电视媒体的传播力、影响力、引导力、公信力以及事关电视发展的商业价值性。因而，如果把电视内容产品作为电视产业的最重要内容的话，那么，如何连接电视用户与相应场景，直面电视发展的局限和短处，创造或转接足够多的"场景"，进一步优化电视价值，就成为一个值得深入思考的问题。电视产业凭借场景化实现盈利需要具备几个核心要素：一是高强度的体验，用户满意是场景化运营逻辑的第一要素，通过大范围覆盖、多维度重塑、现实场景改造等方式，实现电视平台与用户感官体验的结合，通过设备将用户置于场景带来的强刺激当中，从而体会场景带来的乐趣；二是多维度的链接，通过智能互联网技术和移动智能终端搭建成动态的"链接"重构，用户所体验到的场景能够以几何倍数增加；三是可复制的"圈子感"，由于圈子、社群在社交媒体风行的今天已成为划分不同话语体系的标准，因此，必须充分考虑电视场景的内容可复制能力；四是大数据的驱动力，其不同层级、不同性质的大数据能够为基于智能设备的场景设计，提供从设备互联数据分析到智能化服务的完整解决方案。同时，综合运用全媒体技术和设备，搭载 VR、AR 等技术，增强用户体验。在厘清构建场景化核心要素的基础上，从三个层次分析如何在电视上进行场景化营造。一是从满足用户场景化体验着手，营造出强现场感场景，让用户产生"我在现场"的浸入感，即通过连环场景的布置，实现场景的真实化，使用户享受充分的感官刺激。同时，诉诸情感化，以情动人，通过规划电视产品和内容，打造专业、高品质场景，让用户在场景使用中获得情感上的满足。二是注重场景化细节打造，吸引用户主动加入，仅仅依靠电视平台"带用户流量"是远远不够的，场景的细腻雕刻，更能使用户记住并产生良好的体验。三是善用社交媒体，通过社交媒体和电视平台的交互式传导，引导用户关注和参与。

第三节　基于智慧家庭数码港的电视产业
盈利模式创新

电视产业真正要实现盈利，首先要有产业思维和经营意识。产业是指由利益相互联系的、具有不同分工的、由各个相关行业所组成的业态总称。这样就意味着，广电需要有更宽泛的产业思维，一方面将现有优势资源重组、优化、升级，以用户需求为核心重新规划盈利点及其组合方式。另一方面将与电视、家庭相关的行业吸纳进来，延展自身的产业链，扩大经营领域和范围，形成电视智能盈利生态圈。然后学习互联网公司、创业公司的合作共赢理念，围绕智慧家庭数码港建设的中心，发掘关联行业，实现电视与关联行业经营方式、经营形态、经营内容、流通环节的融通，甚至产业渗透、产业交叉或产业重组。

一　模式创新

（一）升级模式

现有盈利模式中的优势资源、优越手段是盈利模式创新的基础。因此，创新的第一步是梳理现有模式中可被利用、有升级潜力的资源与手段。

传统电视产业中，内容是立身之本。但在互联网时代仅有内容是不够的，需要将内容的价值最大化，将内容变为产品，变为数据，变为资本。

从电视的内容优势来看，其媒体的权威、深度是用户接受和喜欢电视的原因。因此，盈利模式升级的基础还包括发挥电视内容优势，进一步深化电视内容的价值。比如新闻类内容需要提升新闻质感，加强新闻节目的品牌效应，赢得品牌口碑以及用户市场。质感方面，加大新闻评论类栏目，在抓热点、重时效性的同时，增加新闻深度，促进电视新闻杂志化、专题化。非新闻类内容则从栏目策划开始，将节目内容视为文化产品，实现 IP 化、去电视化。内容 IP 化是内容盈利的起点。内容 IP 化也就意味着电视媒体对电视的内容销售不以电视台为中心，而是以每一条内容为中心，也就是以内容对应的实际用户为中心。这样的 IP 化也就是"去电视化"，打破传统电视固有思维和模式，以视听内容为资本，拥抱更广阔的领域，打通内容与市场、策划、营销、传播及其衍生产品研发的边界，完成整合。电视在其中只是用户接触内容的介质或方式之一，也就是让电视扁平化，让电视的边界模糊化，如此才符合互联网时代的商业逻辑。

当电视内容升级完成，内容付费和会员制就是电视产业盈利模式升级的下一步举措。目前的有线网络收费并不是真正的内容付费或会员制。从用户使用感受来看，有线网络收费只是交付了管理费，与内容无关，也缺乏真正会员制的服务机制。

内容付费，可以逐渐减少电视媒体对广告的依赖。目前用户对内容付费的意识和意愿都已基本形成，特别是年轻用户愿意为优质文化内容付费。腾讯公布的 2017 年第四季度视频付费会员收入同比增长 149%，达到 22 亿元；另外，官方数据显示，2017 年腾讯视频全年月 ARPU 高达 13.9 元。① 截至 2018 年 9 月底，爱奇艺会员规模达 8070 万人，付费会员占比超过 98%，同比增长 89%。会员服务收入为人民币 29 亿元，同比增长 78%，首次超过广告收入（24 亿元），成为爱奇艺 2018 年第三季度最主要的收入来源。② 视频用户面对高品质内容，付费意愿明显增强。

会员制并非简单地缴费收视，而是要在提供会员基础服务的同时，建立电视与会员、会员与会员之间的纽带。日本学者三浦展用"共享"一词来描述第四消费时代的特征。他指出："共享意识的价值观……更多地追求和他人之间的联系……寻找和他人的共同之处，并以此为媒介创造和他人新的联系。"③ 与外界建立联系是用户加入会员的动机之一。因此，电视产业盈利升级需要升级会员业务，加强会员服务，深化与会员

① 小刀马：《爱奇艺腾讯视频先后公布数据 付费会员到底该爱谁》，百家号，https://baiji-ahao. baidu. com/s？id=1595641591288004068&wfr=spider&for=pc，最后访问日期：2018 年 12 月 25 日。

② 《爱奇艺三季度营收不及预期 亏损同比扩大》，同花顺财经，http://stock. 10jqka. com. cn/usstock/20181031/c607871495. shtml，最后访问日期：2018 年 12 月 25 日。

③ 〔日〕三浦展：《第 4 消费时代》，马奈译，东方出版社，2014，第 102 页。

的联系互动，比如建立会员群，举办会员线下活动，联合其他产业资源提供会员福利等。

此外，内容收费需更为灵活，内容组合多样化，付费套件多元化，让用户有对购买内容及其购买形式的选择权和决定权。用户需求日益碎片化，电视提供的许多产品套餐可能无法满足用户切实需要，灵活度不够，也就降低了用户对内容的付费意愿，收视率也不断下滑。所以，电视的内容收费应该从单一节目打包销售向单一节目单独销售和打包销售并存的模式转移。以前打包销售是按类别打包计费，现在可以根据大数据分析，将用户可能喜欢的具体内容进行打包，甚至可以让用户自由组合内容，按件数计费，选择的量越多，单个内容的价格越优惠。用户有选择权、自主权，才会有消费欲望和意愿。

（二）产业延伸模式

产业延伸是成熟企业或行业保持活力、不断精进的发展方式。20 世纪 20 年代第一台电视机诞生以来，电视行业经历了导入期、成长期和成熟期，目前受互联网的影响有衰退之势。这么多年来电视一直处于强势地位，其产业经营一直都以内容产品的广告变现为主。当用户注意力不再聚焦电视，电视的媒介老大地位便不保。这时候首要任务便是业务拓展、产业延伸，摆脱依赖广告的单一盈利格局，完成多领域多元经营的盈利创新。

近几年，我国电视媒体的地位不断洗牌，谁拥有了规模市场谁就是行业主角。上海广播电视台一直是我国广电业的领头羊之一。它是我国最早市场化的新闻媒体机构，1992 年就成立了上海东方明珠（集团）股份有限公司；1994 年"东方明珠"（A 股）在上海证券交易所上市，是中国第一家文化类上市公司。它也较早完成集团化，组建上海文化广播影视集团，2011 年其新媒体公司百视通上市，开了全国广电新媒体业务上市先河；2015 年完成文广集团（SMG）整合百视通、吸收合并原东方明珠的重大资产重组，成立东方明珠新媒体股份有限公司（简称"新东方明珠"），成为我国第一家产业链一体化布局的传媒娱乐上市公司。

新东方明珠下设媒体网络事业群、影视互娱事业群、视频购物事业群、文旅消费事业群。媒体网络业务主要为用户提供多内容、多服务、多场景、跨终端的融合媒体产品与服务。影视互娱业务主要建设以文娱 IP 开发运营为核心的内容产业链。视频购物业务将电视购物网络化，搭建"电视＋网络"的电商平台，积极探索转型发展，拥抱新零售。文旅消费业务基于资源优势的赋能升级，通过智慧运营手段打造文化集聚区，为新中产消费群体提供综合的智慧文旅消费产品与服务。

从新东方明珠 2016 年的财报来看，其业务和投资涉及有线网络、影业、演艺、房地产、旅游、教育、通信、电力、科技、工程、城市灯光、游乐等领域。2017 年财报中还涉及国际贸易、会展、广告等业务。根据 2018 年底其官网展示的主要子公司信息，除与电视直接相关的主体业务外，新东方明珠还开拓了电商、旅游、房地产、游戏、科技、文创、会展等领域的业务。

新东方明珠产业生态框架较为明晰，产业类型较为丰富多元（见图 8－2）。但从 2017 年财报的营收情况来看并不乐观，其产业延伸的现实并不如想象中顺利。通览其业务范围和经营方式，我们发现新东方明珠一直在尝试探索盈利路径，也在相关行业领域开展产业延伸经营的探索。然而经营内容缺少对"家庭"这一关键词的观照，缺少对电视核心家庭用户生活场景及其需求的理解和满足，脱离了电视产业延伸的根本，集团发展的战略定位不明确。

产业延伸方式可以借鉴小米。小米以手机的 MIUI 生态系统为核心，通过产品递进式布局，在核心产品、企业投资、多领域合作方面深入智能家居领域。小米产业生态链中心明确、定位明确，布局思路清晰，所有产业内核环环相扣，共同为其"智能家居生态链"服务（见图 8－3），因此它的发展势头强劲，被人称为"智能家居的优等生"。

目前智能家居的主要玩家类型里面竟然没有传统电视媒体（见图 8－4），该领域已经被传统家电企业、互联网巨头、创业企业占得先机，而在以前，传统电视媒体才是家庭的主导。这既是电视产业的尴尬，也是电视产业的发展动力。

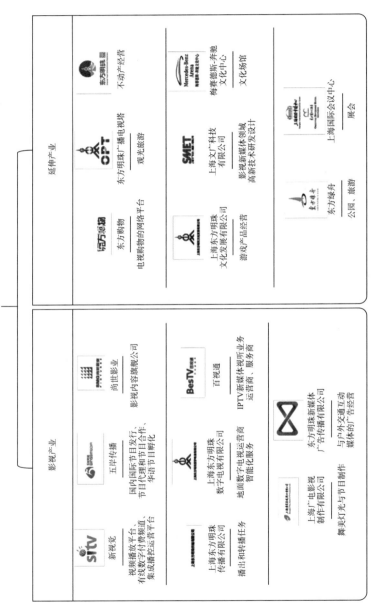

图 8-2　新东方明珠产业生态框架

资料来源：根据官网信息整理。

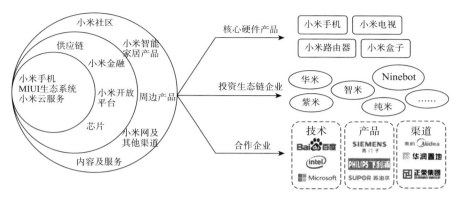

图 8 - 3　小米产业生态链

资料来源：李树国：《智能家居迎来全面爆发，万亿市场规模，小米之后谁领风骚？》，中文互联网数据资讯中心，https://www.pintu360.com/a52904.html，最后访问日期：2018 年 12 月 25 日。

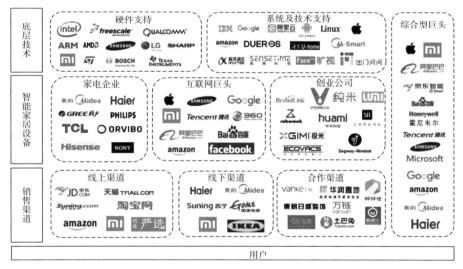

图 8 - 4　智能家居生态

资料来源：李树国：《智能家居迎来全面爆发，万亿市场规模，小米之后谁领风骚？》，中文互联网数据资讯中心，https://www.pintu360.com/a52904.html，最后访问日期：2018 年 12 月 25 日。

　　此外，电视产业在部分领域的延伸并没有利用智能技术、大数据的趋势，而是按传统的常规路线去拓展业务，无法利用大数据优势盘活业务。这势必会带来产业延伸的成本压力。

　　因此我们认为，产业延伸模式本身是电视产业盈利模式创新的优选路径之一，但电视产业的延伸应有中心、有依托，围绕家庭，特别是家庭用户室内外生活场景优化产业结构，并充分利用智能技术、大数据手段深化业务内涵，为电视产业增收赋能。

（三）跨界融合模式

随着新兴技术的快速发展和应用，产业边界日益模糊，跨界融合已经成为新一轮产业升级的大趋势。电视产业需要把握大势、抓住机遇，加快推动与其他产业融合，完成产业升级。跨界的产业不应局限于影视业，应更多挖掘家庭生活场景，洞察家庭生活需求细节，从中发掘与其他产业间的用户需求契合点，驱动新需求，开发新盈利点。

互联网的快速发展已经对传统电视产业构成威胁，而且互联网已被看作"未来"的代名词。因此，电视产业的首要任务就是与互联网产业的深度融合。电视产业与互联网产业的强强联手才是王道。

与互联网融合，要具备互联网思维。互联网思维就是在"互联网＋"、大数据、云计算等科技不断发展的背景下，对市场、用户、产品、企业价值链、营销传播乃至整个商业生态进行重新审视的思考方式，从互联网的角度去想问题和解决问题。

依照互联网思维，用户就是生产力。大数据时代，用户行为就是数据，就是产业发展的基础资源和依托。充分发挥电视的家庭属性优势，以用户家庭数据为资本开展跨行业合作。同时，智慧家庭数码港成为类似淘宝或更有担保的天猫的中介，为内容市场、零售市场、金融市场、农业、工业等搭建资源交互平台。智慧家庭数码港掌握了更多家庭数据，且以广电为背景依托，以家庭信用为担保，跨界融合业务具有极高的安全和信用保障。所以电视产业可鼓励或专注于以家庭为单位的创业、兼职或服务提供，比如广电以抽成模式助力智能化夫妻店的开设，推动家政服务智能化、系统化、精准化等。

目前电视已在城市建设、在地旅游、在地文化、医疗、酒店等领域实现基础跨界合作，但还停留在内容生产的收益分成上。未来电视产业的跨界合作更需要加强经营思维，将内容与用户消费深度关联。比如与淘宝、天猫、超级物种、苏宁、苏宁小店、盒马鲜生等线上线下零售终端，以分成模式高度融合连接，帮助用户快速达成消费意愿，解决用户"望物心切而不得"的困扰。5G 网络的运行也将助推电视产业跨界融合。

综上所述，电视作为客厅媒体有其独特价值。物联网技术能将任何事物的接口与电视终端结合。面向用户的创新就是对家庭智能化的媒介生态创新。电视将成为家庭智能中心、家庭大数据处理中心。5G 网络搭建完成后，家庭形成一个小的信息网络成为可能。智慧家庭数码港的特殊价值，不是与手机、电脑进行同质化竞争，而是成为港口接纳、容纳甚至吸纳它们，形成相互兼容的共赢关系。

社会是一个智能、云的环境，每个人的私人媒体环境是个人云。社会云终端和个人云终端都可结合到家庭智能终端中。电视成为连接个人与社会的家庭智能中心，分析每一个人的大数据信息，集合整个家庭个人数据的能量，形成家庭云。家庭云可以成为个人云与社会云的桥梁，为家庭消费决策提供智能指导，为电视产业盈利创新提供更丰厚的商业价值。

二　具体策略

（一）服务家庭，平台制胜

我国电视产业的盈利模式应基于智慧家庭数码港，为家庭提供一体化的娱乐、信息平台。这一方面开辟了新的业务方式，避免了与手机、互联网的同质化"红海"竞争。同时也改变用户被动的节目和信息接收方式，从而创造出我国电视产业盈利模式的"蓝海"。同时，我们要基于我国西部地区社会经济尚不发达的现实，推出一系列功能整合、价格适中的产品，以满足全体公民不断增长的物质文化需要，同时也在市场竞争中最终胜出。这是因为市场一贯偏爱功能多、价格低的产品。在西方电视产业的盈利模式理论中曾提出了需求集的概念（Integrated and Convergent Needs Clusters），即消费者偏爱能满足一系列相关性需求的单一供给者。在科技日新月异的今天，许多产品的技术复杂性不断增加，这使得消费者开始寻找集成性产品，这样可以减少与购买互补性产品相关的风险和成本。[①] 我国电视产业的盈利模式应

---

① 〔意〕玛格赫丽塔·帕加尼：《多媒体与互动数字电视——把握数字融合所创造的机会》，罗晓军、王佳航等译，人民邮电出版社，2006，第 8 页。

以"智慧家庭数码港"为定位，即以用户的工作、生活等日常需求为核心，一方面为其设置专业性的节目，如影视剧放送、音乐点播和财经类专业节目等，一方面为其提供"智慧家庭"的各种功能，在为家庭减少设备资金投入的同时仍然能够为家庭提供集成多种媒体功能的服务，从而使电视产业的盈利模式成为用户家庭中不可或缺的组成部分。

目前，我国正在推进人工智能及"智慧家庭"等建设，在这样的背景下，"服务家庭，平台制胜"有了相对坚实的技术基础。具体的参考实施方案首先是电视部门改变现在单独成立研发部门的做法，积极与行业公司谈判，借助他们的研发力量开发真正面向家庭层面用户，能够融合家庭成员的各种个人信息设备和具有平台化功能、创新性体验的机顶盒产品，力争推出属于自己的领先于时代的"苹果iPhone"级产品，将用户对"智慧家庭数码港"的潜在需要现实化等。一方面跨国公司有研发冲动、有技术实力，另一方面我国电视产业的盈利模式有足以让任何一个企业心动的市场。目前需要的，只是将我国电视产业没有资金和技术实力实现的创新之梦现实化。同时，我国电视产业公司可将"服务家庭，平台制胜"的定位作为自己三网融合的方向，我国电视产业盈利模式的优点是有一张在全国整合度都比较高的网络，集中度比较高，执行力比较强，可以较为快速地进行有针对性的战略调整。缺点是产业结构相对落后，在资金实力和服务网络的建设上相对于我国电信较为逊色。我国电视产业可以扬长避短，在服务网点和网络的建设上与民营企业合作。当前，国家对广播电视播出节目内容的控制是比较严格的，但对民营企业进入广播电视网络和用户设备服务这一块相对宽松。我国电视产业可借用民营企业的力量克服自身资金、网点的不足。各民营企业多在当地扎根多年，对如何根据当地特点服务家庭多有心得，可进行有针对性的服务，让投入巨资的创新性"曲高"不会"和寡"。同时，也能为智慧家庭数码港的平台设备建设提供实用的反馈信息和发展后劲。还能在三网融合上避免与电信正面冲突，可以找准自身的位置，得到跨越式发展。

（二）挖掘优势，有所取舍

电视产业经过多年的发展，已经具有了自身的一些优势，如高清数字点播、自身的内容积累等。而电视产业要进行清晰的定位，前提之一是对自身进行深入的反省，一方面挖掘自身优势，一方面对没有发展前途的部分有所取舍，以扬长避短，形成电视产业自身的特点与优势。在此过程中，我们可以借用管理学中的波士顿矩阵理论，即公司若要取得成功，就必须拥有增长率和市场份额各不相同的产品组合。组合的构成取决于现金流量的平衡。高增长的产品需要有现金投入才能获得增长；低增长的产品则应该产生大量的现金。这两类产品缺一不可。而产品的现金流量取决于四条规则：利润率与产生的现金是由市场份额的大小决定的，高利润的背后必然是高市场份额；要想取得增长，就必须投入现金，扩充资产，维持市场份额所需的现金增量取决于增长率；必须努力争取，甚至"购买"高市场份额，购买市场份额需要增加额外的投资；没有哪种产品的市场会无限制地增长，增长放缓之时，即是回报到来之日，否则就永远也别想获得回报，此时绝不可把现金回报再度返还给这种产品。

我们把高市场份额、低增长的产品称作"金牛产品"。这些产品产生大量现金，通常将维持市场份额所需的部分进行再投资。超额部分的现金不必也不应再返还给这些产品。

低市场份额、低增长的产品是"瘦狗产品"，从本质上看，这一类产品如不变观，留在手中毫无价值。

低市场份额、高增长的产品是"问号产品"，这些产品需要的投入总是大大超过其所能产生的现金。

高市场份额、高增长的产品是"明星产品"。这种产品几乎总会有账面利润，但却不一定能产生自己所需的全部资金。然而，如果"明星产品"能够保持领导地位，那么在增长放缓、再投资的需求消失之后，它就会成为一棵摇钱树。"明星产品"最终会变成"金牛产品"，产生高利润率、十分稳定和安全的现金回报。这些现金回报将可再投资其他产品。[①]其关系见图 8－5。

目前，我国电视产业运营商主要业务包括如下几种。

（1）传统电视节目收视。在个别的边远农村甚至还存在一定数量的开

---

① 〔美〕卡尔·斯特恩、迈克尔·戴姆勒编著《波士顿战略观点》，波士顿咨询公司译，中国人民大学出版社，2009，第 29~30 页。

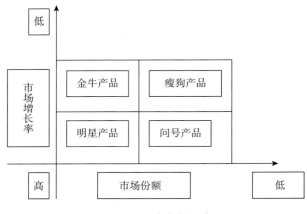

图 8 - 5　波士顿矩阵

路电视。

（2）行业运用。如重庆市首创基于电视产业盈利模式的烟草行业订货平台、城市联网报警平台、城市党员干部远程教育平台等三大项目。高质量完成了新华集团全市联网、市运管局全市联网、市交运集团联网、金卡路桥全市联网项目的安装调试和首批网点的建设等。

（3）互联网业务。采用互动机顶盒上网方式，并与 Cable Modem 宽带上网方式相结合实施整合营销，机顶盒全面升级，拓展信息发布创值空间。通过对智能机顶盒进行在网升级，增强了机顶盒开机画面及 EPG 信息发布功能，提升了自办媒介资源的市场价值。

（4）高清业务。电视台与节目制作公司利用其节目资源集成高清测试频道，丰富了高清在线节目内容

（5）家庭运用。集付费频道、互动电视、高清电视、有线宽带等多种视讯融合业务于一体的各种产品。

（6）电信业务。部分电信通话等传统电信的业务。

我们认为，当前我国电视产业的服务产品中边远农村的开路电视属于波士顿矩阵中低增长、低市场份额的"瘦狗产品"，传统电视服务属于波士顿矩阵中的"金牛产品"。家庭运用、行业运用、高清业务属于波士顿矩阵中的"明星产品"。其与电信正面冲突的电信通话业务属于"问号产品"。我们应对电视产业的盈利模式自身进行相关分析，保住其"金牛产

品"，如视频点播等；不断开发"明星产品"，如集成化数字平台服务、智慧家庭数码港、"TV +"等，并抓住时机，适时将其推进为"金牛产品"；推动"问号产品"向"明星产品"过渡，如将电信通话业务改为视频通话业务，让收视率低的娱乐节目增加用户互动，支持多机位观看等。通过上述措施，在有所取舍、重点突出的指导思想下，进一步挖掘电视产业的优势，明确电视产业自身的定位，为后续工作提供坚实的基础。

（三）重视长尾，挖掘需求

长尾理论（The Long Tail）是网络时代兴起的一种新理论，由美国《连线》杂志主编克里斯·安德森于 2004 年提出。长尾理论认为，当商品储存、流通、展示的场地和渠道足够宽广，商品的生产成本及销售成本急剧降低时，几乎任何以前看似需求极低的产品都会有人购买。这些需求和销量不高的产品所占据的共同市场份额，可以和主流产品的市场份额相比，甚至更大。[①] 其纵轴为流行度，横轴为产品，根据此分类区分为"头部"与"长尾"，在图 8 - 6 中右边的狭长地带就是企业以前未顾及但现在又被人认为需要重视的"长尾"。[②] 处于"长尾"地带的产品尽管需求量较小，但正如克里斯·安德森所认为的那样，"面向特定小群体的产品和服务可以和主流热点具有同样的经济吸引力"，[③] 因此，这部分位于长尾的产品和服务同样应引起企业的重视。

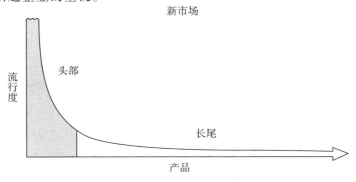

图 8 - 6　长尾理论

① 张红萍：《基于长尾理论的按需出版浅谈》，《编辑之友》2010 年第 12 期。
② 〔美〕克里斯·安德森：《长尾理论 2.0》，乔江涛等译，中信出版社，2009。
③ 〔美〕克里斯·安德森：《长尾理论 2.0》，乔江涛等译，中信出版社，2009，第 51 页。

电视产业的盈利模式能够实现与观众一对一的交互传播，变电视推送"信息"给观众为观众从电视中"拉"出自己所需要的信息。同时，电视产业的盈利模式也不再以广告为唯一重要的收入来源，凭借收视费、点播费、增值业务收入，电视产业第一次有了为单个用户提供个性化节目的盈利模式。更重要的是，随着计算机与大规模用户数据库技术的发展，为单个用户提供个性化服务的成本越来越低。而手机电视、IPTV等新媒体传播方式的大量出现使电视频道不再是稀缺资源。如果电视产业的盈利模式不主动去满足这个"长尾市场"，其他媒体将会取而代之。

我国人口众多，不同层次人口间的需求存在越来越多的差异。因此，我国电视产业的盈利模式市场的"长尾需求"较多。在了解市场存在"长尾需求"的前提下，电视产业在进行产业化定位时首先应对这些长尾需求进行细分，如这些需求中包括个人需求、家庭需求、公司需求等。在此基础上，我国电视产业的盈利模式可以根据这些需求建立大客户部、业务用户部和个人用户部等内部专门机构，同时，我国电视产业的盈利模式主要是按照提供节目的多少来推出"基本包""专业包"等，这种做法仍然是传统电视的做法，无法适应三网融合背景下我国电视产业的盈利需要。电视产业应该从针对各种用户的个性化需要出发推出各种服务方案，变提供内容为提供服务。因为这些种类繁多的服务并不一定要依靠我国电视产业承担，由单一行业来应付如此众多的"长尾"只会顾此失彼，最后连传统的大众市场都会丢掉。我国电视产业首先要基于智慧家庭数码港，成为一家数据服务与集成商，先从用户数据分析中找到各种"长尾"，然后再从市场找到各种相应的专业服务商。最后，我国电视产业公司利用自己的集成平台将相应服务精确地提供给用户，并从中获得利润。因为目前的平台垄断性，我国电视产业可以在有待开发的"长尾"市场中占有垄断地位，通过服务集成收获超额的垄断利润，然后从垄断利润中分出资金进行"长尾市场"的进一步分析和开发，进一步获得垄断利润，从而迅速在市场竞争中找准自己的优势，形成新的盈利模式。

在与电信的竞争中，我们对"长尾市场"的挖掘首先应基于智慧家庭数码港，从家庭的"长尾需求"入手。因为家庭是社会最基本的细胞。以家庭为单位的经济活动是社会经济活动的基础。掌握了家庭经济需求的电视产业就有了独特竞争优势，而家庭需求又大致可分为娱乐休闲、生活服务、商务交易、子女教育等需求。不同的家庭在这些需求上存在差异，并完全可能存在独特的、个性化的需要，如在家中进行股票投资的用户存在对某只股票通过电视平台在某个特定时间进行某种特定的交易等需求。对高端家庭用户则可以推出高智能、高服务性、有一对一业务助理的"豪华包"等，让"长尾理论"在电视产业定位于智慧家庭数码港的背景下，发挥出自己的优势。

第九章

三网融合背景下电视产业创新发展案例

第一节　三网融合背景下上海市电视产业的创新发展

一　上海市三网融合的创新发展历史

2001 年以来，上海文广新闻传媒集团（SMG）逐年丰富了包括数字付费电视、报纸、互联网、IPTV、数字广播和移动电视在内的三网融合形式，实现了广告、数字付费、电子零售、版权发行、报纸订阅等多种收入。2002 年至 2007 年，SMG 整合不同媒体资源，成立专业的媒体品牌和部门。2002 年打造了专业体育频道板块；2003 年，整合广播财经频道和电视财经频道后创建的"第一财经"不仅涉及金融数据产品提供和金融公共关系服务领域，而且开始以品牌主导产业链，使其成为覆盖广播、电视、报刊、网站的融媒体平台。2009 年，上海东方传媒集团有限公司成立，有线电视数字化整体转换工作由此启动。2010 年，SMG 继续推进三网融合，初步完成旗下资源板块的改革，由百世新媒体主导的五大产业集群已经开始形成，基本完成了包括徐汇、长宁等 16 个上海市辖区在内的 250 万有线电视用户的整体转型，其中部分地区采用了 3TNet 技术，实施了下一代广播电视网络建设。2011 年，SMG 旗下百视通新媒体股份有限公司在国内 A 股借壳上市（股票代号：600637），成为国内首家传统广电媒体的新媒体板块上市的案例，预示着 SMG 进入产业化联动、资源有效整合的发力期。2015 年，SMG 东方新媒体开始打造 Bes TV 品牌，即"内容渠道和平台服务"的互联网媒体生态系统，并重新整合其原有松散的新媒体业务。经过艰难的转型，2016 年 6 月，SMG 的融媒体新闻中心横空出世。融媒体中心不仅制作传统的电视新闻，还负责为新媒体频道提供新闻内容，如百视通 OTT、IPTV 和看看新闻 KNEWS（PC 移动应用）。目前，SMG 组建的以"中央厨房"为特征的融媒体中心，以 Bes TV 为旗舰平台，以看看新闻、阿基米德（音频）、第一财经为三大产品的"1 + 3"新媒体平台和产品格局，已初步成形。

2017 年 4 月，在法国戛纳国际电视节上，上海广播电视集团有限公司在全球发布了全新的内容战略系统"SMG 智超"，并宣布与三家国际知名媒体组织，即 FremantleMedia、A + E Networks 和 BBC Worldwide，在电影和电视产品的研发和交流方面开展战略合作。上海广播电视台台长、SMG 总裁王建军在"SMG 智造"发布会上表示，SMG 的最终目标是用国际语言来讲述中国的故事，而"SMG 智造"将建立一个原创内容产品的孵化平台，汇集全球创意，迎合全媒体发行的需求。SMG 同时将建立一个发行平台，在国际市场上引进和出口 IP 产品。未来三年，SMG 每年将在 IP 产品的运营和管理上投资大约 4.1 亿美元。

2018 年 10 月 23 日，东方明珠（SMG 旗下）发布公告称，拟出资 5 亿元设立合资公司，与上海临港集团全资子公司在上海市闵行浦江镇地区建设"东方智媒城"项目，打造全国首个智慧媒体产业集聚区，这意味着东方明珠在全面转型智慧运营驱动"文娱 +"战略上又迈出关键一步（见图 9 - 1）。

图 9 - 1　SMG 融媒体中心基本架构改革前后对比

在视频方面，SMG 成立互联网中心制作网综节目面向各大视频网站进行传播，旗帜鲜明地提出做三网融合娱乐内容供应商。在产业生态构建上，SMG 的渠道终端已遍及有线电视、IPTV、OTT TV、移动端、PC 端、游戏主机端等，东方明珠新媒体占有 8000 万用户；商业板块涵盖家庭文化和娱乐消费的各个方面，连接在线和离线，允许泛娱乐产业部门，如视频、游戏、购物、影视投资、版权、旅游、广告、文化、房地产等相互渗透，为用户提供全方位的娱乐和休闲体验。

总体来看，SMG 在三网融合上的创新发展和改革力度是前所未有的，是多维度的、整合的、多方面的，并从生产流程、技术革新、团队合作、文化培育等多个方面，积极推动视频新闻、数据新闻、广播电视等领域的多媒体、泛媒体产品的优化、培育。目前，SMG 的三网融合发展已经初见成效，服务平台型传媒集团的身份定位也已经基本成形。

二 上海市三网融合发展现状

上海文化广播影视集团有限公司 2014 年成立以来，可以说是中国最大的省级广播影视媒体和综合文化产业集团，拥有最齐全的产业类别（见图 9 - 2）。根据财务统计，SMG 2014 年前三季度的总营业收入为 163.8 亿元，比前一年增长了 12%。此后，Bes TV 通过证券交易所合并了上海市文化广播影视集团有限公司、上海广播电视台、上海东方传媒集团，将 SMG 的三网融合创新和发展提升到一个新的水平。除此之外，在多个"跨界""跨国""跨屏幕"的合作协议中，SMG 与国内外知名企业确立了合作关系。

广播方面，东方广播中心已经挂牌成立，且旗下拥有 SMG 的 12 个广播频率。时任东方广播中心副台长的王建军提到，要着力打造上海市广播的移动互联网服务平台，开启进军新媒体的计划，让更多 SMG 的传统广播平台成为新兴的网络广播媒体。

（一）新上市公司的融合发展

1. 业务板块的融合发展

新上市公司在重组后，主要分为三个业务板块。第一个是内容板块，

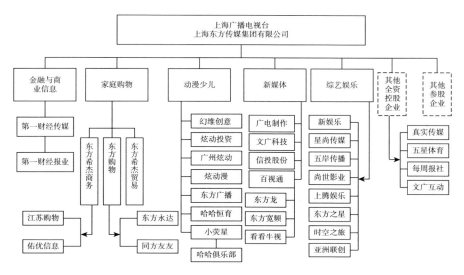

图 9 - 2　SMG 的产业类别

优质的媒体内容为三网融合生态系统增加用户流量打下了坚实的基础。这一部分具体可分为"研发""生产""发行"三个环节。在生产环节上，尚世影业在东方明珠旗下便是一个内容提供公司，其参与或宣传的电影总票房，已超过 20 亿元。此外，SMG 和迪士尼就从研发到销售的电视和电影制作、发行等领域的全面合作达成了战略协议，这将为 SMG 的内容制作打开一个更广阔的世界。

第二个是平台与渠道板块。在渠道板块中，数字付费网络、IPTV 和基于电视的 OTT 占据重要份额。这三个渠道对聚集用户与流量资源起到了至关重要的作用，它们对来自各渠道的内容进行整合，最后将用户与流量资源转化为商业价值。此外，手握稀缺网络电视牌照资源的百视通将成为另一条重要渠道，是抢占全国市场、连通互联网的切口。平台方面，云平台和大数据平台相继成立。

第三个是服务板块，涵盖了游戏业务、电子商务、电视购物、广告以及文化旅游等联通线上线下的服务业务。其作用是通过创建线上与线下的业务线，为用户提供更加优质的增值服务，最终使用户与流量转化为公司盈利。游戏业务方面，微软、日本索尼公司都与 SMG 达成合作销售 Xbox One 与 PS 的协议，用以获得这两款热门游戏机在中国大陆的独家销售权。

电子商务方面，东方购物表现亮眼，2017 年销售额超过 66 亿元，净利润 5 亿多元。东方购物虽然是一档电视购物频道，但开播十余年来，已经有 30% 的业务来自互联网、新媒体。这三个板块之间联系紧密，又各自运营，平台业务板块、服务板块与各个终端渠道所积累的部分利润又将用于内容板块的未来打造，而优质的内容不仅可以帮助吸引用户，还能创建品牌形象。三个板块共同发展、互利共赢，形成良性循环的生态系统。

2. 新上市公司未来业绩的支撑点

新上市的公司需要大刀阔斧的改革，但业务增长及盈利更加需要关注。其业绩支撑点具体可划分为三个部分。

第一，新媒体开始支撑其主要的盈利板块，一方面需要保证主业稳步发展；另一方面，SMG 布局成立的诸多板块成为盈利的主要增长点，有助于数字营销的相关并购和业务推进。例如与韩国 CJ 共同拓展了电子商务领域；通过与微软、索尼等国际知名企业签订合作协议，共同开发创意内容、产品 IP，以此打入了家庭娱乐领域。此外，东方明珠等旅游业务也在推进中。

第二，向外并购，延长产业线成为获取业绩的增长点。这一手段让 SMG 用来聚集用户和增强其黏性，满足用户多样的需求体验，从而提升集团美誉度，最终扩大生态系统。

第三，未上市的资产和项目，将作为 SMG 的后续资产强化市场投资预期和增加机会。SMG 原总裁黎瑞刚指出，当 SMG 的后续资产能全面融合进现有上市公司平台时，上海文广也就完成全面且深入的互联网转型。上海市电视媒体的轮番改革，标志着上海市在文化体制改革的探索上迈出了重要的一步。但这只是改革的开端，SMG 将其自身比作"变局者"，集团的最终目标是通过对三网融合的整合发展与对接以及全产业链布局，找到适应互联网的逻辑，使其与原有体制融合，创新商业模式，打造具有市场核心价值和广泛影响力的新型互联网媒体集团。这是一个长期的过程，更加需要集团领导者长远的战略眼光和攻坚克难的决心。

（二）内容、技术、受众引领下的三网融合

2015 年以来，上海东方传媒集团独立开发了许多技术系统，如 iStudio、XNews、@ RADIO 等。专注于三网融合的创新发展，以支持诸如"看看新闻""看看新闻 KNEWS""DT 财经""阿基米德 FM"等产品，使所有终端同步更新信道，达到网络覆盖的效果。通过确立三网融合的创新发展服务型平台方向，改革"线上—线下"的互动机制，培养全民记者，最终向"三网融合"下的新型传媒集团迈进。

1. 视频新闻方面

为遵循主流价值观、传播正能量和国家政策，"看看新闻"App 在 SMG 旗下新闻中心和"看看新闻网"的联合打造下，顺利上线，形成 SMG 移动端新闻传播渠道。2015 年 6 月正式推出以来，新闻应用一直致力于为观众提供 24 小时直播新闻服务，报道国内外的新信息。2016 年初，成立了金融媒体中心，这将进一步增强"看看新闻"的影响力。"看看新闻 KNEWS"于 2016 年 6 月 7 日推出，基于新闻重组与"深度整合和全面转型"的战略理念。"看看新闻 24"，努力创建一个新的融合媒体 IP，以原始视频新闻为核心特征，整合来自国内外的有趣和有价值的信息，用于收集和创作。在以"原始短视频聚合"为特征的运营模式下，"看看新闻"应用程序和"看看新闻 24"采用了整合开发策略，以视频新闻为主要内容，以现场互动为内容亮点，使"看新闻 k 视图"成为新的咨询中心和内容启动平台。

从 Web 1.0 到 Web 2.0、由"＋互联网"到"互联网＋"、由网络到移动端的融合转变，SMG 走过了从"看看新闻网"到"看看新闻"App，再到现在的"看看新闻 KNEWS"的三网融合的创新发展过程，从中可以看出 SMG 对视频新闻融合体系的深度探索。在媒体整合打造 IP 品牌的道路上，SMG 逐渐整合了本地化、国际化和移动视频新闻的发展路径，并找到了合适的方向。

2. 数据新闻方面

为了弥补大数据技术的不足，迎接新媒体数据领域的挑战，SMG 和阿里巴巴在 2015 年建立了战略合作关系。第一家金融新媒体公司——第一财经传媒有限公司应运而生。凭借其在数据、信息、技术、研究和营销方面的行业领先优势，双方都将 SMG 的首个金融和经济服务项目视为一个强大的平台，在具有巨大市场潜力的数据服务领域携手合作，共同助力中国经济升级与产业迭代。

随后，"资讯＋""视频＋""数据＋"的战略基本确立，第一财经在新媒体数据领域发展迅速。恒生电子有限公司、浙江蚂蚁小微金融服务集团有限公司、宁波韩云投资管理合伙公司和第一财经公司已经达成合作意向，这是阿里与SMG合作的开始，透露出他们正在探索增加恒生电子控股子公司上海恒生聚源数据服务有限公司资本的可能性。各方整合各自优势，共同在数据业务领域发力，不断增加业务和资本层面的合作机会。2017年，DT金融品牌开始发挥其影响力，并正式进入公众视野，第一个金融品牌战略的最重要部分开始启动。随着大数据时代的到来，新闻制作的各个方面都发生了重大变化，"新媒体行业数据用户"作为主要的新闻形式正在迅速发展。数据新闻的媒体创新和数据价值被认为是现代新闻产业发展的新方向。作为第一财经和阿里巴巴对新媒体和金融数据的探索的产物，DT Finance and Economics扩大了金融新闻制作、商业数据挖掘范围，为新媒体创新和整合搭建了平台，并开发了大数据新闻内容。"大数据视角电信欺诈"和"上海市地铁旅行数据的时空分布"以及其他数据新闻报道已经从上海市和国内外的新闻热点开始，在"互联网＋"和"大数据"时代提供了专业和创新的数据展示和可视化服务，给用户带来了独特和个性化的新闻阅读体验。[1] 长期以来，新媒体领域的快速发展并没有完全打破各个行业的沟通障碍。每一个领域在不断变化的互联网中都有自己的位置，并且在自己的领域不断探索，但是领域之间缺乏整合。技术和内容的多样化和综合应用仍在缓慢发展。因此，为了适应大数据和"互联网时代"多媒体、多端口和多内容的互动发展，第一财经在数据、商业、新媒体、技术和受众方面进行了创新，目标是"为中国新媒体的创新和相互交流搭建一个开放的平台"，从而为数据新闻行业的专业化、品牌化和价值开辟一条道路。

---

① 何宗就主编《中国电视媒体TV融合发展报告2016—2017》，中国广播影视出版社，2017。

3. 电视方面

2015 年，SMG 成立了一个新的互联网节目中心，以适应新媒体的挑战，并推出创新和集成的产品来满足观众的新需求，开始探索"广播、电视和互联网"的道路。"广电 + 互联网"需要在早期整合新旧媒体的发展方向，进而改善传统广播电视系统的内容、技术，推动系统创新，最终改善互联网和广播电视共存的生态系统，从而实现跨媒体转型、内容和市场的双赢，实现产业链的知识产权价值。作为 SMG "整体转型和综合整合"战略的重要组成部分，产业价值链 IP 的发展不仅为电视媒体提供了强大的内容，还将打造符合"广电 + 互联网"生态的制作团队。在 SMG 的积极推动下，上海云集将来传媒有限公司正式成立，背后得到 SMG 旗下的真实传媒有限公司和纪录片团队的支持，与国内外传媒巨头展开深度合作。在制度上，新成立的云集将来公司开了制作人持股 33% 的先例，让核心人员持股，给予团队更多的资源和便利。不仅建立了符合新型公司生态的激励制度，东方卫视中心还深化了独立制作人制度。在 2018 年法国戛纳国际电视节上，上海广播电视台台长、SMG 总裁王建军表示，SMG 的最终目标是用国际通用语言来讲述"中国梦"。这是中国梦的一部分，而"SMG 智造"的诞生就是为了实现这个梦想。

4. 广播方面

上海阿基米德传媒有限公司的阿基米德 FM 成功入选 "2014 ~ 2016 年全国广播电视媒体融合 20 大创新案例"，这无疑是对其媒体融合努力的肯定。隶属于 SMG 旗下上海东方广播中心（ERC）的阿基米德 FM 终端是集移动、社交、音频于一体的服务平台，其固定的消费群体由传统广播节目按照兴趣分类聚集；其后台是以用户管理系统为依托、数据分析系统为主要工作导向、社区管理系统为主体的三位一体平台，为内容生产方提供服务。

该平台 24 小时推送新闻和个性化的服务，内容从新闻到亲子知识皆有涵盖。目前，其用户已覆盖全中国，以及 96 个国家和地区。为了响应"互联网 + 广播"时代的要求，阿基米德公司发起了"互联网 + 广播"尝试，推出"菠菜直播"——主持人可以随时随地通过手机进行视频和语音直播，并与观众互动。SMG 的传统渠道和内容资源与新媒体平台技术完全相连。随着技术和内容的快速发展，SMG 也出现了许多不足。就内容而言，SMG 在广播电视领域的创新仍然局限于传统新闻的制作和新媒体的处理。尽管大量数据新闻和视觉新闻的创新案例继续出现，但大多数新闻内容缺少变化。在受众层面，SMG 已经建立了与受众的互动机制，可以实现所有终端渠道的互动和交流，但其效果仍无法与自媒体相比。一方面，它的互动模式已经过时，忽视了受众不断变化的需求，不能满足和回应受众的需求，而只能满足网络用户的需求。另一方面，观众人数的增长和复杂性也决定了需求的多样性。SMG 互动活动中采用的简单而广泛的发展模式只是一种临时策略，没有长期计划和目标，也没有为不同类型的受众群体建立互动策略。综上所述，SMG 正朝着三网融合创新的目标迈进，需要更加关注如何在理念、内容、机制和运作方面做出更多努力，以建立一个完善的共同繁荣的发展创新模式。

媒介融合的本质是媒介形态逐渐消失，多功能复合媒介生态产生并逐渐占据主导地位。这不仅是不同媒体形式的叠加或内容的处理，而且是受众、技术、内容和系统的更全面和更深入的融合。从作为媒体融合元年的 2014 年到 2017 年和 2018 年，SMG 的几项大改革已经体现在许多终端中。各种新的媒体整合和探索模式不断创新 SMG 的新闻发布模式和媒体生态环境。SMG 的三网融合发展不断推进，并走向深入。然而，相较互联网技术的不断迭代，当下 SMG 三网融合的创新发展步伐仍显滞后。

（三）SMG 三网融合发展策略

1. "三家合一"共谋发展

2014 年 3 月，"大文广"（上海文化广播影视集团）和"小文广"（上海广播电视台和上海东方传媒集团有限公司）全面整合，在宣传部和国家新闻出版广电总局的指导下，经中共上海市委、市政府批准，上海文化广播影视集团有限公司正式成立。"大文广"和"小文广"在合并前有突出的问题：机构臃肿、人员冗余、工作分散、工作效率低、创新意识和能力薄弱、责任不明确。整合后，职能部门的效率大大提高，数量从 26 个减少到 13 个。这种整合努力的作用一如既往的强大。在关闭原先属于"大、小、宽"的 79 个亏损控股单位中的 7 个的基础上，实现了 3 个"单程"，11 个单位进入了"关闭或撤出"的过程，相应的人事改革也同时进行。[①]

整合后，SMG 通过建立新的董事会和监事会，确保了其运营和管理的独立性以及国有企业的基本框架。其中，董事会由上海市国资委任命，由五名成员组成。新 SMG 由 12 个职能部门、17 个事业部、13 个一级子公司、46 个二级子公司和 31 个三级子公司组成。它们的业务涉及运营媒体、传输网络、现场口译、文化旅游、电视购物、版权销售、文化投资等领域。[②]

"三家合一"是 SMG 自身发展的大举措。首先，有效精简了编制和内部组织。原本各自为政的三套领导班子，转变为一套领导班子。这有效地打通了管理渠道，缩减了管理流程，提升了管理效率。其次，打破条块分割格局，优化资源配置。通过重组和整合业务领域、职能部门、子公司，新的 SMG 打破了原有的业务布局，由传统公司组织向新的互联网媒体集团的扁平化结构转变，有效整合了人力、物力和财力，提高了资源利用效率。

2. 改革"独立制作人"制度与项目管理机制

优秀的节目、高的收视率和点击率、合理的媒体公司收入指标、优秀的人才与团队是互相作用、相辅相成的关联因素。新 SMG 创新体制机制，让制作团队适应新的制作、宣发流程和环节，从而保证三网融合发展的成效。一是实行"独立制作人"制度。在创作主体上，"独立制作人"制度的实施将给团队更多的权力和便利，这将有助于团队轻松开拓新的视野和创新内容产品。"独立生产商"是 SMG 重点建立的品牌体系。通过公开竞争选出独立生产商，其拥有五项独立权力，即创意自主权、项目竞标权、

① 杨伟中、王璐：《大小文广整合方案敲定：大文广改制 小文广并入》，中国证券网，ht-tp：//media.sohu.com/20140331/n397476480.shtml。

② 《高层解读 SMG 重大资产重组：坚持做个变局者》，《第一财经日报》，http：//tech.163.com/14/1123/10/ABNR8TTO000915BF.html。

团队组建权、经费支配权、资源使用权，同时该机制让团队"自负盈亏"，充分发挥制作人独立自主权，倡导创新精神，极大地减少了不必要的工作环节，降低了节目制作的运营成本，提高了整体效率。东方卫视将每个"独立制作人"团队视为一个小公司，拥有独立运营财务报表的权力，盈亏情况一目了然，极大地激发了生产团队的热情。"独立制作人"团队的项目收入，除了上缴集团整体业务的一部分外，还由团队的其他成员支配，这些收入用于激励员工、更新硬件、吸引人才等，资金利用率相当高。大型真人秀节目《笑傲江湖》《急诊室故事》等一批 SMG 的王牌节目，皆是"独立制作人"制度下的产物。

二是推行"SMG 智造"战略体系。"SMG 智造"代表了"SMG 原创内容产品的全流程孵化科学系统"、"SMG 原创内容产品的前瞻性战略实践系统"以及"SMG 原创内容产品的全方位品牌管理系统"。"SMG 智造"的主要目的是为三网融合创新发展提供原创内容的 IP 集群，并实现原创 IP产品价值最大化。

三是融合调整频道板块。在频道整合方面，东方卫视中心由原东方卫视、新娱乐等六大频道整合组建而成；原广播新闻中心、东方广播公司、第一财经广播、五星体育广播整合组建成东方广播中心。原本功能相同或相近的频道通过融合创新进行精简，工作效率快速提升。从各频道自身定位来看，频道的改革融合精简了一批收视率低、社会评价不高的节目，促使整体节目质量提升，提升了节目的吸引力和美誉度，原本分散的用户流量可以通过高质量的内容进行整合，这有利于资源的有效利用和内部竞争机制的运行。从用户的角度来看，合并后的频道更有利于他们个性化地选择所需的节目内容，从而获得更好的消费者体验。

各种媒体平台的三网融合创新发展已经是大势所趋。在优势方面，传统媒体拥有庞大而优质的节目资源，用户基础牢固，制作团队成熟；新媒体则在传播上有极强的及时性、交互性、广泛性、自发性以及信息种类多等特性。SMG 紧跟三网融合的创新和发展趋势，在改变原有体制和机制的基础上整合和开发各种资源，打造自己的媒体品牌 IP，为三网融合的创新和发展提供高质量的平台。

3. 融合媒体平台，实现优势互补

（1）整合广播平台"阿基米德FM"

"阿基米德FM"是一个集生产、运营、营销和反馈为一体的广播平台。它是SMG智能的重要衍生和价值平台。"阿基米德FM"已经成为主要的移动广播平台，充分整合了无线电资源和移动网络接收模式，将传统的无线电台与计算机、移动电话应用程序和其他终端集成在一起。根据笔者的统计，"阿基米德FM"包括多达18家地方广播电台，如第一财经广播、上海交通广播、动感101和东光新闻等。节目类型包括音乐、新闻、旅游、脱口秀等，总共有16种形式。与此同时，"阿基米德FM"为中国国家广播电台和中国国际广播电台等国内外著名电台提供网络接口，用户可以通过"阿基米德FM"移动应用程序和计算机客户端直接连接上述电台收听广播。

SMG经过一系列的改革发展，不仅实现了新旧媒体的融合，完成了体制机制的整合，还打造了一支极具战斗力的制作团队。随着这些客观条件的逐渐成熟，SMG在节目内容上焕然一新，推出了一大批收视率和社会评价高的节目。

（2）国外先进经验与草根文化相结合

如《极限挑战》借鉴了韩国综艺《无限挑战》的节目形式、制作流程、运作模式和嘉宾设定。每期节目邀请不同类型的嘉宾搭配出场，在节目形态、内容上多次探索户外开放式的游戏项目，赢得了一定的口碑。《国民美少女》的参赛者没有职业背景，大部分来自基层。SMG记录了36名不同性格的90后女孩的成长，训练她们唱歌和跳舞，跟踪和拍摄她们，一步一步地见证她们的明星之路。

（3）重视传统媒体资源

SMG在完成三网融合后，并未放弃原有的传媒市场，而是利用新旧媒体分别在优质节目制作和高效传播上的优势，凭借新媒体助力流量变现、实现实时传播的便利，让传统节目焕发生机和活力。

（4）重视用户需求

SMG非常重视用户体验，乐于从用户角度出发进行策划，推出了一系列受到广泛欢迎的节目。比如《东方直播室》，关注当下热点新闻、国计民生，介绍改革转型中的中国面貌，并融合电视媒体、网络媒体、短信直播等方式满足用户的多样终端需求。节目还邀请新闻当事人到现场，形成多面向的舆论观点，双方可以在公平、公正的环境下让各种观点自由交锋，并能在辩论中提供有价值的新闻信息和有建设性的意见，关注社会热点和体现人文关怀，满足观众的个性化需求。

综观国内外知名的广播电视媒体品牌，没有完全成功的例子可循。转型和探索的道路是漫长的，但是媒体已经达成了一个基本共识，即传统媒体的基础设施建设，包括平台、结构和组织，正在被边缘化，甚至被颠覆，新媒体、互联网正在成为核心的行业形态。因此，基于网络传播的新媒体模式是转型和发展的总趋势。深入拥抱新媒体和互联网将占据一定的市场份额，并为未来的行业挑战做好准备。

4. SMG 三网融合生态下的数据应用

随着融媒体的快速发展和普及，SMG 在三网融合创新发展上动作比较多，这是生存压力所迫。SMG 提出的创新发展要求需要做到三点：第一，改革内容生产方式和媒体融合方式；第二，多媒体多渠道的构建是保障；第三，打造融媒体新格局，创新发展生态模式。2016 年第 22 届上海电视节期间，SMG 升级原有的新闻中心为融媒体中心，这是广电历史上第一次取消电视媒体集团中的新闻中心，借此打通线上线下所有终端新闻传播平台，形成 24 小时不间断的新闻咨询服务模式和互联网电视频道。财经全媒体架构如图 9 - 3 所示。

媒体融合趋势之下，数据成为连接平台、产品、用户、内容、经营的重要纽带。掌握的数据容量和流向越来越需要依赖互联网云平台的各种工具。目前，CSM 和 CTR 合作的研究数据是 SMG 电视节目制作和营销管理的主要来源。

（1）内容传播数据

内容传播数据是传媒、文化产业最常用的数据，由电视数据、互联网数据组成。经过多年的发展，电视台和互联网都有较为成熟的传播衡量指标，作为内容生产经营中运用最多的数据，电视数据涵盖全国网、城市

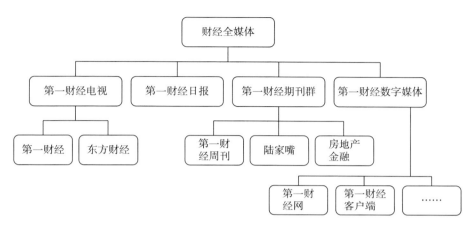

图 9 - 3　财经全媒体架构

网、首播、重播、时移数据，可以记录电视节目的收视率、播放情况等数据；互联网数据涵盖网媒关注度、微博提及量、视频点击量等数据，可以助力电视节目的制作、营销，也可以进行用户画像。此外，互联网传播数据还需要特别洞察。[①]

在电视收视数据中，CSM 的城市网数据是目前受到广泛承认、运用最多的数据，全国一线、二线中心城市观众的收视情况在 CSM 城市网数据中一览无余，这部分观众学历高、收入高、消费活跃，往往是城市一些小圈子的意见领袖，这也是营销策划、广告传播中最常用的数据。全国网数据则体现了全国化的趋势，观众结构比较年轻，这也被一部分开拓或覆盖全国市场的频道所看重。这些传统收视率的增量，由 CSM 在近期推出的时移收视决定。

现在观众收看节目有多种浏览方式，例如 SMG 旗下的《欢乐喜剧人》和《极限挑战》的网络回看收视率均超过首播，成为传统收视的增量。CSM 与 comScore 常常被用于跨屏收视测量，这助力了《欢乐喜剧人》等热播节目在互联网上的传播，增加了关注度。

虽然《欢乐喜剧人》《极限挑战》等热门节目，在 PC 端的触达人数

---

① 陆趣、杨君蔚、张韬：《SMG 受众数据测评分析平台的建设与技术创新》，《现代电视技术》2017 年第 5 期。

远远少于电视，但是这两个节目在 PC 端的收看情况高居收视榜前列，另一方面，这也反映出互联网上传输的电视节目数量不够多，而且互联网和电视平台上没有同时具有高收视率的节目。跨屏幕关注的用户数量可以通过跟踪多维的发送和接收方式来理解规则。首先，数据显示，电视媒体在多维传播中仍起主导作用。其次，在多维传播中，节目的话题度会跟节目的关注度、播放量及微博的提及度同步提升，最终达到峰值。

跨屏传播中一个重要的维度，就是电视收视率和微博提及率的量和时间走势。通过多个案例已经证实，边看电视边发微博早已成为年轻人消费电视节目的常态，但是看电视与发微博这两个习惯却有此消彼长的特征。这也很好地说明了观众关注点与社交媒体话题热度互动变化的规律，也给节目编排、媒体宣传推广提供了较好的参考，以后的电视节目或网络节目都可以在相应平台安排播放时间以及合适的播放内容。

对微博的跟踪监测也可以帮助电视台了解传统渠道和新媒体渠道，在合适的时间段投放广告、营销信息。《欢乐喜剧人》第二季开播后，作为其品牌冠名商的链家在微博上的日均提及量是开播前的 2 倍有余，这也是对冠名商的品牌传播的量化体现。而观众年龄结构更轻的《极限挑战》，冠名商天猫国际在节目开播以来，其微博日均热度与节目开播前相比，增长了 21 倍多。开播后，天猫国际的提及量增加更为明显，特别是在 16 ～ 20 岁年轻的受众群体中。而微博等社交媒体，对节目上热搜的带动，也有效助力了节目的市场影响力。例如《极限挑战》中，节目组把握年轻观众关注的热点，有意识地借助热度艺人增添节目效果，提升节目热度。

（2）观众测评与反馈

SMG 的受众测试中心在 2013 年开始投入使用，目前观众测试中心在调查方法上有了更新的突破，这已经成为节目组了解观众反馈的重要渠道。通过广义数据和狭义数据，我们可以为 SMG 节目的生产和运营产生有价值的良性参考数据。节目现场观众的收视意愿走势是主要的数据源，能为节目组提供观众反馈，帮助节目组改进内容、调整节奏和编排。在观众测评中，观众的收视意愿，观众的满意度、喜好度、推荐度等指标被有效地采集，在节目播出前观众的喜好已与节目的情节、编排找到一一对应点，节目存在的问题都已经备好预案。

例如《极限挑战》从第一季开始每集都进行测评，既锻炼制作团队在节目策划中融入数据的能力，又能将数据思维贯穿到节目制作、宣发中。在《极限挑战》第二季第三期的观众现场测试中，观众的反应能够反映节目开场、中间、结尾等各个环节的效果，了解到哪些内容是观众感兴趣的，哪些内容观众认为无趣。从观众的表现中可以知道节目的可看性，也能知道节目在编排上的优劣，同时也能了解嘉宾设置所反映的用户喜好度。通过调研，放松、解压、开心快乐等情绪表达是观众最期待，也是最能留下深刻印象的部分，同时也满足了观众猎奇、感受温情、看热闹的需求。而年轻人相较于中年人，在指标上，更倾向于追求愉快。在后期，导演组也做了初步削减。通过分析观众的观看意图曲线，我们可以看到观众对某些内容的直接反馈。最后，观众反馈会成为节目时长变动、环节更改的依据。

（3）用户画像及价值

用户画像是互联网数据中的热词与优势，而电视媒体可以借助平台数据，获得用户在多个终端组成的画像，这也是精准了解用户，做好有效触达的关键。目前 SMG 凭借 CSM、CTR、欢网等数据平台，可以直观地对用户画像和基本信息、消费能力、生活态度、所处人生阶段等进行分析，形成报告。

例如，欢网大数据显示，SMG 的两个王牌节目——《极限挑战》和《欢乐喜剧人》在兴趣族群分类中有 17 类具有共性，比如两者在娱乐、旅游爱好者上有共同特征，而《极限挑战》的观众在理财达人、体育爱好者上特征更突出一些，《欢乐喜剧人》则在旅游一族、娱乐达人上得分更高一些，在动漫、二次元等新潮、另类的内容上，两个节目的受众都明显无感。央视市场研究 CNRS 数据显示，通过对《极限挑战》的观众进行人物画像，购买摄像机、电脑等 3C 产品的倾向程度较高，而非速溶咖啡、膨化食品、进口食品等高端产品的购买集中度较高。从生活理念上看，《极限挑战》的观众更看重广告，生活态度反映出对生活品质要求高，追求新鲜、刺激，紧跟潮流的特点。从休闲活动上看，《极限挑战》的观众更爱好游戏、上网冲浪、打麻将、吃速食，总体上偏"宅"。这些信息是创新节目，满足用户复杂、多样需求的保障。

（4）节目市场

毫无疑问，节目市场数据可以帮助监控和分析当前的节目竞争情况。从 2017 年第一季度的节目监控数据来看，CSM 的数据分析也反映了内容行业的趋势。以综艺节目为例，2017 年第一季度有 68 个新节目（包括 CCTV 和当地卫星电视的），与 2016 年相比，第一季度的节目数量减少了 35 个，11 个明星季度节目收视率在 1% 以上，2016 年 20 个明星季度节目收视率在 0.5% 以上，明星参与的节目的收视率节节攀升。

三　上海市三网融合发展中的问题

通过资源整合和优化配置，传播渠道的多样化、整个节目制作过程的网络化、公共服务的区域共享和跨媒体内容制作的有效协调，以及新旧媒体资源的整合和人事管理系统的更新已经成为主流。但一些弊端，也在三网融合发展中显现出来了，如业务流程和现行制播分离模式与媒体产业融合进程的不协调。

（一）三网融合战略与传媒体制机制之间的问题

在中国媒体系统的不断发展和变化过程中，过去阻碍其发展的一些旧思想、制度和限制已经逐渐消除，一些符合时代潮流的新思想和新媒体已经在新的商业模式中发展起来。例如，电视媒体可以制播分离，可以经营广告，电视的部分资源可以拆分出售，节目播出的时段能像产品一样被售出。逐渐僵化的传媒体制，已不能适应变化越来越快的媒体生态，劣势已经十分突出，这不利于传统电视的长远发展。这一领域的问题包括宏观市场整体、微观市场以及特定机构，主要集中在政策、管理、融资、跨区域扩张等方面。

1. 未形成全流程管控的制播分离和版权归属管理体系

媒体机构的版权，一向被认为是其核心资产，应合理开发与运用，在其整个生命周期内分阶段加以科学管理。然而，由于历史原因，SMG 的版权资产管理长期以来没有对从节目选择、拍摄和制作到广播、版权销售和材料处理的完全管理权，使得信息无法有效传输，业务也无法相互支持，每个环节的管理支离破碎，甚至一些环节的管理缺失的问题尤为严重。其中较为明显的是所有新媒体板块（SITV、SMGBB、IPTV 和东方龙）和传统电视业务部门之间存在较为突出的内容版权管理之争，主要体现在对节目版权的归属权、使用权和收益权的争议上。①

一是素材的管理和制作是媒资管理的主要任务，可是与版权销售和再开发利用不直接对接，难以发挥更大的开发价值。

二是可供多渠道共享的数据库，还不是"内容云"，无法实现有效共享。主要原因是集团的媒资管理中心与数字化技术平台，分属两个部门，他们无法单方面直接解决各渠道使用媒资的权限问题，下属各部门使用数据库里的内容时并不方便，难以实现共享。

三是媒资中心和新媒体各部门始终没有对接应用，主要原因之一是广电部门的安全监管要求甚严，新媒体部门涉及的电信网和互联网均属外网，外网接入广电部门内网进行双向应用存在政治和技术两个层面的"不安全因素"。

此外，中国四级电视台的媒体系统和管理系统的划分限制了 SMG 的电视媒体进行跨媒体和跨区域扩张，使得电视台更难相互收购和合并。因此，在保守的媒体系统环境下，大多数地方电视台只能坚守本地市场，缺乏一条做大做强的可行之路。②

2. 企业文化缺少活力

当前不少传媒集团正在加快改革的步伐，以适应不断变化的市场需求。但多数媒体改革仍旧流于表面，只是在生产流程、环节设置等方面进行改革，其内部工作人员大多来源于机构繁多的事业单位，缺少竞争意识，对讲究快速反应、巧抓时机的市场化竞争机制还难以适应，难以与拥

---

① 彭姝：《从 2013 年电视娱乐节目看省级卫视频道专业化发展现状——以湖南卫视、东方卫视、江苏卫视和浙江卫视为例》，《声屏世界》2014 年第 11 期。

② 周根红：《广电产业结构重组与治理困境——以 2014 年上海文广整合改革为例》，《声屏世界》2014 年第 5 期。

有丰富资源和优秀人才的商业媒体相抗衡。随着媒介融合的快速发展，原有体制层面上的劣势不断显现出来，不够深入的体制改革也开始成为三网融合创新发展过程中的掣肘。为有效实现技术革新与推广、吸纳优才的目的，加紧推进市场化体制改革势在必行。

尽管 SMG 在新兴媒体的布局方面取得了巨大进步，但它仍然是一个具有强烈传统媒体气质的媒体群体，需要加强对互联网基因的培养。长期以来，人才就是生产力，人才代表了媒体融合发展的核心优势。目前，复合型人才成为媒体整合成败的关键。经过多年的发展，大量优秀的节目制作人已经成为 SMG 的中坚力量。SMG 快速建立了适合市场化的人才机制。然而，随着三网融合的逐步发展和成熟，SMG 缺乏有吸引力的人才薪酬激励机制，导致大量优秀人才流向上游媒体集团。

（二）制播分离的问题

1. 形式大于内容

就 SMG 而言，我们可以这样来理解制播分离：电视台独立运营新闻以外的生产部门，上海媒体集团的新闻中心保持原有的功能，而新成立的东方媒体集团是一个完整的企业机构，作为一个企业独立运营。然而，目前的情况是，分离的上海东方传媒集团和以往一样，并没有脱离电视台的控制。在生产和广播按原计划分开后，公司制作的节目通过竞争进入广播领域的计划还没有实现，不仅没有专门的制作公司来制作节目与上海东方传媒竞争，电视台本身似乎也不必为外部市场的节目付费。可以说，上海文广的制作和广播分离更多的是形式上的，而不是内容上的，没有实现实质性的制播分离。

2. 被动大于主动

从行政管理的角度来看，SMG 的制播分离改革更加注重政策效果。可以说，SMG 的制播分离改革在很大程度上是一种被动服从上级行政命令，实行联合制和两制（企业制和企业制）的模式，这在一定程度上降低了上级的监督难度，因为按照要求上级必须监督和控制上海文广的所有节目。而制作和播出分离后，只有上海广播电视台的新闻节目需要在播出前进行审查，东方传媒集团进入市场的部分只需要播出方控制即可。然而，上海文广并没有对市场实行实际的"生产和广播分离"。这看起来更像是在执行一项行政命令：我是在上级要求"生产和广播分离"时这样做的。至于将公司推向竞争激烈的市场，这将直接影响到原始员工的利益，集团领导人没有理由这样做。

3. 内部保护大于外部拉拢

SMG 的领导人不会主动进行市场化运作，很大一部分原因来自上海文广的内部保护。上海东方传媒集团和上海广播电视台的领导仍然是原来的领导，员工仍然是改革前的员工。换句话说，集团内部员工已经合作多年，有默契和感情。电视部门如何拒绝与自己的制作部门合作的节目，而以高价购买和播放其他制作公司制作的节目？此外，就节目制作质量而言，中国没有多少人能制作出超过电视台水平的节目，他们的机器和设备不如电视台，他们的人才积累显然没有电视台多。显然，在这种情况下，SMG 将偏向于内部生产的节目，形成内部保护墙。在很大程度上，产生这种结果的原因也与制播分离中相关支持政策的不成熟有关。这种内部保护问题早已在国外得到解决，比如韩国在实行制播分离的过程中，观光部从1991 年开始，颁布了《独立制作公司义务播时间比例》，以助力电视影像产业振兴及独立公司的发展。在这项政策中，内部制作的所有电视节目的时间比例被严格设定为从开始的 3% 增加到后来的 40%。这一政策在很大程度上促进了韩国电视产业和相关独立制作公司的复兴，保持了市场的活力，使整个韩国媒体产业在竞争中健康发展，也促进了韩国媒体产业参与国际市场竞争。

四 上海市三网融合发展建议与对策

（一）完成自身的产业化和市场化转型

多年来，传统媒体在文化体制改革中的创新和发展正是为了解决这个问题。在其发展过程中，只有建立市场认可的评估标准和系统，才能建立与资本市场对接的基本条件。目前，制播分离制度下的 SMG 将可经营、可整合的业务和资产全部投入企业运营，按市场规则进行运作。

1. 普及制播分离制度，培养相关人才

首先要让员工彻底明白制播分离的概念，明白其在工作中的角色转变，使广播电视节目朝更专业化的方向发展。制播分离的核心就是将竞争机制引入内容制作领域，这在内容为王的时代也符合媒体发展的潮流。让员工明白其中的利害关系，积极协调实施改革方案，这是制播分离实施的基础。

2. 制定与制播分离相匹配的激励方案

制播分离方案的实施没有取得预想效果的原因很大一部分是制作人员的动力不足。同样进行制播分离改革，韩国就将其内容与资金的流动做得非常活跃，给韩国电视业在结构和生产环境上带来了不少变化。所以我们进行的不能仅仅是政治层面的改革，更要制作出相关方案，激励工作人员在积极配合完成改革的同时能获得相应回报，获得工作的原动力。

3. 注意制播分离实施的衔接性

制播分离实际上是一整套连贯的方案，中间哪个环节实施得不好都会影响其整体效果，所以要注意其薄弱环节的对接。比如市场与供应的错位问题的出现将会使制播分离方案的实施效果大打折扣，所以在制播分离实施的连贯性方面我们要做整体的努力。

（二）完善三网融合生产和分发平台

在 SMG 全面创新和发展三网融合的过去几年中，它主要关注三大媒体内容——新闻、金融和娱乐生产平台的建设。SMG 在新闻整合方面取得了巨大成就，并建立了一个新闻媒体平台，不再局限于传统的固定时间的新闻广播频道，而是依靠 OTT TV、IPTV、新闻网站、应用客户端和微博微信等社交平台来打造 "KNEWS" 视频新闻品牌，实现 24 小时不间断的新闻制作和多频道内容发布。

同时 SMG 的技术系统也从主要支撑视频制作的范畴，逐渐升级成为支撑视频、音频、图片、文字的一体化制作系统，并且在轻量化外拍设备、快捷编辑回传、智能化视频检索和写作辅助等方面进行了加强。

在财经领域，SMG 通过创建 "第一财经" 品牌，打造了内容生产和服务三网融合的平台。在过去几年中，SMG 通过整合其金融媒体资源，覆盖新旧媒体，开始了其首个金融日报、杂志、网站和数字媒体业务，并与阿里巴巴集团合作开发金融数据挖掘和信息服务，正式进入数据新闻和咨询服务领域。与此同时，SMG 建立了统一的金融数据中心，技术支持系统也相应升级。最先进的机器人书写系统可以支持多媒体数据收集和跨媒体内容的合作。

在娱乐方面，SMG 正尝试电视台与视频网站的"台网联动"模式，形成外延式的媒体融合生产综艺娱乐节目的产品矩阵。例如，《我们 15 个》荒岛生存节目每天播出 24 小时，有多个机位同步拍摄。观众可以通过腾讯视频自主进行消费体验，节目内容新颖、真实。而像《极限挑战》这样热门的真人秀节目，除了在爱奇艺同步直播外，还提供场外花絮点播和导演加长版节目，打破了传统电视频道的播出限制。

1. 加速与新媒体的融合

首先应该加速与新媒体的融合。新媒体的普及，让传播更加个人化，用户可以随时随地收发信息，必然使越来越多的消费者青睐新媒体，这是大势所趋。传统电视拥抱新媒体，也不能只是邯郸学步。近年来，许多电视台拥抱新媒体、互联网的方式，只是简单的创立网站，相当于电视台的网络搬运，这些网络站点业绩较差，并且仍然处于亏损状态，其原因主要是新旧媒体融合过程中系统和媒体整合的失调。新旧媒体的融合，主要矛盾是用户消费内容趋势的变化，媒体技术创新的挑战是将问题转化为发展机遇，实现更深层次的整合，并在资本层面、渠道层面和平台层面开展更多的探索与合作。尽管它们之间存在很大差异，但各有优势，新媒体和旧媒体需要相互学习、相互补充，形成优势互补、共同发展的局面。最后，新旧媒体的融合是必然趋势。新媒体具有交互性强、机制灵活、无处不在、数据化等优势。当传统电视无法留住观众，新媒体在发展初期实力较弱的情况下，则可以借助二者的优势互补，开拓新的业态。目前，新旧媒体正通过优化资源配置，取长补短，加快技术、商业、终端、市场和工业的融合，双方的合作已经开启了一个新的阶段。2017 年，百视通（隶属 SMG）举行了"未来合作伙伴会议"，不同领域的 158 家企业成为第一批"内容合作伙伴""行业合作伙伴""资本合作伙伴"。这表明，拥有 1 亿

跨屏幕用户，尤其是在大屏幕用户数量上拥有绝对优势的百视通已经正式
开放其平台，有望在大屏端再造一个"腾讯"。百视通通过一个全方位的
开放平台，拥抱创新和全方位的跨界连接，以实施其娱乐战略。通过聚集
大量的合作创新点，百视通已经成为"孵化的舞台"、"变现的平台"和
"资本的看台"。据报道，华为、乐视和新东方等公司都已成为百视通的合
作伙伴，并在百视通的内容平台上落户。①

　　作为百视通平台的一员，风行网已经完全接管了 SMG 集团东方电视和
百视通的内容资源。与此同时，风行网作为股东的东方明珠是 SMG 娱乐战
略的重要参与者，其连接了内容产业的上下游，实现了在线和离线内容产
业互动的整合，并逐步实现了内容知识产权的系统化和价值最大化。这也
表明，SMG 的三网融合创新和发展创造了一个跨媒体、跨平台的市场运营
商。新媒体产业链如图 9 - 4 所示。

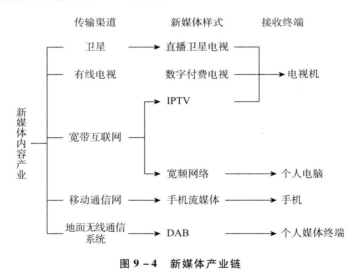

图 9 - 4　新媒体产业链

2. 加强与国际传媒巨头的合作

　　通过加强与国际传媒巨头的合作，学习他们的定位和策略，"SMG
智能制造"品牌的内涵和外延也将继续深化和扩大，以更好地推动 SMG

---

①　钱晓文：《上海市报业集团深度融合与文广集团"第四轮改革"》，载梅宁华、支庭荣主
　　编《中国媒体融合发展报告（2017～2018）》，社会科学文献出版社，2017。

的发展，并创造能够展示上海原创能力、中国风格和世界品质的高质量内容。随着"文化走出去"国家战略的大力推进，优秀原创节目模式和内容产品反向输出的成功案例也开始出现。例如，"东方梦工厂"主题公园在中美强势媒体品牌双方的共同推动下，在上海徐汇区横空出世，该主题公园将覆盖地产、商贸等娱乐设施，还会以年产三部大制作优质动画长片的速度打造荧幕梦幻 IP，此举开创了中国动漫产业"跨文化传播的新路径"。

（三）优化产品和产业结构

现在的广电集团往往是覆盖了新闻、财经、影视剧、体育、纪实、少儿等领域的大平台，加上新开拓的衍生产业，一家电视台下设几十个频道和子公司都是常态，机构组织臃肿，而且给集团的管理带来新的问题。传统电视媒体要解放生产力，发展生产力，首先需要打破这种臃肿的媒体结构对自身发展的束缚，优化自身的产业链结构。电视媒体经过几十年的发展和积累，打磨了一支深耕内容、品牌、管理的制作团队，积累了一定资源优势，能延续到新媒体融合阶段。笔者认为，未来的市场竞争必然是小而精战胜大而全，往往一些满足小众需求的产品和服务会脱颖而出。电视台长期以来拥有制作内容的优势，可以进一步做大做强形成在新业态下的核心竞争力；在内容生产、营销上独具优势的电视台，可以进一步保持在该领域的核心竞争力，进而通过三网融合，维护自己在影视剧市场的霸主地位。

此外，在新兴业态方面，传统电视可以根据自身的定位，有选择、有重点地发展一些延伸产业。这不仅顺应新媒体发展的需要，而且可以改变单一的盈利模式，完善经营理念。随着三网融合的快速发展，未来的媒体市场挑战与机遇并存，产品的个性化定制与付费服务可能大行其道。此外，频繁的商业中断也是消费者逐渐远离传统媒体的原因。IPTV 等付费电视和内容服务已经为电视新业态探明了正确方向，接下来继续发展付费的服务产业、服务业务，满足小众需求，定制产品，为了培育新的利润增长点，传统电视媒体应该在这方面继续探索。

（四）技术发展思路

1. 支持地面电视频道转型

根据 SMG 目前的发展，支持地面电视频道的转型是最紧迫的。根据 SMG 渠道的显著特点，并非所有媒体组织都适合"三网融合"的创新和发展，适合每个渠道的转型和升级模式也不尽相同。借助云计算、大数据、移动互联网等技术，未来将不断优化现有节目制作模式和流程，结合地面频道的业务特点，逐步推进移动互联网综合媒体创新业务应用，探索视觉电子商务和 O2O 模式等行业发展机遇。

2. 开展 NGB - W 实验和商业运营

在国家统一规划和部署下，SMG 可以建立一个良好的 NGB - W 测试网络，并不断改进。早期，上海市杨浦区成立了国家"NG - W 技术实验室"，SMG 可以以此为试点，与政府合作开展"智慧城市"公共服务的示范应用，创建智能社区和智能商业区的模型。运营经验逐渐成熟后，上海市 NGB - W 的全面覆盖和各种服务的商业运营将有效补充现有的移动通信模式，并在上海"智慧城市"和上海创新中心的发展中发挥重要作用。

3. 推动跨屏交互技术应用

传统的广播频道无法实现与用户的双向互动，这在一定程度上限制了广播电视媒体的内容创新和模式创新。动作捕捉、语音控制、语音水印等交互技术手段可以作为 SMG 未来的发展重点和方向，为电视、手机和计算机终端开发一个跨屏幕交互系统，实现电视节目的跨屏幕娱乐应用，并最终在三网融合的创新发展下支持综合广告营销。

4. 探索 VR 技术在媒体领域的应用

VR 的身临其境体验是一项革命性的创新，目前的声光效率技术系统无法与之相比，它可能会颠覆现有媒体的载体呈现方式。SMG 是一个综合性的文化媒体集团，凭借虚拟现实试点应用的固有优势，SMG 可以在未来几年逐步构建虚拟现实内容创意制作平台和虚拟现实内容综合发布平台，充分利用集团内大量节目制作和现场表演艺术资源，探索虚拟现实技术，促进各终端渠道的内容发布和内容衍生创新。

总的来看，SMG 正在整体转型，对三网融合创新发展的探索，已经成为国有媒体融合发展的典型案例。对此，从 SMG 的发展中可以得到诸多启示：转型发展不是简单的另起炉灶，也不是对传统内容的搬运，更不是对传统渠道的修修补补，而是与自身的基础资源和核心竞争力的深度融合。

第二节 三网融合背景下山东省电视产业的创新发展

三网融合背景下，电视产业的发展需要寻求政府、企业合作的共赢。从区域发展的角度来看，山东广电除了生产电视节目外，还能提供有线电视网络和电视相关设备，其云计算技术服务等也较为完备，逐渐成为三网融合背景下电视产业链条的基础与优势。在文化产业蓬勃发展的趋势下，山东三网融合进程中电视产业有望成为新一轮文化产业竞争的亮点。

一 山东广电新媒体发展状况调查

山东省三网融合背景下电视产业创新发展的核心，集中体现在广电新媒体的融合发展上。2017 年 7 月，在山东广播电影电视局博士后科研工作站的协调和帮助下，笔者先后访问了山东网络广播电视台（新媒体运营中心）、山东广播电视网络集团，从中了解到山东广电新媒体发展的基本状况。

山东广电新媒体虽然起步较晚，但发展势头不减，是山东省广播电影电视局重点培育的新的经济增长点，其主要业务包括 IPTV、电视、手机电视、公交移动电视等，由山东网络广播电视台统一管理和经营。

山东广电新媒体中心制定了加快新媒体融合的"四大战略"。一是资本管理战略。主要是对外融资，发展新业务，其中，山东广电新媒体非常重视申请国家资金项目。二是集团化战略。主要是指山东广播电视新媒体有限公司对资源的总体规划，各种业务围绕母公司转化为子公司，最终形成山东广电新媒体集团，其主要成员企业有山东网络电视有限公司和山东手机电视台。三是品牌战略。山东网络广播电视台是一个机构品牌，在机构设置上等同于山东电视台。山东广电新媒体中心对山东手机台等进行品牌塑造和品牌营销。四是人才战略。主要目标是引进和培养优秀管理人才、互联网技术人才和资本运营人才。2018 年 10 月 31 日，山东省广播电视局揭牌成立，负责广播电视领域的体制机制改革，监督管理、审查广播电视与网络视听节目的内容和质量等。

山东广电的新媒体业务以"山东网络广播电视台"为统一的呼号，按照牌照管理的思维，把接收终端作为业务板块的分类标准，主营业务包括以 PC 为接收终端的网络服务、以手机为接收终端的移动电视或"无线媒体服务"、以电视为接收终端的交互式网络电视（IPTV）和互联网电视（OTT TV）。综合来看，山东广电新媒体主要由四个业务板块构成，即无线业务、IPTV、OTT TV 和移动数字电视。

（一）山东网络电视：IPTV 与 OTT TV

山东广电新媒体在组织架构上分三大板块：一是网站，二是无线业务，三是网络电视。这三个板块中，最为成熟的是网站，比较有前景的是无线业务，最具盈利点、话语权且资源优势明显的是网络电视。目前，山东网络电视有限公司属于山东广播电视新媒体中心旗下分公司，负责网络服务整合运营。

山东网络电视有限公司有三个股东，其中山东电视台占 70%，山东电视台旗下的两家全资子公司——山东电视广告发展总公司和齐鲁电视台下属的山东齐润影视传媒中心各占 15%。山东网络电视有限公司也在尝试多方引进社会资本。

1. 山东 IPTV

山东 IPTV 由山东网络广播电视台联合中国网络电视台（CNTV）、山东城市广播电视台共同创建，通过连接宽带互联网服务用户。

山东 IPTV 服务包括直播电视、电视评论、时移电视、视频点播和增值应用。①电视直播。山东 IPTV 为用户提供 100 多个直播电视频道，从中央电视台、地方电视台、山东省市级电视台，到卫星数字加密频道和国产轮播频道。同时，用户还可以在观看中自由播放、暂停和回放电视节目，实现独特的时移功能。所有频道播放的所有内容都在网络上同步录制，看过去三天的所有电视节目就像看 DVD 一样。②视频点播。用户可以享受 20000 小时的超长点播节目，包括热门电视剧、电影大片、著名事件和炫酷的动漫；并针对山东用户开发了融汇齐鲁文化、本土新闻等的本地内容服务；根据不同用户对电视节目的喜好和兴趣，个性化地推送节目，以便用户更便捷地找到自己喜爱的节目内容，点播属于自己的精彩。③高清影视。高清视频直播和点播服务可以满足用户对图片的高需求。HD 产品使用 1080 I 或 720 P 的图像分辨率，这比现有的标准程序清晰度高 4 倍以上，并且图片更加精致和细腻。12 个高清直播频道提供高清电影、娱乐、纪录片、国内外赛事点播等服务。④增值应用。淘宝进电视，商场进客厅，用视觉化的形式，全方位地展示商品，让电视遥控器成为购物的鼠标；用户还可以在家里沙发上用电视享受到玩游戏、炒股票、唱卡拉 OK、挂号就医、便民交费等各种服务。①

2. 山东 OTT TV

OTT TV 以公共互联网为载体，是通过互联网电视接入互联网，提供综合互动视听服务的一种新型服务。OTT TV 是由电视机的内置机顶盒实现的网络电视服务，因此需要广播和电视组织与电视制造商之间的合作。IPTV 基于专网传输节目，OTT TV 是基于公共互联网传输节目，两者传输的节目内容和形式各有千秋。目前的合作模式是在拥有电视牌照的基础上，广电媒体成为内容供应商，电视机厂商提供硬件服务。

山东广电积极申请基于互联网内容的地方牌照。作为山东广电新媒体五大业务主体之一，山东网络广播电视台将与各系统、终端合作，凭借云计算技术打造视频、客户端应用综合服务平台。同时依托山东广电，整合市场上各内容提供商的优质资源为电视用户提供新闻、娱乐、生活、教育等方面的特色内容和服务产品。

（二）山东手机台：无线全媒体平台

山东网络广播电视台旗下的无线全媒体平台包括山东移动电话站，

---

① 《山东网络广播电视台业务宣传画册》（内部资料），2017，第 25～29 页。

其具有全网络资质的移动电视服务，以及各种新媒体服务，如手机阅读、游戏和新闻。除了制作和播放山东广播电视 17 个频道的优质内容外，山东手机台还生产综艺娱乐、音乐影视、运动时尚、旅游美食、财经科技、动漫小说等特色内容。同时，山东手机台正在全力创造一个基于移动互联网的融媒体平台，为有需求的机构和个人提供定制化的专门频道，将种类繁多的优质社会资源，通过新媒体在传播上的优势，取长补短，将内容价值最大化。

移动电视是山东移动电视台的关键产品，汇集了山东广电 9 个电视频道和 17 个城市频道最优质的节目，整合了国内外电影和电视剧的精彩内容，并将移动电视剧、微型视频、新闻和信息、社交生活、多样性娱乐、情感故事、时尚和技术、体育赛事以及其他大众直播和手机用户点播内容个性化。目前，山东移动电视台的手机电视服务涵盖了山东移动台 AIlook 平台、中国手机视频本地品牌服务客户端和 WAP 终端等产品。

山东移动的 AIlook 平台提供或定制大众电视直播、点播节目，流行电影和电视剧，系列小说，广播音乐，动画游戏，微博美丽图片等高质量内容。最后，它将成为一个集视频、阅读、广播、音乐等为一体的手机视听产品。

山东手机台的 WAP 终端用户可以通过手机浏览器登录移动梦网，进入手机视频频道观看山东手机站区精彩的内容。山东移动电话站精心为移动用户提供"新鲜"视觉盛宴，包括覆盖全国广播电视品牌栏目的 12 个"秀"系列内容产品，山东手机台为国内外移动用户定制的高品质节目和高质量的 CP（内容提供商）内容，涵盖娱乐、时尚、社会、民生、综艺、影视、动漫、体育、搞笑等多个领域，12 至 38 岁的用户是其最主要的消费群体。

二 三网融合背景下山东电视产业的优势企业

在有线广播电视网络运营方面，山东已经完成"一省一网"整合，成为"亚洲第一大网、世界第二大网"；在高科技方面，浪潮集团的"云计算"技术已经与许多广播电视企业合作，并产生了几个成功的案例。海信和海尔的"智能电视"和数字机顶盒已经覆盖了多个国际市场；在内容生产方面，山东广电有着得天独厚的优势，其"鲁剧"享誉全国。总体来说，山东省电视产业的创新发展已具有有线网络运营商、齐鲁文化资源和数字设备制造企业的基本优势，有利于探索三网融合背景下"山东模式"的电视产业发展。

（一）内容提供商：山东广播电视台

山东广电是一个横跨新旧媒体等多种业态的全媒体综合性传媒机构，拥有 22 家经营单位。山东影视剧制作中心成立于 1986 年，是国内成立最早的影视制作机构之一。截至 2017 年底，山东影视剧制作中心已经制作了1000 多部影视剧，其中 30 多部作品，如《武松》、《孔子》和《闯关东》等获得了国家大奖。

山东广电在三网融合趋势下，成立山东网络广播电视台，打造了面向新媒体用户的媒体和机构品牌，山东广电新媒体迎来了重大战略发展机遇。山东网络广播电视台的主要业务涵盖三类终端的五个主要业务领域：齐鲁网络、计算机终端国家重点新闻网站、电视终端 IPTV、电视终端 OTTTV、移动终端山东移动台。山东网络台是山东网络广播电视台旗下的跨屏全媒体品牌，汇集了山东广播电视台和山东省 17 个地市广播电视频道的最佳质量内容，并不断优化和整合国内外电影电视剧、小说、音乐、动画、游戏等移动互联网用户喜爱的高质量内容和应用。

（二）网络运营商：山东广电网络有限公司

2001 年 1 月 12 日，山东广电网络有限公司成立，并于 2010 年 12 月进行整合以增加资本和股份。它有 21 名股东，涵盖山东广播电视台、山东大众报业（集团）、山东出版集团和 17 个地市的广播电视台。它有 17 个分支机构，分别设于济南、青岛和烟台等。山东广电网络有限公司的主要职能是：依法建设、发展、运营和管理全省广播电视有线网络；全面负责全省广播电视有线网络的维护和管理。充分利用网络资源、互联网接入服务和数字服务等增值服务，大力发展政府信息等综合信息服务。①

---

① 《山东国有文化企业：山东广电网络有限公司》，大众网，http://www.ccitimes.com/other/other/2012 – 08 – 15/7127971279.html。

2017 年 12 月 29 日，山东广播电视台和浪潮集团签署合作协议。双方将在媒介传播、智慧广播电视等方面合作共赢。

（三）技术服务商：浪潮集团与泰信电子

山东三网融合背景下电视产业创新发展的优势还体现在掌握了成熟的技术。如山东浪潮集团的"云计算"技术和高清机顶盒制造，泰信电子的数字电视"无卡 CA"技术等，这些都为山东广电三网融合的发展壮大奠定了基础。

1. 浪潮集团与三网融合背景下的电视产业

在国内，浪潮首次提出了"云海战略"，推出了中国首个自主开发的云操作系统，并提出了"工业云"的概念。该公司开发和设计的广播电视行业软件包括"浪潮网络媒体在线电视系统 V 2.0"。该软件为电视台提供了基于互联网的 MPEG－4 和 RM 格式信号采集、编码压缩、自动上传、格式转换、点播、直播、用户管理、DRM 加密、用户计费、系统监控等功能，并为电视节目用户提供自动直播和 24 小时在线点播服务。此外，浪潮还拥有强大的数字电视机顶盒研发团队，年产量超过 100 万台，是中国机顶盒的大型生产基地之一。截至 2017 年底，浪潮机顶盒产品已在山东、山西、河南、湖南等地形成规模出货。①

在三网融合的趋势下，广播电视企业不仅需要开发大量的数据资源进行存储和管理，还需要整合视频和数据等各种信息资源，以提供多维信息服务，提高业务和运营支持水平。这对大数据的基础设施建设提出了更高的要求，在早期建设中需要考虑存储与计算效率。云计算的特点是大容量、虚拟化、高可靠性、多功能性、高可扩展性、按需服务和低价。它可以实现互联网软硬件资源共享、信息系统的动态部署和自动管理，同时，它还可以降低成本，实现海量数据的分布式计算和存储，这将有助于广播公司迅速改进其信息技术。

2. 泰信电子与三网融合背景下的电视产业

1995 年，山东泰信电子股份有限公司成立，是我国较早开始数字电视

---

① 《浪潮：聚焦机顶盒战略市场，加快布局全球化》，浪潮集团网站，http://www. ins-pur. com/media/about. ASP。

研发的企业。2010 年 5 月，泰信电子和富士通微电子、海尔、海信联合推出了中国第一个三网融合实验室，意在通过半导体制造商、数字电视软件制造商和数字电视制造商的共同努力，提出一种解决方案，来满足芯片和数字电视一体机的三网融合发展要求。

泰信电子在富士通微电子 MB86H60 芯片平台上开发了三种数字电视一体机：海尔的模卡电视一体机、海尔的无卡 CA 一体机和海信的 1 + 1 电视一体机。随着技术的进步和集成，山东泰信将推出一种质量更好的数字电视一体机，集成互联网电视、有线电视、IPTV、地面电视和智能电视，以满足用户的需求。①

综上所述，在区域发展视域下，山东三网融合背景下电视产业价值链条企业齐全，与全国其他省份相比，具有一定基础与优势。

三　三网融合背景下山东电视产业发展的全球本土化策略

"全球本土化"（glocalization）的概念发展已久，主要指全球化和本地化这两个互动发展的概念。这一概念为中国媒体提供了一个有利于融入本地文化和全球化以及发展国际和本地工业空间的视角。山东三网融合背景下电视产业的创新发展是全球化背景下具有区域和地方特色的媒体运营和探索，更适合全球本土化战略的应用。

在"全球本土化"理念的指导下，有三个切口存在于三网融合背景下山东广电的产业创新和发展之中。

平台升级：适应媒体整合和大数据整合的发展趋势，构建以"云媒体资产平台"为主框架的新型影音媒体传播系统，适应了当前时代下电视产业向"云媒体平台"转型的需要。

终端定制：以"齐鲁云"为品牌，嵌入特色视听节目应用软件，实现了山东区域市场"公交移动数字电视""标准清晰数字机顶盒""高清数字机顶盒""移动视频终端"等硬件设备的大规模定制。

这些策略需要高层次的设计。山东省政府应给予政策支持，鼓励大型

---

① 《评三网融合实验室，看高清一体机市场新变化》，企业网 D1Net，http://www.d1net.com/News/hydt/55339.html。

电视产业相关企业之间的合作与创新，支持新的广播电视媒体的发展，对大型电视产业的新技术、新格式和新成果给予政策支持和财政支持，将山东大型电视产业发展成为文化产业的新亮点。

（一）平台转型：大数据时代山东电视的"云平台"策略

牛津大学互联网学院教授 Viktor Mayer-Schonberger 和经济学家、数据编辑 Kenneth Cuki 写道："大数据革命将改变我们的生活、工作和思考方式，而基于互联网的'大数据时代'在为我们的生活、工作和思考带来数据风暴。"从商业技术到医疗保健，大数据已经动摇了世界的各个方面。显然，各个领域的话题非常广泛，电视业无疑是其中之一。[①]

那么，电视行业应该如何应对大数据时代思维、业务和管理的变化，以实现大数据时代的全面转型？

1. 数字融合和媒介融合引领电视业进入大数据时代

在数字技术应用的浪潮中，电视产业已经从"模拟"迅速转变为"数字"，逐渐实现用户数字化生存所需的内容产品的生产。在数字转换过程中，模拟磁带上的电视节目按照识别和检索的标准格式进行分类，即模拟电视节目成为数字、可检索和可重复使用的内容资产。

2. 当前大数据时代电视产业转型的主旋律：平台转型

在大数据时代，云计算平台已经成为解决用户、数据、系统问题的主要手段。大数据时代下的电视业需要大规模数据的管理和整合，以提供全面的信息服务，提高业务水平。

电视行业一开始有两个重要组成部分：第一，节目生产与制作；第二，节目传输网络构建。而传统电视产业只有一个平台，服务于内容制作和传输。

中国电视产业"云平台"的转型早已不是个案。首先，南方新媒体集团的"云媒体平台"。该平台与媒体资产数字图书馆一起构建了一个复杂的媒体资产管理系统，该系统支持云应用程序，用于存储、管理、交易、

---

① 高红波：《略论大电视产业的增量空间、市场结构与发展前景》，《现代视听》2015 年第 12 期。

结算、分发和保护媒体资产，为版权资产管理创造了一个完善的产业链。其次，就是河南电视台的"生产和广播服务云系统"。

大数据时代电视业的创新和改革也表现在"所有媒体、所有终端、所有服务、所有功能"等的转变中。电视机构还可以为不同的视频接收终端构建"云媒体平台"之外的内容集成和播控平台。"云媒体平台"一般由"有线数字电视综合广播控制平台""IP电视综合广播控制平台""互联网电视综合广播控制平台""公交移动电视综合广播控制平台""移动电视综合广播控制平台"组成（见图9-5）。

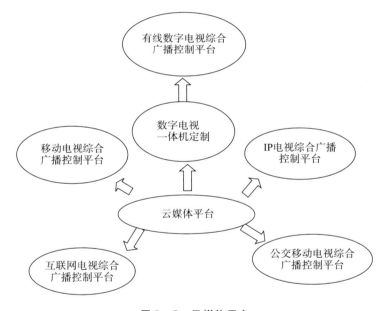

图 9-5　云媒体平台

"云媒体平台"转型的实质是构建现代电视传输系统，促进电视内容的生产、存储和传输，从模拟信号到数字信号、从固定接收到移动接收、从信息垄断到信息共享、从单一格式到多种格式、从人工管理到智能管理。其中，"云媒体平台"可以实现资源管理和版权管理。同时，还可以通过内部局域网集成和交换内部资源，集成程序资源存储系统、版权程序管理系统、全媒体内容分发系统和自动办公系统，成为现代电视通信系统的中心。用于不同视频接收终端的集成广播控制平台，它有助于内容资源的分发、共享和服务结算。

以"有线数字电视综合广播控制平台"为例,江苏有线自主研发的云媒体电视平台较好。其系统服务平台采用云计算平台即服务(PaaS)的概念,整体分为五个层次:业务层、平台层、网络层、终端层和用户层(见图9-6)。

业务层	频道、点播、高清、互联网、商城、3D、互动教育、体感游戏、阅读、娱乐、营业厅、家庭智能控制等
平台层	展现域、能力集成与开放域、控制域、管理域、智能分析域、能力域等
网络层	光纤骨干网、FTTH、IP/MPLS城域网、家庭WIFI等
终端层	标清机顶盒、高清机顶盒、智能机顶盒、智能电视一体机、电脑、iPad、智能手机等
用户层	家庭用户、企业用户、社区用户、分众用户、互联网用户、手机用户等

图9-6 江苏有线云媒体电视平台总体技术架构

资料来源:王伟、李鑫:《江苏有线云媒体电视平台研发与实践》,《有线电视技术》2012年第12期。

2011年8月江苏"云媒体电视"上线,覆盖南京、泰州和镇江三个城市,推出来自50多个内容提供商或服务提供商的109项服务和96项合作增值产品。在省外,江苏"云媒体电视"由山东率先推出,并逐渐推广到安徽、贵州、云南等省,因为它适合大数据时代有线数字电视产业的发展特点和用户需求,也符合有线电视网络的技术特点。

在大数据时代,由于"泛视频"现象,"云媒体平台"不仅限于电视台和有线电视网络公司,一些智能电视设备制造商和从事网络视频集成的互联网公司也在努力开发自己的"云媒体平台"。前者是海尔的"云电视"和"云家庭"系列,后者是乐视的内容平台及其新开发的"超级电视"硬件设备。在视频产业的竞争中,电视产业的"云平台"转型将成为抢占未来以视频为核心的大型电视产业竞争地位的关键一步。

3. 三网融合背景下山东电视产业的"云媒体平台"构筑

从构建大型电视媒体平台的角度出发，应该构建"云媒体平台"。从电视传输过程来看，传播者生产节目内容，并通过视频终端将其传送给接收器。大电视时代到来后，电视传输的最大变化是终端的多样化，即"一云多屏"的现象越来越普遍。无论是电视屏幕、电脑屏幕还是手机屏幕，其本质都是"大屏幕"或"小屏幕"。由于传输环境和接收屏幕大小的不同，对视频内容资源的需求也不同，但总体而言，在电视传输平台的建设中，这实际上是电视和手机屏幕的问题。基于这种认识，结合三网融合背景下山东电视产业的基础和优势，本书试图提出，"齐鲁云媒体资产平台"、"齐鲁云媒体电视平台"和"齐鲁云媒体手机平台"是构筑三网融合背景下山东电视产业"云媒体平台"系统的基础。

（1）齐鲁云媒体资产平台

简称"云媒体资产"，是山东广播电视台版权节目资源平台。其实质是数字化和管理山东广播电视的内容资源，同时为自动化生产办公系统提供基础设施，该系统成为现代通信系统建设的内容资源的核心。

在媒体融合的过程中，移动通信公司和互联网公司的新型视频媒体给传统电视业带来了巨大冲击。在新媒体竞争中，电视媒体经济的焦点正由"注意力经济"和"影响力经济"逐步向"内容经济"和"版权经济"转移。与新兴视频媒体相比，广播电视机构在内容生产和节目监管等方面，优势较为明显，内容的"壁垒"更加凸显出传统广电的相对优势。2018年2月，国家新闻出版广电总局发布《新闻出版广播影视企业版权资产管理工作指引（试行）》，高度重视版权资产管理工作，对促进企业创新驱动发展起着重要作用；积极推动版权资产管理工作的落实。齐鲁云媒体资产平台响应政策号召，将形成一个数字化、可共享和可管理的云媒体信息系统平台，这是山东广播电视在三网融合背景下的发展基础。齐鲁云媒体资产平台结构如图9-7所示。

在图9-7中，"基础架构即服务"保障了基本的计算和存储的正常运行。"平台即服务"整合了"山东广电版权节目资源"和"海量数据存储"。"软件即服务"用于信息资源的共享与管理，如"版权管理""交换

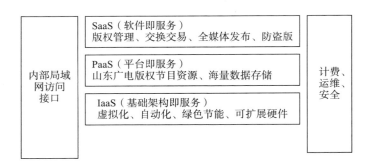

图 9-7　齐鲁云媒体资产平台结构

资料来源：雷万云等：《云计算：技术、平台及应用案例》，清华大学出版社，2011，第 88 页。

交易""全媒体发布""防盗版"。齐鲁云媒体资产平台通过内部局域网接口访问，实现系统的"运维"、"安全"以及台属各部门资源使用和交换的内部结算"计费"等。

总之，齐鲁云媒体资产平台将在山东广电现代化传播系统建构中起到"地基"作用，该平台的构建可以实现版权程序的资源管理和大容量存储，以防止盗版和侵权。同时，内部资源可以通过局域网在各部门之间进行共享。综合方案资源存储系统、版权方案管理系统、全媒体内容分发系统和自动办公系统成为现代通信系统的中心。

（2）齐鲁云媒体电视平台

简称"云电视"，是三网融合背景下山东电视产业的载体，也是山东电视终端资源整合和增值服务的大平台。

齐鲁云媒体电视平台的建构涉及四种具体的电视服务模式：一是山东有线网络公司推出的"江苏云媒体电视"及其"数字家庭信息中心"，计划独立建设；二是山东广播电视台与中国网络电视和中国联通山东分公司合作的"IP 电视集成播控平台"；三是山东广播电视新媒体中心计划建设或引进的"公交移动电视广播控制平台"；四是"互联网电视广播控制平台"，计划由山东广播电视新媒体中心建设或引进。

（3）齐鲁云媒体手机平台

齐鲁云媒体手机平台，可以简称为"云手机"，这是三网融合背景下山东电视产业的产物，是山东广电无线移动终端传播的聚合内容资源和各类增值服务的重要平台。

山东手机台拥有国家广电总局核准的"手机电视全国内容服务牌照"。移动互联网时代的典型平台架构基于云和终端，该平台模式的功能组件包括云存储和云计算，这是应用聚合平台的一种服务模式。目前，山东手机台已经具备了网络范围内合格的移动电视服务，以及许多无线媒体和移动互联网服务，如手机报纸、短信、互动、手机阅读，手机游戏等，除了播放山东广播电视17个电视频道的高质量内容外，它还收集和制作各种音乐、电影、电视、体育、时尚、旅游美食、金融科技、动画和小说等内容，并尽一切努力创建一个集成媒体的移动互联网平台。齐鲁云媒体手机平台的建设应以"山东手机平台"为主体，在现有基础上完善其功能，不断在市场检验中引入新的应用产品，力争在无线媒体市场上有"点状"突破。

4. 有线数字电视服务平台

山东广电网络公司在有线数字电视服务创新方面，一直打算做"全终端、全平台、全媒体、全产业链"，并对海信与青岛广电合作开发的基于安卓系统的"数字家庭信息中心"非常重视。山东广电网络公司认为："传输需要打造IP化，终端一定要平台化，将来很有可能我们需要的企业就是像苹果公司这样的企业：苹果不仅卖终端、卖手机，它等于是在卖平台、卖服务、卖内容，客户打开我们的电视终端，其实是带着业务带着服务的，带着用户黏性一起下来。"综合而言，江苏有线自主研发的"云媒体电视"满足了这一创新开放平台建设的要求。它集社会资本、管理、营销、技术、人才、运营等各方面，参与创新和发展丰富多彩的整合服务，为用户提供跨平台、系统、网络和终端的全方位服务。

5. IPTV服务平台

截至2016年底，山东IPTV用户总数突破350万户。山东广电新媒体2011~2014年没有收入，直到2015年获得第一笔分成收入，山东广电新媒体董事长坚信，IPTV应该是一个开放和可控的平台，是智能家居的核心，支持家庭中的各种智能服务和应用，而看电视仅仅是其中一个功能。2017年初，山东省出台了《山东省"十三五"战略性新兴产业发展规划》，要求加快 IPTV 平台建设，发展基于 4K 视频的融合业务。

6. 公交移动电视服务平台

山东广电的公交移动电视业务，使用地面数字电视技术，经过地面数字广播电视网络传输，技术平台建构较为成熟，目前需要做的是选择好运营合作伙伴，定制数字移动电视终端。

7. OTT TV 服务平台

从 2010 年起，国家广播电影电视总局已为上海广播电视台、湖南广播电视台、中国国际广播电台等发放了互联网电视集成服务牌照。

山东省的用户可以通过各种互联网电视一体机、互联网电视机顶盒等实现客厅电视互联网连接服务。在这样的情况下，山东广电很难成为类似 IPTV 那样的区域市场垄断者的角色，只能静观产业市场的发展，适时跟进。

（二）终端定制：三网融合背景下电视产业区域垄断的“定制”策略

齐鲁云媒体终端定制策略，主要是指建立产业价值链下的相关企业间互动机制，形成以“齐鲁云”为品牌的数字电视机设备、智能手机设备和机顶盒设备的大规模定制生产，这是三网融合背景下山东省电视产业独具优势和特色的创新发展策略。

大规模定制（MC）通过“定制”和“个性化”来吸引用户，并通过“大规模定制”来推出“低成本”化的产品。① 这一策略的实施，依赖于山东广电、海信电器、青岛海尔、浪潮集团等产业价值链相关企业之间的深度合作与互动。齐鲁云媒体终端定制策略如图 9-8 所示。

1. 数字电视一体机定制

海信电器以电视机的研发、生产和销售闻名，并且海信还与青岛广电开展多种业务合作，尤其是“数字家庭信息平台”的研发受到业界关注。同时，青岛海尔的“云电视”产品的研发和新品发布也给人眼前一亮的感觉。山东广电肩负着全面实现山东省电视数字化转换的行政职能，海信与海尔具备数字电视新品的高端研发能力，这种共赢式的合作是三网融合背

---

① 雷万云等：《云计算：技术、平台及应用案例》，清华大学出版社，2011，第 88 页。

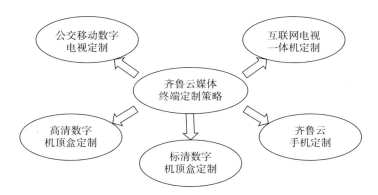

图9-8　齐鲁云媒体终端定制策略

景下山东省电视产业最为突出和独特的优势。

2. 数字电视机顶盒定制

齐鲁云数字电视机顶盒的定制，依托山东地缘优势，能与海信、浪潮合作，打造"齐鲁云"品牌，定制生产有线数字电视机顶盒、卫星数字电视机顶盒、IPTV高清机顶盒和"云终端"等高端机顶盒。同时，在机顶盒定制生产的合作中，以山东广电特色资源嵌入机顶盒终端设备，使之成为具有鲜明地域特色的"齐鲁云"品牌电视机顶盒定制产品。

3. 手机电视终端定制

无论是OEM还是ODM，手机的特殊型号都是专门为运营商生产的。制造的最终产品以商定的价格出售给运营商，或直接出售给分销渠道。[①]齐鲁云手机终端定制流程如图9-9所示。

（三）活动营销：全球本土化的"电视活动产品"策略

所谓的"电视活动产品"，即在活动过程中，以观众参与社会活动和电视媒体为主要手段，同时向观众展示一定规模的电视文本。[②]其"季播"编排、阶段性生产、项目制等特点为电视内容产业的经营和发展提供了新的思路。

---

① 王坤亮：《手机电视媒资管理系统的设计与实现》，硕士学位论文，北京邮电大学，2014，第10页。
② 高红波：《电视活动产品：一种新的节目类型》，硕士学位论文，郑州大学，2008，第22页。

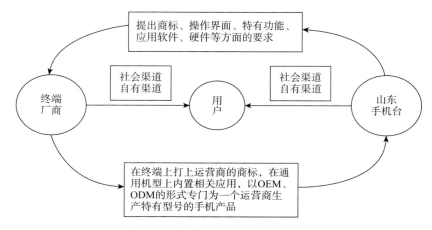

图 9 - 9　齐鲁云手机终端定制流程

山东大型电视活动产品设计的基本理念，指的是充分发挥得天独厚的齐鲁文化和广电媒体资源优势，创造大型电视活动产品。山东大型电视活动产品设计理念主要包括：全球本土化研发、社会化合作、集群化节目、季播化编排、新媒体营销、全媒体传播。

1. 全球本土化研发

山东大型电视活动产品的研发，需要秉承"全球本土化"的理念，既要勇立潮头敢于引入风靡全球的内容创作模式，又要分析国内、省内的实际传播环境，在节目创意的征集方面，面向全国乃至全球征集有齐鲁文化特色的创新性节目方案，成为文化创意产业的集大成者。在开放、进取的风气中，用全球化的眼光和视角，充分发挥山东本土文化资源，研发创造出全球本土化的内容产品。

2. 社会化合作

电视活动产品的内在要求是社会化合作。一是社会资源的优化整合；二是节目内容制播分离。

山东大型电视活动产品设计首要考虑的是对优质社会资源的运用，这既是电视传媒活动营销的优势，也是活动营销铸造强大社会影响力的客观需要。"专业的人做专业的事"，这种社会化合作的思路，可以帮助电视活动产品从前期的研发、生产，到后期宣传、流通，都能产生良好的社会效果，塑造电视文化活动品牌，实现社会价值和经济价值的转变。

电视内容生产的"制播分离",也是社会化合作思想的体现。制播分离的改革,在我国广电界由来已久,虽然几经波折,但毕竟是一个主流趋势。在非新闻类节目的生产制作方面,制播分离的社会化分工合作是必然的,其对竞争活力和市场活力提升的作用显而易见。

3. 集群化节目

设计山东大型电视事件产品时,节目的聚合效应不应忽视。反观具有社会号召力的电视活动产品,节目集群化的特征非常明显。例如,回顾 CCTV 春节联欢晚会的演变,笔者发现春节联欢晚会已经从早期的"点状"特别节目逐渐发展到"舞台状"的形态,该节目还从单一的直播演变为内容组,衍生了"我最喜爱的央视春晚节目"评选、《一年又一年》和《我要上春晚》等节目和电视活动,并和央视春晚一起,成为中国著名的电视文化品牌。集群化节目策略,是形成规模效应、铸造大型电视活动产品的不二法门。

4. 季播化编排

电视活动产品的特点决定了其季播编排的特性。电视节目的"季度"模式最早出现在美国。所谓的"季度广播"节目是基于对制作和广播目标的积极规划,根据观众的生活习惯决定连续播放大约一年的节目安排。众多的"季节""假日季节""收视率季节""体育季节"编排模式,对美国商业电视的实际运营有着重要和深远的影响,并促进了"季节广播"模式的诞生。电视节目的"季度"模式、资源的有效整合、观众观看习惯的安排以及用新的想法赢得比赛的计划理念都受到了观众的青睐,但与此同时,这也给制片人、广播公司和广告赞助商带来了巨大的挑战。在很大程度上,"季播"的成败将考验他们对市场的洞察力、战略眼光和控制整个局势的能力。

5. 新媒体营销

新媒体营销要求山东广电加强新媒体形式和技术的整合,善用电邮营销、口碑营销、移动终端营销、智能拼装营销、社交媒体营销等多种新媒体营销策略,加强与视频网站、"两微一端"等新兴业态以及二维码等新技术等的合作与应用,确保新媒体时代的品牌塑造及媒介营销的有效性和影响力。

6. 全媒体传播

电视活动产品要求内容传播的多样性，因为只有这样才能真正达到"造势"的效果，形成美誉度和知名度。因此，大型电视活动产品在设计初期，就应该充分考虑到全媒体传播的特点及其对内容产品生产、流通、营销的要求，适应新媒体时代受众的文化消费习惯，全方位满足和覆盖受众的文化消费需求。

山东广电是三网融合背景下电视产业创新发展的主体，运营内容产业的经验、庞大的有线电视网络用户基础，都是其优势。广义上来讲，三网融合背景下电视产业包括视频网站及网络媒体。狭义上来讲，三网融合背景下电视产业是以传统电视为核心，基于媒介融合的新趋势，新增了视听新媒体软件及相关硬件设备生产的产业集合。三网融合背景下电视产业可以理解为传统电视产业向互联网和数字化相关硬件设备以及视听新媒体内容产业的延伸。

第三节　三网融合背景下重庆市电视产业的创新发展

一　重庆市三网融合与电视产业发展历史

重庆市三网融合发展迅速，在 2003 年重庆市政府工作报告中，提出要积极应对信息服务行业的变化，加快国民经济建设，加快建立社会各领域信息应用体系，建成信息与资源整合开发营销体系，搭建功能全面、高速的宽带城域网和接入网，推进三网融合，极大提高全市范围电话普及率、广播电视入户率以及互联网用户普及率。2006 年重庆市人民政府工作报告中进一步提出促进三网融合，加快推进有线数字电视全面融合发展，促进重庆市互联网交换中心产品和服务的优化升级。2011 年末，根据《国务院办公厅关于印发三网融合第二阶段试点地区（城市）名单的通知》，重庆市成为三网融合第二阶段试点城市。为加速推动重庆市三网融合试点进程，根据国家《推进三网融合的总体方案》、《三网融合试点工作方案》以及《关于三网融合第二阶段试点有关工作的通知》要求，结合重庆市实际，重庆市在 2012 年制定相应的试点实施方案，计划到 2015 年，在信息基础设施方面，加大宽带覆盖范围，实现城区光纤全面覆盖，农村宽带基本全面覆盖，同时，有线电视网络全面实现数字化、双向化。在业务融合方面，大力推动广播电视与电信的深度合作、融合发展，三网在技术、网络以及业务层面初步融合。

2016 年，重庆市通信管理局会同市经信委、市文化委印发了《重庆市全面推进三网融合工作实施方案》。实施区县分步推广规划，分批扩大推广示范区县范围，在扎实推进万州、黔江两地试点示范工作的基础上，选择北碚、开县、长寿、涪陵、巴南、江津、永川、荣昌等区县开展三网融合业务推广示范工作，力争三年内实现三网融合业务在全市范围全面推广运用。大力扶持基于三网融合的社区信息化、移动多媒体广播电视的业务发展，拓宽手机电视以及其他融合性业务发展，推动重庆市三网融合持续发展。计划到 2018 年底，基本建成全光网城市，实现广播电视有线和无线全面覆盖，以及卫星融合网的建设，未来广播电视网、宽带通信网、互联网的网络承载力总体提升。[①] 大力推动双向融合业务发展，电信企业交互式网络电视（IPTV）业务用户超过 300 万户，广电有线宽带用户超过 300 万户，广电 IP 电话用户达 100 万户。

在三网融合政策背景下，广播电视行业为响应政策和时代发展的要求，逐步形成广电新媒体行业的新格局。同时，新兴了 IPTV、互联网电视、手机电视、网络广播电视台等多种广电新媒体业态，其中，IPTV 业务是三网融合的核心业务，重庆有线电视在三网融合趋势下打破传统，IPTV 业务不断更新与发展。

2006 年，重庆的 IPTV 开始进行用户试点，2009 年重庆市推动三网融合试点业务，着力开展 IPTV、手机电视业务，开拓公共互联网音视频播放业务。随着网络与视频业务的进一步互相交融，IPTV 集成播控平台已经成为三网融合的第一步。2012 年 5 月，初步实现重庆 IPTV 集成播控分平台

---

① 《新闻出版广播影视"十三五"发展规划》，国家新闻出版广电总局网站，http://www.gapp. gov.cn/sapprft/contents/6588/350248.shtml。

与中央总平台的对接。2013 年，重庆联通 IPTV 平台实现 10 万标清用户运营，可应对 5 万标清用户同时观看需求，IPTV 业务开始有规模地发展与形成。2013 年 8 月，重庆联通进行了全方面的 IPTV 平台升级。2014 年，"全国文化信息资源共享工程·中国文化网络电视"入户重庆 IPTV，家庭用户足不出户便可观看文化共享工程的精品文化节目。重庆 IPTV 平台的文化专区中包含文化广角、少儿乐园、艺术视界、养生学堂、百科天地、地方频道、共享大讲堂七大板块，分别可观看不同类型的精彩节目。2016 年 9 月，重庆联通丰富 IPTV 平台点播内容。2016 年 11 月，实现手机电视双屏互动，在区县开展三网融合试点工作，IPTV 引入本地内容，支持企业引进 3D 立体、4K 高清内容源。

重庆有线电视由重庆有线电视网络股份有限公司负责运营，该公司是重庆市唯一具有国家广电总局颁发的有限广播电视传输资质的有线网络运营商。重庆有线数字电视的发展是在国家数字电视发展战略框架下进行的，2005 年，重庆市政府牵头开始数字电视的整体转换。2007 年，中信集团为重庆有线电视网络股份有限公司注资 3.7 亿元，进行增资扩股，加快了重庆市数字电视整体转换进程。2008 年末，重庆市主城区基本完成了数字电视的整体转换，覆盖 100 万人。截至 2011 年 2 月，重庆有线电视网已经拥有 150 万用户，其中互动用户 25 万户、高清数字电视用户超过 6 万户。2011 年 5 月，重庆全市范围内的有线电视网络整合完成。在市委、市政府的支持下，初步实现了"一市一网"。目前，有线电视网用户已超过 500 万户，其中半数以上是数字电视用户。历经十余年的发展，重庆市有线广播电视宽带信息网络不断扩张，已成为市内重要信息服务基础设施。目前，重庆数字电视的发展也在整体转换基本完成的情况下步入后整体转换时代，重庆有线不再单纯传送音视频节目，而且也运营数字电视及相应增值业务。在三网融合背景下，重庆有线数字电视内容更加多元，工作重心由整体转换转变为数字电视的业务推广，从单一有线电视网络向全业务信息服务发展，实现有线无线、固定移动、视频通信融合，开展全业务运营。①

---

① 杨金亮：《未来三年广东投资 2.5 万亿提升基础设施的质量和效率》，《中国招标》2017 年第 29 期。

二 重庆市三网融合与电视产业发展现状

（一）重庆市基础网络建设

经过不断发展，重庆的通信基础设施进一步完善，网络覆盖面扩大，网络质量持续提升。2017 年，新增光纤接入端口 417 万个，总量达到 1935.2 万个，占宽带接入端口的比重从 55.7% 上升到 86%。4G 基站新增 2.8 万个，总量达 9.2 万个，4G 用户达到 2200 万户，同比增长 29.5%。WLAN AP 总数达 13.9 万个，全市互联网用户数达 3904.7 万户，同比增长 17%。

根据重庆市通信管理局统计数据，2017 年，全市 4G 基站新增 0.7 万个，达到 9.9 万个，同比增长 31.3%，光纤到户端口共有 1933 万个，增长 22.7%，全市光纤用户占比从上年末的 80.9% 增加到 87.5%，100M 以上宽带用户占比从 42.7% 增加到 52.3%。固定宽带家庭普及率从上年的 78.3% 上升至 88.4%，移动宽带用户普及率从上年的 81.7% 上升到 96.5%。

（二）重庆市"提速降费"行动

"提速降费"行动推动三网融合持续发展。重庆市认真落实政府工作报告有关"提速降费"要求，按照工信部和市委市政府的部署，继续深入推动"提速降费"的各项措施：一是要取消流量漫游费，降低移动流量资费；二是要继续下调家庭宽带费用、企业宽带费用和专项资费。重庆移动推进取消流量漫游费、降低流量资费、降低宽带费用等工作，加强高速宽带城乡全面覆盖。重庆电信、重庆联通按照政府工作报告的要求积极推进取消流量漫游费、降低流量资费等相关工作。

重庆移动按集团公司要求重新规范互联网专线价格体系，大幅调低资费标准，降幅达 50%；截至 2017 年 12 月，互联网专线接入单价较上年年末降低 30.8%。大幅降低国际直拨、国际漫游流量资费、推出"任我用"系列优惠套餐、下调互联网专线等七项降费举措，覆盖用户超过 1500 万户。截至 2017 年 12 月，流量单价较上年年末降低 43%。随着宽带"A＋计划"融合套餐的推出，用户使用移动 4G 套餐，最高可 0 元享移动光纤宽带；家庭宽带价格较上年年末降低 14.3%。重庆自 2017 年 8 月起开始陆续推出本地不限量套餐、全国不限量套餐，截止到 2018 年 1 月，覆盖用户超过 37 万户。

截至 2018 年 1 月重庆电信出台了多项通信资费下调和提速政策。手机流量资费下调。①大流量卡：29 元、49 元大流量套餐内容由 3G 和 6G 本地流量分别调整为 5G 和 10G 全国流量。②流量无限量（不限流量，达量限速）卡：2018 年，全国流量无限量单卡资费由 199 元/月降至 99 元/月，加特权卡后人均 50 元/月。全国流量无限量融合套餐资费由 299 元/月降为 169 元/月或 129 元/月，加特权卡后人均低至 36 元/月。家庭宽带提速降费。①免费提速不加价：169 元/月及以上融合套餐下行带宽从 100Mbps 免费提升至 200Mbps（限具备提速条件的用户）。②亲情宽带：169 元/月及以上全国流量无限量融合套餐用户，办第二条宽带低至 19 元/月。中小企业专线降费。下调精品专线资费，50M 精品专线由 4599 元/月下调至 3599 元/月，100M 精品专线由 9999 元/月下调至 6699 元/月。

重庆联通在 2016 年为具备提速条件的用户免费提速。重点区域范围 50M 以下宽带用户免费提速至 50M，50M 以上用户免费提速一档；其他区域范围 20M 以下用户免费提速至 20M，20M 以上用户免费提速一档。2017 年，对有高带宽业务需求的区域，重庆联通把目前的 100M 接入能力提高到 200M 及以上，实现"宽上加宽"；同时，积极开展千兆业务试点，打造千兆示范区。2017 年，重庆联通进一步加速实行精准建设，推进无线网络提质增效，改善覆盖质量，扩大覆盖范围，提升网络体验，将重点场景、热点区域的峰值速度由 300Mbps 提升至 600Mbps，以实现 4G 网络速度"快上加快"。针对用户流量爆发式增长的需求，中国联通还创新推出"国内流量、语音不限量"的"冰激凌套餐"，以流量为核心，流量放心使用、无合约捆绑。2017 年 3 月，"冰激凌套餐"正式登陆重庆地区。

（三）重庆市"三网融合"业务现状

重庆通信管理局的数据显示，截至 2016 年 9 月，重庆电信三网融合率达 58.7%，较 2015 年 9 月增长 29 个百分点；重庆移动三网融合率达

23.2%，较 2015 年 9 月增长 15 个百分点；重庆联通三网融合率达 37.89%，较 2015 年 9 月增长 20 个百分点；重庆有线三网融合率达 26.25%，较 2015 年 9 月增长 9 个百分点。

重庆通信管理局的数据显示，2017 年，重庆市电信业务总量 611.3 亿元，同比增长 76.7%，增速在 4 个直辖市中位列第一。电信业务金额达 258.3 亿元，同比增长 10.4%，收入增速全国排名第二。另外，三网融合发展迅猛，IPTV 用户达 393.6 万户，同比增长 48.5%。20M、50M 以上宽带用户占比分别达到 85.55%、67.4%，100M 以上宽带用户占比达 42.7%。物联网产业加快聚集，终端用户数量激增至 769.2 万户，同比增长 97.1%。[①]

2018 年前三季度，重庆市信息通信行业累计完成电信业务总量 1021.6 亿元，同比增长 159.3%，完成电信业务金额达 207.1 亿元，同比增长 3.2%，固定资产投资 59.5 亿元，同比增长 3.6%。

重庆广电数字传媒股份有限公司全面构建 IPTV，着手开展互联网电视、手机电视和网络广播电视台业务。2014 年度、2015 年度公司的 IPTV 业务金额占主营业务金额的比重分别为 67.55%、72.32%，2016 年度高达 86.71%，业务金额来源集中于 IPTV 业务。目前，重庆广电经营网络广播电视台业务，开始发展手机电视业务和互联网电视内容服务，推出了"渝眼"和"掌上系列"手机电视客户端，并与持有互联网电视集成服务牌照的机构签订了合作协议，将在全国范围内运营手机电视和互联网电视业务。

（四）重庆市有线数字电视业务发展

重庆有线是重庆数字电视的运营主体，其明确将自身的发展定位概括为"重庆视音频传输及服务领域的行业领导者、推动重庆三网融合的主力军、全国一流的广电多媒体信息服务运营商"。这种定位实际上是在宏观层面的两个维度上阐述了自身的行业地位和发展战略，即共时性的行业领

---

① 《天地科技第三季度季报》，2014 年度内完成标的资产的交割，则盈利预测应诺期为 2014 年度、2015 年度和 2016 年度。

导者和主力军地位与历时性的改革者角色。重庆有线的数字电视业务包括五大类：基本业务、付费业务、高清业务、交互业务、宽带数据业务。下面我们来逐一介绍这五大类业务发展的基本内容。

1. 基本业务

重庆数字电视目前共有 67 个基本频道，基本收视维护费主机收费标准是 20 元/月，副机 7 元/月，用户每月支付基本费用可收看如表 9-1 所示的 67 个频道。

表 9-1　重庆有线数字电视基本频道

序号	频道	序号	频道	序号	频道	序号	频道
1	DTV 指南	18	重庆卫视	35	云南卫视	52	河南卫视
2	CCTV-1	19	CQTV 新闻	36	新疆卫视	53	福建卫视
3	CCTV-2	20	CQTV 影视	37	内蒙古卫视	54	江苏卫视
4	CCTV-3	21	CQTV 都市	38	北京卫视	55	辽宁卫视
5	CCTV-4	22	CQTV 时尚	39	天津卫视	56	山西卫视
6	CCTV-5	23	CQTV 娱乐	40	甘肃卫视	57	湖南卫视
7	CCTV-6	24	CQTV 公共农村	41	浙江卫视	58	湖北卫视
8	CCTV-7	25	CQTV 少儿	42	宁夏卫视	59	河北卫视
9	CCTV-8	26	CQTV 科教	43	旅游卫视	60	青海卫视
10	CCTV-9	27	CQTV 生活	44	广西卫视	61	贵州卫视
11	CCTV-10	28	CQTV 移动	45	深圳卫视	62	四川卫视
12	CCTV-11	29	CQTV 魅力时装	46	安徽卫视	63	西藏卫视
13	CCTV-12	30	CQTV 杂技	47	吉林卫视	64	兵团卫视
14	CCTV-音乐	31	新财经	48	江西卫视	65	CETV
15	CCTV-新闻	32	CQTV 汽摩	49	山东卫视	66	广东体育（重庆版）
16	CCTV-少儿	33	广东卫视	50	上海卫视	67	卡酷动画
17	CCTV-F	34	黑龙江卫视	51	陕西卫视		

资料来源：重庆广电宽带网。

2. 付费业务

重庆有线数字电视向用户提供了 43 个付费频道，这 46 个付费频道主要来自三个内容集成商，分别是中数传媒、华诚和上海文广传媒，另外，重视传媒也提供了三个数字付费频道。付费节目以两种定价形式推广，一是分频道定价销售，二是打包销售，其中打包销售又分为大包和小包，以每月、每半年或每年为单位进行销售。重庆有线数字电视频道价格标准见表 9 − 2。

表 9 − 2　重庆有线数字电视频道价格标准

单位：元/月

节目平台	频道		目录价格
	名称	频道代码	
中数传媒	第一剧场	D2	25
	世界地理	D5	8
	风云足球	D6	10
	国防军事	D7	10
	怀旧剧场	D8	5
	风云剧场	D9	6
	天元围棋	D10	10
	孕育指南	D12	5
	游戏竞技	D13	5
	风云音乐	D15	5
	央视精品	D16	6
	高尔夫·网球	D17	15
	英语辅导	D20	10
	发现之旅	D24	8
	老故事	D26	8
重视传媒	韩剧剧场	C3	4
	港台剧场	C4	1
	经典电影	C5	4
CHC 华诚	高清电影	D22	148
	家庭影院	D23	20
	动作电影	D27	16

节目平台	频道		目录价格
	名称	频道代码	
上海文广	劲爆体育	E4	8
	动漫秀场	E5	6
	极速汽车	E6	5
	魅力音乐	E7	5
	游戏风云	E8	5
	七彩戏剧	E9	5
上海文广	欢笑剧场	E10	5
	金色频道	E11	5
	都市剧场	E12	6
	全纪实	E13	6
	法治天地	E14	5
	卫生健康	E15	5
	东方财经	E16	8
	生活时尚	E17	5
	欧洲足球	E18	58
	高尔夫	D19	100
	DOXTV	D28	20
	新动漫		5
	中华美食		10
	宝贝家		16
	网络棋牌		10
	兵羽频道		15

资料来源：重庆广电宽带网。

全家福包有46个频道，年订购费2688元（见表9-3）。

表 9-3　全家福包

序号	频道	序号	频道	序号	频道	序号	频道
1	第一剧场	2	世界地理	3	风云足球	4	国防军事

续表

序号	频道	序号	频道	序号	频道	序号	频道
5	怀旧剧场	16	劲爆体育	27	卫生健康	38	CHC 高清电影
6	风云剧场	17	动漫秀场	28	重庆 888	39	高清探索
7	天元围棋	18	极速汽车	29	东方财经	40	高清综艺
8	孕育指南	19	魅力音乐	30	生活时尚	41	高清体育
9	游戏竞技	20	游戏风云	31	CHC 家庭影院	42	高清纪实
10	风云音乐	21	七彩戏剧	32	CHC 动作电影	43	天天影院 HD
11	央视精品	22	欢笑剧场	33	DOXTV	44	探索纪实 HD
12	高尔夫·网球	23	金色频道	34	高尔夫	45	风尚音乐 HD
13	英语辅导	24	都市剧场	35	韩剧剧场	46	欧美影院 HD
14	发现之旅	25	全纪实	36	华语电影		
15	老故事	26	法治天地	37	欧美大片		

资料来源：重庆广电宽带网。

高清综合包有 8 个高清频道，半年订购费 350 元（见表 9 - 4）。

表 9 - 4　高清综合包

序号	频道	序号	频道	序号	频道	序号	频道
1	高清综艺	3	高清影视	5	天天影院 HD	7	风尚音乐 HD
2	高清体育	4	高清探索	6	探索纪实 HD	8	欧美影院 HD

资料来源：重庆广电宽带网。

光影 HD 包有 4 个高清频道，月订购费 56 元，半年订购费 260 元（见表 9 - 5）。

表 9 - 5　光影 HD 包

序号	频道	序号	频道
1	高清综艺	3	高清影视
2	高清体育	4	高清探索

资料来源：重庆广电宽带网。

清新 HD 包有 4 个高清频道，月订购费 38 元，半年订购费 180 元（见表 9 - 6）。

表 9 - 6　清新 HD 包

序号	频道	序号	频道
1	天天影院 HD	3	风尚音乐 HD
2	探索纪实 HD	4	欧美影院 HD

资料来源：重庆广电宽带网。

CHC 影视精品包有 3 个频道，年订购费 540 元（见表 9 - 7）。

表 9 - 7　CH 影视精品包

序号	频道	序号	频道	序号	频道
1	CHC 家庭影院	2	CHC 动作电影	3	CHC 高清电影

资料来源：重庆广电宽带网。

缤纷 2018 包有 31 个频道，月订购费 56 元，半年订购费 260 元（见表 9 - 8）。

表 9 - 8　缤纷 2018 包

序号	频道	序号	频道	序号	频道	序号	频道
1	第一剧场	9	央视精品	17	游戏风云	25	东方财经
2	世界地理	10	英语辅导	18	七彩戏剧	26	生活时尚
3	风云足球	11	发现之旅	19	欢笑剧场	27	韩剧剧场
4	怀旧剧场	12	老故事	20	金色频道	28	华语电影
5	风云剧场	13	劲爆体育	21	都市剧场	29	欧美大片
6	孕育指南	14	动漫租场	22	全纪实	30	DOXTV
7	游戏竞技	15	极速汽车	23	法治天地	31	重庆 888
8	风云音乐	16	魅力音乐	24	卫生健康		

资料来源：重庆广电宽带网。

财经生活包有 7 频道，月订购费 46 元，半年订购费 168 元（见表 9 - 9）。

表 9 - 9 财经生活包

序号	频道	序号	频道	序号	频道	序号	频道
1	金色频道	3	老故事	5	央视精品	7	东方财经
2	卫生健康	4	七彩戏剧	6	重庆888		

资料来源：重庆广电宽带网。

纪实包有 5 个频道，月订购费 32 元，半年订购费 148 元（见表 9 - 10）。

表 9 - 10 纪实包

序号	频道	序号	频道	序号	频道
1	世界地理	3	全纪实	5	发现之旅
2	国防军事	4	老故事		

资料来源：重庆广电宽带网。

3. 高清业务

目前，重庆有线电视共有 20 套高清直播频道以及 8 套高清付费频道，高清综艺、高清体育、高清影视和高清探索都是 30 元/月，而华数高清频道的月订购费则分别是 20 元、18 元、18 元和 30 元。重庆有线的高清业务以打造高清业务集群为发展方向，形成了以高清直播视频、高清体验频道、高清付费频道、高清 PUSH、高清 VOD、高清 NVOD 的业务布局。

4. 交互业务

点播、时移、回看和资讯是重庆有线数字电视的四大交互功能，业务名称为交互电视，在功能上用户使用频率最多的是点播、时移和回看这三项功能。从用户的接收端来看，互动电视需要用户配备互动接收机顶盒，分为标清互动机顶盒和高清互动机顶盒两种。目前点播功能提供 10000 小时的节目内容，包括影视、文艺、财经、科教等多个门类。时移功能使用户能够自由掌握观看的时间，进行暂停、前进、后退等操作。回看功能提供了 20 个频道三天的节目。资讯功能目前提供的功能还很有限，主要是提供一些生活类资讯，但是从增值业务的发展趋势和发达地区交互业务开展的经验来看，交互业务的功能框架将为增值服务提供广阔的发展平台，例如交互购物、网络游戏等，而这些业务也将是支撑未来数字电视盈利模式的重要环节。

互动电视视频点播（VOD）是交互电视的核心业务，是一种可交互的多媒体信息点播系统。通过这个系统，用户能够主动对所要收看的视频节目进行点播。重庆有线数字电视的视频点播业务将用户定位为家庭，并且按照市场细分的原则对互动电视的节目内容进行细分。[①]

5. 宽带数据业务

重庆有线的宽带数据业务分为有线宽带、数据专线和 IDC 数据中心服务三项。有线宽带业务主要针对的是个人用户，而数据专线和 IDC 则主要面对的是集团用户。三项业务是通过平价、大量的视频资源和安全的专网专线优势来与电信业的数据业务进行竞争的，而有线宽带是参与竞争的主体。从目前的推广来看，有线宽带在价格上具有明显的优势：1M 宽带 12 个月的使用价格是 600 元；1M 宽带 18 个月的使用价格是 900 元；1.5M 宽带的使用价格是每月 68 元且最少在网三个月。在有线宽带推广中，重庆有线将视频与宽带结合捆绑销售，这种捆绑一定程度上增强了用户的黏性。重庆有线宽带业务资费及具体内容见表 9 - 11。

表 9 - 11　重庆有线宽带业务资费及具体内容

价格标准	赠送方式	Modem 使用方式	业务要求	续费政策
68 元/月	——	Modem 押金 200 元	至少订购 3 个月	按 600 元/年标准续费，退还押金
600 元/年	用户可以选择以下任意一种赠送方式： (1) 赠送使用 3 个月； (2) 300 元付费节目消费	免费租用 Modem	到期终止使用，必须退还 Modem	按 600 元/年标准续费，额外赠送使用 1 个月和《测试频道 1》6 个月（适用于所有老用户）
18 个月 900 元	用户可以选择以下任意一种赠送方式： (1) 赠送使用 6 个月； (2) 600 元付费节目消费	免费租用 Modem	到期终止使用，必须退还 Modem	按 600 元/年标准续费，额外赠送使用 1 个月和《测试频道 1》6 个月（适用于所有老用户）；按 18 个月 900 元续费，额外赠送使用 1 个月，《测试频道 1》《测试频道 2》6 个月（适用于所有老用户）

[①]　牛芳、乌仁其木格：《对儿童产业未来发展的几点认识与思考》，《品牌》2015 年第 7 期。

（五）重庆市有线数字电视内容策略

电视的节目内容和其相关的衍生产品从市场营销学的角度来看就是电视媒介产品，而电视媒介产品从狭义上来说就是电视节目内容，以下均采用电视节目内容来指代电视媒介产品。重庆有线数字电视在对数字电视节目的打造上强调"客户体验"，以"客户价值"为节目内容生产的出发点。采取这一产品策略的根据来自电视产业数字化后发生的变化，而这种变化将传统的受众转变为用户，并且将他们推上了数字电视产业链的核心位置。

从重庆有线数字电视的运作来看，节目内容通过制作完成或者其他渠道获取之后，还需要网络运营商进行加工、分类、打包，才能与用户见面并被用户所获得。重庆有线通过强化主题编播的概念，不断拓展主题编播的领域，将以节假日为主的主体编播模式调整、扩展为以常态化编播与热点假日编播相结合的流程化编播模式。特别是互动电视的制作主要采用了节目的常态化编播、热点跟播和板块内容规划三种方式。

1. 常态化编播

常态化编播即将编播作为常规的节目运作方式来进行操作，重庆有线将常态化编播分为两个部分：一是关联节目主体化编播；二是新上线节目栏目迁移流程化编播。所谓关联节目主体化编播就是将节目按照类型、内容、导演或者主演等分类的关联节目中提炼出共同的主题，把节目进行归纳集合放置在栏目首页，从而满足不同类型的用户收视需求。新上线节目栏目迁移流程化编播就是将新上线的节目放在相应的上线板块，之后再将节目迁移到其他相应板块的做法。例如，在互动电视"精彩点"中，将新上映的电影放在"大片抢先看"中，待有新的影评上线之后，再将其迁移至"家庭影院"相应的位置中去，这一编播方式能够逐渐培养用户的使用习惯，形成固定用户群。

2. 热点跟播策略

特定假日和社会热点是"热点跟播"策略的重要关注点，灵活性是热点跟播策略的优势。这一策略能够与常规化的编播策略形成结构性播出体系，使得用户的覆盖更为全面。

3. 板块内容规划

重庆有线数字电视的互动内容被划分为"基本点"、"DTV 精选"和"精彩点"三个不同的板块（见表 9 - 12），通过板块的划分定位用户，分板块集成内容，进行分众化的内容推广。

表 9 - 12   重庆有线数字电视板块内容规划

板块名称	内容定位	板块内容
基本点	大众经典	经典和大众化的电影、电视剧、新闻栏目、体育、娱乐
DTV 精选	精品、集成	经典电影、经典电视剧、热点新闻
精彩点	热闹、新鲜	最新电影、首播剧

重庆有线数字电视的内容二次制作使内容定位更加清晰，帮助用户在"信息爆炸"中定位收视点，实现了用户轻松的、简单的、后仰的、纯视频的视觉体验。

三 三网融合背景下重庆市电视媒体案例解析——i12 亲子社区平台

随着媒体融合进入新阶段，电视媒体面对的是一个全新的渠道和内容创造环境。广播电视网与互联网的融合无论在理论方面还是实践方面始终是研究与试验的重点。传统媒体往往掌握着内容资源的竞争优势，而新媒体则具备得天独厚的渠道优势，二者的合作是利益最大化的选择。本部分以"i12 亲子社区"为例，利用内容分析的方法，针对其充分利用电视台受众与新媒体技术的特点来探究三网融合的发展。

（一）i12 亲子社区平台介绍

2015 年，重庆少儿频道主动联合重庆有线，共同探索台网直播互动模式。其中，i12 亲子社区除了动画片，还推出了早幼教、儿童绘本等新板块，打造寓教于乐的精品少儿内容。通过"i12 亲子社区"业务在垂直领域深入践行台网协作，在目前的阶段性成果上，重庆广电集团将进一步基于台网协作和本地化运营打造高端 IP 内容和探索 O2O（线上线下一体化）

业务模式，在三网融合之路上做出了有益的尝试。

1. i12 亲子社区平台是什么

i12 亲子社区是由重庆有线携手重庆少儿频道打造的全新亲子社区产品，真正为以 0～14 岁用户群为主的客群提供赏、玩、用、学、购的一站式社区服务。

i12 运营团队 2017 年的进展主要集中在内容整合方式的优化上。原来社区中有多个产品包以专区的形式运营，2017 年 i12 运营团队进行了运营平台的统一优化，实现了从 UI 设计到内容分类再到运营模式的统一优化。同时在三网融合方面，重庆少儿频道设置了专门服务本地亲子市场的"小伙伴亲子俱乐部"，用来整合本土教育机构、亲子服务机构等资源，实现三网融合后的线上线下融合。

2. i12 亲子社区平台的受众

i12 亲子社区平台的受众来自——少儿频道观众、有线电视用户、少儿频道及 CNN 公众号用户、来点 App 用户、OPTV、OTT 平台少儿类应用。其中重庆少儿频道白天时段收视用户为 21 万户/小时，用户评论收视时间 37 分钟，收视市场份额占 17.6%。重庆有线视频点播平台少儿类内容月均点播量大于 3000 万次，平台电影月度点播 Top10 中，少儿动画类占 50%，少儿内容的平均观赏时长大于 106 分钟。而针对少儿客群的大屏应用用户活跃度、市场收益都处于较高的水平。随着二胎政策的放开，其核心受众也在不断扩大当中，2017 年我国人口出生率为 12.43%，全年出生人口数量为 1723 万人，其中一孩为 840 万人、二孩为 883 万人。从数据上看，2017 年比 2016 年二孩增长了 22.47%。由此可见，i12 亲子社区平台的受众面积广，基础雄厚。

3. i12 亲子社区平台在功能上融入社群化、个性化理念

提供动漫、动画、教育、绘本等视频付费点播服务，在功能设计上，打造特色化、个性化专题等互动点播专区，提供数万小时大片点播，紧追院线及流行热点。同时开发了父母播单、时间管理、内容选择等满足家长需求的新功能，也为少儿客群开发了自动续播、记忆播放和智能推荐等功能。

与传统电视节目提供融媒体交互服务类似，主持人口播节目、购物节

目、竞赛节目、少儿节目等交互服务，帮助电视频道开展基于节目内容的互动营销，增强观众参与感，节目传播范围更广、感受度更强。合作开发精准广告营销，实现电视台直播流量的商业变现。

提供本地少儿节目少儿招募和播出资讯：融合本地少儿节目及比赛招募，及节目后期播出反应等，使线上线下进一步融合，增强用户体验，扩大宣传范围，加大宣传力度。

（二）i12 亲子社区平台内容及呈现

1. 内容数据

视频：截至 2018 年 9 月平台内容总量（动画、电影、动漫、自制节目、儿童绘本、教育教程）合计 35 万分钟。

活动：截至 2018 年 9 月，推出内容专题，如各类社会热点、时令热点等运营活动约 100 期，推出线下频道拍摄以及专区定制的线下活动十几场。

精细化数据：2016 年 3 月上线至今累计 UV（访问用户数）约 200 万户；累计 VV（视频播放量）约 1000 万次；累计 PV（页面点击数）约5000 万次。

2. 内容来源

少儿频道（电视台）：提供自办节目和频道同步播出动画内容。

重庆有线（有线电视网）：提供有线电视的时移、回看、互动点播内容。

微信公众号（移动端）：提供移动端快速接收的信息点、热点内容。

细分内容提供商（cp）：提供教育、童谣、绘本等差异化内容。

头部内容提供商：提供强 IP 和海量动漫内容。

合作运营商：统筹同类产品和渠道，提供综合运营的补充内容。

3. 呈现方式

视频剧集点播页面：除了动画片，还推出了早幼教、儿童绘本等新板块，着重选择有养分、寓教于乐的精品少儿节目。同时开发父母播单、时间管理、内容选择等功能。

内容专题专辑：所有内容进行标签化管理和分类，按照动画、电影、童谣、绘本、游戏等进行个性化、差异化内容编排，方便用户快速选择内容种类。以统一化的思路设计产品，去除不同内容提供商的差异化专区、界面，采用全局一致性 UI 设计。

线下活动展示：结合小伙伴俱乐部微信互动平台以及电视台节目、比赛招聘等方式将线下活动、体验、旅游、派对等丰富的亲子项目，与线上积分系统、会员体系打通结合，通过在线订购、观赏、参与活动等获取积分，兑换线下体验名额、折扣券等。线下活动花絮同时为线上提供 PGC。构造线下产业经营，实行粉丝营销和 O2O 运营，打造"智慧家庭"和"智慧社区"，实现产业链的延伸和拓展。

（三）i12 亲子社区运营内容

1. UI 设计

User Interface（简称"UI"）指的是用户用来操作的直接画面，它包含移动 App、各类网页、智能穿戴设备等。UI 设计主要用来提高 i12 亲子社区界面款式上的实用程度和美观程度。在上手使用中，用户和机器的互动、操作逻辑整理、操作界面的整体设计和美观程度等方面，在软件上是同样重要的。UI 设计可以让 i12 亲子社区的展示方式变得更加有趣，让人回味无穷，同时还让软件的操作变得便捷、简单、自由，充分体现软件的定位和特点。该平台通过合理排版，提高用户体验度，从而吸引更多用户的关注和使用。

2. 数据分析

i12 社区坚持用适当的统计分析方法收集大量数据，进行有效分析，提取有效信息，形成结论，来对数据加以详细研究和概括总结，这一过程也是 i12 亲子平台信息质量监管的重要过程。在经营中，这一部分的数据分析可帮助平台做出判断，使其采取适当的行动。该平台通过后台的数据分析，定期获取各档节目点击量、播放量、播放时间以及播放时长等数据，得出相关结论后，积极调整用户界面布局与热门推送信息，从而更好地顺应观众观看喜好，留住客户。

3. 内容编排

i12 亲子社区根据观众观影习惯与喜好进行平台界面的编排工作。如儿童倾心于《小猪佩奇》这一动画片，该平台则投其所好，在首页显示更多相关海报与播放通道。

i12 亲子社区编排时尽力抓住人们的眼球，用调整编排顺序的方法使视觉焦点处于最佳的视域，使观者能在瞬间感受热点动画的画面冲击。i12 亲子社区将容易让人印象深刻的动画安排在最醒目的地方，让观众一眼扫过后，便有观看的欲望。以"霎时夺目"为目的，比例不失当，主次要分明。

i12 亲子社区考虑到受众大多是少年，页面相对简单直接，颜色鲜明（以护眼色为主），并坚持以图像为主。

4. 产品和平台迭代建议

所有产品的更新迭代都是用户需求驱动的，这也决定了 i12 所要思考的问题，都应该从用户的角度出发。

产品的诞生及成长阶段，最重要的核心用户是他们的种子用户，这些用户的主要特征是忠实度不高，但却有很强的好奇心，因此这个阶段的更新频率适合小步快跑，不断开发新功能，优化体验。因此 i12 亲子社区发展初期，将重心放在新功能的开发、新动画的放映上，吸引消费者停留。

产品发展到稳定阶段，产品功能和用户规模逐渐成形，这个阶段最重要的用户是主流用户，他们更加注重产品的体验和稳定性，因此这个阶段的迭代频率适合大小结合，即以小步快跑的节奏做小需求（功能、Bug 优化等），以定期的节奏做大需求（新模块、UI 改版等）；该阶段 i12 亲子社区将重心转移到产品的用户体验优化上，优化细节从而留住观众，如提高视频画质，提高观众观影体验。

产品由盛转衰，逐渐发展到衰退阶段，这个阶段最重要的用户是相对"固执"的主流用户（即这类用户不会轻易更换习惯使用的产品），可以说只要产品还能满足他们的需求，并且确保使用体验，他们不会轻易放弃产品。因此这个阶段的迭代更新，会是相对慢节奏的小需求迭代。在这一阶段，i12 亲子社区会推出一些针对老顾客的优惠活动，给他们自己被重视的感觉。

5. 线上线下活动策划与执行

线上发送少年与家长感兴趣的动画与话题，发布亲子活动相关信息，将线上用户带到线下，线上与线下共同作用。i12 亲子社区不仅有线上的电视与观众之间的互动（观众通过电视上的二维码图像或其他联系途径与电视节目进行互动，实现了在线与节目主持人或节目后台进行交流），也提供了更多的线下体验方式（消费者在线上预约订购商品，然后到线下实体店进行当场消费的购物模式）。这种新型的消费模式已经吸引了许多热忱于实体店购物的消费者。某些网络商家存在的以次充好、图片与实物不符等缺点在这种销售模式下几乎消失。消费者可以在网上各种商家提供的商品里面选择最具性价比的商品，自己亲自体验购物过程，不仅质量有保障，而且也是一个舒心的享受购物的过程。

6. 紧贴热门

i12 亲子社区紧跟时代和热点，并找到与热点结合的内容与之衔接，如播放"网红"动画，金庸逝世后推送更多金庸先生的作品供人怀念，根据相关节日设计节日专题等。

（四）i12 亲子社区运营方式

1. 与观众互动

i12 亲子社区以传统媒体为基础，加入了人机互动功能，该平台通过互动行为，利用多种感觉来呈现这一享受过程。利用现代技术，i12 亲子社区可以加强用户与平台的联系，让用户的观影行为不仅是在寓目，还融入更多的参与感。互动型的多媒体技术能够运用大量的媒介来呈现和表达内容形式，还有丰富活泼的表现力和感染力，以及简洁的人性化用户阅读界面，也让用户可以根据自己的需求自由选择适合自己的内容来观赏，这是其他媒体方式所无法比拟的。

2. 做问卷

i12 亲子社区制定详细且联系紧密的问卷，根据被提问者的回答做出分析。它的问卷是一些同 i12 亲子社区有关的问题，或者说是一份为调查i12 亲子社区而编制的问题表格，又称调查表。研究人员借助这种调查方式对使用人员进行测定，并应用社会学统计方法对结果进行描述和分析，分析出需要的数据。具体操作如下。

线上：在平台上设立专门的调查系统，设计简单问答环节，采集用户体验信息；电话回访，听取观众意见；关注微信等平台，发送调查问卷。

线下：在各种线下活动中，由 i12 亲子社区工作人员现场分发纸质调查问卷，收集意见。

i12 亲子社区的测试结果是具有有效性的，但该平台除了有效性还有更多的要求。有效性的基本要求是"问该问的问题"。要达到这一目的，首先，工作人员对 i12 亲子社区的市场定位要十分明确，以避免该平台还不熟悉理论构建就急于设计问卷。明确 i12 亲子社区定义（内涵）和适用范围（外延），在此基础上判断估计项的好坏。其次，估计项的产生过程要符合理论构建的定义。

在此经营方式中，问卷调查是一种挖掘事例现状的研究方式，终极目的是要收集 i12 亲子社区受众的各项回复中的基本资料，这些结论可分为描述性研究及分析性研究两大类。

3. i12 亲子社区用户

（1）家长

家长作为孩子的监护者，是孩子消费行为的埋单者。因此电视内容应积极靠近主旋律，让家长愿意为此消费。对于电视和网络信息，孩子鉴别能力弱，因此大部分家长会为孩子挑选优质的节目。

当今社会，孩子的消费开销是家庭开销的大头，越来越多的家长舍得给孩子进行精神消费，如今年轻的父母一代大多是知识分子，收入也明显提升，消费观念也有很大转变，在消费能力上较上一代也有很大的提升，同时他们也更注重孩子的教育，更加注重对孩子进行智力投资。因此，i12 亲子社区顺应这一潮流，在设计平台轮播节目时不仅考虑到少年群体的喜好，也考虑家长的接受或喜爱程度，不仅支持播放娱乐性质的动画片，也加入大量有教育意义的视频，如中华传统文化讲解类型的动画片，成语知识、生活常识、交通规则方面的动画片，从另一方面迎合父母对 i12 亲子社区的期望。①

（2）孩子

孩子是电视少儿节目的最终消费者，因此，电视少儿节目应尽可能地

---

① 牛芳、乌仁其木格：《对儿童产业未来发展的几点认识与思考》，《品牌》2015 年第 7 期。

吸引孩子。首先，孩子的理性思考能力不强，更多地追求感官的刺激，因此，平台在设计上也更多运用颜色对比大的、图画性强的画面和简单的动画，如《天线宝宝》《哆啦A梦》等。其次，i12亲子社区考虑到孩子文化具有过渡性特点。孩子的文化教育是在个体与伙伴交往的过程中交叉完成的，所以i12亲子社区设计了许多开放式的讨论形式，给小朋友们更多的交流话题与机会。再次，i12亲子社区考虑到少年世界的文化是五彩缤纷的、开放包容的和互相补偿的，因此i12亲子社区提供了多种适合孩子们和家长互动的小游戏，既连接了家长和孩子，也满足了孩子的需求。最后，少年世界具有虚幻、稀奇、独特等特点，孩子的心智是很不成熟、不稳定的。这些都要求i12亲子社区的设计者们要理解孩子的想法，从而设计出能被孩子接受的画面。因此，设计者所提供的动画中的花花草草或水果零食都要由含有相关意向的材料做成，在动漫中可以看到这个理念，角色的服饰不是印刷的图案，而是纺织而成的，小羊的身体是用羊毛打成的，老虎则是由带花纹质感的针织物做成的，这种立体化的设计让孩子在与其互动的过程中得到具有真实感的体验。

（五）i12亲子社区亮点

1. 交互性

（1）打破线性观赏的屏障，可实施跳转互动

i12亲子社区实现了通过手机控制智能电视的方式。实时的交互式应用程序，让生活更加丰富多彩，手机控制了用户的电视。多媒体资源共享手机。玩游戏时用体感电视智能手机为操纵杆。i12亲子社区的实时交互，包括四个模块，分别是"智能远程控制"、"多媒体云分享"、"电视屏幕传输"和"游戏控制"，用户通过i12亲子社区可以随时感受到完美的操作体验。

（2）打破屏幕屏障，促成线下线上活动

i12亲子社区的线下活动是针对它的"线上"营销而言的，它的目标是目前市场上的一些少年群体，i12亲子社区用一种特殊的运营方式勾起他们消费的欲望，希望通过这种营销方式打破人机隔阂，带动市场消费。

2. 功能性

（1）节目宣传

i12 亲子社区收集重庆地区亲子活动现场信息及报名渠道，将这些信息及时公布在 i12 亲子社区的某一个板块，把一些重要的、受欢迎的亲子活动放在首页上，让观众及时得到信息，并在该平台上直接接受报名，涉及各种夏令营、冬令营、集体郊游等。

（2）节目观赏

通过实时转播以及回看精彩演出视频，实现观众对精彩内容的多次回放，如某些观众喜欢的视频在电视上放映后，其可在 i12 亲子社区找到对应板块随时进行多次回放。

（3）节目包装

用户打开电视后，会出现最近热门的动画片的海报和播放通道，还会出现用户播放频率较高的频道的通道，用户只需一键便可直接打开自己喜欢的动画。

在宣传过程中也会对节目进行包装，比如，将动画中的角色现实化，让演员扮演动画里的角色与小朋友进行互动，或者将极其受欢迎的角色名字和动画形象放大后放在首页，吸引观众的注意。

（4）节目效果

运用现代媒体技术，i12 亲子平台整体的节目播放比较流畅，并且突出了自己的特点与个性，让观众有亲切感。

参考文献

中文文献

〔印度〕Amitabh Kumar：《移动电视：DVB-H、DMB、3G 系统和富媒体应用》，刘荣科、孔亚萍、崔竞飞译，机械工业出版社，2009。

〔美〕阿兰·B. 阿尔瓦兰主编《传媒经济与管理学导论》，崔保国、杭敏、徐佳等译，清华大学出版社，2010。

阿里研究院：《互联网＋：从 IT 到 DT》，机械工业出版社，2015。

〔美〕阿伦·利普哈特：《民主的模式：36 个国家的政府形式和政府绩效》，陈崎译，北京大学出版社，2006。

〔美〕埃德加·博登海默：《法理学——法哲学及其方法》，邓正来译，华夏出版社，1987。

〔美〕艾伦·B. 阿尔巴朗：《电子媒介经营管理》，谢新洲、王宇、左瀚颖、徐笛、王舒怀译，北京大学出版社，2005。

〔英〕艾伦·格里菲思：《数字电视战略：商业挑战与机遇》，罗伟兰译，中国传媒大学版社，2006。

〔美〕爱伦 B. 艾尔巴兰等：《全球传媒经济》，王越译，中国传媒大学出版社，2007。

〔美〕奥斯特罗姆、帕克斯和惠特克：《公共服务的制度建构——都市警察服务的制度结构》，宋全喜、任睿译，上海三联书店，2000。

〔美〕芭芭拉·J. 塞尔兹尼克：《全球电视产业》，范雪竹译，浙江大学出版社，2017。

〔美〕保罗·莱文森：《人类历程回放：媒介进化论》，邬建中译，西南师范大学出版社，2017。

〔美〕保罗·莱文森：《新新媒介》，何道宽译，复旦大学出版社，2011。

〔美〕本·H·贝戈蒂克安：《媒体垄断》，河北教育出版社，2004。

蔡尚伟等：《电视文化战略：电视创新与西部文化的现代化》，中国市场出版社，2007。

陈丹：《数字出版产业创新式模式研究》，科学技术文献出版社，2012。

陈广汉、袁持平、蒋廉雄等：《产业创新能力的培养与发展研究——珠江三角洲的发展路径和趋势》，社会科学文献出版社，2013。

陈斯华：《IPTV 产业价值链研究》，中国传媒大学出版社，2008。

陈卫星、胡正荣主编《全球化背景下的广播电视——广播电视发展国际学术研讨会文集》，北京广播学院出版社，2001。

陈韵强、赵浩嵩、王克、周辛：《区域广电推进三网融合过程中的战略重构研究》，社会科学文献出版社，2014。

迟肇菊主编《广播电视产业发展研究》，新华出版社，2002。

〔美〕大卫·哈伯斯塔姆：《掌权者》，尹向泽、沙铭瑶等译，四川文艺出版社，1988。

〔美〕大卫·柯克帕特里克：《facebook 效应》，沈路、梁军、崔筝等译，华文出版社，2011。

〔美〕大卫·克罗图、威廉·霍伊尼斯：《运营媒体——在商业媒体与公共利益之间》，董关鹏、金城译，清华大学出版社，2007。

〔美〕戴维·阿克：《创建强势品牌》，李兆丰译，机械工业出版社，2012。

〔英〕戴维·冈特利特主编《网络研究：数字化时代媒介研究的重新定向》，彭兰等译，新华出版社，2003。

〔英〕丹尼尔·麦奎尔、〔瑞典〕斯文·温德尔：《大众传播模式论》，祝建华、武伟译，上海译文出版社，1987。

〔英〕丹尼斯·麦奎尔：《受众分析》，刘燕南、李颖、杨振荣译，中国人民大学出版社，2006。

〔美〕丹尼斯 C. 缪勒：《公共选择理论》，杨春学、李绍荣、罗仲伟、龙超译，中国社会科学出版社，1999。

范金鹏、刘骞、丁桂芝编著《三网融合大时代》，清华大学出版社，2012。

范英、刘小敏、董玉整、吕玉波主编《文化管理创新模式初探——全国文明先进典型广东省中医院的综合考察》，中国中医药出版社，2010。

方雪琴：《新兴媒体受众消费行为研究》，郑州大学出版社，2010。

冯建三：《传媒公共性与市场》，华东师范大学出版社，2015。

冯荣凯：《产业创新网络中的大企业知识溢出研究》，经济管理出版社，2018。

冯阳松、连昱、葛文：《互联网 + 流通——F2R 助力传统产业创新与转型》，人民邮电出版社，2015。

〔美〕弗兰克·费希尔：《公共政策评估》，吴爱明、李平等译，中国人民大学出版社，2003。

〔奥〕弗雷德蒙德·马利克：《战略：应对复杂新世界的导航仪》，周欣、刘欢等译，机械工业出版社，2013。

付冲、任彦斌、夏泳编著《三网融合技术》，国防工业出版社，2014。

傅亦轩主编《新媒体：节目内容创作与版权保护》，中国广播影视出版社，2011。

傅玉辉：《大媒体产业：从媒介融合到产业融合——中美电信业和传媒业关系研究》，中国广播电视出版社，2008。

高红波：《电视媒介融合论：融媒时代的大电视产业创新发展》，社会科学文献出版社，2018。

高红波：《中国 IPTV 城乡传播体系建构研究》，中国书籍出版社，2012。

高红波主编《新媒体节目形态》，河南大学出版社，2013。

谷虹：《信息平台论——三网融合背景下信息平台的构建、运营、竞争与规制研究》，清华大学出版社，2012。

广东省电视艺术家协会、广东文化传媒发展研究会编《城市电视创新之路——以东莞电视为例》，中国广播影视出版社，2012。

国家广电总局发展研究中心课题组：《中国农村广播影视公共服务》，中国广播电视出版社，2008。

国家新闻出版广电总局发展研究中心编著《中国广播电影电视发展报告（2017）》，中国广播影视出版社，2017。

〔德〕哈贝马斯：《公共领域的结构转型》，曹卫东、王晓珏、刘北城、宋伟杰译，学林出版社，1999。

韩国强主编《电视媒体实战案例——山东电视台2009年工作案例精选》，山东人民出版社，2010。

〔美〕汉斯·J. 摩根索：《国家间政治——寻求权力与和平的斗争》，徐昕、郝望、李保平译，中国人民公安大学出版社，1990。

何志武：《重构——"三网融合"对广播电视新闻传播的影响》，华中科技大学出版社，2016。

〔美〕赫南·加尔伯瑞：《数字电视与制度变迁——美国与英国的数字电视转换之路》，罗晓军、刘岩、张俊、冯兵译，人民邮电出版社，2006。

〔美〕亨利·埃茨科威滋：《国家创新模式：大学、产业、政府"三螺旋"创新战略》，周春彦译，东方出版社，2005。

洪银兴主编《创新发展》，江苏人民出版社，2016。

胡德才主编《媒介融合时代的传媒与艺术教育》，武汉大学出版社，2015。

胡涛：《我国三网融合运营模式研究》，上海交通大学出版社，2012。

胡智锋：《中国影视文化创意产业发展创新研究》，中国传媒大学出版社，2014。

华鸣、何光威、闫志龙、邢艳芳、张丽琼、刘彦辉编著《三网融合理论与实践》，清华大学出版社，2015。

黄金：《媒介融合的动因模式》，中国书籍出版社，2011。

黄升民、周艳等：《中国卫星电视产业经营20年》，中国传媒大学出版社，2006。

黄升民、周艳、何晗冰主编《中国电视媒体产业经营新动向》，中国传媒大学出版社，2005。

黄升民、周艳、宋红梅：《数字电视产业经营与商业模式》，中国物价出版社，2002。

黄升民、周艳、王薇主编《下一代广播电视网发展战略研究》，中国市场出版社，2011。

黄升民、周艳、赵子忠《数字传播技术与传媒产业发展研究》，经济科学出版社，2012 年。

黄亚生、王丹、张世伟：《创新的创新——社会创新模式如何引领众创时代》，浙江人民出版社，2016。

黄迎新：《数字时代的中国电视产业研究》，厦门大学出版社，2012。

〔美〕霍华德·威亚尔达：《比较政治学导论：概念与过程》，娄亚译，北京大学出版社，2005。

〔法〕吉尔·德勒兹：《电影Ⅱ：时间－影像》，黄建宏译，台湾远流出版公司，2003。

〔英〕吉莉安·道尔：《理解传媒经济学》，李颖译，清华大学出版社，2004。

〔英〕吉利恩·多伊尔：《传媒所有权》，陆剑南等译，中国传媒大学出版社，2005。

〔美〕加布里埃尔·A. 阿尔蒙德、小 G. 宾厄姆·鲍威尔：《比较政治学——体系、过程和政策》，曹沛霖、郑世平、公婷、陈峰译，东方出版社，2007。

姜平主编《媒介融合教程》，武汉大学出版社，2015。

〔美〕杰克·特劳特、史蒂夫·里夫金：《重新定位》，谢伟山、苑爱冬译，机械工业出版社，2010。

金雪涛、程静薇：《三网融合与我国有线电视网络发展战略研究》，首都经济贸易大学出版社，2015。

〔丹麦〕克劳斯·布鲁思·延森：《媒介融合：网络传播、大众传播和人际传播的三重维度》，刘君译，复旦大学出版社，2012。

蓝色智慧研究院：《文创时代：北京市文化创意产业的发展与创新（2006—2015）》，中国经济出版社，2016。

雷万云等：《云计算：技术、平台及应用案例》，清华大学出版社，2011。

黎斌主编《电视融合变革——新媒体时代传统电视的转型之路》，中国国际广播出版社，2011。

李海荣编著《泛媒时代——媒介创新与未来》，暨南大学出版社，2011。

李虹蔚编著《山西广播电视产业发展研究》，山西经济出版社，2017。

李瑾：《三网融合进程中农村信息化发展问题研究》，中国经济出版
社，2014。

李岚：《电视产业价值链——理论与个案》，社会科学文献出版社，2006。

李立功：《广播电视产业经营理论与实务》，江西人民出版社，2004。

李希光、周庆安主编《软力量与全球传播》，清华大学出版社，2005。

连少英：《电视产业多屏战略研究》，中国传媒大学出版社，2014。

廖少炫：《城市电视台创新战略研究——珠三角地区媒介生态环境的实地
调查》，中国传媒大学出版社，2008。

〔美〕林文刚编《媒介环境学：思想沿革与多维视野》，何道宽译，北京大
学出版社，2007。

刘斌：《中国动画产业政策及创新研究》，中国传媒大学出版社，2016。

刘华蓉：《大众传媒与政治》，北京大学出版社，2001。

刘继南、周积华、段鹏等：《国际传播与国家形象》，北京广播学院出版
社，2002。

刘小平、韦玲艳：《找准三网融合切入点——解析三网融合业务模式》，
《中国电信业》2009 年第 8 期。

刘逸帆：《中国广播电视产业资本运营制度研究》，中国广播影视出版
社，2015。

刘颖悟：《三网融合与政府规制》，中国经济出版社，2005。

龙奔：《IP，颠覆电视?》，人民出版社，2012。

卢官明、宗昉编著《IPTV 技术及应用》，人民邮电出版社，2007。

鲁帆：《三网融合产业链研究》，中国传媒大学出版社，2015。

陆地：《中国电视产业的危机与转机》，中国人民大学出版社，2002。

陆伟刚：《三网融合模式下的电信运营商竞争策略设计与公共政策选
择——基于双边市场理论的研究》，中国社会科学出版社，2015。

〔美〕露西·金-尚克尔曼：《透视 BBC 与 CNN》，彭泰权译，清华大学出

版社，2004。

吕新雨：《学术、传媒与公共性》，华东师范大学出版社，2015。

〔美〕罗伯特·W. 麦克切斯尼：《富媒体穷民主：不确定时代的传播政治》，谢岳译，新华出版社，2004。

〔美〕罗伯特·G. 皮卡德：《媒介经济学：概念与问题》，赵丽颖译，中国人民大学出版社，2005。

〔美〕罗杰·菲德勒：《媒介形态变化：认识新媒介》，华夏出版社，2000。

〔美〕罗·庞德：《通过法律的社会控制：法律的任务》，商务印书馆，1984。

马化腾等：《互联网＋：国家战略行动路线图》，中信出版集团，2015。

〔美〕马克·波斯特：《第二媒介时代》，范静哗译，南京大学出版社，2005。

〔德〕马克思、恩格斯：《马克思恩格斯选集》（第2卷），中共中央马克思恩格斯列宁斯大林著作编译局编译，人民出版社，1995。

〔德〕马克斯·韦伯：《民族国家与经济政策》，甘阳、李强、文一郡、卜永坚译，生活·读书·新知三联书店，1997。

〔德〕马克斯·韦伯：《新教伦理与资本主义精神》，于晓、陈维纲等译，生活·读书·新知三联书店，1987。

马为公、罗青主编《新媒体传播》，中国传媒大学出版社，2011。

〔加〕马歇尔·麦克卢汉：《理解媒介——论人的延伸》，何道宽译，商务印书馆，2000。

〔美〕迈克尔·埃默里、埃德温·埃默里、南希·L. 罗伯茨：《美国新闻史：大众传播媒介解释史》（第九版），展江译，中国人民大学出版社，2009。

〔美〕迈克尔·波特：《竞争战略》，陈小悦译，华夏出版社，2005。

〔加〕迈克尔·豪利特、M. 拉米什：《公共政策研究：政策循环与政策子系统》，庞诗等译，生活·读书·新知三联书店，2006。

〔美〕迈克尔·于戈斯、德瑞克·哈里斯基：《赢在云端——云计算与未来商机》，王鹏、谢千河、石广海译，人民邮电出版社，2012。

〔美〕曼瑟尔·奥尔森：《集体行动的逻辑》，陈郁、郭守峰、李崇新译，上海三联书店、上海人民出版社，1995。

梅宁华、宋建武主编《中国媒体融合发展报告（2015）》，社会科学文献出版社，2015。

〔美〕尼尔·波兹曼：《技术垄断：文化向技术投降》，何道宽译，北京大学出版社，2007。

〔美〕尼葛洛庞帝：《数字化生存》，胡泳、范海燕译，海南出版社，1996。

〔英〕尼古拉斯·加汉姆：《解放·传媒·现代性——关于传媒和社会理论的讨论》，新华出版社，2005。

欧阳国忠：《大活动 大营销》，凤凰出版社，2011。

欧阳友权主编《中国文化品牌发展报告（2013）》，社会科学文献出版社，2013。

〔美〕Philip M. Napoli：《传播政策基本原理——电子媒体管制的原则与过程》，边明道、陈心懿译，台湾扬智文化事业股份有限公司，2005。

〔美〕帕特里克·帕森斯、罗伯特·费里登：《有线与卫星电视产业》，詹正茂、樊燕卿、黄映芳等译，清华大学出版社，2005。

潘可武主编《媒介经营管理——创新与融合》，中国传媒大学出版社，2015。

庞井君主编《中国广播电影电视发展报告（2012）》，社会科学文献出版社，2012。

庞井君主编《中国视听新媒体发展报告（2015）》，社会科学文献出版社，2015。

庞井君主编《中国视听新媒体发展报告（2013）》，社会科学文献出版社，2013。

庞井君主编《中国视听新媒体发展报告（2011）》，社会科学文献出版社，2011。

彭兰、高钢：《中国互联网新闻传播结构、功能、效果研究》，高等教育出版社，2011。

彭祝斌、向志强、邓崛峰：《电视内容产业核心竞争力研究》，新华出版社，2010。

〔法〕皮埃尔·布尔迪厄：《关于电视》，许钧译，辽宁教育出版社，2000。

秦艳华、于翠玲主编《媒介融合背景下出版业发展创新研究》，华文出版
　　社，2015。

〔美〕R. 科斯、A. 阿尔钦、D. 诺斯等：《财产权利与制度变迁——产权
　　学派与新制度学派译文集》，刘守英等译，上海三联书店、上海人民
　　出版社，1994。

人民日报社编《融合平台——中国媒体融合发展年度报告（2016—
　　2017）》，人民日报出版社，2017。

人民日报社编《融合元年——中国媒体融合发展年度报告（2014）》，人民
　　日报出版社，2015。

人民日报社编《融合坐标——中国媒体融合发展年度报告（2015）》，人民
　　日报出版社，2016。

〔美〕塞缪尔·亨廷顿：《文明的冲突与世界秩序的重建》，周琪、刘绯、
　　张立平、王圆译，新华出版社，1999。

〔比〕瑟韦斯、〔泰〕玛丽考：《发展传播学》，张凌译，武汉大学出版
　　社，2014。

上海市广播电视节目制作业行业协会：《2014上海广播电视产业报告》，上
　　海科学技术文献出版社，2015。

邵培仁等：《媒介生态学：媒介作为绿色生态的研究》，中国传媒大学出版
　　社，2008。

沈华柱：《发展与动因：中国体育电视产业研究》，上海三联书店，2017。

沈拓：《不一样的平台：移动互联网时代的商业模式创新》，人民邮电出版
　　社，2012。

石长顺、石婧：《中国广播电视公共服务》，光明日报出版社，2013。

〔美〕斯蒂文·小约翰：《传播理论》，陈德民、叶晓辉译，中国社会科学
　　出版社，1999。

〔南〕斯韦托扎尔·平乔维奇：《产权经济学——一种关于比较体制的理
　　论》，经济科学出版社，1999。

覃信刚：《媒介融合、台网互动解析》，云南人民出版社，2013。

唐世鼎、黎兵等：《中国特色的电视产业经营研究》，中国国际广播出版社，2010。

〔美〕唐·舒尔茨、海蒂·舒尔茨：《整合营销传播：创造企业价值的五大关键步骤》，何西军、黄鹂、朱彩虹、王龙译，中国财政经济出版社，2005。

〔美〕唐·泰普斯科特、阿特·卡斯顿：《范式的转变——信息技术的前景》，米克斯译，东北财经大学出版社，1999。

唐绪军主编《中国新媒体发展报告（2013）》，社会科学文献出版社，2013。

唐月民：《中国电视传媒产业化研究》，新华出版社，2010。

童清艳：《传媒产业经济学导论》，复旦大学出版社，2007。

〔美〕托马斯·库恩：《科学革命的结构》，金吾伦、胡新和译，北京大学出版社，2003。

〔美〕Wes Simpson、Howard Greenfield：《IPTV 与网络视频：拓展广播电视的应用范围》，郎为民、焦巧译，机械工业出版社，2008。

万劲波等：《创新发展的战略与政策》，电子工业出版社，2015。

万炜：《知识流动视角下的产业创新网络国际化与技术创新》，世界图书出版公司，2014。

汪振城：《当代西方电视批评理论》，中国广播电视出版社，2007。

王德刚、何佳梅主编《山东省文化资源旅游开发研究》，齐鲁书社，2008。

王菲：《媒介大融合——数字新媒体时代下的媒介融合论》，南方日报出版社，2007。

王缉慈等：《超越集群——中国产业集群的理论探索》，科学出版社，2010。

王建陵编著《当代美国动画产业创新优势及国际竞争力的建构》，云南大学出版社，2011。

王润钰：《产业融合趋势下的中国传媒产业发展研究》，中国书籍出版社，2011。

王天铮：《电视内容产业整合研究》，新华出版社，2011。

王文科主编《中国广播新模式——调频文化的中央厨房》，中国广播影视
　　出版社，2017。

王纹：《超级软件：下一代互联网云平台》，清华大学出版社，2017。

王孝明、蒋力、姚良、刘惠清编著《三网融合之路》，人民邮电出版
　　社，2012。

〔美〕威廉·N. 邓恩：《公共政策分析导论》，谢明、杜子芳、伏燕、付
　　涛、伍业峰译，中国人民大学出版社，2002。

〔美〕韦尔伯·斯拉姆等：《报刊的四种理论》，新华出版社，1980。

〔英〕维克托·迈尔-舍恩伯格、肯尼思·库克耶：《大数据时代：生活、
　　工作与思维的大变革》，盛杨燕、周涛译，浙江人民出版社，2013。

魏中龙编著《技术创新工程》，经济科学出版社，1996。

邬建中：《城乡信息公平与和谐社会建议——以三网融合背景下重庆城乡
　　数字鸿沟为例》，四川大学出版社，2016。

吴小坤、吴信训：《美国新媒体产业》，中国国际广播出版社，2012。

吴晓波：《腾讯传：1998—2016：中国互联网公司进化论》，浙江大学出版
　　社，2017。

吴信训、金冠军、李海林等：《现代传媒经济学》，复旦大学出版社，2005。

吴信训：《新媒体与传媒经济》，上海三联书店，2008。

吴信训主编《世界传媒产业评论（第 6 辑）》，中国国际广播出版社，
　　2010。

吴信训主编《世界传媒产业评论（第 7 辑）》，中国国际广播出版社，2011。

吴信训主编《世界传媒产业评论（第 9 辑）》，中国国际广播出版社，2012。

夏德：《大规模定制的供应链运作机理与方略》，中国经济出版社，2012。

向华全、李续延主编《传媒变局中城市广播电视的坚守与突围——2012 中
　　国城市广播电视创新发展论坛文集》，中国国际广播出版社，2013。

项仲平、邵清风等：《文化创意产业与当代艺术教育创新研究》，中国广播
　　电视出版社，2010。

肖峰主编《广播节目制作》，武汉大学出版社，2014。

肖枭编著《创新中国电视：与影视界精英的对话》，中国传媒大学出版

社，2007。

谢新洲、严富昌编著《IPTV 技术与管理》，华夏出版社，2010。

徐大佑、汪延明：《贵州省农业产业化经营创新模式研究》，科学出版
　　社，2016。

徐贵宝：《关于我国三网融合业务运营情况的分析》，《数字通信世界》
　　2007 年第 7 期。

徐沁：《媒介融合论：信息化时代的存续之道》，中国传媒大学出版
　　社，2009。

颜梅：《电视平台产业——数字时代的电视产业发展模式研究》，经济科学
　　出版社，2012。

杨成、韩凌：《三网融合下的边界消融》，北京邮电大学出版社，2011。

杨公仆、夏大慰、龚仰军主编《产业经济学教程》，上海财经大学出版
　　社，2008。

杨炼、王悦、杨海燕等编著《三网融合的关键技术及建设方案》，人民邮
　　电出版社，2011。

杨溟主编《媒介融合导论》，北京大学出版社，2013。

杨文延：《产业化路径与本地化思维——中国广播电视产业海外战略实例
　　研究》，商务印书馆，2012。

姚宏宇、田溯宁：《云计算：大数据时代的系统工程》，电子工业出版
　　社，2013。

易绍华：《电视的活路：数字化背景下电视媒体的网络化生存研究》，厦门
　　大学出版社，2010。

易旭明：《中国电视产业制度变迁与需求均衡研究》，上海交通大学出版
　　社，2013。

喻国明、丁汉青、支庭荣、陈端编著《传媒经济学教程》，中国人民大学
　　出版社，2009。

喻国明、李彪、杨雅、李慧娟：《新闻传播的大数据时代》，中国人民大学
　　出版社，2014。

喻国明：《媒介革命——互联网逻辑下传媒业发展的关键与进路》，人民日

报出版社，2015。

喻国明：《中国传媒发展指数报告（2011）》，人民日报出版社，2011。

〔美〕约翰·W. 金登：《议程、备选方案与公共政策》，丁煌、方兴译，中国人民大学出版社，2004。

〔荷兰〕约斯·德·穆尔：《赛博空间的奥德赛——走向虚拟本体论与人类学》，麦永雄译，广西师范大学出版社，2007。

曾剑秋主编《网和天下——三网融合理论、实验与信息安全》，北京邮电大学出版社，2010。

曾庆瑞：《荧屏守望：曾庆瑞电视剧理论与批评自选集》，中国文联出版社，2014。

〔英〕詹姆斯·卡瑞、珍·辛顿：《英国新闻史》，栾轶玫译，清华大学出版社，2005。

〔美〕詹姆斯·沃克、道格拉斯·弗格森：《美国广播电视产业》，陆地、赵丽颖译，清华大学出版社，2005。

张傲、程淑玲、杨柳编著《三网融合下的 FTTx 网络》，人民邮电出版，2011。

张波：《O2O 移动互联网时代的商业革命》，机械工业出版社，2013。

张炯主编《三网融合末端安装与维护实务》，西安电子科技大学出版社，2017。

张莹莹、周禹：《中国创新模式》，漆思媛译，中国人民大学出版社，2018。

张瑜烨、强月新：《媒介融合与报业体制变革》，人民出版社，2017。

赵双阁：《三网融合背景下中国广播组织权制度的反思与重构》，社会科学文献出版社，2016。

赵月枝：《传播与社会：政治经济与文化分析》，中国传媒大学出版社，2011。

赵志耘、戴国强：《大数据——城市创新发展新动能》，科学技术文献出版社，2018。

赵子忠、赵敬主编《对话：中国网络电视》，中国传媒大学出版社，2011。

〔日〕植草益:《微观规制经济学》，朱绍文、胡欣欣等译，中国发展出版社，1992。

中共中央宣传部新闻局编《中国媒体融合发展的实践与探索》，学习出版社，2015。

中国广播电影电视社会组织联合会编《广播电视改革与创新（2017）》，中国广播影视出版社，2017。

中国（上海市）网络视听产业基地编《2012 中国网络视听产业报告》，上海科学技术文献出版社，2012。

周旻、林小勇、林洪美:《中国广播电视事业产业协同发展模式研究》，中国广播电视出版社，2009。

周亭:《中国电视娱乐产业研究》，中国广播影视出版社，2010。

周艳:《中国数字电视产业政策的形成研究》，中国传媒大学出版社，2007。

周志平:《媒体融合背景下数字内容产业创新发展研究》，浙江工商大学出版社，2015。

朱近之主编《智慧的云计算：物联网的平台》，电子工业出版社，2011。

朱毅:《抬头看路——电视媒体产业及转型研究》，世界图书出版公司，2014。

〔美〕兹比格纽·布热津斯基:《大棋局：美国的首要地位及其地缘战略》，中国国际问题研究所译，上海人民出版社，1998。

外文文献

A. Appadurai, *Modernity at Large*: *Cultural Dimensions of Globalization*, Minneapolis, University of Minnesota Press, 1996.

Aboulafia, Mitechell, Myra Bookman, and Catherine Kemp（Eds.）, *Habermas and Pragmatism*, London and New York: Routledge, 2002.

A. Briggs & P. Burke, *A Social History of the Media*: *From Gutenberg to the Internet*（2nd ed.）, Cambridge: Polity, 2005.

A. C. Danto, *Analytical Philosophy of History*, Cambridge: Cambridge University Press, 1965.

A. F. Furnham, *Lay Theories*: *Everyday Understanding of Problems in the Social Sciences*, Oxford: Pergamon Press, 1988.

Angela J. Campbell, "A Public Interest Perspective on the Impact of the Broadcasting Provisions of the 1996 Act," *Federal Communications Law Journal*, June 2006.

A. Thierer, "Why Regulate Broadcasting? Toward a Consistent First Amendme Standard for the Information Age," *Journal of Communications law and Policy*, P. 15.

B. Anderson, *Imagined Communities*: *Reflections on the Origin and Spread of Nationalism* (2nd Ed.), London: Verso, 1991.

B. Ashcroft, G. Griffiths & H. Tiffin (Eds.), *The Post-Colonial Studies Reader*, London: Routledge, 1995.

BBC, *Measuring the Value of the BBC*, A Report by the BBC and Human Capital, 2004.

Blondheim, M. Innis, Harold. In W. Donsbach (Ed), International Encyclopedia of Communication (Vol. 5, pp. 2286 – 2288). Malden, MA: Blackwell, 2008.

Bourdieu, P. (1984). *Distinction*: *A Sociac of the Judgment of Taste*, Cambridge, MA: Harvard University Press, 1979.

C. Calhoun, *Habermas and the Public Sphere*, Cambridge, MA: MIT Press, 1992.

Daniel Cand Paolo Mancini Hallin, "Americanization, Globalization, and Secularization: Understanding the Convergence of Media Systems and Political Communication," In Esser Frank and Pfetsch Barbara (eds.), *Comparing Political Communication*: *Theories*, *Cases*, *and Challenges*, New York: Cambridge University Press, 2004.

Daniel C. Hallin and Mancini Paolo, *Comparing Media Systems*: *Three Models of Media and Politics*, Cambridge University Press, 2004.

David H. Goff, "Regulatory Change in the Convergence Era: The Economic Significance of The UK," presented on the 6th World Media Economics Conference.

D. Deacon et al. , *Researching Communications: A Practical Guide to Methods in Media and Cultural Analysis* (2nd Ed.), London: Hodder Arnold, 2007.

D. M. Boyd & N. B. Ellison, "Social Network Sites: Definition, History, and Scholarship," *Journal of Computer-Mediated Communication*, 13 (1), 2007.

Doris A. Graber, *Mass Media and American Politics*, Washington. D. C. : CQ Press, 1997.

E. J. Aarseth, *Cybertext: Perspectives on Ergodic Literature*, Baltimore, MD: The Johns Hopkins University Press, 1997.

E. J. Aarseth, "We All Want to Change the World: The Ideology of Innovation in Digital Media," In G. Liestol, A. Morrison & T. Rasmussen eds. , *Digital Media Revisited*, Cambridge, MA: MIT Press, 2003.

E. L. Eisenstein, *The Printing Press as an Agent of Change: Communication and Cultural Transformation in Early-Modern Europe*, Cambridge University Press, 1979.

Eli. M. Norm, "Deregulation and Market Concentration: an Analysis of Post-1996. Consolidations," *Federal Communications Law Journal*, Vol. 58, 2006.

F. A. Heffron, *The Administrative Regulatory Process*, New York: Longman, 1983.

F. Biocca, C. Harms & J. K. Burgoon, "Toward a More Robust Theory and Measure of Social Presence: Review and Suggested Criteria," *Presence*, 2003, 12 (5), PP. 456 – 480.

Frank Esser and Barbara Pfetsch, *Comparing Political Communication: Theories, Cases and Challenges*, Cambridge University Press, 2004.

G. Bateson & M. C. Bateson, *Angels Fear: Towards an Epistemology of the*

Scared, Toronto: Bantam, 1988.

Hans J. Kleinsteuber, *Comparing Mass Communication Systems: Media Formats, Media Contents, Media Processes*, Cambridge University press, 2004.

Harvey David, *The New Imperialism*, New York: Oxford University Press, 2003.

H. Bergson, *Creative Evolution*. New York: Barnes & Noble Books (Orig. publ. 1907), 2005.

H. Blumer, "What Is Wrong with Social Theory?" *American Sociological Review*, 1954, 19, PP. 3 – 10.

Howard A. Shelanskif, "Antitrust Law as Mass Media Regulation: Can Merger Standards Protect the Public Interest?" *California Law Review*, 2006, 94 (2), PP. 371 – 421.

I. Ang, *Desperately Seeking the Audience*, London: Routledge, 1991.

J. Abbate, *Inventing the Internet*, Cambridge, MA: MIT Press, 1999.

J. Baudrillard, Selected Writings. Cambridge: Polity Press, 1988.

J. Boyarin, *The Ethnography of Reading*, Berkeley: University of California Press, 1992.

J. Brockman, *The Third Culture*, New York: Simon & Schuster, 1995.

J. Derrida, *Of Grammatology*, Baltimore, MD: Johns Hopkins University Press, 1976 (Orig. publ. 1967).

J. Derrida, *Speech and Phenomena, And Other Essays on Husserl´s Theory of Signs*, Evanston, IL: Northwestern University Press, 1973 (Orig. publ. 1967).

J. L. Austin, *How to Do Things with Words*, New York: Oxford University Press, 1962.

J. N. Capella (Ed.), "Symposium: Biology and Communication," *Journal of Communication*, 1996, 46 (3), PP. 4 – 84.

John C. Nerone, *Last Rights, Revisiting Four Theories of the Press*, University ofIllinois Press, 1995.

John D. Zelezny, *Communications Law: Liberties, Restraints, & the Modem Media (Fourth Edition)*, 影印版, 清华大学出版社, 2004。

John W. Dimmick, *Media Competition and Coexistence: the Theory of the Niche*, Law-rence Erlbaum Associates, 2002.

J. W. Carey, "A Cultural Approach to Communication," *Communication as Culture*, Boston, MA: Unwin Hyman, 1989, pp. 13 – 36 (Orig. publ. 1975).

J. W. Carey, *Communication as Culture*, Boston, MA: Unwin Hyman, 1998.

Kahn, *The Economics of Regulation: Principles and Institutions*, New York, Wiley, 1970.

Kenneth Creech, *Electronic Media Law and Regulation*, Burlington, MA : Focal-Press, 2003.

K. O. Apel, "From Kant to Peirce: The Semiotical Transformation of Transcendental Logic," In L. W. Beck (Ed.), *Proceedings of the Third Ilernational Kant Congress*, Dordrecht, The Netherlands: D. Reidel Publishing Company, 1972.

L. Althusser, *For Marx*, London: Verso, 1977 (Orig. publ. 1965).

L. J. H. F. Garzaniti, *Telecommunications, Broadcasting, and the Internet: E. U. Competition Law and Regulation*, London: Sweet & Maxwell, 2000.

M. Alvesson & K. Sköldberg, *Reflexive Methodology: New Vistas for Qualitative Research*, London: Sage, 2000.

M. Bergman, "Fields of Signification: Explorations in Charles S," *Peirce's Theory of Signs*, Helsinki, Finland: University of Helsinki, 2004.

M. Bergman, "The New Wave of Pragmatism in Communication Studies," *Nordicom Review*, 2008, 29 (2), PP. 135 – 153.

M. Biagioli (Ed.), *The Science Studies Reader*, New York: Routledge, 1999.

M. Boden (Ed.), *Artificial Intelligence*, San Diego, CA: Academic Press, 1996.

M. Bull & L. Back, *The Auditory Culture Reader*, Oxford: Berg, 2003.

M. Bull, *Sounding Out the City: Personal Stereos and the Management of Every-day Life*, Oxford: Berg, 2000.

M. Castells, *End of Millennium* (Revised Ed.), Oxford: Blackwell, 1999.

M. Castells, Fernández-Ardèval, J. L. M. Qui & A. Sey, *Mobile Communica-tion and Society*, Cambridge, MA: MIT Press, 2007.

M. Castells, *The Internet Galaxy*, New York: Oxford University Press, 2001.

M. Castells, *The Rise of the Network Society*, Oxford: Blackwell, 1996.

M. DeLanda, *War in the Age of Intelligent Machines*, New York: Zone Books, 1991.

M. Dickstein (Ed.), *The Revival of Pragmatism*, Durham, NC: Duke Univer-sity Press, 1998.

M. Douglas, *How Institutions Think*, London: Routledge Kegan Paul, 1987.

M. Edwards, *Civil Society*, Cambridge: Polity, 2004.

Michael A. Heller, "The Tragedy of the Anticommons: Property in the Transi-tion from Marx to Markets," *Harvard Law Review*, Vol. Ill, No. 3.

Michael P. McCauley et al. , *Public Broadcasting and the Public Interest*, Uni-versity of Maine, 2002.

Mills C. Wright, *The Power Elite*. Oxford Press, 1956.

M. M. Bakhtin, *The Dialogic Imagination*, Austin, TX: University of Texas Press, 1981.

N. Blaikie, *Approaches to Social Enquiry*, Cambridge: Polity Press, 1993.

N. Carroll, *Mystifying Movies: Fads and Fallacies in Contemporary Film Theory*, New York: Columbia University Press, 1988.

Niklas Luhmann, *Essays on Self-Reference*, Columbia University Press, 1990.

Niklas Luhmann, *Social Systems* (Paperback), Stanford University Press, 1996.

N. K. Denzin & Y. S. Lincoln, *The Sage Handbook of Qualitative Research* (3rd Ed.), Thousand Oaks, CA: Sage, 2005.

N. S. Baron, *Always On: Language in an Online and Mobile World*, New York: Oxford University Press, 2008.

Patricia Aufdereide, *Communications Policy and the Public Interest*, New York: Guil-ford Press, 1999.

P. Bourdieu, *The State Nobility: Elite Schools in the Field of Power*, Calif: Stanford University Press, 1996.

Philip H. Coombs, *The Fourth Dimension of Foreign Policy: Educational and Cultural Affairs*, New York: Harper and Row, 1964.

R. Altman, *Silent Film Sound*, New York: Columbia University Press, 2004.

R. Bhaskar, *The Possibility of Naturalism*, Brigthon, UK: Harvester Press, 1979.

R. Dawkins, *The Selfish Gene* (New Ed.), New York: Oxford University Press, 1989.

R. E. Ehrenberg (Ed.), *Mapping the World: An Illustrated History of Cartography Washington*, D. C.: National Geographic Society, 2006.

R. John Dewey Bernstein, *Atascadero*, CA: Ridgeview, 1966.

Robert C MitcheU and T. Richard, *Carson*, *Using Surveys to Value Public Goods*, *The Contingent Valuation Method*, RFF Press, 1989.

R. T. Bower, *Television and the Public*, New York: Holt, Rinehart & Winston, 1973.

S. Braman, *Change of State: Information*, *Policy*, *and Power*, Cambridge, MA: MIT Press, 2006.

Seabright P, Jurgen von Hagen, *The Economic Regulation of Broadcasting Markets*, Cambridge University Press, 2007.

Seung Kwan Ryu, *Competition and Cultural Diversity After the Telecommunications Act of 1996: Focusing on U. S Cable in the Multichannel Media Marketplace*, Doctoral dissertation, 2002.

S. H. Muzak Barnes, *The Hidden Messages in Music: A Social Psychology of Culture*, Lewiston, NY: The Edwin Mellen Press, 1988.

Siochru, Sean, W. Bruce Girard, with Amy Mahan, *Global Media Governance: a Beginner's Guide*, Lanham, New York, Rowman & Littlefield, 2002.

S. L. Engerman and R. E. Gallman, *Long-Term Trends in American Economy*, University of Chicago Press, 1986.

Stokes, J. Anna Reading, *The Media in Britain: Current Debates and Developments*, Macmillan Press, 1999.

Thomas G. Krattenmaker, *Telecommunications law and Policy*, Durham. N. C. : Carolina Academic Press, 1998.

T. M. Bertilsson, "The Elementary Forms of Pragmatism: on Different Types of Abduction," *European Journal of Social Theory*, 2004, 7 (3), PP. 371 – 389.

T. W. Adorno, *Negative Dialectics*, London: Routledge, 1990.

U. Eco, *A Theory of Semiotics*, Bloomington, IN: Indiana University Press, 1976.

U. Eco, *Semiotics and the Philosophy of Language*, London: Macmillan, 1984.

W. B. Gallie, "Essentially Contested Concepts," *Proceedings of the Aristotelian Society*, 1956, 56, PP. 167 – 198.

W. Dray, *Laws and Explanation in History*, New York: Oxford University Press, 1957.

Zhao Yuezhi, *Media, Market, and Democracy in China: Between the Party Line and the Bottom Line.* University of Illinois Press, 1998.

Zhou He, "Chinese Communist Party Press in a Tug of War: A Political Economy Analysis of the Shenzhen Special Zone Daily," *in Power, Money, and Media: CommunicationPatterns and Bureaucratic Control in Cultural China*, ed. Chin-Chuan Lee: Northwestern Uni-versity Press, 2000.

机构网站

半岛电视台英文网 http://www. english. aljazeera. net/News。

ESPN 有线电视网网站 http://www. espn. go. com/。

高清电视网络杂志 http://www. hdtvmagazine. Com/。

广播与有线电视网 http://www. broadcastingcable. Com/。

国家广播电视总局 http://www. chinasarft. gov. cn/。

韩国广播公司网站 http://www. kbs. co. Kr/。

加拿大电视台网站 http://www. ctv. Ca/。

加拿大广播公司网站 http//www. cbc. Ca/。

加拿大数字电视协会网站 http://www. cdtv. Ca/。

美国公共广播电视台（PBS）http://www. pbs. org/。

美国广播公司网站 http://www. abc. go. Com/。

美国国家公共广播电台（NPR）http://www. npr. org/。

美国联邦通信委员会（FCC）http://www. fcc. gov/。

美国全国广播公司网站 http://www. nbc. com/。

美国微软公司网站电视栏目 http://www. microsoft. com/tv/default. mspx/。

美国有线新闻网网站 http://www. cnn. Com/。

尼克罗迪恩儿童频道网站 http://www. nick. Com/。

欧广联英文网站 http://www. ebu. ch/en/。

日本广播协会网站 http://www. nhk. co. Jp/。

《微电脑世界》杂志网站 http://www. pcworld. Com/。

维亚康姆公司网站 http://www. viacom. Com/。

亚广联网站 http://www. abu. Org. my/。

英国独立电视台网站 http://www. itv. Com/。

英国广播公司（BBC）http://www. bbc. co. uk/。

英国通信办公室（OFcom）http://ofcom. org. uk/。

卓越新闻业项目网（PEJ）http://www. journalism. org/。

网络文献

"Aliant launches IPTV in Halifax", http://www. newswire. ca/en/releases/archive/June2005/21/c4180. html.

Alliance Atlantis Communication Inc.: "Canadians Connect with Specialty Channels" April 20, 2004, http://www. allianceatlantis. ca/corporate/newsReleases/.

Charles Swett：“Strategic Assessment the Internet”，17 July 1995 http：//www. fas. org/cp/swett. html.

Comedy Central，http：//www. answers. com/.

Cynthia A. Beltz：“Lessons from The Cutting Edge：The HDTV Experience”，http：//www. cato. org/pubs/regulation/regl6n4b. html.

Dan Blacharski：“Growth of IPTV”，http：//www. itworld. com/Tech/3494/nl-sitinsights050706/.

Gary McGath：“High-Definition TV Government or Market Choice”，http：//www. theadvocates. org/freeman/8910mcga，html.

George Winslow：“U. S. Cable Networks are Ramping up Their Investments in Original Cable Programming” January 200，http：//www. worldscreen，com/ .

Gerry Blackwell：“IPTV Grows in EuropeM”，June 30，2005 http：//www. isp-planet，com/technology/2005/fastweb. html.

Gerry Blakwell：“IPTV：The Big Picture”，April l5，2005 http：//www. isp-planet. com/research/2005/iptv. html.

“High-definition TV for Germany and Austria：Premiere to Launch Three HDTV Channels on 1 November 2005”，http：//www. info，premiere，de/inhalt/eng/medienzentrum_news_uk_09092004. jsp.

“High Definition TV Service Now in 10 Million Homes”，http：//www. instat. com/press. asp？ID = 1284&sku = IN0501899MB.

“IPTV Back Office Systems”，July 2005 http：//www. mrgco. com/cgi-htdig/ht-serch.

“IPTV Content Srategies Quarterly Technology & Content Report”，http：//www. mrgco. com/.

“IPTV Video Headend Global Forecast – 2004 to 2008”，http：//www. mrg-co. com/.

John Borland：“Canada blocks free Net TV” January 17，2003 http：//www. news. com. com/ 2100 – 1023 – 981254. html，MTV 音乐电视网网站 ht-tp：//www. mtv. com/.

Paula Bernier: "IPTV in The Great White North", http://www. Xchangemag. com/articles/2c1 consumer2. html.

Pilipi Swann : "Swani Predicts CNN to Launch HDTV Channel in2005", http://www. Tvpredictions. com/cnndv032805 . html.

"ProSiebenSat. 1 Group to Broadcast Sat. 1 and ProSieben in HDTV", http://www. en. prosiebensatl. com/pressezentrum/prosiebensatlmediaag /2005/08/x00755/.

Steve Hawley: "How can IPTV Truly Compete on Content", April 30, 2005 http://www. telephonyon-line. com/.

"Systems Integrators Compete for IPTV Business", http://www. infomitv. com/articles.

Television in the United States, http://www. answers, com/topic/.

"The State of the News Media 2005", http://www. stateofthenewsmedia. org/2005/.

图书在版编目（CIP）数据

融合与创新：三网融合背景下我国电视产业的创新
发展／邬建中著． -- 北京：社会科学文献出版社，
2021.11
　　ISBN 978 - 7 - 5201 - 9304 - 7

　　Ⅰ.①融… 　Ⅱ.①邬… 　Ⅲ.①电视事业 - 产业发展 -
研究 - 中国　Ⅳ.①G229.2

　　中国版本图书馆 CIP 数据核字（2021）第 221751 号

融合与创新
　　——三网融合背景下我国电视产业的创新发展

著　　者／邬建中

出 版 人／王利民
责任编辑／宋淑洁
文稿编辑／许文文
责任印制／王京美

出　　版／社会科学文献出版社（010）59367226
　　　　　地址：北京市北三环中路甲 29 号院华龙大厦　邮编：100029
　　　　　网址：www. ssap. com. cn
发　　行／市场营销中心（010）59367081　59367083
印　　装／三河市尚艺印装有限公司

规　　格／开　本：787mm × 1092mm　1/16
　　　　　印　张：22.75　字　数：346 千字
版　　次／2021 年 11 月第 1 版　2021 年 11 月第 1 次印刷
书　　号／ISBN 978 - 7 - 5201 - 9304 - 7
定　　价／128.00 元

本书如有印装质量问题，请与读者服务中心（010 - 59367028）联系